中国民政统计年鉴

CHINA CIVIL AFFAIRS' STATISTICAL YEARBOOK

2006

中华人民共和国民政部　编

Compiled By

Ministry of Civil Affairs of the People's Republic of China

中国统计出版社

China Statistics Press

(京)新登字041号

图书在版编目（CIP）数据

中国民政统计年鉴．2006／中华人民共和国民政部编．
—北京：中国统计出版社，2006.7
ISBN 7-5037-5038-3

I. 中…
II. 中…
III. 民政工作—中国—2006—年鉴
Ⅳ. D632-54

中国版本图书馆CIP数据核字（2006）第071317号

中国民政统计年鉴－2006

作　　者／中华人民共和国民政部
责任编辑／陈越月　何珊珊
E-mail／yearbook@stats.gov.cn
封面设计／杰　夫
出版发行／中国统计出版社
通信地址／北京市西城区三里河月坛南街75号　中国统计出版社
电　　话／(010)63376900
印　　刷／北京宇海印刷厂
经　　销／新华书店
开　　本／880 × 1230mm　1/16
字　　数／930千字
印　　张／30.375
印　　数／1-4000册
版　　别／2006年7月第1版
版　　次／2006年7月北京第1次印刷
书　　号／ISBN 7-5037-5038-3/F · 2357
定　　价／180.00元

《中国民政统计年鉴－2006》

编委会和编辑出版人员

编者说明

《中国民政统计年鉴－2006》是一部全面反映中国民政事业发展的资料性年刊，应广大读者的要求，对部分内容编排顺序进行了调整，使其使用更加方便和实用。《中国民政统计年鉴－2006》附带多媒体电子光盘，光盘中含有地级统计数据，广大读者和基层统计人员使用起来更加直观、方便。

本书内容由八个部分组成：第一部分是主要指标数据图；第二部分是专文，主要包括民政事业统计报告和有关的政策法规文件；第三部分是历史统计资料；第四部分是综合统计资料；第五部分是分省民政事业统计资料；第六部分是分省民政基本建设统计资料；第七部分是民政财务统计资料；第八部分是2005年全国行政区划变更情况。本书对民政系统的干部职工特别是民政计财工作者，各级政府的有关部门，从事社会工作研究和教学的人员，以及社会各界了解和研究民政事业的发展状况，提高政府管理和决策水平，具有重要的参考价值。

2005年度民政统计资料是根据各省、自治区、直辖市以及计划单列市民政厅（局）报送的民政统计年报编制而成。本书中涉及到的全国性统计数据均不包括香港特别行政区、澳门特别行政区和台湾省；表格中“--”符号表示数据不足本表最小计量单位；“空格”符号表示该项统计数据为零。

本书凝聚了全国民政系统广大计财工作者的辛勤汗水和工作成果，在本书的编辑出版过程中，还得到了各省、自治区、直辖市以及计划单列市的民政厅（局）领导的热情支持和帮助。在此，向所有关心和支持该书出版发行的领导和同志表示衷心的谢意。

目 录

第一部分：主要指标数据图

第二部分：专文

第三部分：历年统计资料

第四部分：综合统计资料

第五部分：分省民政业务统计资料

行政事务

民政对象

民政行业单位（按机构类型分类）

一、行政机关

二、民间组织

三、基层群众性自治组织

四、福利企业

按企业注册登记类型分类

按企业行业类型分类

五、民政事业单位（按国民经济行业分类）

1.优抚安置类

2.社区服务类

3.收养类

第六部分：分省基本建设统计资料

第七部分：分省财务统计资料

第八部分：附录

CONTENTS

Part One Key Index Tables

Part Two Regulations and Circulars

Part Three Historical Statistics

Part Four Comprehensive Statistics

Part Five Provincial Statistics

Administrative Affairs

Beneficiaries of Civil Affairs System

Units of Civil Affairs (classified according to the categories of units)

I. Administrative Departments

II. NGOs

Part six Provincial Statistics of Capital Construction

Part Seven Provincial Financial statistics

Part Eight Appendix

CCASY

主要指标数据图

图－1 2005年服务业占国内生产总值(GDP)的比重

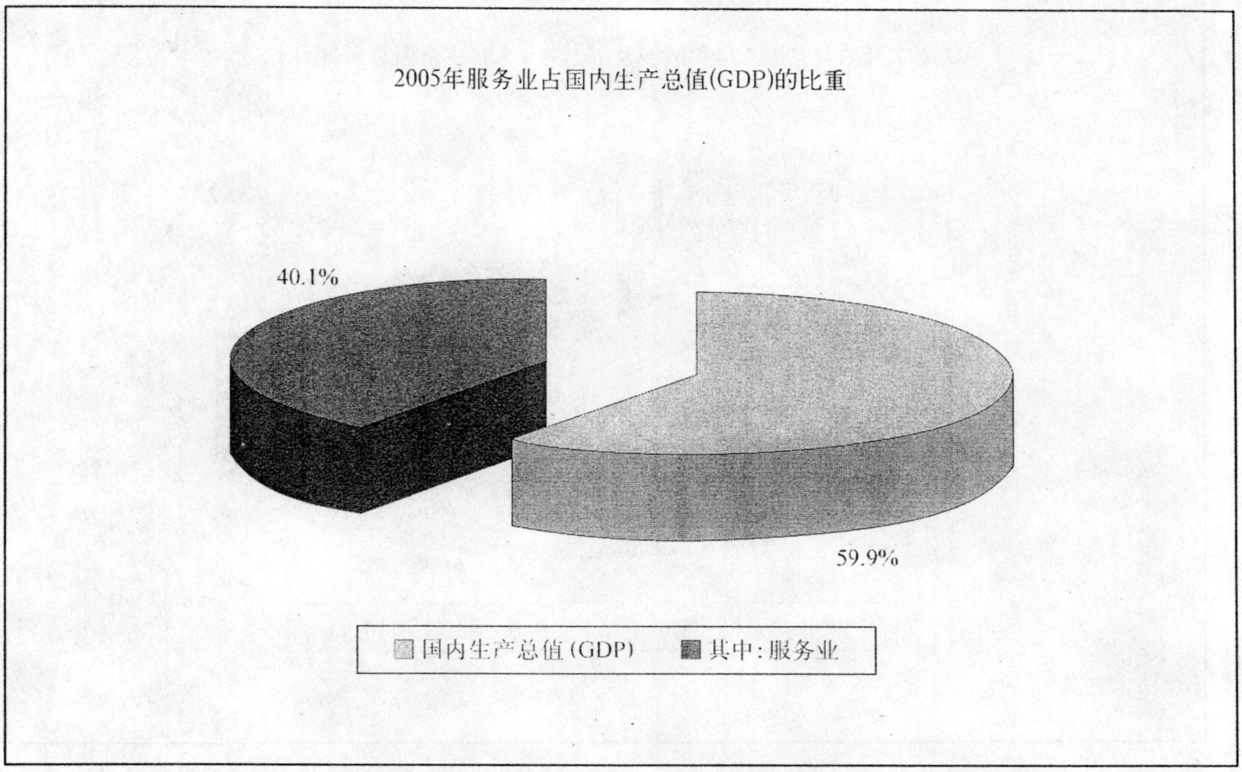

单位：亿元、%

指标	产值	比重
国内生产总值(GDP)	183191.8	100
其中：服务业	73394.6	40.1

注：1.本表数据来源于国家统计局。

图-2 2005年农村贫困人口和65岁及以上老年人口占全国总人口的比重

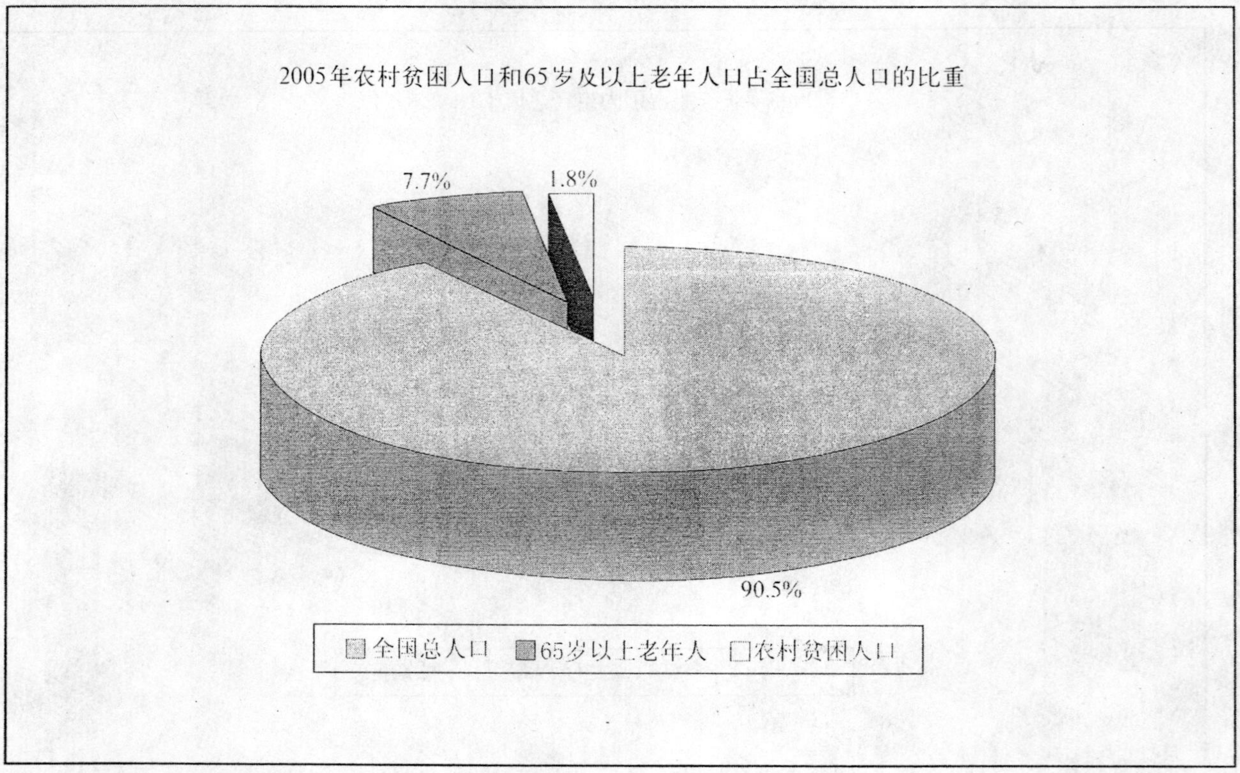

单位：万人、%

指标	人数	比重
全国总人口	130756	100
65岁以上老年人	10055	7.7
农村贫困人口	2365	1.8

注：1.本表数据来源于国家统计局。

图-3 2005年主要民政对象占全国总人口的比重

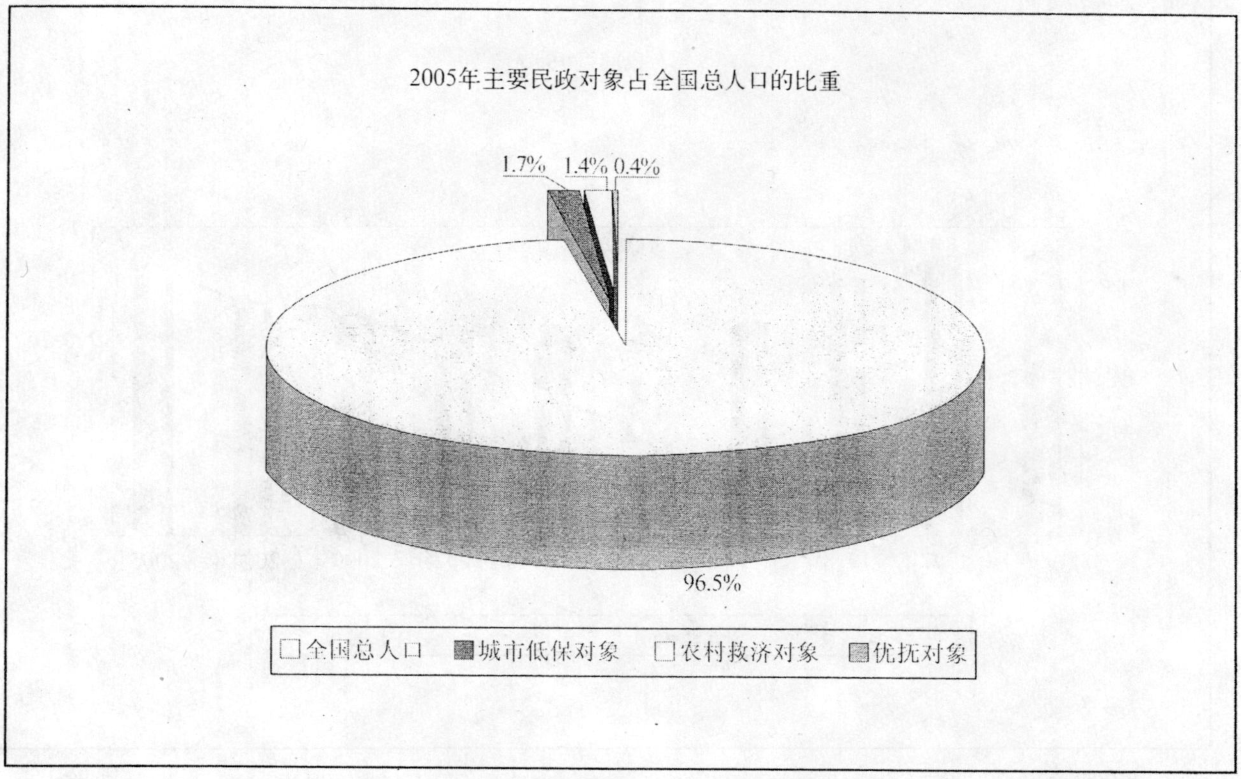

单位：万人、%

指标	人数	比重
全国总人口	130756	100
城市最低生活保障对象	2234.2	1.7
农村定期社会救济对象	1891.8	1.4
优抚对象	460.3	0.4

图-4 民间组织

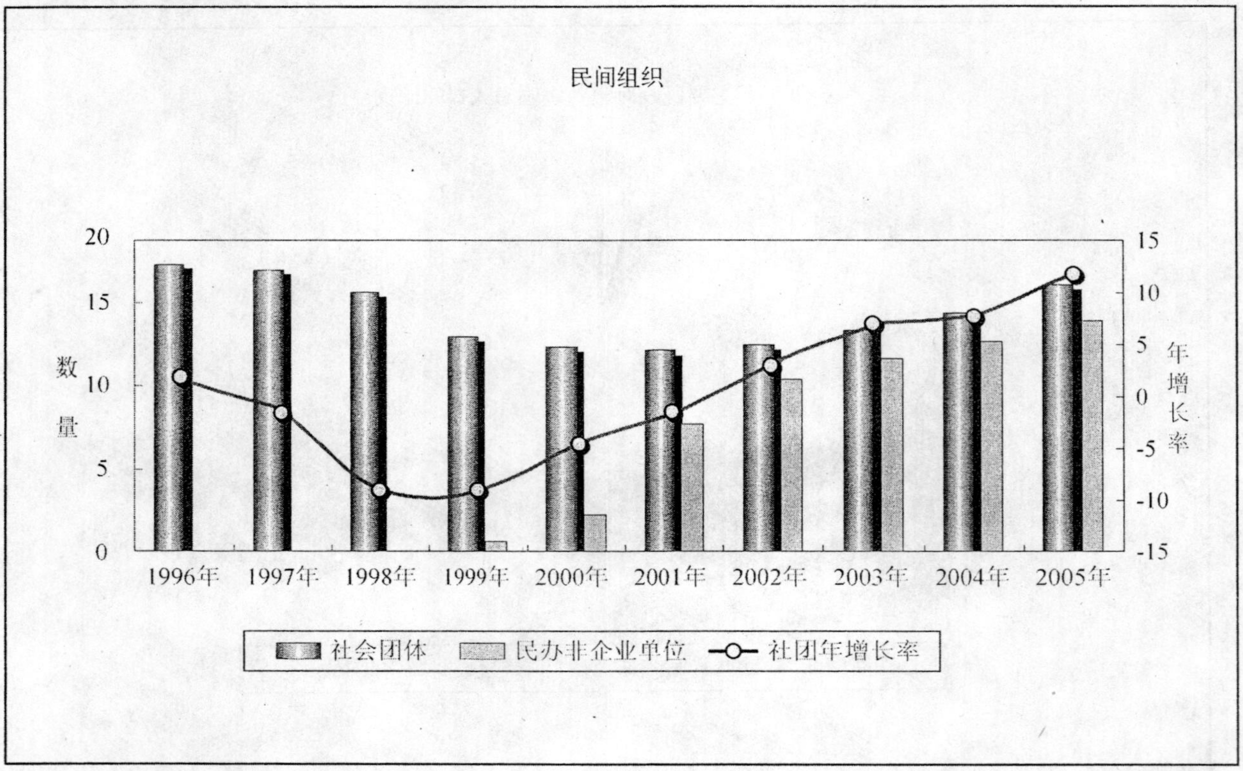

单位：万个、%

指标	1996年	1997年	1998年	1999年	2000年	2001年	2002年	2003年	2004年	2005年
社会团体	18.4	18.1	16.6	13.7	13.1	12.9	13.3	14.2	15.3	17.1
民办非企业单位				0.6	2.3	8.2	11.1	12.4	13.5	14.8
社团年增长率	1.7	-1.6	-9.0	-9.0	-4.6	-1.6	3.1	6.8	7.7	11.8

图 -5　国家抚恤、补助优抚对象

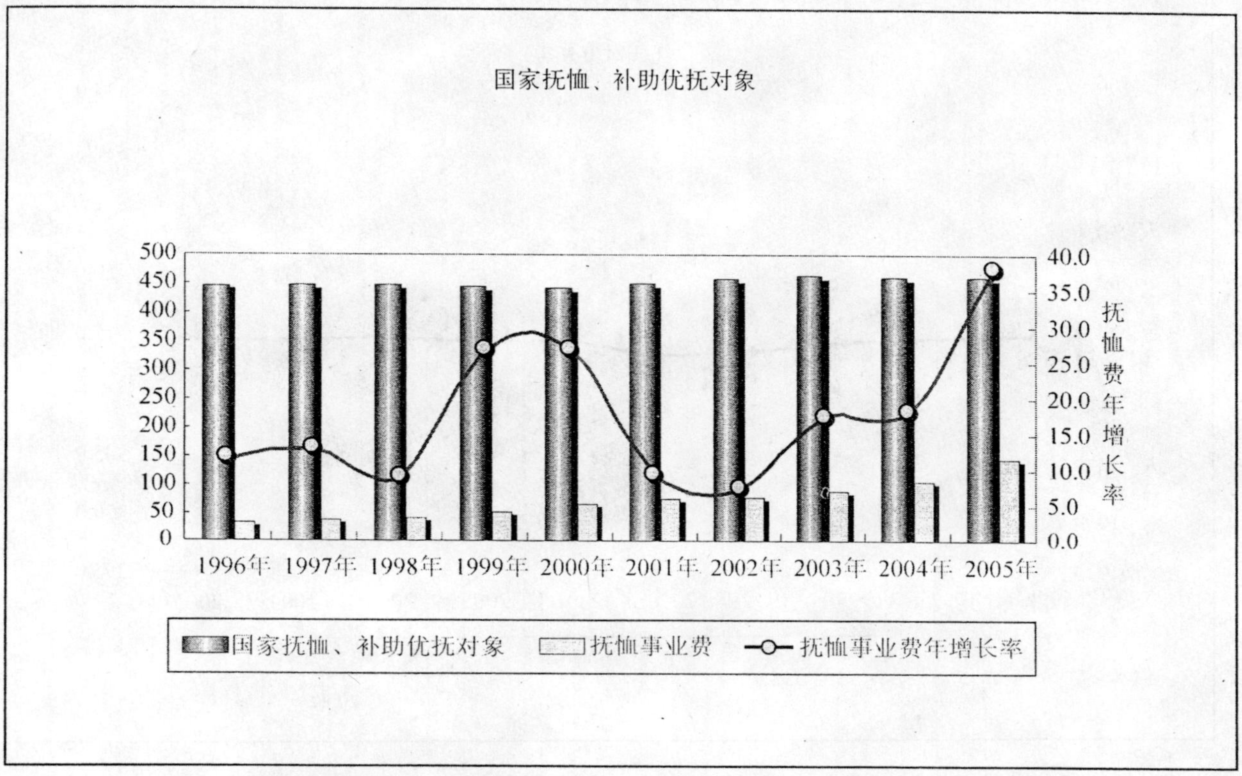

单位：万人、万元、%

指标	1996年	1997年	1998年	1999年	2000年	2001年	2002年	2003年	2004年	2005年
国家抚恤、补助优抚对象	447	448.3	447	445.1	442.4	450.7	459	464.9	462	460.3
抚恤事业费	31.9	36.1	39.4	50.0	63.5	69.5	74.7	87.9	104.1	143.6
抚恤事业费年增长率	11.9	13.2	9.1	26.9	27.0	9.5	7.5	17.7	18.4	37.9

图-6 优抚对象分类

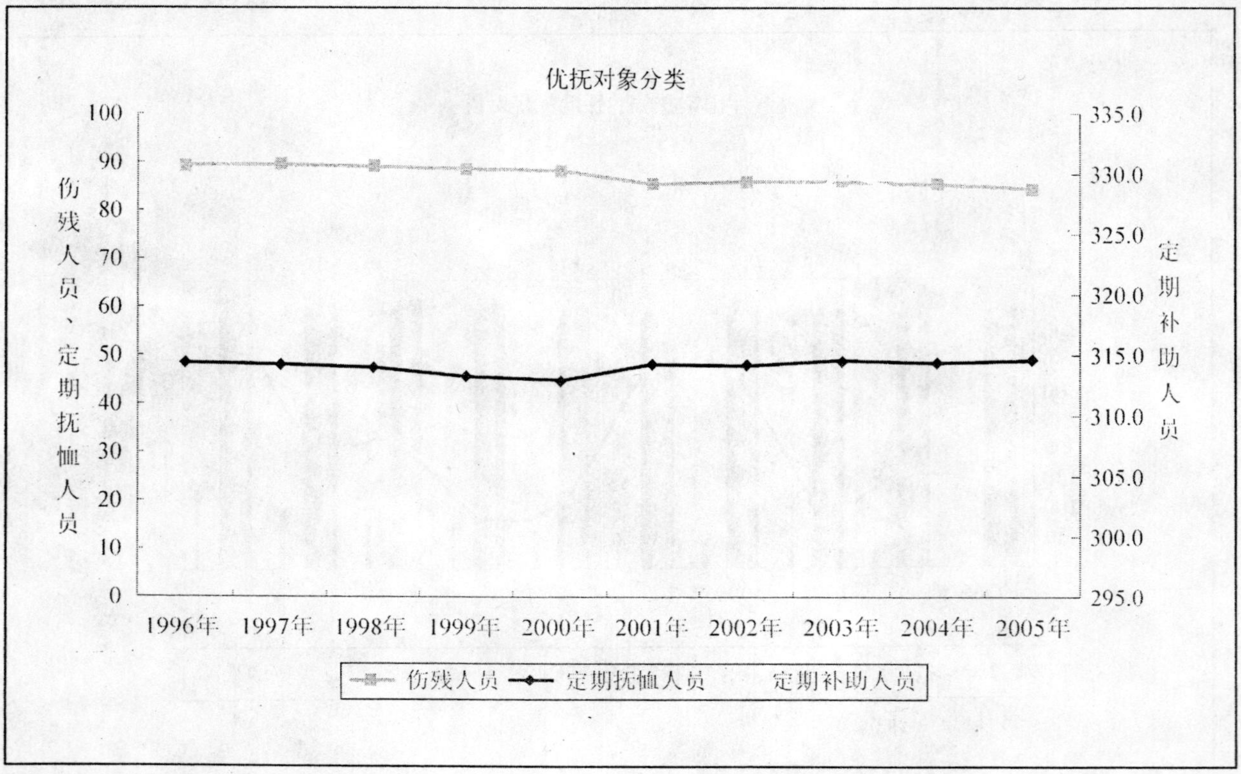

单位：万人

指标	1996年	1997年	1998年	1999年	2000年	2001年	2002年	2003年	2004年	2005年
伤残人员	89.3	89.5	89.2	88.7	88.1	85.5	85.8	86	85.6	84.5
定期抚恤人员	48.6	48.0	47.4	45.8	44.8	48.1	48	48.9	48.6	49.3
定期补助人员	309.0	310.8	310.4	310.6	309.5	317.1	325.2	330	327.8	326.6

图－7　接收安置军休干部、军休职工

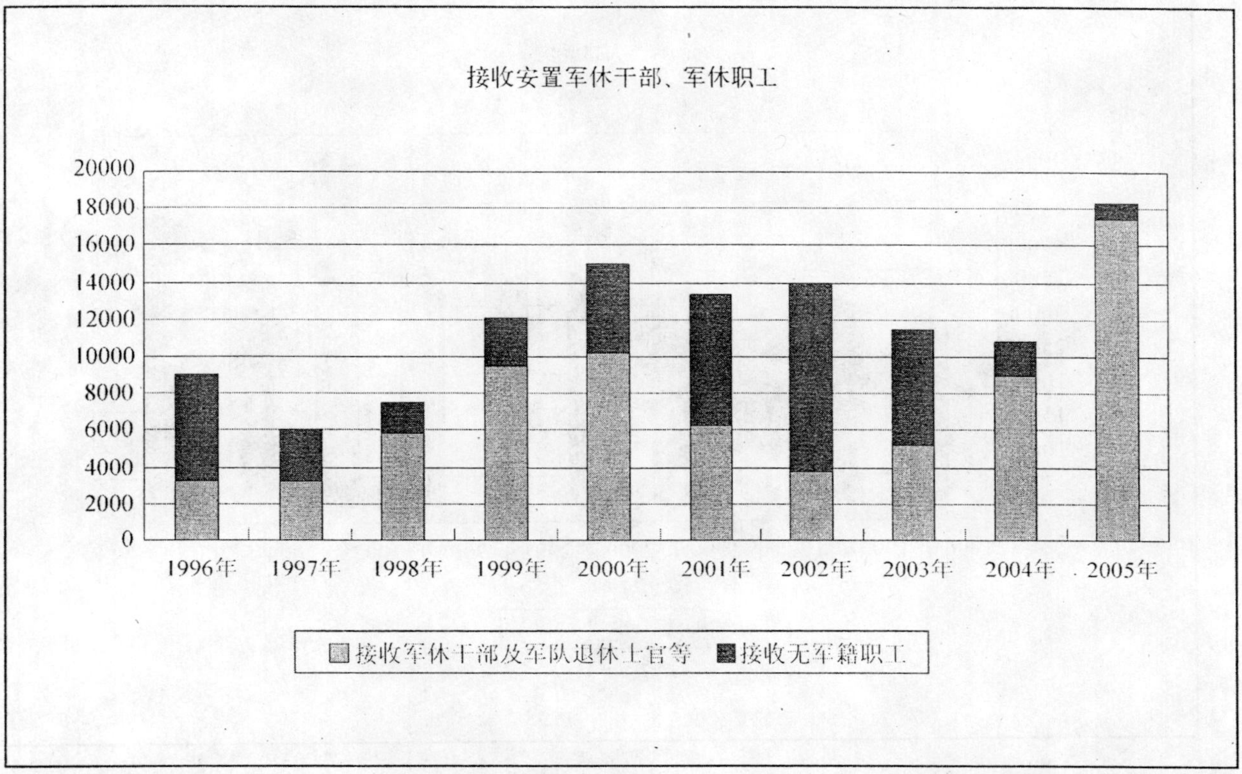

单位：人

指标	1996年	1997年	1998年	1999年	2000年	2001年	2002年	2003年	2004年	2005年
接收军休干部及军队退休士官等	3210	3246	5868	9464	10197	6236	3792	5195	8974	17416
接收无军籍职工	5854	2835	1597	2611	4822	7129	10175	6312	1820	904

图-8　人口受灾

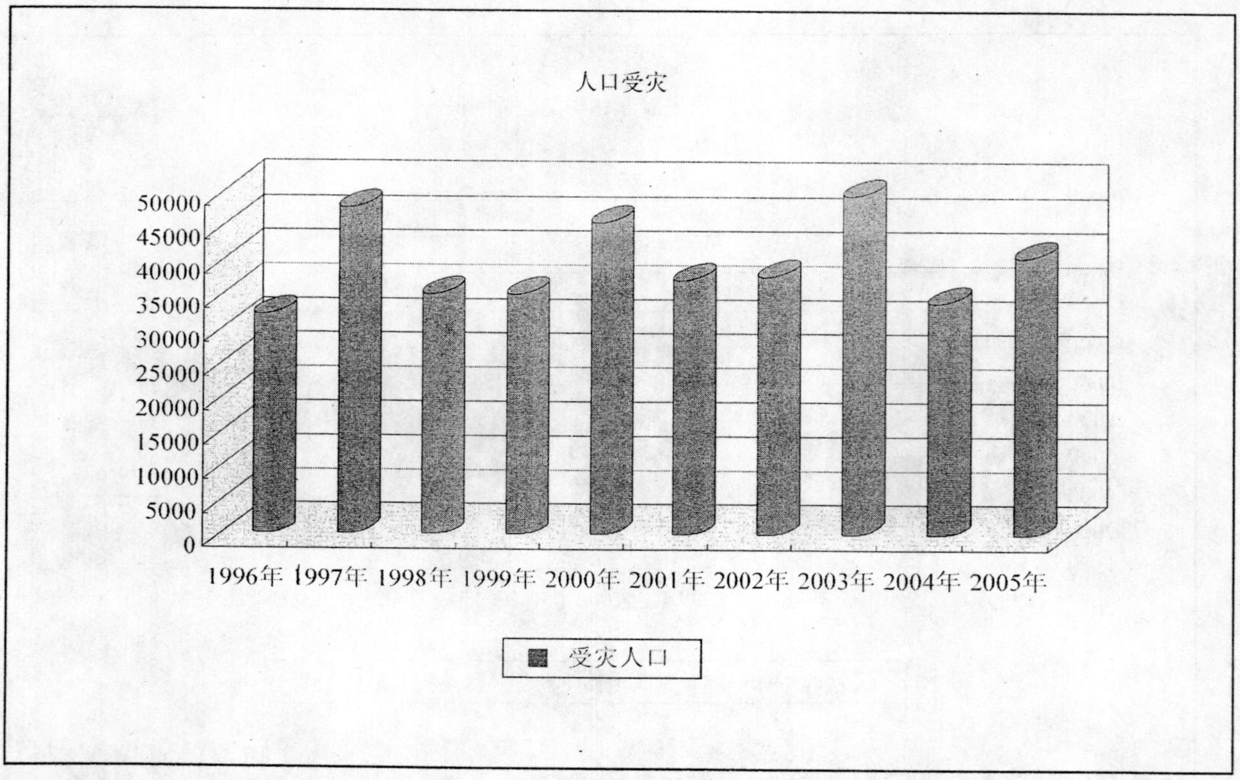

单位：万人次

指标	1996年	1997年	1998年	1999年	2000年	2001年	2002年	2003年	2004年	2005年
受灾人口	32305	47886	35216	35319	45652	37256	37842	49745.9	33920.6	40653.7

图-9 社会捐赠

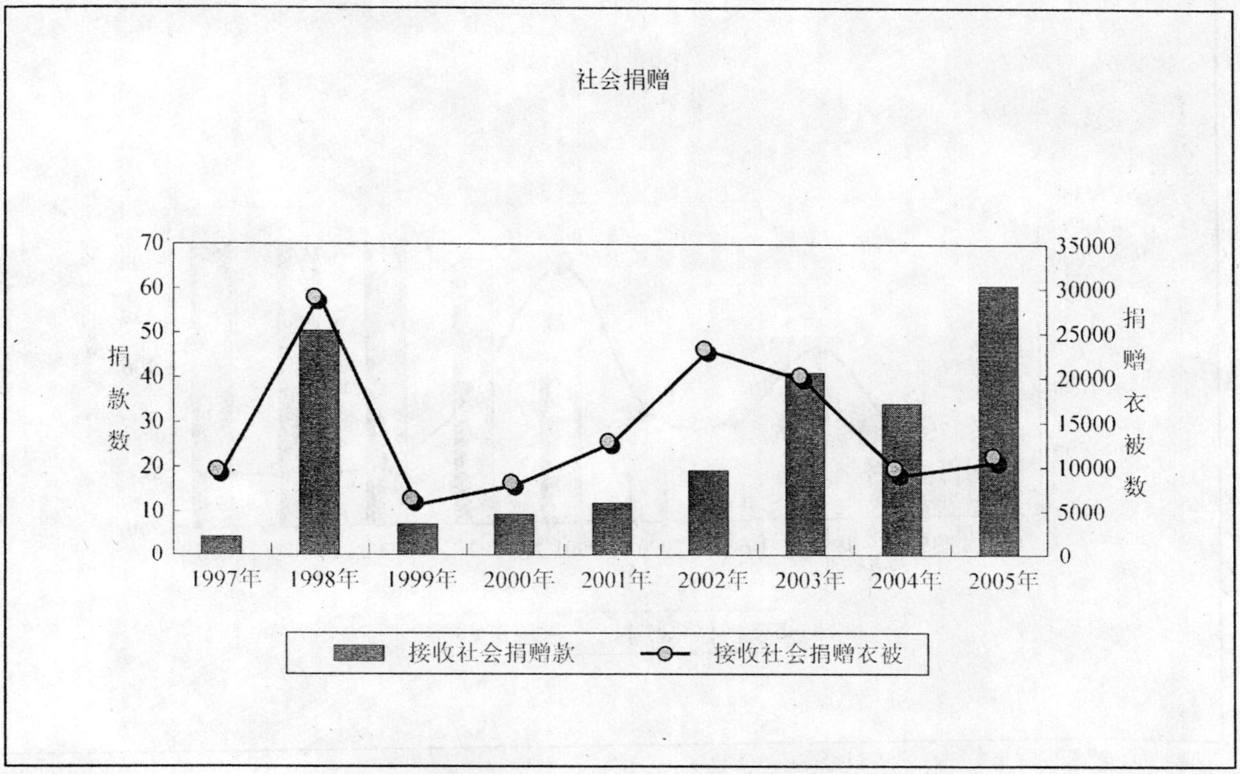

单位：亿元、万件

指标	1997年	1998年	1999年	2000年	2001年	2002年	2003年	2004年	2005年
接收社会捐赠款	4.1	50.2	6.9	9.3	11.7	19	41	34	60.3
接收社会捐赠衣被	9358	29000	5636.2	7708.5	12635.4	22961.1	19648.8	8957.2	10355

图－10 城市最低生活保障

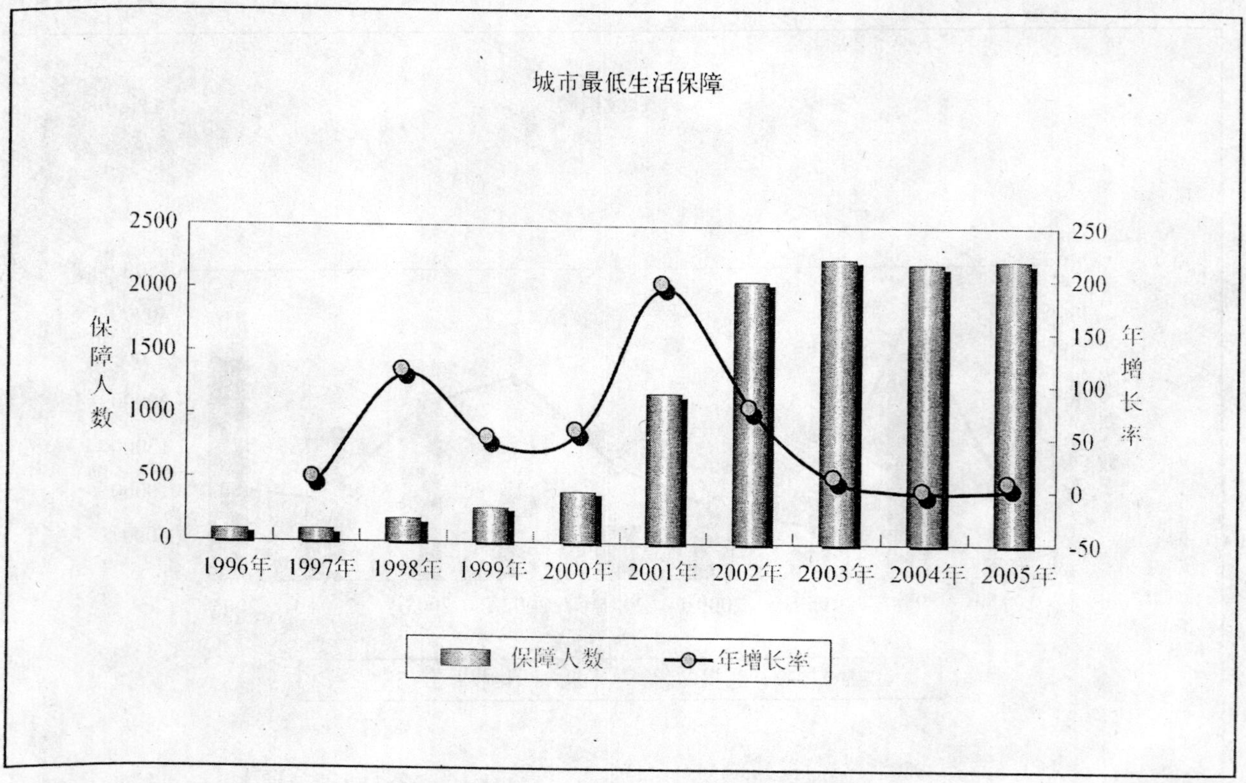

单位：万人、%

指标	1996年	1997年	1998年	1999年	2000年	2001年	2002年	2003年	2004年	2005年
保障人数	84.9	87.9	184.1	265.9	402.6	1170.7	2064.7	2246.8	2205	2234.2
年增长率		3.5	109.4	44.4	51.4	190.8	76.4	8.8	-1.9	1.3

图—11　城市最低生活保障平均标准与平均支出水平

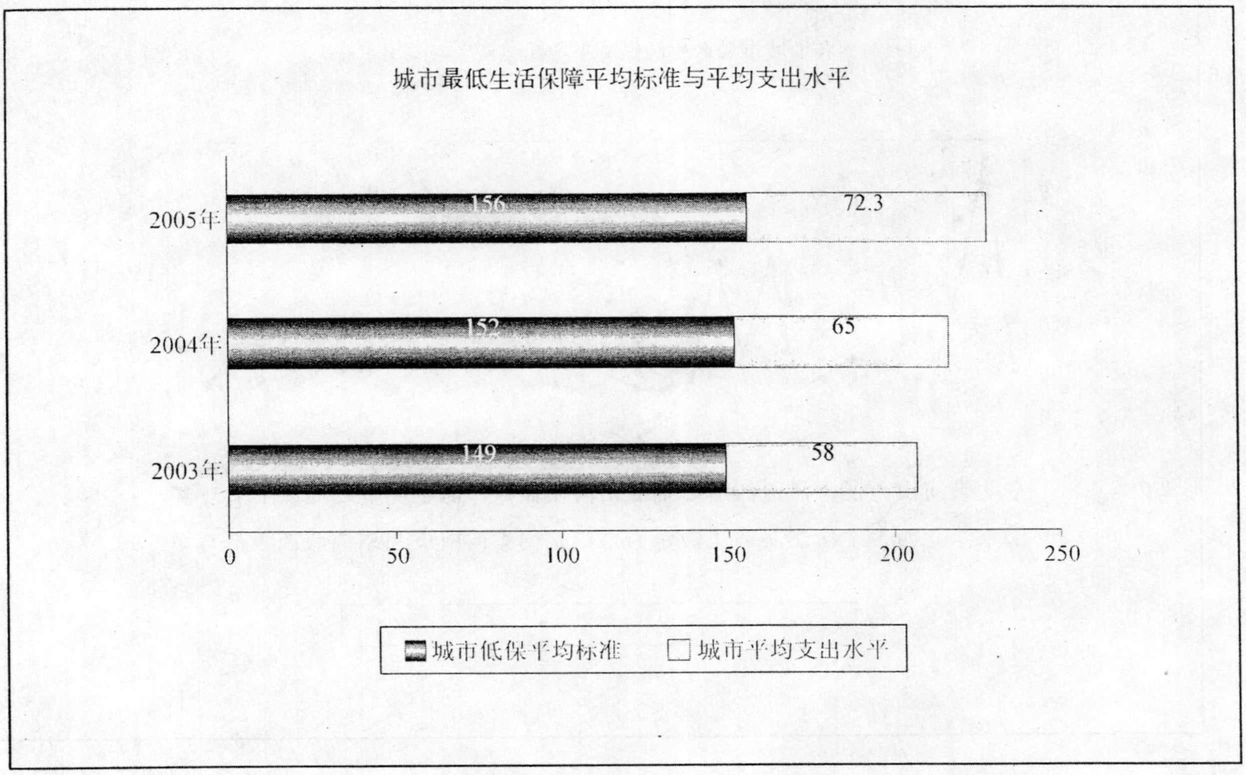

单位：元／人、月

指标	2003年	2004年	2005年
城市低保平均标准	149	152	156
城市低保平均支出水平	58	65	72.3

图-12 各地城市最低生活保障平均标准与平均支出水平

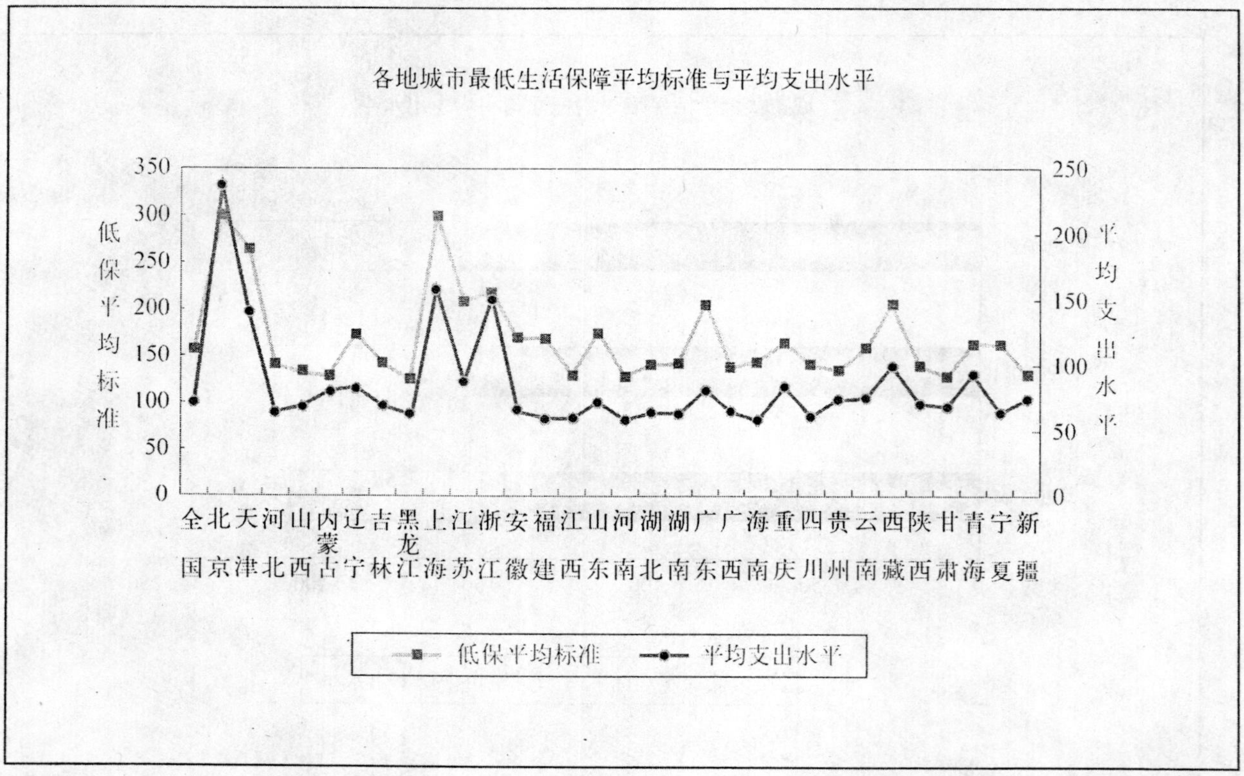

单位：元/人、月

地区	低保平均标准	平均支出水平	地区	低保平均标准	平均支出水平	地区	低保平均标准	平均支出水平	地区	低保平均标准	平均支出水平
全 国	156.0	72.3	黑龙江	126.0	63.4	河 南	129.1	58.1	贵 州	135.2	74.5
北 京	300.0	236.3	上 海	300.0	158.6	湖 北	141.6	63.7	云 南	159.2	75.1
天 津	265.0	140.4	江 苏	209.0	87.9	湖 南	142.4	63.4	西 藏	205.8	99.1
河 北	140.0	63.8	浙 江	217.6	151.4	广 东	203.9	80.7	陕 西	139.3	71.0
山 西	133.2	68.1	安 徽	170.3	64.9	广 西	137.2	65.6	甘 肃	129.3	68.9
内蒙古	128.4	80.5	福 建	168.8	60.2	海 南	143.8	58.4	青 海	162.6	92.5
辽 宁	174.0	83.1	江 西	129.7	60.0	重 庆	164.4	84.3	宁 夏	162.7	64.0
吉 林	142.2	68.3	山 东	175.4	71.5	四 川	140.2	61.1	新 疆	129.7	74.0

图-13　社区服务建设

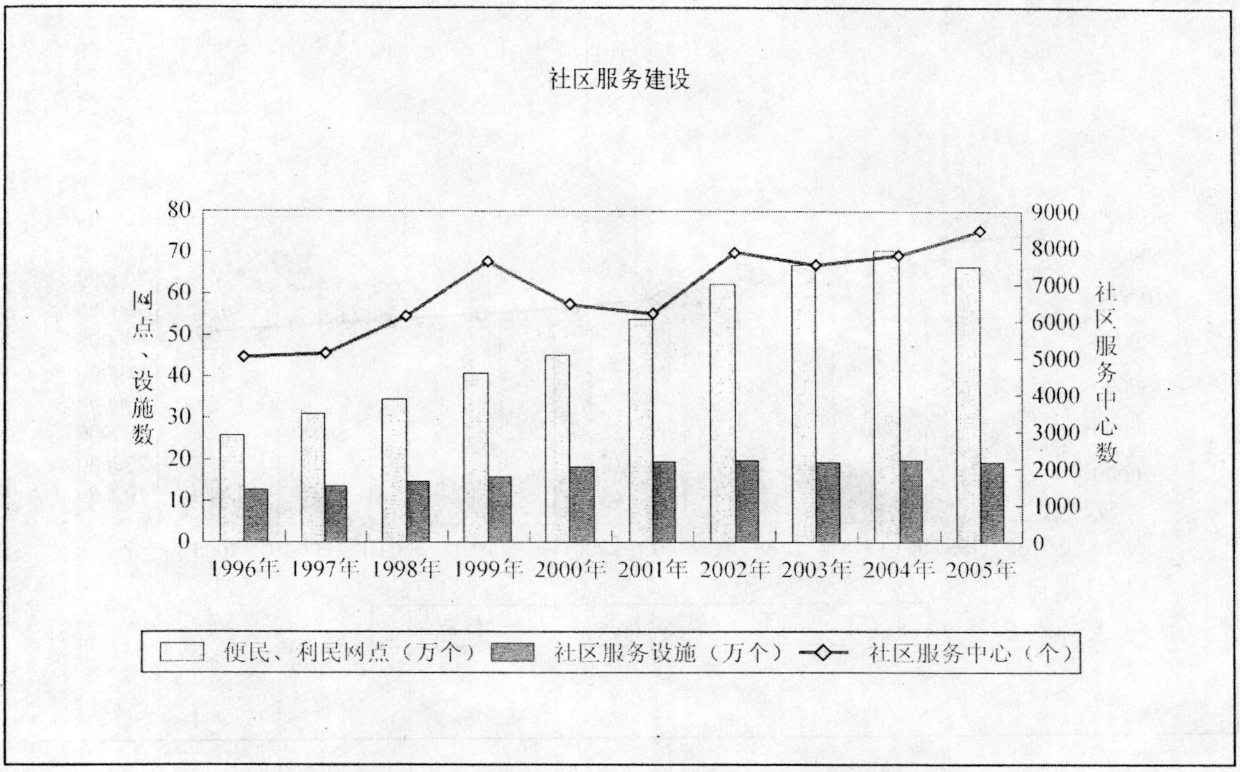

单位：万个

名称	1996年	1997年	1998年	1999年	2000年	2001年	2002年	2003年	2004年	2005年
便民、利民网点	25.9	30.7	34.5	40.6	45.2	54	62.3	66.8	70.4	66.5
社区服务设施	12.7	13.3	14.8	15.7	18.1	19.6	19.9	19.6	19.8	19.5
社区服务中心（个）	5055	5113	6154	7623	6444	6179	7898	7520	7804	8479

图-14　基层群众性自治组织

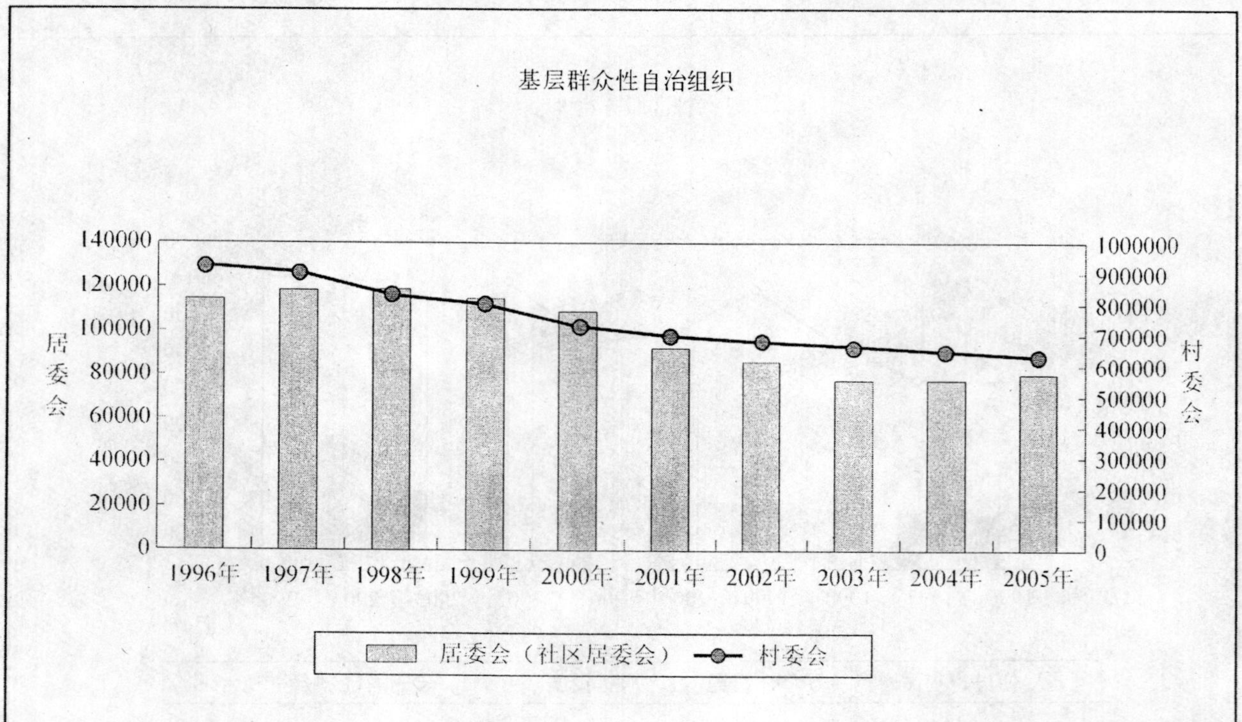

单位：个

名称	1996年	1997年	1998年	1999年	2000年	2001年	2002年	2003年	2004年	2005年
居委会(社区居委会)	113690	117915	119042	114815	108424	91893	86087	77431	77884	79947
村委会	928312	905804	832987	801483	731659	699974	681227	663486	644000	629079

图－15　乡镇

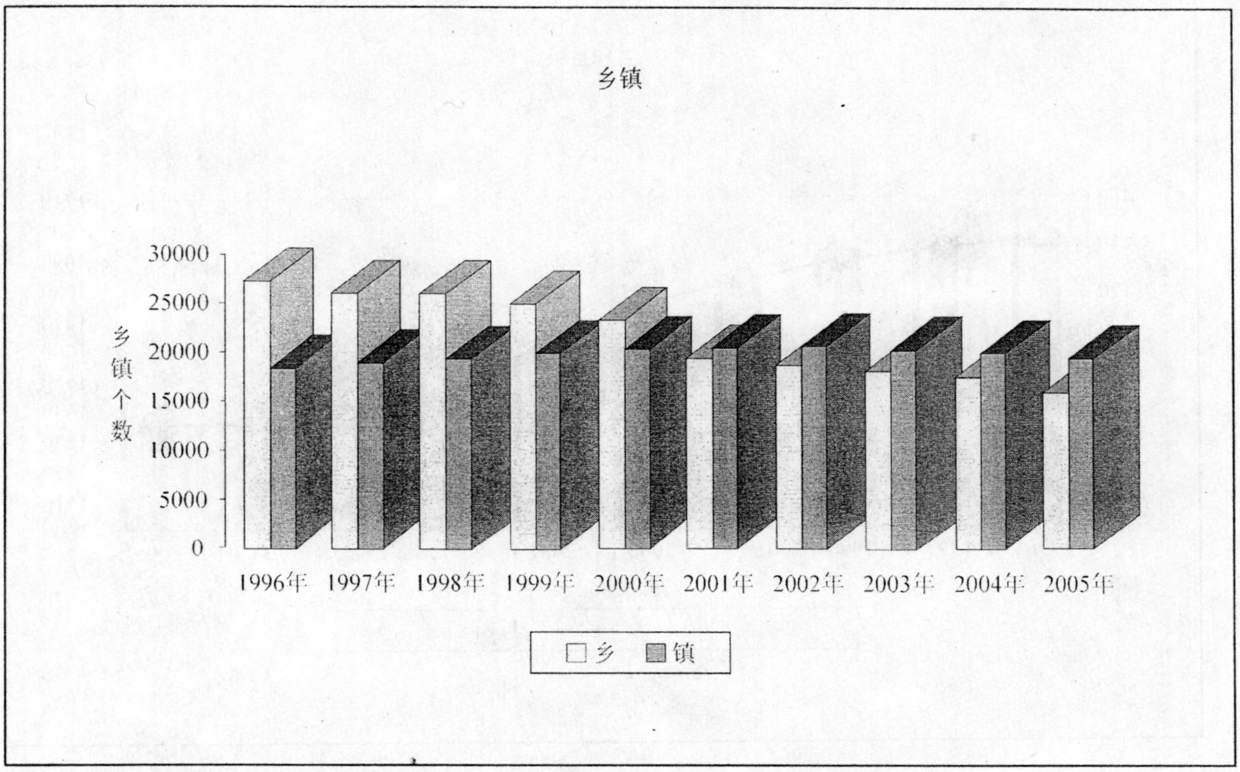

单位：个

指标	1996年	1997年	1998年	1999年	2000年	2001年	2002年	2003年	2004年	2005年
乡	27056	25966	25712	24745	23199	19341	18639	18064	17451	15951
镇	18171	18925	19216	19756	20312	20374	20601	20226	19883	19522

图-16　县和县级市

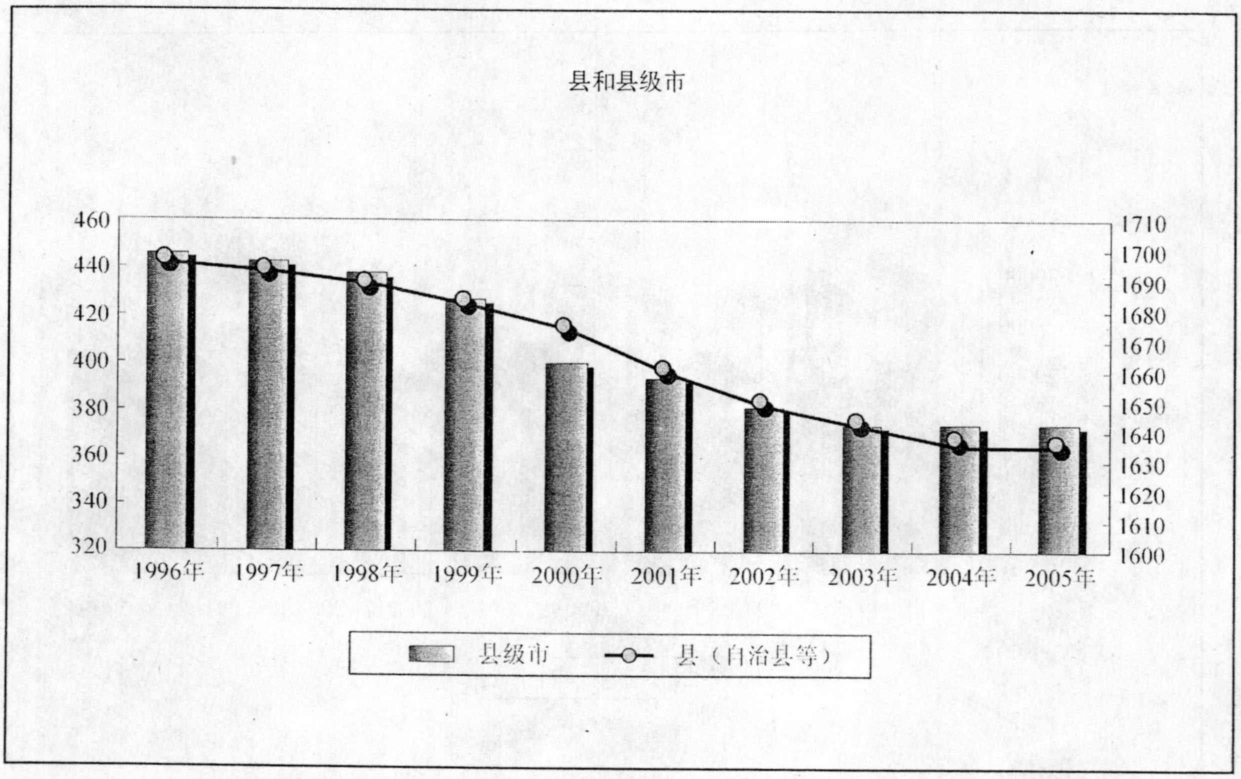

单位：个

指标	1996年	1997年	1998年	1999年	2000年	2001年	2002年	2003年	2004年	2005年
县级市	445	442	437	427	400	393	381	374	374	374
县(自治县等)	1696	1693	1689	1682	1674	1660	1649	1642	1636	1636

图－17　地和地级市

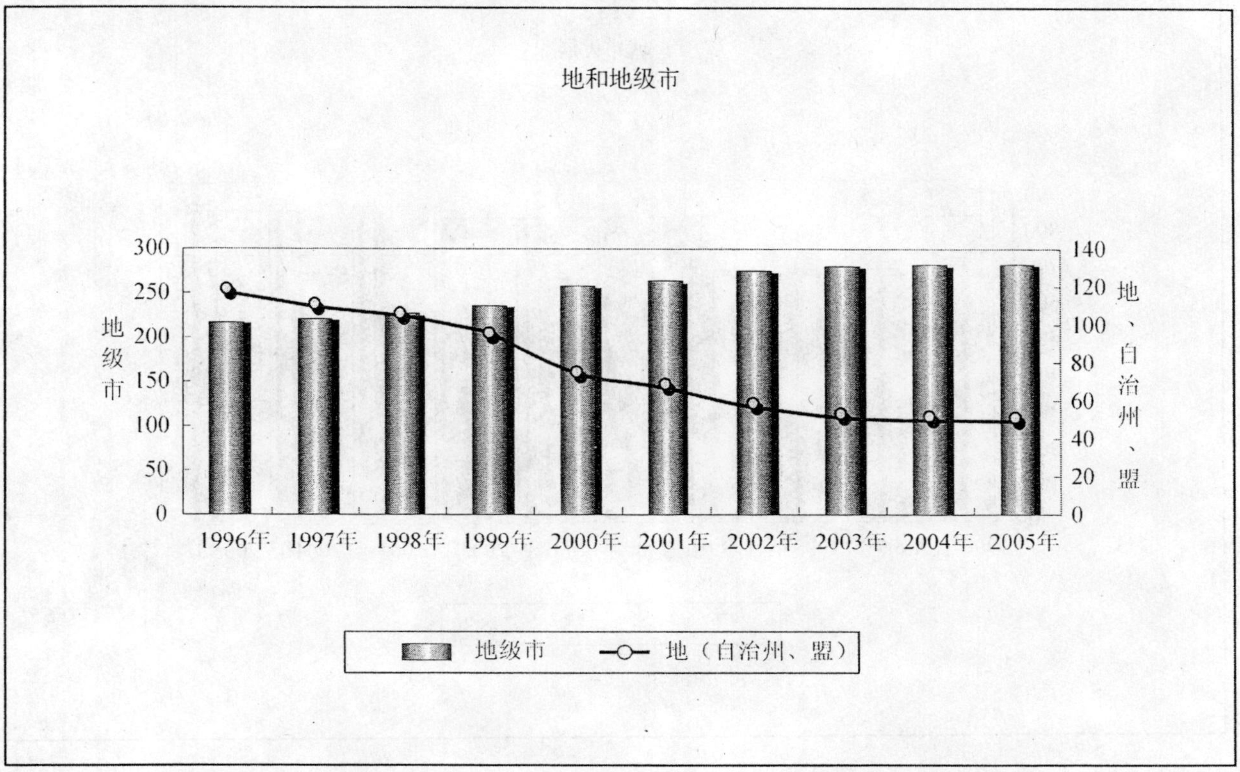

单位：个

指标	1996年	1997年	1998年	1999年	2000年	2001年	2002年	2003年	2004年	2005年
地级市	218	222	227	236	259	265	275	282	283	283
地(自治州、盟)	117	110	104	95	74	67	57	51	50	50

图-18 城市发展

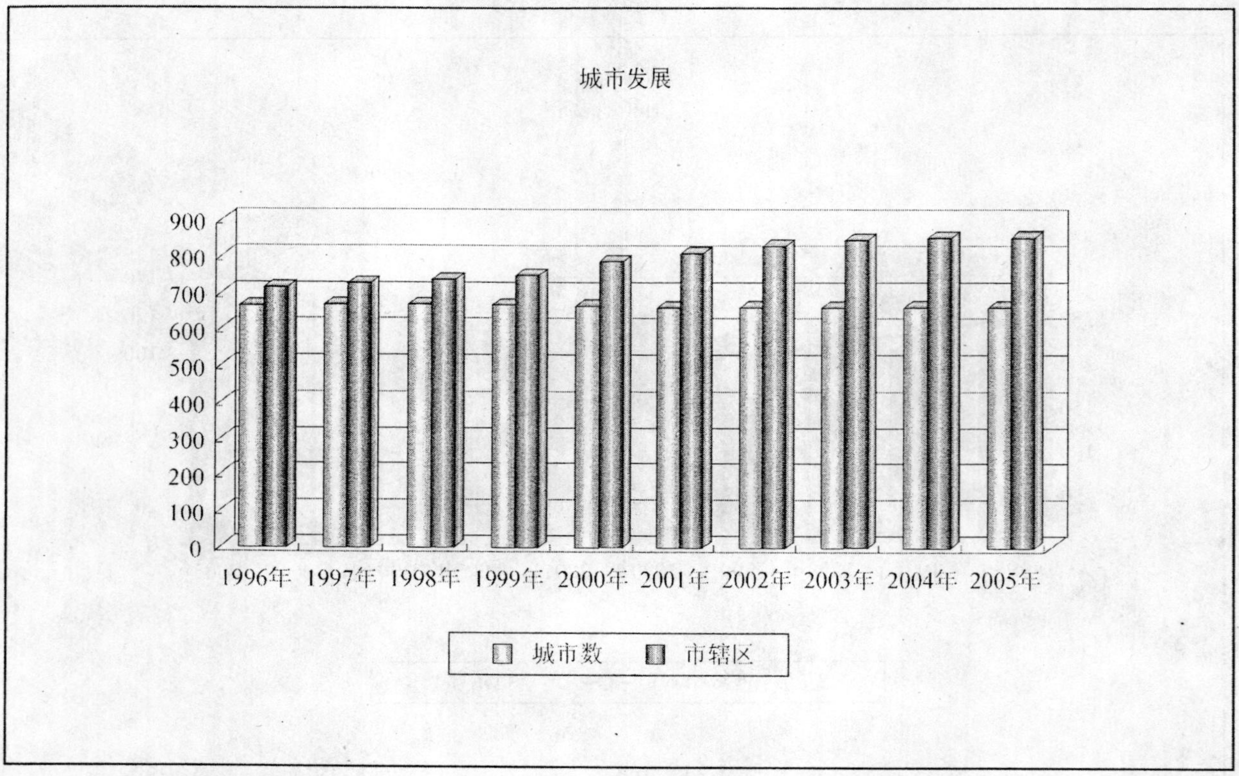

单位：个

名称	1996年	1997年	1998年	1999年	2000年	2001年	2002年	2003年	2004年	2005年
市辖区	717	727	737	749	787	808	830	845	852	852
城市数	666	668	668	667	663	662	660	660	661	661

图-19 粗结婚率和粗离婚率

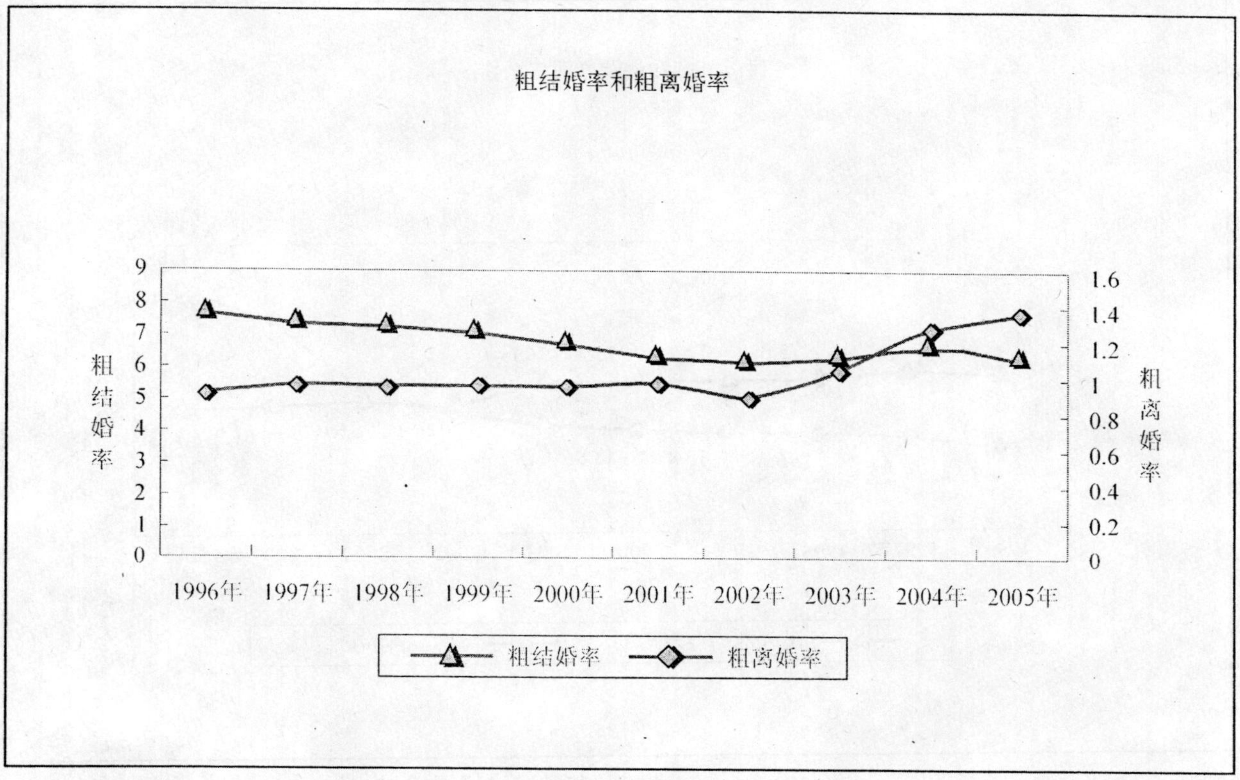

单位：‰

指标	1996年	1997年	1998年	1999年	2000年	2001年	2002年	2003年	2004年	2005年
粗结婚率	7.65	7.35	7.2	7.05	6.7	6.3	6.1	6.3	6.65	6.3
粗离婚率	0.93	0.97	0.96	0.96	0.96	0.98	0.90	1.05	1.28	1.37
指标	1996年	1997年	1998年	1999年	2000年	2001年	2002年	2003年	2004年	2005年
结婚率	15.3	14.7	14.4	14.1	13.4	12.6	12.2	12.6	13.3	12.6
离婚率	1.85	1.94	1.92	1.91	1.91	1.96	1.8	2.1	2.56	2.73

注：结(离)婚率计算方法：结(离)婚人数除以当期人口平均数。

粗结(离)婚率计算方法：结(离)婚对数除以当期人口平均数，此方法为国际惯用方法。

图-20　民政部门和法院办理离婚情况

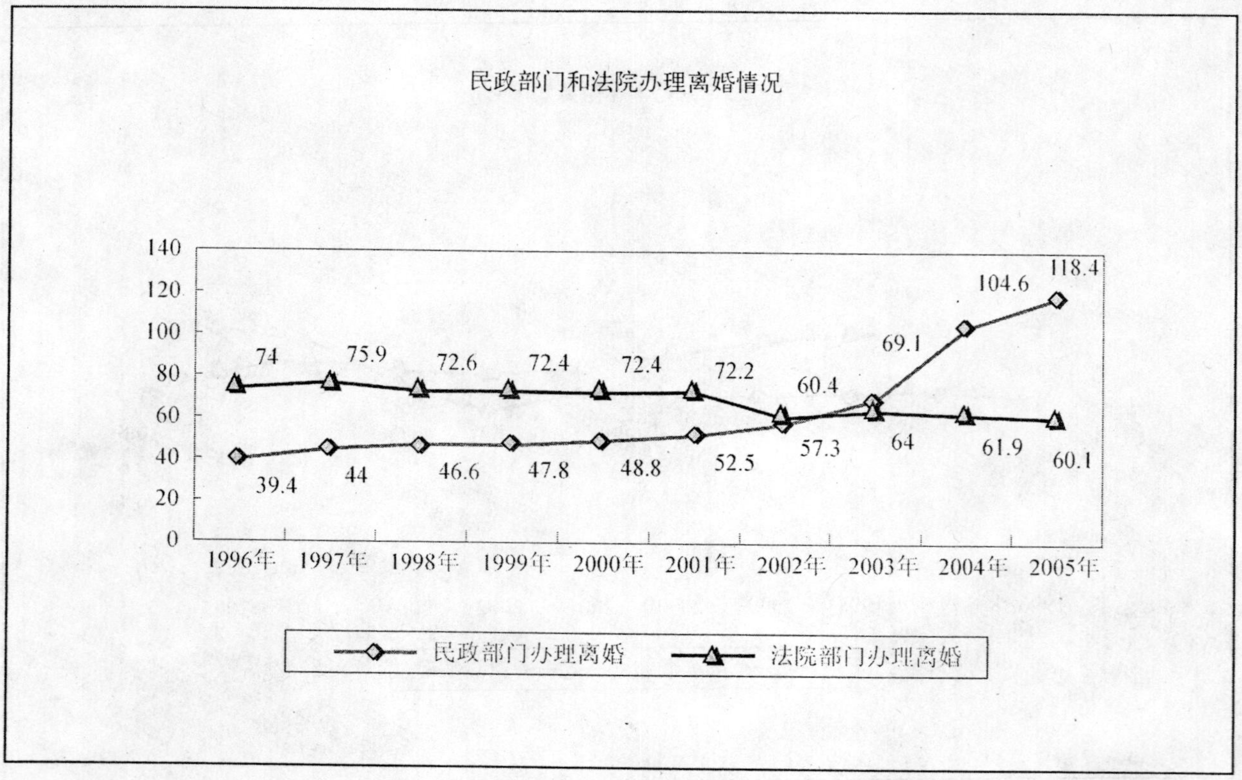

单位：万对

指标	1996年	1997年	1998年	1999年	2000年	2001年	2002年	2003年	2004年	2005年
民政部门办理离婚	39.4	44	46.6	47.8	48.8	52.5	57.3	69.1	104.6	118.4
法院部门办理离婚	74	75.9	72.6	72.4	72.4	72.2	60.4	64	61.9	60.1

图-21 殡葬事业发展

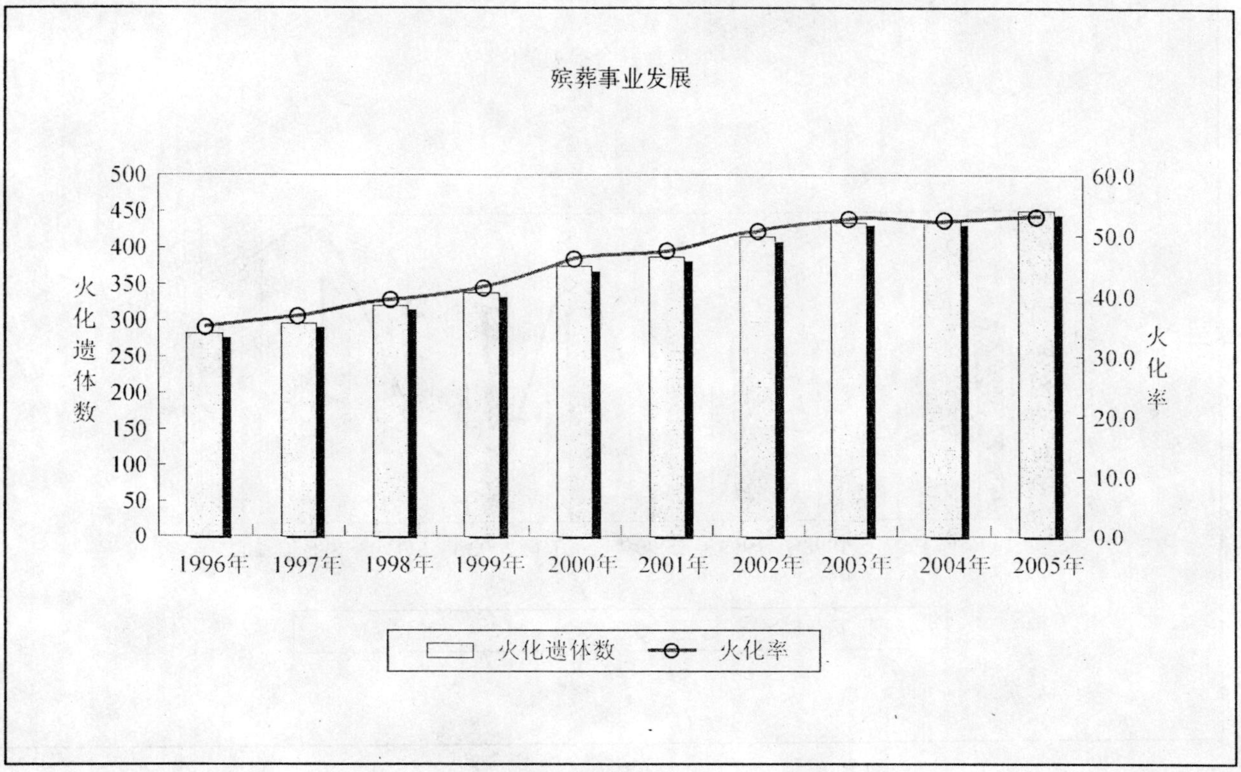

单位：万具、%

指标	1996年	1997年	1998年	1999年	2000年	2001年	2002年	2003年	2004年	2005年
火化遗体数	282.7	295	319.7	336.4	373.7	386.7	415.2	435	436.9	450.2
火化率	35.2	36.8	39.6	41.5	46.0	47.3	50.6	52.7	52.5	53

图-22　收养性社会福利单位

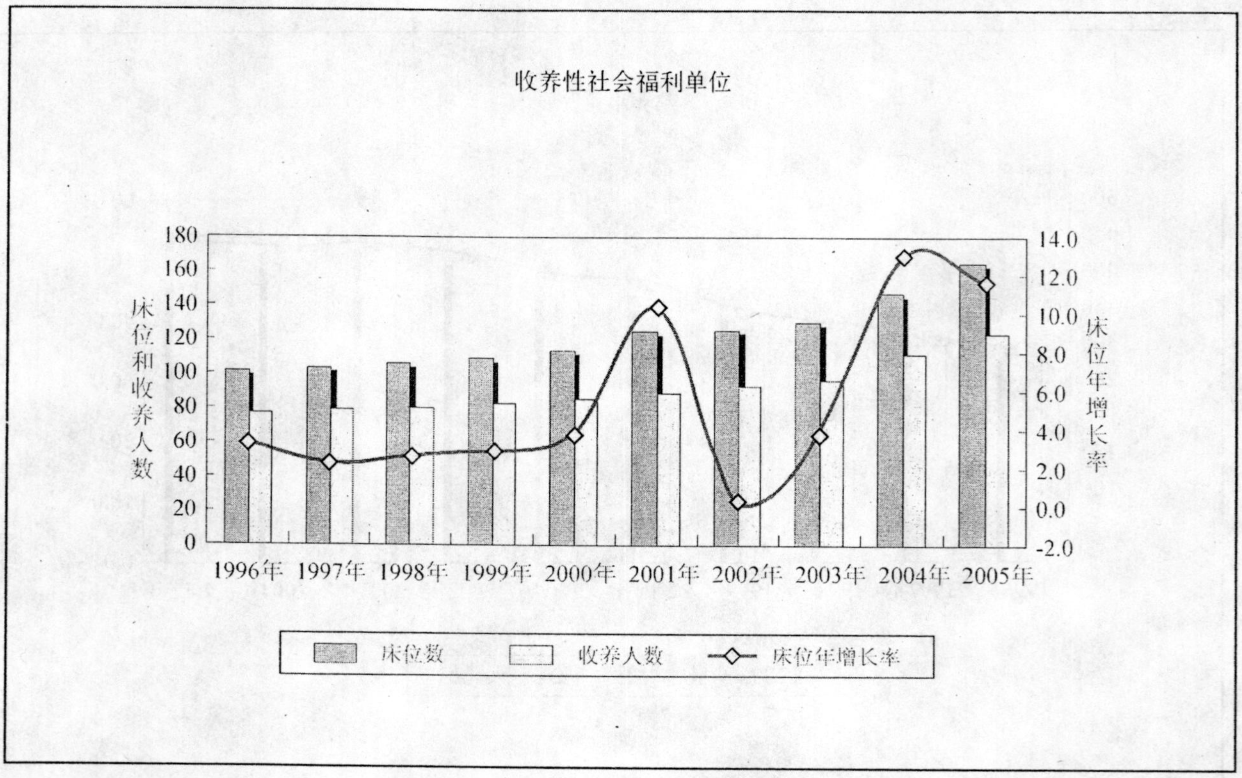

单位：万张、万人、%

指标	1996年	1997年	1998年	1999年	2000年	2001年	2002年	2003年	2004年	2005年
床位数	100.8	103.1	105.8	108.9	113	124.7	125.1	129.8	146.8	163.9
收养人数	76.9	78.5	80	82.7	85.4	89.3	92.6	96.5	110.9	123.6
床位年增长率	3.3	2.3	2.6	2.9	3.8	10.4	0.3	3.8	13.1	11.6

图-23 社会福利企业利润额

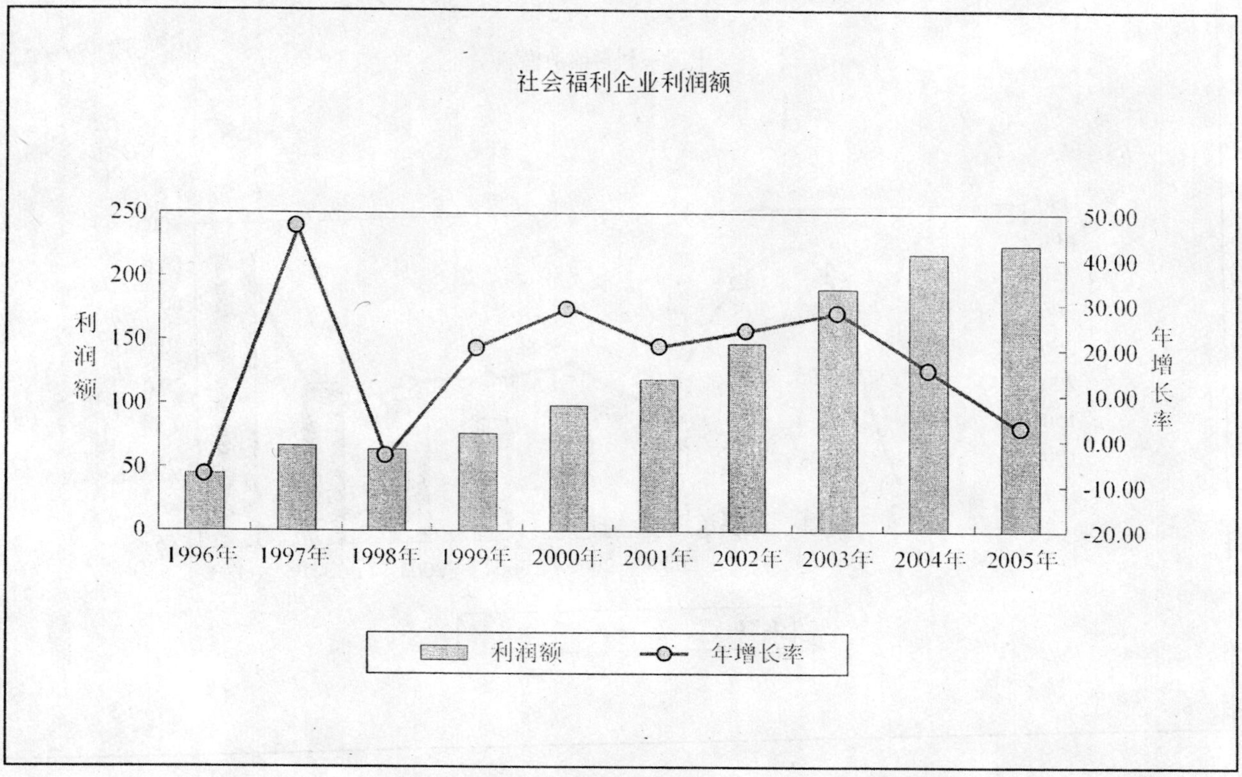

单位：亿元、%

指标	1996年	1997年	1998年	1999年	2000年	2001年	2002年	2003年	2004年	2005年
利润额	45.1	66.3	63.9	76.7	99	119.5	148.3	190	219	225.2
年增长率	-8.15	47.01	-3.62	20.03	29.07	20.71	24.10	28.12	15.3	2.8

图–24　中国福利彩票销售额

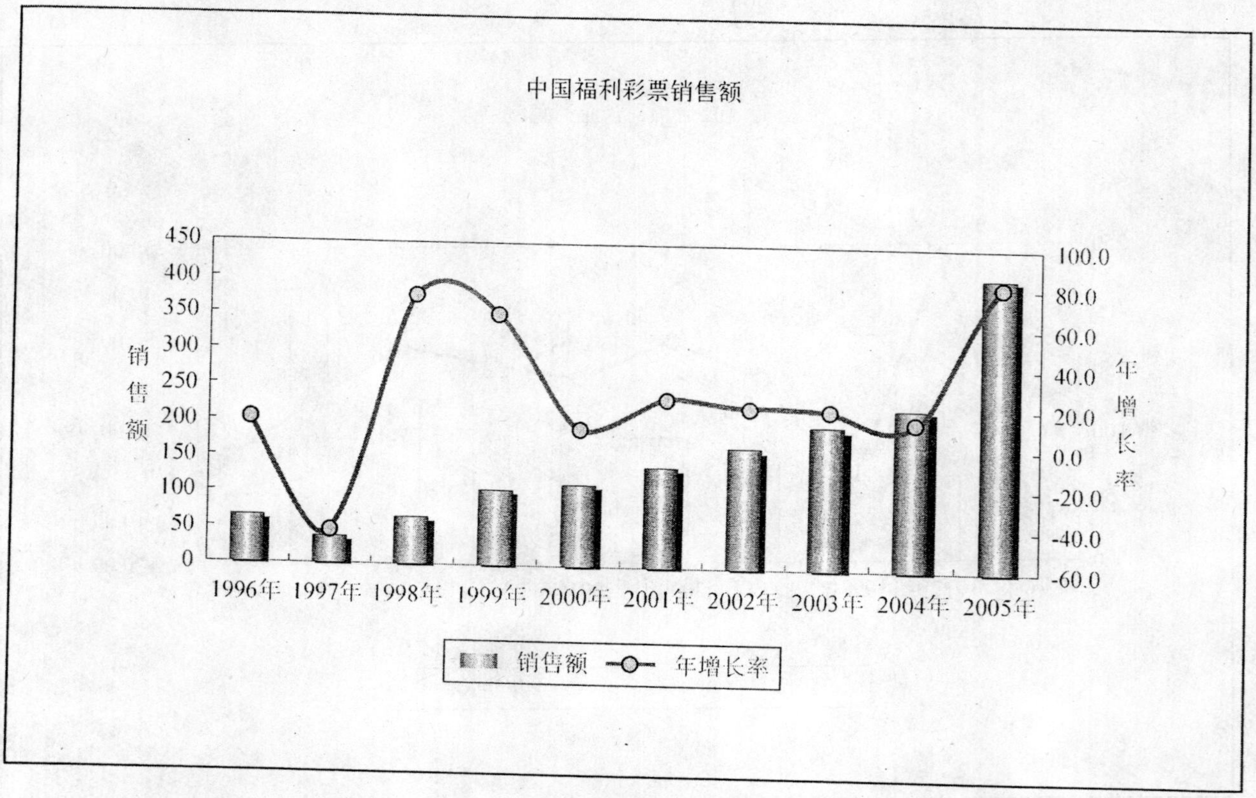

单位：亿元、%

指标	1996年	1997年	1998年	1999年	2000年	2001年	2002年	2003年	2004年	2005年
销售额	64.7	36.4	63.2	104.4	113.4	140	168	200	226.4	411.2
年增长率	12.9	-43.7	73.6	65.2	8.6	23.5	20.0	19.0	13.2	81.6

图－25　民政事业基本建设投资

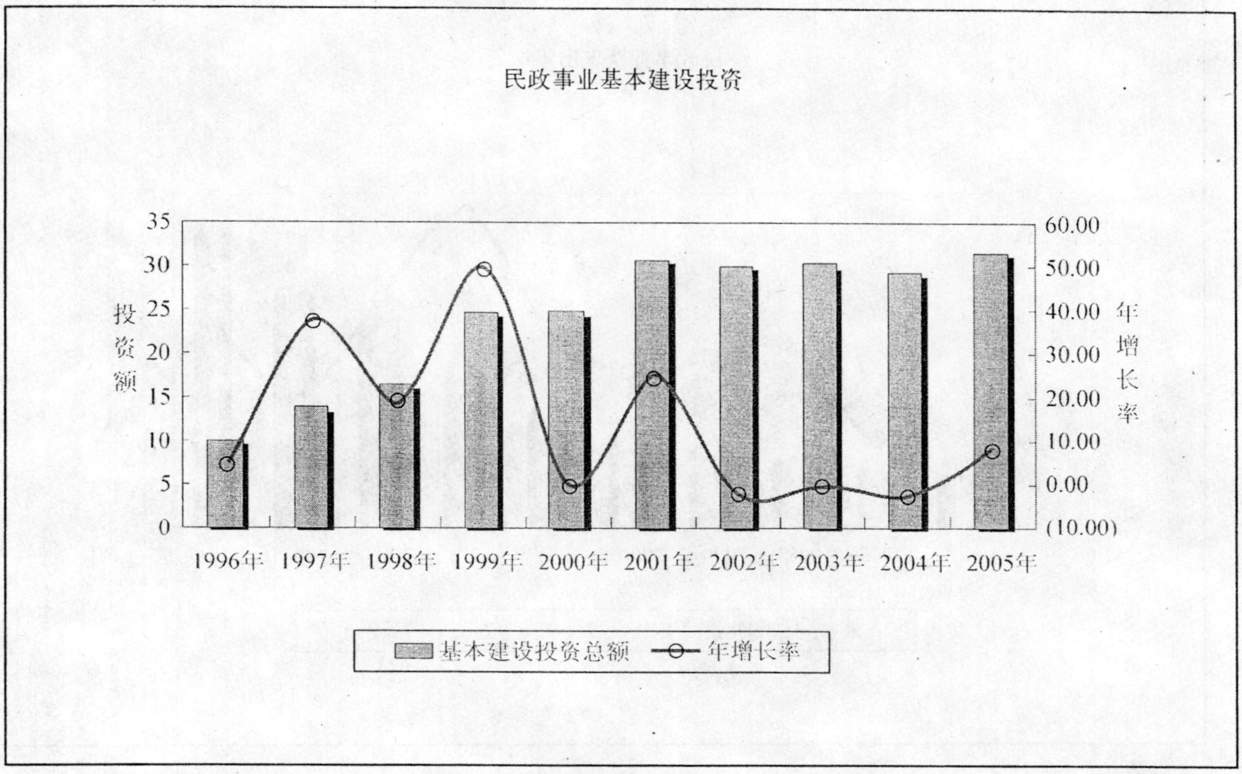

单位：亿元、%

指标	1996年	1997年	1998年	1999年	2000年	2001年	2002年	2003年	2004年	2005年
基本建设投资总额	10	13.8	16.5	24.7	24.7	30.8	30.1	30	29.2	31.6
年增长率	5.26	38.00	19.57	49.70	0.00	24.70	-2.27	-0.33	-2.70	8.2

图-26　民政事业费支出年增长率

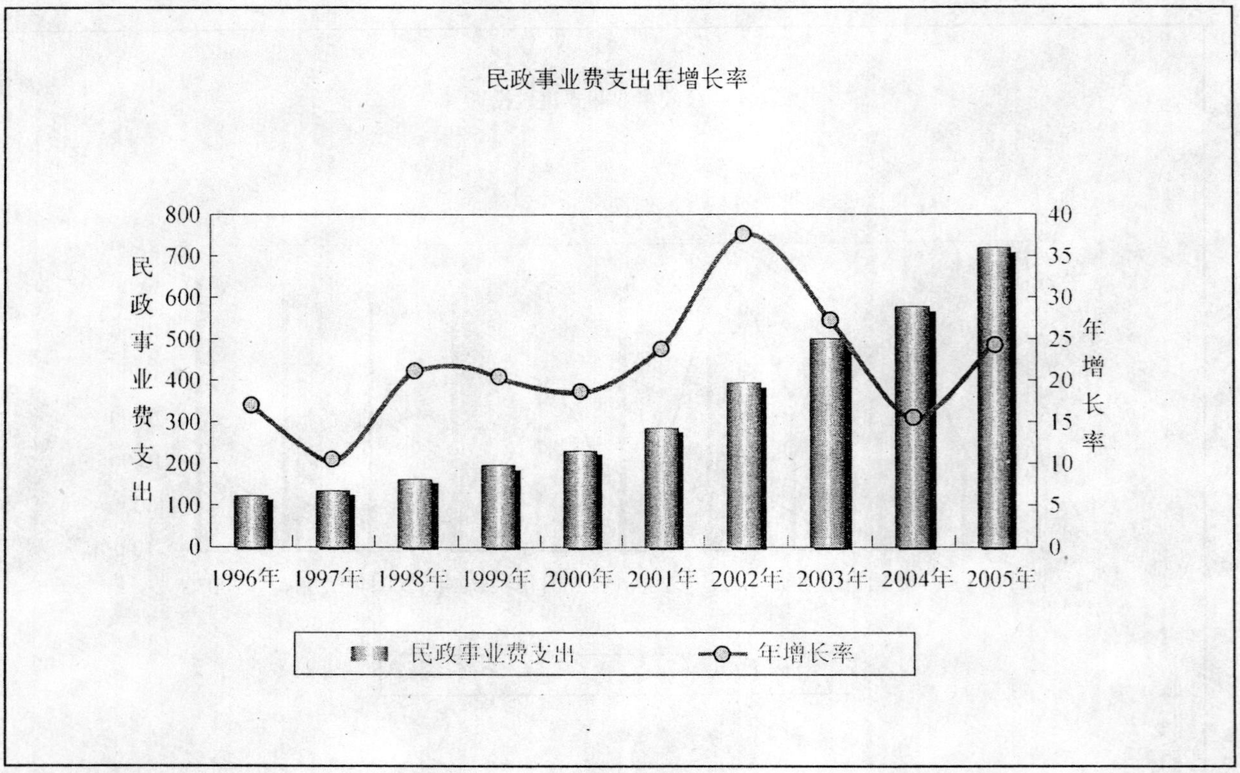

单位：亿元、%

指标	1996年	1997年	1998年	1999年	2000年	2001年	2002年	2003年	2004年	2005年
民政事业费支出	121	133.5	161.8	194.6	230.5	284.8	392.2	498.9	577.4	718.4
年增长率	16.9	10.3	21.2	20.3	18.5	23.7	37.6	27.2	15.7	24.4

图-27 民政事业费支出占国家财政支出的比重

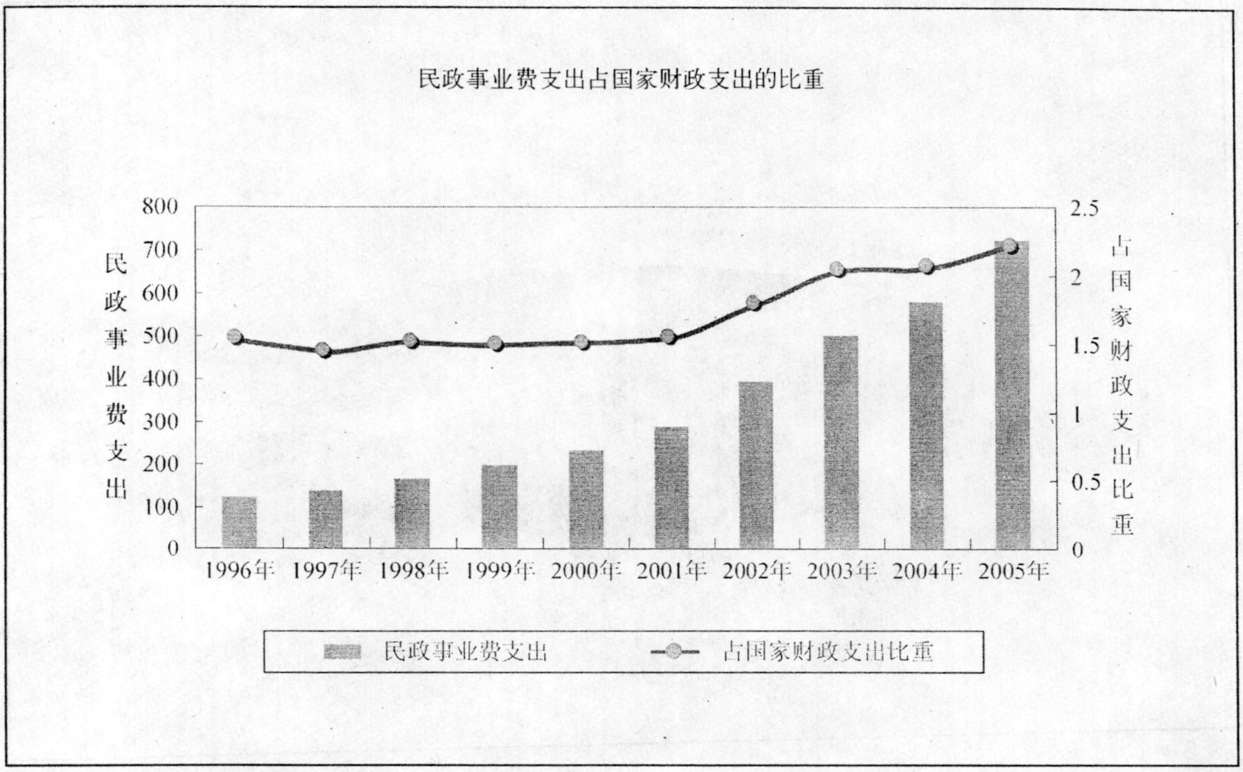

单位：亿元、%

指标	1996年	1997年	1998年	1999年	2000年	2001年	2002年	2003年	2004年	2005年
民政事业费支出	121	133.5	161.8	194.6	230.5	284.8	392.2	498.9	577.4	718.4
占国家财政支出比重	1.53	1.44	1.5	1.49	1.5	1.53	1.78	2.03	2.04	2.13

图-28　2005年民政事业费按用项支出比重

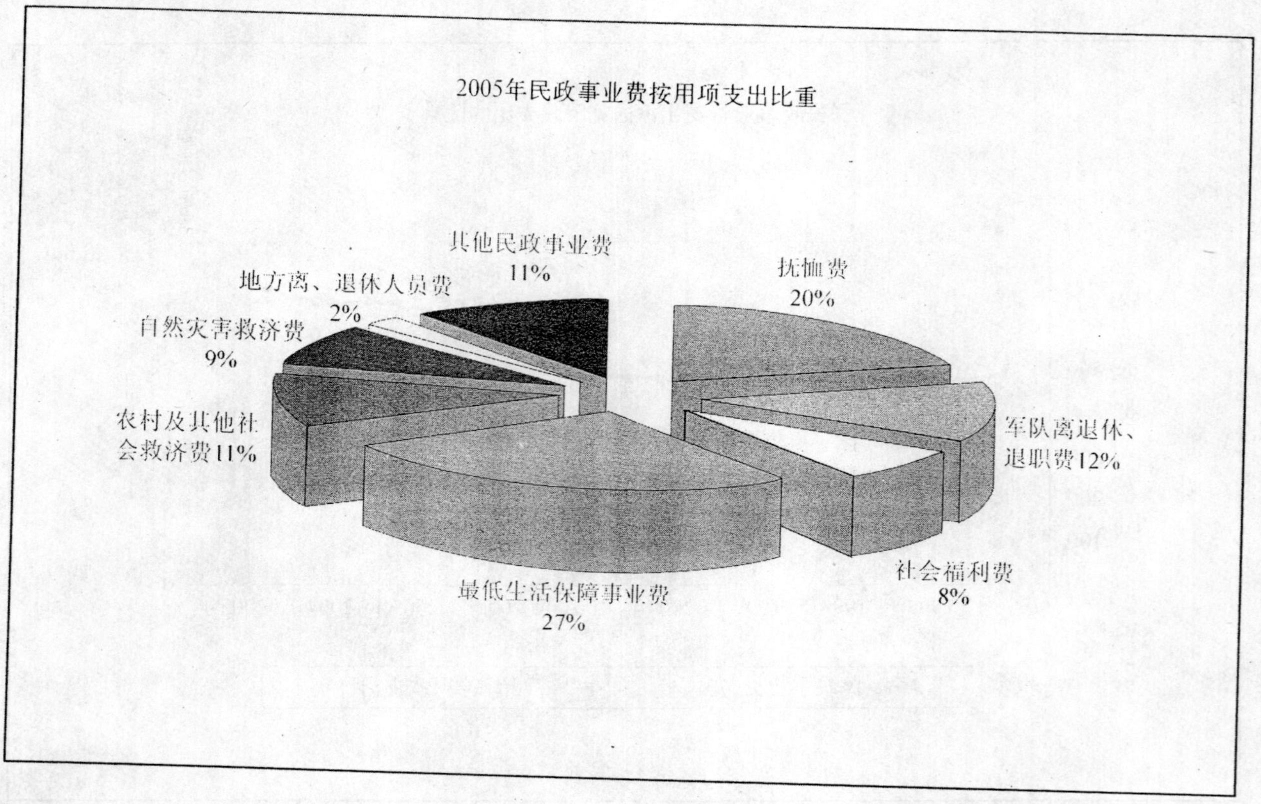

单位：亿元、%

指标名称	民政事业费总支出	抚恤费	军队离退休、退职费	社会福利费	最低生活保障事业费	农村及其他社会救济费	自然灾害救济费	地方离、退休人员费	其他民政事业费
金额	718.4	143.6	88.9	55.6	191.9	79.9	62.6	13.7	82.2
比重	100	20.0	12.4	7.7	26.7	11.1	8.7	1.9	11.4

专文

民政部关于印发《二〇〇五年民政事业发展统计报告》的通知

民发[2006]80号　二〇〇六年五月十七日

各省、自治区、直辖市民政厅（局），计划单列市民政局，新疆生产建设兵团民政局：

现将《二〇〇五年民政事业发展统计报告》印发你们。

民政部

二〇〇六年五月十七日

二〇〇五年民政事业发展统计报告

2005年是实施“十五”计划的最后一年，在党中央、国务院领导下，各级民政部门以邓小平理论和“三个代表”重要思想为指导，认真贯彻党的十六大和十六届三中、四中、五中全会精神，坚持求真务实，积极改革创新，加强分类指导，注重整体推进，各项民政工作都取得了新的进展，在社会建设和管理中有效地发挥了民政部门的职能作用。

一、民间组织健康发展，管理工作不断完善

民间组织健康发展，初步形成了门类齐全、层次有序、覆盖广泛、作用明显的民间组织体系。民间组织管理工作坚持培育发展和监督管理并重，规范化的管理服务，使登记管理工作开展有序，年检工作进展顺利，监督查处迅速有效。截至2005年底，全国共有民间组织32万个，比上年增长10.7%，其中：社会团体17.1万个，民办非企业单位14.8万个，基金会975个。其业务范围涉及教育、科技、文化、卫生、劳动、民政、体育、社区、环保、公益、慈善、农村专业经济等社会生活的各个领域，成为党和政府联系人民群众的桥梁和纽带。在我国政治、经济、文化、社会建设中发挥着不可或缺的积极作用，正成为构建社会主义和谐社会的重要力量。

从社团的地域分布来看，截至2005年底，全国共有社会团体17.1万个，比上年增长11.8%。其中：全国性及跨省（自治区、直辖市）活动的社团有1688个；省级及省内跨地（市）域活动的社团21119个，比上年增加556个；地级及县以上活动的社团53080个，比上年增加2656个。从社团的性质来看，专业性的社团50328个，学术性的社团39640个，行业性社团53004个，联合性社团23961个，数量增长最多的为行业性社团，比上年增长14.3%。

民办非企业单位自律与诚信建设全面展开。截至2005年底，全国共有民办非企业单位14.8万个，比上年增长9.2%。其中：教育类7.6万个，卫生类2.7万个，文化类3773个，科技类6915个，体育类4012个，劳动类1.2万个，民政类10445个，社会中介服务业1665个，法律服务业662个。从地域分布来看，民办非企业单位最多的省份为山东省，数量达32357个。

基金会管理逐步规范，实施了基金会信息公布制度。截至2005年底，全国共有基金会975个，比上年增长9.3%。其中：中央级基金会共计92个，比上年增

民间组织

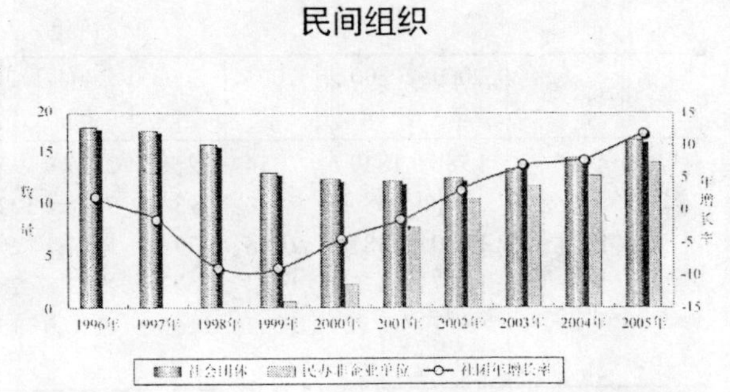

单位：万个、%

指标	1998年	1999年	2000年	2001年	2002年	2003年	2004年	2005年
社会团体	16.6	13.7	13.1	12.9	13.3	14.2	15.3	17.1
民办非企业单位		0.6	2.3	8.2	11.1	12.4	13.5	14.8
社团年增长率	-9.0	-9.0	-4.6	-1.6	3.1	6.8	7.7	11.8

加8个。

二、优抚对象抚恤标准进一步提高，退役士兵安置改革顺利进行，军休人员接收安置数量创历史新高

截至2005年底，国家抚恤、补助各类重点优抚对象460.3万人，比上年减少1.6万人，下降0.3%。其中：在乡复员军人214.5万人，比上年下降3.1%；在乡退伍红军老战士2681人，在乡西路军红军老战士1370人，红军失散人员7.6万人，分别比上年下降0.7%、5.8%、9.3%。伤残人员88.5万人，比上年增长3.4%。烈士遗属比上年增长2.8%，因公牺牲、病故军人遗属，分别比上年下降了0.7%和5.8%。

重点优抚对象抚恤补助标准进一步提高。2005年抚恤事业费大幅增长，全年共支出143.6亿元，比上年增加39.5亿元，增长37.9%。除抚恤补助标准按自然增长机制增长以外，其主要原因是新《军人抚恤优待条例》取消了抚恤金和保健金的区别，实现了在职和在乡伤残人员抚恤标准的合并，使抚恤事业费有较大增长，此外，红军老战士人均年定期补助也由上年的9638.5元增加到10250.0元，比上年增长6.3%。定期抚恤平均标准由上年的2777.8元增加到2843.8元，比上年增长2.4%。这些因素的影响，使抚恤事业费的投入进一步加大，国家对优抚对象的待遇落到了实处。

2005年省级人民政府共批准烈士314人；烈士纪念建筑物15605处，其中，零散烈士纪念建筑物7483处。

优抚对象年均抚恤、补助情况

单位：元/人、年

指标	2000年	2001年	2002年	2003年	2004年	2005年
伤残人员	1586	1839.6	2054	2260.1	2377.9	3655.6
在乡红军老战士	6300	6686.5	7800	8934.8	9638.5	10250.0
红军失散人员	1200	1381.9	1616	1744.2	1807.2	2934.2
烈军属	1507	1677.2	1954	2623.0	2777.8	2843.8
在乡复员军人及在乡退伍军人	877	929	1043	1166.3	1210.0	1584.9

2005年是安置工作应对新问题，出台新政策最多的一年，积极完善各项优抚安置政策，推进退役士兵和军队无军籍退职退休职工安置改革，推动修订兵役法，完成纪念抗战胜利60周年系列活动，退役士兵安置改革稳步推进。目前，全国有1800个县（市）开展了自谋职业改革工作，约有50%的城镇退役士兵自谋职业。2005年接收安置退役士兵、复员干部45.2万人。其中：退伍义务兵39.3万人(城镇义务兵21.5万人)；转业、复员士官5.7万人；复员干部1809人。全年共接收军队离退休干部、无军籍职工1.9万余人。

截至2005年底，全国有各类优抚安置单位3058个；优抚类收养性床位8.1万张，与去年基本持平，年末收养各类人员5.7万人。

三、社会救助体系框架基本形成

2005年，社会救助成效显著，各项社会救助制度基本建立，社会救助体系框架已初步形成。社会救助工作进入了统筹安排、整体推进、制度运行的轨道，绝大多数城乡特殊困难群众的基本生活得到了保障。

灾害应急救助的体制的进一步健全。基本确立减灾国际合作机制和国内的工作指导机制，成功举办了亚洲减灾大会，基本形成了亚洲地区减灾合作的工作框架。2005年，中央下拨救灾款43.1亿元，调拨救灾帐篷6.7万顶，全国共紧急转移安置灾民1570.3万人，为1998年以来转移人口最多的一年。全年共启动四级以上救灾响应30次。开展全国春荒救助，共发放《灾民救助卡》1549.4万张，救助灾民4552万人；开展冬令救助，共发放《灾民救助卡》1921万张，救助灾民5688万人；全年恢复重建灾区民房190.4万间，保证了受灾群众的衣、食、住、水、医等基本需求，灾区人心安定、社会稳定，灾后恢复重建工作紧张有序进行。

2005年发生各类自然灾害比上年有所上升。全国农作物受灾面积3881.8万公顷，比上年增加4.6%。其中，绝收面积459.7万公顷，比上年增加5.4%；因灾死亡2475人，比上年增加10%；倒塌房屋226.4万间，比上年增加50万间；直接经济损失2042.1亿元，比上年增加27.4%，为近年来灾害较重年份。

城市居民最低生活保障工作有序实施。开展了城市最低生活保障情况按月统计通报和重点督察，完成各地分类施保情况的摸底调研，进一步巩固了动态管理下的应保尽保。全年各级财政共支出低保资金191.9亿元。2005年全国城市最低生活保障月人均保障水平72.3元，比上年提高11.2%。2005年底城市居民最低生活保障平均标准达到156元。全国共有994.7万户，2234.2万城市居民得到了最低生活保障，分别比上年同期增长4.1%和1.3%，保障户型结构向小户型转变，使城市居民中的孤寡老人、“三无”对象进一步得到了保障，城市低保对象连续3年稳定在2200多万人，城市最低生活保障制度进入了平稳发展时期。得到最低生活保障人员中：在职人员114.1万人，比上年同期下降了19.1%；下岗人员430.7万人，比上年同期下降了8.1%；退休人员61.3万人，比上年同期下降了16.1%；失业人员410.1万人，比上年同期下降了3.0%；“三无”人员95.8万人，与上年基本持平；上述人员的家属及其他特殊救济人员1122.1万人，比上年同期增长11.8%。

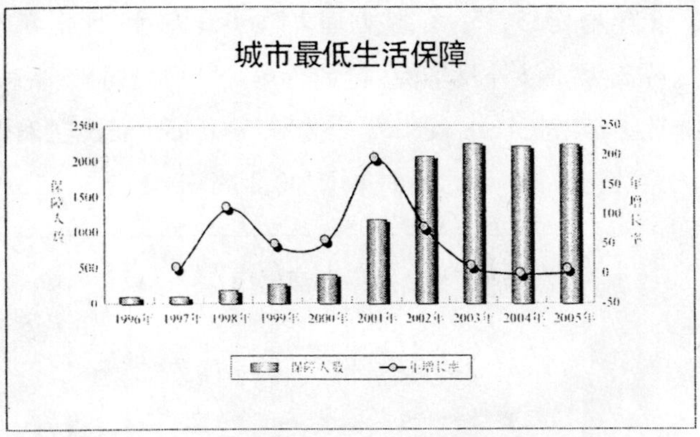

单位：万人、%

年份	2000年	2001年	2002年	2003年	2004年	2005年
保障人数	402.6	1170.7	2064.7	2246.8	2205	2234.2
年增长率	51.4	190.8	76.4	8.8	-1.9	1.3

农村特困户救助和农村最低生活保障制度稳步推进，农村五保供养制度日趋规范，供养水平有所提高。截至2005年底，全国有13个省份、1308个县（市）建立了农村最低生活保障制度，有825.0万村民、406.1万户家庭得到了农村最低生活保障，分别比上年同期增长了69.0%和72.1%，其中：困难户298.8万户，五保户49.7万户，其他人员家庭57.7万户。在没有开展农村居民最低生活保障工作的地区，实施农村特困户救助制度，2005年共有1066.8万人、654.8万户家庭得到了特困救助，分别比上年同期增长了16.7%和19.9%，其中：特困户290.4万户，五保户300.1万户，其他救济对象64.4万户。全国农村得到五保供养的家庭有349.7万户。

积极推进医疗救助。全年共支出农村医疗救助金7.8亿元，其中：资助参加新型农村合作医疗资金0.95亿元，资助大病救助资金4.8亿元，累计救助贫困农民854.5万人次，其中：民政部门资助参加合作医疗654.9万人次，民政部门医疗救助199.6万人次。城市医疗救助114.9万人次。全年中央财政共补助城乡医疗救助资金6亿元，有力地保障了各地医疗救助工作的开展。

四、慈善事业健康发展，社会捐助成果显著

2005年，我国慈善事业进入政府全面推动阶段，开创了慈善事业新局面，成功召开中华慈善大会，向全社会发出政府支持慈善事业的信号，向公众发出积极投入慈善事业的号召。广泛开展了经常性的社会捐助活动，积极推进社会捐助经常化、规范化和捐助形式多样化。成功组织了印度洋海啸的捐赠活动，募集资金6.56亿元，首开我国民间向境外捐赠的先河；开展在中央部门和单位全体共产党员中开展为困难群众特别是受灾群众送温暖、献爱心活动。

截至2005年底，全国共建立经常性社会捐助工作站、点31153个，其中：慈善超市3076个，基本形成覆盖全国城市的社会捐助网。全年民政部门、慈善会直接接收社会捐款及接收捐赠物资折款共计61.9亿元，接收捐赠衣被10356万件；其中：棉衣被2850万件，捐赠物资折款1.6亿元。间接接收其他部门转入的社会捐款2.2亿元，衣被3996万件；其中：棉衣被973万件，捐赠物资折款4721.1万元。使3610.7万人（次）困难群众受益。

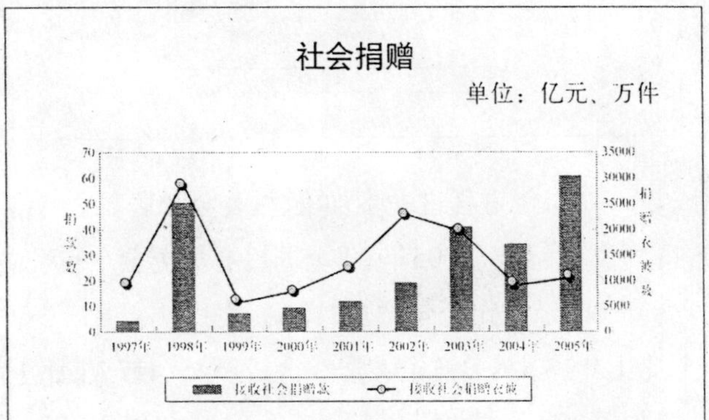

五、启动建设和谐社区活动，逐步完善城乡基层群众自治机制

建设和谐社区活动全面启动。开展“全国百城社区建设情况抽样调查活动”，扩大社区直接选举，完善社区居民自治功能，拓展社区服务领域，推进科教文卫等服务进社区，在3.6万个社区开展了万家社区图书援建

和万家社区读书活动"。截至2005年底，全国城镇社区服务设施19.5万处（其中，中国福利彩票公益金资助的星光老年之家2.6万个），安置下岗人员138.8万人；综合性的社区服务中心8479个。

稳步推进村委会换届选举。以村委会直接选举为重点的农村基层民主建设成为《中国的民主政治建设》白皮书中的一大"亮点"。2005年全国共有4.7亿人参加了选举，当年进行选举的村委会36.8万个。选举的竞争性增强，对选举的监督力度加大，"难点村"、"重点村"问题逐步得到解决。

村务公开民主管理工作继续推进。7省（区）村务公开和民主管理工作专题督查调研活动和全国范围内130个县（市）规模的农村村民自治状况抽样调查活动进展顺利；启动"村务公开民主管理示范单位"创建活动。2005年，全国共评选出村民自治模范村88181个，村民自治模范乡镇7543个，村民自治模范县(市、区)513个。有力促进了《中共中央办公厅国务院办公厅关于健全和完善村务公开和民主管理制度的意见》（中办发〔2004〕17号）的贯彻落实。

基层群众性自治组织

单位：个

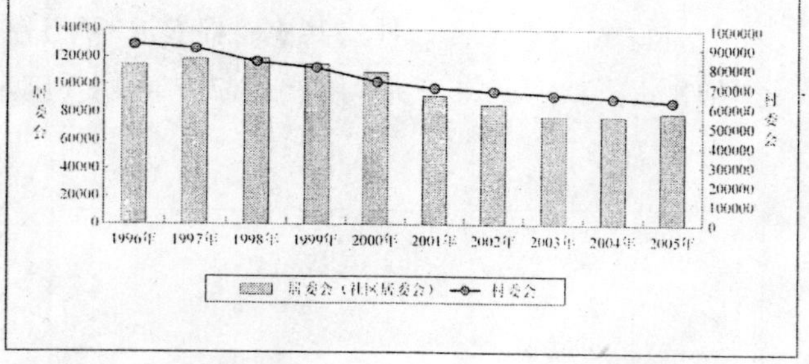

城市化进程进一步加快，村委会和居委会的结构得到调整。截至2005年底，全国设有居委会（社区居委会）79947个，比上年增加1.2%；居民小组123.3万个，比上年减少6.3万个；居委会成员45.4万人，比上年增加2.9万人。村委会62.9万个，比上年减少了1.5万个，下降2.3%；村民小组490.5万个，比上年减少1.8万个，下降3.4%；村委会成员265.7万人，比上年减少19万人，下降9%。

六、婚姻登记规范化建设顺利进行，服务水平明显提高

2005年全国办理结婚登记823.1万对，比上年减少44.1万对，其中：内地居民登记结婚816.7万对，比上年减少44.1万对；涉外及华侨、港澳台居民登记结婚6.4万对，与上年基本持平；结婚率为12.6‰（每千居民之结婚宗数为6.3‰），比上年降低0.7个千分点。从结婚年龄来看，2005年20–24岁办理结婚登记的公民占结婚总人口比重最多，占47%，25–29岁占34.3%，30–34岁占9.9%，35–39岁占4.9%，40岁以上占3.9%；从结婚人口区域分布来看，办理结婚登记的人口以大城市居多，其中，40岁以上办理结婚登记的人口上海市最多，其次，依次是北京市、天津市、重庆市。

2005年办理离婚手续的有178.5万对，比上年增加12万对，其中：民政部门登记离婚118.4万对，比上年增长13.2%，法院办理离婚60.1万对，比上年下降2.9%，涉外及华侨、港澳台居民登记离婚8267对，比上年增长41.8%；离婚率为2.73‰（每千居民之离婚宗数为1.36‰），比上年增加0.17个千分点。

结婚率和离婚率

单位：‰

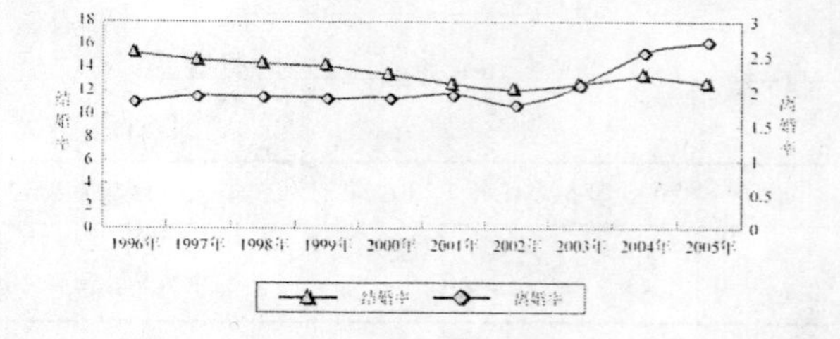

七、稳妥调整行政区划，启动地名公共服务工程，加强界线管理

加强行政区划调整、论证和规划，启动地名公共服务工程，继续完善依法治界。全面完成城市地名标志设置任务，以实施地名公共服务工程为平台，开展城市地名规划，启动县乡镇地名设标，四级地名数据库建设和地名信息服务取得较大进展。出台省级行政区域界线联合检查办法，强化界线管理部门合作机制，完成11条省界线1400多条县界线的联检任务，及时调处界线纠纷。加强行政区划调研、论证和规划，完成国家"十一五"发展专项规划《行政区划调整与城市化进程健康发展》的编制工作。从严从紧调整县级以上行政区划14件。完成了《中华人民共和国行政区划图集》和部分省行政区划地图的编制工作。

我国县以上行政区划趋于稳定。2005年对县级以上行政区划调整审慎报批，使2005年成为1978年以来县级以上行政建制数量、类别唯一没有变更、调整的一年。

继续加大乡镇撤并力度。2005年底全国乡镇总数为35473个，其中：镇19522个，比上年减少361个；乡15951个，比上年减少1500个。乡镇撤并进一步减轻了农民负担，推进了城市化进程，促进了农村经济的发展。

2005年底共有街道办事处6152个，比上年增加248个。

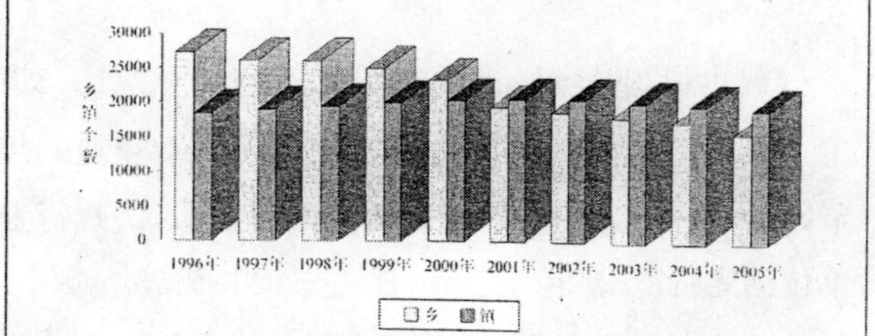

乡镇

单位：个

八、各类福利机构管理服务日益规范，社会福利事业稳步发展

重点实施“明天计划”和“明天计划”志愿服务活动，已有1.3万多名残疾孤儿接受了手术治疗，手术成功率达到99.7%。启动孤儿政策制定工作，着手研究孤儿救助、艾滋孤儿救助关怀、无人监护的服刑人员未成年子女的帮扶政策。积极开展孤儿收养合作，研究收养政策，启动清理国内事实收养前期调查工作。2005年全国各类收养性社会福利单位共收养儿童7.8万人，其中：各级儿童福利院收养儿童2.7万人；全年被国内外家庭收养的孤儿、弃婴5.1万人，其中：被外国人收养1.3万人。

制定下发《关于支持社会力量举办社会福利机构的意见》的通知，积极开展了养老服务社会化示范活动，各项社会福利服务趋向规范，社会福利事业单位数量稳步增长。截至2005年底，收养性社会福利单位4.1万个；床位163.9万张，比上年增长11.6%；收养123.6万人，比上年增长11.4%。可提供食宿的社区服务中心622个，床位17669张，收养各类人员7723人。

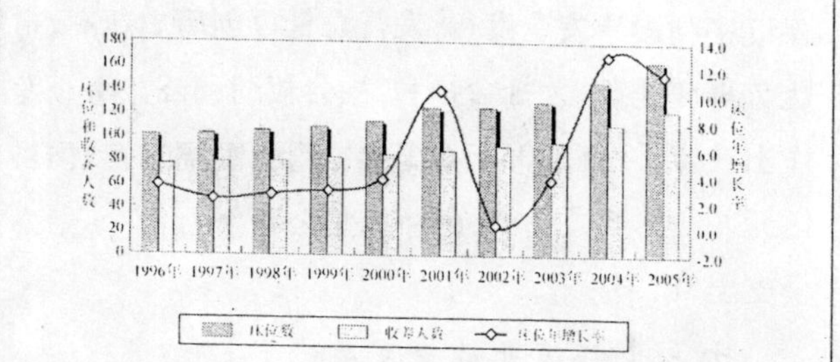

收养性社会福利单位

单位：万张、万人、%

名称(单位)	2000年	2001年	2002年	2003年	2004年	2005年
床位数	113	124.7	125.1	129.8	146.8	163.9
收养人数	85.4	89.3	92.6	96.5	110.9	123.6
床位年增长率	3.8	10.4	0.3	3.8	13.1	11.6

积极协调福利企业税收优惠政策，努力稳定残疾人集中就业。2005年全国共有福利企业31211个，比上年减少1199个；残疾职工63.7万人，比上年减少2.5万人；实现利润225.2亿元，比上年增长2.8%；年末固定资产1329.4亿元，比上年增长6.9%。

修订《殡葬管理条例》，进一步规范殡葬管理，推动生态墓地建设。截至2005年底，全国共有殡葬事业单位3284个，其中殡仪馆1549个；殡葬管理单位681个；民政部门管理的公墓1009个，比上年增加72个。殡葬职工共有6.9万人，其中殡仪馆职工4.4万人，比上年增加0.1万人；火化炉5037台；火化遗体450.2万具，比上年增加13.3万具，火化率53%，比上年增加0.5个百分点。

救助管理工作规范化水平不断提高。截至2005年底全国共有救助管理工作站1079个，床位4.4万张，先后救助城市生活无着的流浪乞讨人员119.6万人次。

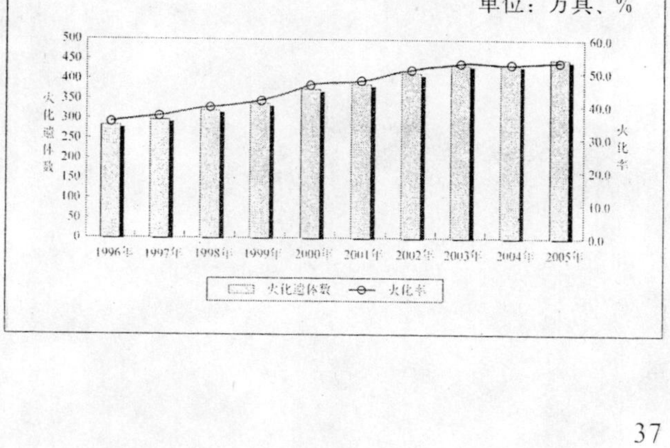

殡葬事业发展

单位：万具、%

九、中国福利彩票发行工作实现跨越式发展，管理工作进一步加强

妥善处理福利彩票发行和发展的矛盾，规范管理，保证福利彩票安全发行，发行总量再创历史新高，市场优势再度提升，为社会福利、社会救助和公益事业发展作出重要贡献。2005年全国共销售中国福利彩票411.2亿元，比上年增长81.6%，筹集公益金144亿元，公益金支出58.9亿元。

十、老龄事业健康发展

截至2005年底，全国65岁及以上人口1.0055亿人，占全国总人口的7.7%，比上年上升了0.1个百分点。老龄工作机构4001个，老龄工作人员1.3万人。老年大学3317个，在校学员100.6万人；老年学校42660个，在校学员330.8万人。

十一、民政事业费保持持续增长态势

2005年民政事业费占国家财政支出比重由2004年的2.04%增加到2.13%，比上年提高了0.09个百分点。

民政事业费支出718.4亿元，比上年增长24.4%，其中：抚恤事业费143.6亿元，比上年增长37.9%；军队离退休、退职费88.9亿元，比上年增长20%；城市居民最低生活保障支出191.9亿元，比上年增长11.1%；农村及其他社会救济支出79.9亿元，比上年增长67.9%，其中：农村最低生活保障费25.3亿元，比上年增长56.2%；农村定期救济费27.8亿元，比上年增长91.7%；社会福利费55.6亿元，比上年增长6.7%；自然灾害救济费62.6亿元，比上年增长22.5%；地方离、退休人员费用13.7亿元，比上年增长1.4%；其他民政事业费82.3亿元，比上年增长33.6%。

民政事业费支出占国家财政支出的比重

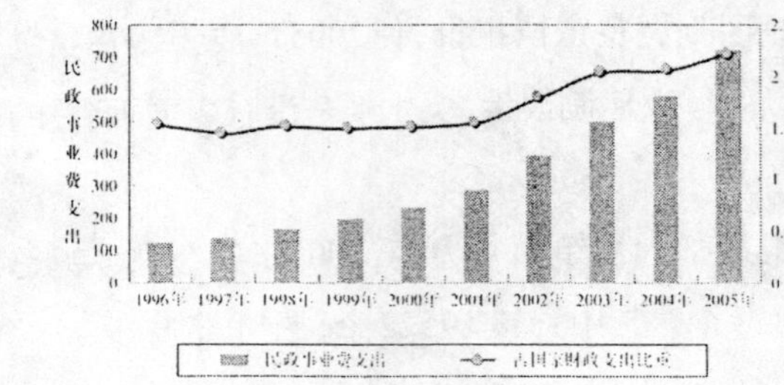

单位：亿元、%

指标	2000年	2001年	2002年	2003年	2004年	2005年
民政事业费支出	230.5	284.8	392.2	498.9	577.4	718.4
占国家财政支出比重	1.5	1.53	1.78	2.03	2.04	2.13

十二、固定资产稳步增长，民政事业蓬勃发展

截止到2005年底，全国各类民政行业单位10.3万个；职工人数203.4万人；筹集各种用于民政事业的经费870.7亿元，其中：财政经费786.4亿元；民政行业单位固定资产1924.3亿元，比上年增长5.7%。其中：各类民政事业单位固定资产530亿元，社会福利企业固定资产1329.4亿元，各级民政行政机关固定资产64.9亿元。

民政事业基本建设投资总额31.6亿元，比上年增长8.6%。其中：国家投资9.1亿元，与去年持平，施工项目4249个。

2005年各级民政部门和慈善会接受社会捐赠资金61.9亿元，其中：各级慈善会共募捐资金28.9亿元，比上年增长71.6%；资助福利项目1903个。

关于印发《民政部财政国库资金支付管理办法》的通知

民办发[2005]3号　二〇〇五年五月十六日

各司（局）、直属事业单位，中国老龄协会：

《民政部财政国库资金支付管理办法》已经部长办公会议研究通过，现印发给你们，请遵照执行。

民政部办公厅

二〇〇五年五月十六日

民政部财政国库资金支付管理办法

第一章　总　则

第一条　为保证财政国库管理制度改革试点工作的顺利进行，根据财政部、中国人民银行《财政国库管理制度改革试点方案》、《中央单位财政国库管理制度改革试点资金支付管理办法》及有关法规，结合民政部的实际情况，制定本办法。

第二条　本办法适用于经财政部确认纳入试点范围的部属财政补助事业单位(以下简称基层预算单位)。

第三条　财政国库管理制度改革试点资金包括经财政部确认纳入试点范围的财政性资金。

第四条　部财务和机关事务司(以下简称财务司)为民政部财政国库管理制度改革试点工作的主管部门，负责办理财政国库管理制度改革试点工作的相关业务。

第二章　预算单位零余额帐户的设立和使用

第五条　财务司按规定在财政授权支付代理银行范围内，选定部各基层预算单位财政授权支付的代理银行；各基层预算单位在选定的代理银行中，本着就近、安全、便利的原则选择一个分支机构作为本单位的零余额账户开户银行，报财务司审核。

第六条　实行财政授权支付的基层预算单位提出设立零余额帐户的申请，连同《财政授权支付银行开户情况申请表》报送财务司；财务司审核无误后汇总填写《财政授权支付银行开户情况汇总申请表》(附件一)，报财政部审批。

第七条　财政部批准我部汇总开立零余额帐户申请后，通知代理银行为基层预算单位总体办理开户手续；财务司通知各基层预算单位按规定办理预留印鉴手续。

第八条　基层预算单位按规定办理零余额账户开设手续后的三个工作日内，填写财政部统一制发的《中央基层预算单位预算资金拨款印鉴卡》(附件二)一式三份，自留一份，交财务司二份(财务司留一份，另一份交财政部国库支付执行机构)。财务司填写《中央一级预算单位预算资金拨款印鉴卡》(附件三)，一式三份，财务司留一份，交财政部总预算会计、国库支付执行机构各一份。

第九条　基层预算单位的零余额帐户印鉴卡内容如有变动，应及时向财务司提出变更申请，财务司报财政部审批后，基层预算单位及时到开户银行办理印鉴卡更换手续。

第十条　基层预算单位零余额帐户，可以办理财政授权支付的转帐、提取现金等结算业务；可以向本单位经批准予以保留的相应账户划拨工会经费、住房公积金、提租补贴，以及经财政部批准的特殊款项。但不得违反规定从零余额帐户向本单位其他帐户和上级主管单位帐户划拨资金。

第十一条　基层预算单位零余额帐户内的财政授权支付额度在年度内可以累加使用，年末余额的注销及结余资金的处理按财政部《财政国库管理制度改革试点年终预算结余资金管理暂行规定》和《财政部关于财政国库管理制度改革单位年终结余资金额度处理有关问题的通知》执行。

第十二条　基层预算单位应按类、款、项设置零余额帐户用款额度日记帐。

第三章　编制、报送用款计划

第十三条　基层预算单位按照基本支出和项目支出分别编报分月用款计划。基本支出分月用款计划每年报送两次，项目支出分月用款计划按季分月编制。分月用款计划包括财政直接支付分月用款计划和财政授权支付分月用款计划两部分。

第十四条　1－5月基本支出分月用款计划和第一季度、第二季度项目支出分月用款计划原则上根据下达的预算控制数编制，6－12月基本支出分月用款计划和第三季度、第四季度项目支出分月用款计划根据批复的部门预算编制。当批复的预算与预算控制数差距较大时，预算单位应当根据批复的预算及时调整第二季度项目支出分月用款计划。

第十五条　基层预算单位在批复的预算（预算控制数）内，根据对各项级科目（项目）支出的预测，编制分月用款计划。其中，基本支出分月用款计划按照均衡性原则编制，项目支出分月用款计划按照项目实施进度和年度均衡原则编制。基本支出分月用款计划资金额度编制到千元，千元以下资金并入12月份用款计划。项目支出分月用款计划资金额度编制到万元。财政直接支付项目的用款计划按具体项目编制，财政授权支付项目的用款计划编制到项级科目。

第十六条　基层预算单位报送分月用款计划时，一式一份，同时报送软盘。财政授权支付的项目，应同时报送项目经费明细单（纸质），内容包括：项目对应的项级科目、项目名称及项目支出金额。

第十七条　基层预算单位应在11月20日前，将下年《预算单位1－5月基本支出分月用款计划表》（附件四）和第一季度的《预算单位项目支出分月用款计划表》（附件五）报送财务司；4月20日前报送本年《预算单位6－12月基本支出分月用款计划表》（附件六）；2月18日、5月20日、8月20日前分别报送本年第二、三、四季度的《预算单位项目支出分月用款计划表》。财务司审核汇总后，应于当年12月1日前编制《预算单位1－5月基本支出分月用款计划汇总表》（附件七）和第一季度的《预算单位项目支出分月用款计划汇总表》（附件八），次年的5月1日前编制《预算单位6－12月基本支出分月用款计划汇总表》（附件九），3月1日、6月1日、9月1日前编制第二、三、四季度的《预算单位项目支出分月用款计划汇总表》报送财政部。

第十八条　财务司收到财政部批复的分月用款计划后，应在2个工作日内批复基层预算单位。

第十九条　财务司收到财政部调整民政部上报的用款计划通知后，应在一个工作日内通知基层预算单位；基层预算单位应在1个工作日内将调整后的用款计划交财务司；财务司审核汇总后，在1个工作日内报财政部。

第二十条　年度财政预算执行中发生追加、追减等调整变化，财务司在收到财政部预算调整文件后及时通知基层预算单位；基层预算单位应及时将调整后的用款计划报财务司。

第二十一条　分月用款计划一般不作调整，因特殊情况需要调整的，基层预算单位应在用款月度前15个工作日提出调整申请，并将调整后的用款计划交财务司汇总，财务司在用款月度前10个工作日报财政部审批。

第二十二条　基层预算单位依据用款计划办理财政直接支付用款申请和财政授权支付手续。

第四章　财政直接支付

第一节　一般程序

第二十三条　基层预算单位实行财政直接支付的财政性资金包括工资支出、工程采购支出、物品和服务采购支出三种类型。

第二十四条　基层预算单位根据批复的分月用款计划，填写《中央基层预算单位财政直接支付申请书》（附件十）。物品服务采购支出申请、工程采购支出申请，均需送经财政部驻所在地财政监察专员办事处（以下简称财政专员办）审核并签署意见后，将《中央基层预算单位财政直接支付申请书》交财务司。财务司审核汇总，填制《财政直接支付汇总申请书》（附件十一），并附基层预算单位填制的《中央基层预算单位财政直接支付申请书》，报财政部国库支付执行机构。

第二十五条　财政直接支付申请应按基本支出和项目支出分别填写，每种支出填写一张支付申请书；每一类支出要按款分项填写；预算批复到项目的支出要求填写具体项目。

第二十六条　代理银行办理资金支付后，基层预算单位应将代理银行开具的《财政直接支付入帐通知书》(附件十二)作为收到和付出款项的原始凭证。

第二节　工资支出

第二十七条　工资支出实行财政直接支付方式,由财政部国库支付执行机构通过代理银行将工资直接支付到个人工资帐户。

第二十八条　基层预算单位的工资支出暂仍实行财政授权支付。

第二十九条　工资支出要严格执行国家规定的工资标准和有关政策。

第三节　工程采购支出

第三十条　实行财政直接支付的工程采购支出,适用于建设单位(建设单位是指负责工程建设项目和管理的基层预算单位)基本建设投资中年度财政投资超过50万元人民币(含50万元)的支出,包括建筑安装工程、设备采购、工程监理和设计服务等支出。

第三十一条　建设单位要依据批复的年度财政预算、分月用款计划和有关支付凭证(属于政府采购范围的工程项目,还需要按财政部有关规定提供相关的政府采购文件),提出项目支付申请,填写《中央基层预算单位财政直接支付申请书》。

本条所规定的支付凭证,包括购货合同或招标采购的中标供货合同等文件、票证的复印件。预付工程款还需要提供预付工程款支付凭证;工程款还需要提供工程价款结算单;设备、材料款还需要提供设备、材料采购清单。

第三十二条　建设单位的支付申请书需经项目监理审核签字,并附加盖单位公章的本单位分月用款计划批复复印件,按规定程序报财政专员办审核签署意见。

第三十三条　建设单位的支付申请经财政专员办审核签署意见后送财务司;财务司审核无误后汇总,填写《财政直接支付汇总申请书》,并附《中央基层预算单位财政直接支付申请书》,报送财政部国库支付执行机构。

第三十四条　建筑安装工程、设备采购、工程监理等支出,按规定程序直接支付到有关收款人或用款人。工程质量保证金的支付,按照合同有关条款,在保修期满后按规定程序支付给收款人。

第三十五条　有多项资金来源的项目,按照融资比例、工程进度支付财政性资金。其他资金来源不能到位或到位比例低于财政性资金支付进度50%的,财政部将暂缓或停止支付财政性资金。

第三十六条　建设项目概算及财政预算调整,要按规定程序审批。对办理概算或财政预算调整的项目,财务司应严格审核其支付申请,在概算或财政预算调整审批前,原则上暂停支付资金;在概算或预算调整批准后,按重新批复的概算或项目预算支付资金。

第三十七条　属于政府采购范围的工程采购支出部分(建筑安装工程、设备采购、工程监理等支出),要按照财政部政府采购有关规定实行财政直接支付;需要实行公开招标和邀请招标采购方式的,还应根据《招标投标法》,履行招标投标程序。

第四节　物品、服务采购支出

第三十八条　物品、服务采购支出适用于列入财政部颁发的《政府采购品目分类表》的商品、服务采购支出(单件商品或单项服务购买额不足10万元的除外),或未列入《政府采购品目分类表》,但单件商品或单项服务购买额超过10万元(含10万元)的支出。情况特殊的,经财务司同意并报财政部批准后可不作为物品、服务采购支出管理。

第三十九条　基层预算单位需要直接支付物品、服务的采购款项时,应依据批复的年度财政预算、分月用款计划和有关支付凭证,提出财政直接支付申请,并填写《中央基层预算单位财政直接支付申请书》。

本条所规定的支付凭证包括购货票证、购货合同、招标采购的中标供货合同等文件、相关票证的复印件等。

第四十条　基层预算单位需将直接支付申请书附加盖单位公章的本单位分月用款计划批复件的复印件,按规定程序报财政专员办审核签署意见。

第四十一条　基层预算单位的支付申请,经财政专员办审核签署意见后送财务司;财务司审核无误后汇总,填写《财政直接支付汇总申请书》,并附《中央基层预算单位财政直接支付申请书》报财政部国库支付执行机构。

第四十二条　属于政府采购范围的物品、服务采购支出,要按照财政部有关政府采购的规定实行财政直接支付;需要实行公开招标和邀请招标采购方式的,还应根据《招标投标法》,履行招标投标程序。

第五章　财政授权支付

第四十三条　财政授权支付适用于未纳入工资支出、工程采购支出、物品服务采购支出管理的购买支出和零星支出。包括单件物品或单项服务购买额不足10万元人民币的购买支出；年度财政投资不足50万元人民币的工程采购支出(含建设单位管理费)；特别紧急支出；经财政部批准的其他支出。

第四十四条　基层预算单位在代理银行提供的《财政授权支付额度到帐通知书》(附件十三)所确定的可用额度内支用资金。

第四十五条　《财政授权支付额度到帐通知书》确定的月份财政授权支付额度在年度内可累加使用。年度终了，代理银行和基层预算单位对截至12月31日财政授权支付额度的下达、支用、余额等情况进行对帐签证。代理银行将基层预算单位零余额帐户财政授权支付额度余额全部注销，银行对帐签证单作为基层预算单位年终余额注销的记帐凭证。

第四十六条　基层预算单位支用财政授权支付额度可通过转帐或现金等方式结算；以转帐方式结算时，要填制支票或汇票凭证，并及时将支票或汇票凭证送交代理银行，代理银行根据基层预算单位确定的结算方式，通过支票、汇票等形式办理资金支付。

第四十七条　基层预算单位需要从银行支取现金时，必须按照《现金管理暂行条例》等有关规定从零余额帐户提取。

第四十八条　基层预算单位零余额帐户需办理同城特约委托收款业务的，可与代理银行签订授权协议，授权代理银行在接到煤、电、水等公用企业提供的收费通知单后，从基层预算单位零余额帐户的财政授权支付额度内划拨资金，并相应扣减基层预算单位对应项级科目（项目）下的财政授权支付额度。

第四十九条　基层预算单位应及时登记有关帐簿，并与代理银行提供的对帐单核对，发现错误及时更正或通知代理银行更正。

第五十条　从零余额帐户支付的资金可以退回该帐户。同一年度内支付资金退回时，基层预算单位应填写《财政授权支付更正（退回）通知书》(附件十四)，连同退回的现金或银行票据送交代理银行(收款单位或收款银行主动退款的，只需补填《财政授权支付更正(退回)通知书》)，恢复相应的财政授权支付额度。跨年度结算退回的差旅费、医药费等经常性支出，不大于当年对应预算科目实际支出的，视同当年退回的资金处理；大于当年对应预算科目实际支出或当年没有对应预算科目的，需通过部财务司函告财政部，由财政部指定资金退回的预算科目并通知代理银行。

第五十一条　基层预算单位在财政授权支付业务中，如因技术性差错等原因，误支其他预算科目财政授权支付额度的，应及时通知代理银行进行更正。更正的程序是：根据误支的预算科目和额度，向代理银行签发《财政授权支付更正(退回)通知书》，恢复误支预算科目的额度，并提供相应的说明材料，支用应支预算科目的额度。

第五十二条　基层预算单位在授权支付业务中发生的汇划手续费，由财政部按年度统一与代理银行总行结算，预算单位不需支付。

第六章　管理与监督

第五十三条　财务司在财政性资金支付管理中的主要职责是：

(一)指导部属基层预算单位做好财政性资金管理和会计核算工作。

(二) 组织和指导部属基层预算单位按批复预算编制用款计划；审核、汇总、报送、批转所属基层预算单位用款计划。

(三) 审核、汇总、报送部属基层预算单位财政直接支付申请。

(四) 指导部属基层预算单位按规定使用零余额帐户，并对使用情况进行监督。

(五) 配合财政部对部属基层预算单位预算执行、资金申请与拨付、帐户管理等情况进行监督和检查。

第五十四条　基层预算单位在财政性资金支付管理中的主要职责是：

(一) 按批复的预算使用财政性资金，作好相应的财务管理和会计核算工作。

(二) 按批复的预算编制并上报用款计划。

(三) 按批复的用款计划提出财政直接支付申请，提供支付申请所需凭证，并保证凭证的真实性、合法性。

(四) 管理本单位项目执行，监督项目进度和工程质量。

（五）根据财政授权支付管理规定，通知代理银行支付资金。

（六）对本单位各项财政性资金支出的真实性、合法性负直接责任。

第五十五条　发生以下情形之一的，财务司有权拒绝受理基层预算单位的支付申请：

（一）无预算、超预算申请使用资金。

（二）自行扩大预算支出范围申请使用资金。

（三）申请手续及提供的文件不完备，有关审核部门没有签署意见或加盖印章。

（四）预算执行中发现重大违规违纪问题。

（五）工程建设出现重大问题。

（六）出现其他需要拒付情形。

第五十六条　财务司对基层预算单位使用财政性资金情况监督检查的主要内容是：

（一）是否按规定程序、批复的预算、用款计划、合同条款、项目进度申请和使用资金。

（二）支付凭证是否真实、合法，上报的资料、信息是否及时、准确。

（三）是否利用报帐转移、隐匿财政性资金。

（四）是否提供虚假申请资料或信息骗取财政性资金。

（五）是否有其他违反财经纪律造成财政性资金严重流失的行为。

关于印发《民政部政府采购管理实施办法》的通知

民办发[2005]4号　二〇〇五年五月十九日

各司（局）、直属事业单位，部管社团，中国老龄协会：

《民政部政府采购管理实施办法》已经2005年5月11日第四次部长办公会议审议通过，现印发给你们，请遵照执行。

民政部办公厅

二〇〇五年五月十九日

民政部政府采购管理实施办法

第一章　总则

第一条　为了加强部机关、直属事业单位、社会团体以及代管单位（以下简称“各单位”）政府采购管理，建立规范的政府采购运行机制，根据《中华人民共和国政府采购法》和财政部《中央单位政府采购管理实施办法》等法律法规，制定本办法。

第二条　本办法适用于使用财政性资金（包括预算资金、政府性基金和预算外资金等）的各单位的采购行为。

第三条　政府采购是指按照政府采购法律、行政法规和制度规定的方式和程序，采购国务院公布的政府集中采购目录内以及采购限额标准以上货物、工程和服务的行为。

第四条　部政府采购组织形式分为政府集中采购、部门集中采购和单位自行采购三种。

政府集中采购，是指将属于政府集中采购目录中的政府采购项目委托中央国家机关政府采购中心（以下简称“采购中心”）代理的采购活动。

部门集中采购，是指由财务和机关事务司（以下简称“财务司”）统一组织实施属于政府集中采购目录中的部门集中采购项目和政府集中采购目录外货物、服务项目金额在50万元、工程项目金额在60万元以上项目的采购活动。

单位自行采购，也称分散采购，是指各单位实施政府集中采购目录外且货物、服务项目金额在50万元、工程项目金额在60万元以下项目的采购活动。

第五条　财务司为部政府采购工作的监督管理部门，履行全面的监督管理职责，并负责部政府集中采购、部门集中采购和部机关分散采购的组织、实施工作。直属事业单位、社会团体以及代管单位负责本单位分散采购的组织和实施工作。

第六条　财务司的主要职责是：依法制定我部政府采购管理规章；编审上报政府采购预算、政府采购计划；监督检查各单位的各项政府采购工作；办理财政直接支付项目的政府采购资金支付手续；报送民政部有关政府采购的审批、备案文件和信息统计报表。

第七条　各单位的主要职责是：严格执行各项政府采购规定；完整编制政府采购预算；报送政府采购的实施计划及有关资料；组织实施本单位分散采购工作；依法签订和履行政府采购合同；编报本单位政府采购信息统计报表。

第二章　采购管理程序

第八条　各单位在编制下一财政年度部门预算时，应当将该财政年度政府采购项目及资金预算在政府采购预算表中单独填报。

第九条　各单位应按照财务司批复的部门预算中政府采购预算表内容，分别制定政府集中采购、部门集中采购和单位自行采购的实施计划。采购实施计划，包括采购项目、项目构成、采购数量、技术规格、使用时间等内容。

第十条　各单位自接到财务司下达的部门预算之日起15个工作日内，将制定的采购实施计划报送财务司。

第十一条　根据各单位的采购实施计划，财务司和直属事业单位、社会团体以及代管单位与采购中心或其他政府采购代理机构签订委托协议，进行采购。委托协议可以按项目签订，也可以按年度签订一揽子协议，具体项目有特殊要求的，可以另行签订补充协议。

第十二条　政府采购应当签订书面合同。采购合同应当由各单位与中标、成交供应商签订（部机关的协议供货和定点采购项目除外），也可以根据具体组织形式委托采购中心或其他政府采购代理机构与中标、成交供应商签订。政府采购合同应当自签订之日起3个工作日内，将合同副本报财务司备案。

第十三条　各单位应当按照合同约定，对履约情况进行验收。重大采购项目应当委托国家专业检测机构办理验收事务。

履约验收应当依据事先规定的标准和要求，不得增加新的验收内容或标准。凡符合事先确定标准的，即为验收合格。对验收结论有异议的单位，可以申请国家有关专业检测机构进行检测。

第三章　采购实施步骤

第十四条　政府集中采购中协议供货、定点采购项目的采购应当遵循以下工作程序：

（一）编制计划。各单位接到财务司下达的部门预算后，应在15个工作日内向财务司提交政府集中采购和部门集中采购实施计划。

（二）组织采购。财务司依据实施计划，根据实际需要在采购中心确定的中标供应商范围内进行采购。

（三）签订合同。司局由财务司统一签订，直属事业单位、社会团体以及代管单位自行签订。

（四）验收。签订合同后，直属事业单位、社会团体以及代管单位进行采购项目验收工作；司局应与部资产管理部门一起进行采购项目验收工作，并办理采购项目交接手续。

（五）资产支付结算。部机关到财务司进行结算，直属事业单位、社会团体以及代管单位按国库集中支付规定程序办理。

第十五条　政府集中采购中非协议供货、定点采购项目和部门集中采购项目的采购应当遵循以下工作程序：

（一）编制计划。各单位接到财务司下达的部门预算后，应在15个工作日内向财务司提交本单位政府集中采购和部门集中采购实施计划。

（二）签订委托协议。项目委托采购中心或其他政府采购代理机构进行采购的，由财务司与采购中心或其他政府采购代理机构签订委托代理协议，确定委托代理事项，约定双方的权利和义务。

（三）组织采购。采购中心或其他政府采购代理机构采用公开招标或财政部批准的其他采购方式，按照有关规定开展采购活动。

（四）签订合同。招标工作完成后，应当及时确定中标、成交供应商，向其发出中标或成交通知书，同时发布中标、成交公告。各单位应在中标、成交通知书发出30日内，与中标、成交供应商签订采购合同。

（五）验收。各单位应组织人员进行采购项目验收工作。

（六）资产支付结算。部机关到财务司进行结算，直属事业单位、社会团体以及代管单位按国库集中支付规定程序办理。

第十六条　分散采购应当遵循以下工作程序：

（一）各单位接到财务司下达的部门预算后，应在15个工作日内向财务司提交本单位分散采购实施计划。

（二）在分散采购实施计划批复下达后，直属事业单位、社会团体以及代管单位按照批准的方式组织具体采购活动，部机关分散采购由财务司统一进行。

（三）招标工作完成后，应当及时按规定确定中标人，并发出中标通知书。

（四）各单位要在中标通知书发出30日内，完成合同签订工作，并组织采购项目验收工作。

（五）资金支付结算。部机关到财务司进行结算，直属事业单位、社会团体以及代管单位按国库集中支付规定程序办理。

第四章　其它管理事项

第十七条　各单位未列入政府采购预算、未办理预算调整或补报手续的政府采购项目，不得实施采购。

第十八条　各单位调整或补报政府采购预算的，应当及时调整采购实施计划。除集中报送的采购实施计划外，调整或者补报的采购实施计划应当在月末5日内报送财务司审批。

第十九条　货物和服务项目金额在50万元、工程项目金额在60万元以上的采购活动，应执行《中华人民共和国政府采购法》和《中华人民共和国招标投标法》有关规定。其中，120万元以上的货物或服务项目，200万元以上的工程项目应采用公开招标方式。

第二十条　各单位不得将应当以公开招标方式采购的货物、工程和服务化整为零或者以其他任何方式规避公开招标采购。

第二十一条　政府采购信息应当按照法律、行政法规和财政部有关规定，首先在财政部指定的政府采购信息发布媒体上公告。必须公告的政府采购信息包括：招标公告、中标或成交结果。

第二十二条　政府采购的评审专家的确定，应当按照《政府采购评审专家管理办法》规定，从财政部建立的中央单位政府采购评审专家库中抽取。财务司的工作人员不得以评审专家身份参加政府采购项目的评标工作。

第二十三条　在中标、成交通知书发出30日内，各单位应与中标人签订合同。

第二十四条　政府采购合同订立后，不得擅自变更、中止或者终止。经合同双方当事人协商一致的，可以依法变更合同。

第二十五条　各单位应当加强政府采购基础管理工作，建立采购文件档案管理制度。

第五章　备案审批管理

第二十六条　政府采购备案和审批管理，是指财务司对各单位按规定以文件形式报送备案、审批的有关政府采购文件或采购活动事项，依法予以备案或审批的管理行为。

第二十七条　除财务司另有规定外，备案事项不需要财务司回复意见。备案内容有不符合政府采购规定的，其责任由备案单位承担。

下列事项应当报财务司备案：

（一）直属事业单位、社会团体以及代管单位制定的本单位有关政府采购的实施办法；

（二）各单位的定点采购项目及金额；

（三）货物、服务项目金额在50万元、工程项目金额在60万元以上项目的政府采购项目合同副本；

（四）财务司根据管理需要，认为其他应该备案的事项。

第二十八条　审批事项应当经财务司批准后才能组织实施。

下列事项应当报财务司审批：

（一）各单位的政府采购预算和政府采购实施计划；

（二）各单位变更的政府采购预算和政府采购实施计划；

（三）因特殊情况需要采购非本国货物、工程或服务的；

（四）财政直接支付项目采购合同的签订与变更；

（五）财务司根据管理需要认为其他应该审批的事项。

第六章　监督管理

第二十九条　财务司对各单位政府采购活动实行经常性检查制度，依法对各单位执行政府采购法律、行政法规和规章制度情况进行监督检查。

第三十条　财务司对检查中发现的问题，将按照有关规定予以处理。

第七章　附　则

第三十一条　本办法所称本国货物是指全部在中华人民共和国境内生产或者组装的物品。其中生产或者组装所需的原材料或者零部件部分来源于国外的，该物品在本国的附加值应当达到百分之五十以上。

第三十二条　直属事业单位、社会团体以及代管单位按照本规定制定具体实施细则，并报财务司备案。

关于印发《民政部领导干部任期经济责任审计办法》的通知

民办发[2005]6号　二〇〇五年五月二十七日

各直属单位，部管社团，中国老龄协会：

《民政部领导干部任期经济责任审计办法》已经2005年5月11日第四次部长办公会议审议通过，现予以印发，请遵照执行。

民政部办公厅

二〇〇五年五月二十七日

民政部领导干部任期经济责任审计办法

为了加强对民政部领导干部的管理和监督，正确评价领导干部任期经济责任，促进领导干部勤政廉政，全面履行职责，根据《中共中央办公厅、国务院办公厅关于印发<县级以下党政领导干部任期经济责任审计暂行规定>和<国有企业及国有控股企业领导人员任期经济责任审计暂行规定>的通知》，根据《民政部内部审计工作规定》，结合民政部实际情况，制定本规定。

一、审计对象

本规定所称领导干部是指各直属单位、部管社团，以及代管单位的法定代表人。

二、审计内容

（一）本规定所称领导干部任期经济责任，是指领导干部任职期间对其所在单位预算执行情况、财务收支真实性、合法性和效益情况，以及对有关经济活动应当负有的责任，包括领导责任和直接责任。

（二）领导干部任期届满或任期内办理调任、转任、轮岗、免职、辞职、退休；企业化管理事业单位进行改制、改组、兼并、出售、拍卖、破产等国有资产重组的同时，应当接受任期经济责任审计。

（三）对领导干部任期经济责任实施审计的内容，包括对其所在部门或单位预算执行及财务收支的真实性、合法性、效益情况进行审计。对领导干部所在部门或单位财务收支实施审计的主要内容是：预算执行情况和决算或财务收支计划执行情况和决算；企业化管理事业单位资产、负债、损益的真实性；国有资产的管理、使用及保值增值情况；财务收支的内部控制制度及其执行情况等。

经过审计，查清领导干部任职期间财务收支工作目标完成情况，资金使用效益情况，企业化管理事业单位领导干部在任职期间与企业资产、负债、损益目标责任制有关的各项经济指标完成情况，领导干部个人在财务收支中有无侵占国家资产，违反领导干部廉政规定和其他违法违纪情况；分清领导干部本人应当负有的主管责任和直接责任；公正、客观评价领导干部任职期间的经济责任。

三、审计方式

（一）凡是需要对本办法规定的审计对象进行任期经济责任审计的，由人事教育司提出干部名单，报分管部领导批准后，由部内部审计机构发出审计通知书并负责实施审计。

（二）对本办法规定的单位所属二级部门领导或法定代表人进行任期经济责任审计，如需委托社会审计组织进行审计的，须报财务和机关事务司批准。

四、审计程序

（一）审计通知书应当在实施审计3日前，送达被审计领导干部所在单位，同时抄送被审计对象本人。

（二）审计通知书送达后，被审计领导干部所在单位应当按照审计的要求，及时并如实提供有关资料；领导干部本人应当按照要求，写出自己负有领导责任和直接责任的财务收支等事项的书面材料，并于审计工作开始后5日内送交审计组。

（三）审计组实施审计后，应当向财务和机关事务司提交审计报告，经讨论研究后征求被审计领导干部所在单位和本人意见。审计报告连同意见一并报部党组。

五、审计报告的使用

(一)审计报告应当对领导干部本人任期经济责任作出客观评价,对被审计领导干部所在单位违法、违纪的问题,应当在法定职权范围内做出决定或向有关部门提出处理或者处罚意见。

(二)审计报告应当作为人事部门对领导干部的调任、免职、辞职、退休等审查处理意见的参考依据。对依法应当给予党纪政纪处分的,移交纪检监察机关处理。对应当依法追究刑事责任的,移交司法机关处理。

六、审计报告分别抄送人教司,驻部纪检组、驻部监察局等有关部门

关于印发《民政部内部审计工作规定》的通知

民办发[2005]7号　二〇〇五年五月二十七日

各直属单位，部管社团，中国老龄协会：

《民政部内部审计工作规定》已经2005年5月11日第四次部长办公会议审议通过，现予以印发，请遵照执行。

民政部办公厅

二〇〇五年五月二十七日

民政部内部审计工作规定

第一条　为了建立健全民政部内部审计制度，加强民政部的内部审计工作，根据《中华人民共和国审计法》和《审计署关于内部审计工作的规定》，结合民政部实际，制定本规定。

第二条　内部审计是独立监督和评价本单位及所属单位财政收支、财务收支、经济活动的真实性、合法性和效益情况的行为。

各直属单位、部管社团和代管单位，应当依法实行内部审计制度，严格内部管理和监督，强化约束机制，遵守国家财经法纪，促进廉政建设，加强财务管理和提高经济效益，维护本单位的经济利益和合法权益，保障国有资产的安全完整和保值增值，为民政事业改革和发展服务。

第三条　财务和机关事务司依法设立内部审计机构，履行内部审计职责。

第四条　民政部内部审计机构依法履行下列职责：

（一）对部直属单位、部管社团和代管单位的财政收支、财务收支，经济活动进行审计，一般每3年审计1次；

（二）对部直属单位、部管社团和代管单位的主要领导干部进行任期经济责任审计；

（三）开展部直属单位、部管社团和代管单位的专项审计；

（四）对部直属单位、部管社团和代管单位内部控制制度的健全性和有效性以及风险管理进行评审；

（五）对部直属单位、部管社团和代管单位的经济管理和效益情况进行审计；

（六）指导和监督部直属单位、部管社团和代管单位的内部审计工作、部审计人员的业务培训；根据各单位规模大小、人员多少等具体情况，指导各单位科学合理设置内审机构或专职内审人员；

（七）按照法律法规要求，结合民政部实际，建立健全内部审计制度；

（八）每年向部长提交内部审计工作报告；

（九）完成部领导交办的其他审计事项。

第五条　部内部审计机构的主要权限：

（一）要求被审计单位按时报送财务收支计划，预算执行情况、决算、会计报表和其他有关文件、资料；

（二）根据需要召开与审计事项有关的会议，向有关单位和个人进行调查，并取得证明材料；

（三）提出纠正、处理违法违规行为的意见以及改进经营管理、提高经济效益的建议；

（四）对在审计中发现的正在进行的违法违规行为，依法制止；

（五）对违法违规和造成损失浪费的单位和人员，给予通报批评或者提出追究责任的建议；

（六）对遵守财经法规、经济效益显著、贡献突出的集体和个人，向部领导提出表扬和奖励的建议。

第六条　部内部审计机构的工作程序：

（一）拟定年度审计工作计划，经领导审核批准后实施；

（二）成立审计小组，实行审计组长负责制，拟定审计工作方案，经领导审核后组织实施；

（三）审计通知书应当在实施审计3日前，送达被审计单位；

（四）审计终结，提出审计报告，征求被审计单位意见，被审计单位应当在10日内将书面意见送交审计组。审计组将审计报告和被审计单位书面意见，一并报送财务和机关事务司主要负责人审核后报分管部长审批。经批准的审计意见书和审计决定送被审计单位执行；

（五）被审计单位对审计意见书和审计决定如有异议，可向财务和机关事务司提出申诉，财务和机关事务司应当及时处理并在30日内答复；

（六）对审计项目进行后续审计或追踪调查，检查审计意见和决定的执行情况；

（七）在审计过程中，及时收集证明材料，编写工作底稿，建立档案，加强管理。

第七条　内部审计机构和人员的职责：

（一）内部审计机构应当遵守国家审计法律、法规以及内部审计准则、规定，按照要求实施审计；

（二）内部审计机构应当不断提高内部审计工作水平；

（三）内部审计人员应当具备良好的政治素质和较高的政策水平，具备与从事内部审计工作相适应的业务能力和专业知识，以及其他必备的有关知识；

（四）内部审计人员办理审计事项、应当严格遵守内部审计职业规范，忠于职守，做到独立、公正、保密。内部审计人员与被审计单位或审计事项有利害关系的，应当回避。

第八条　内部审计人员依法行使职权受国家法律保护，任何单位和个人不得打击报复。

对认真履行职责，坚持原则，做出显著成绩的内部审计人员，可以给予精神或者物质奖励；

对滥用职权、玩忽职守、泄漏秘密的内部审计人员，按照有关规定予以处理。

关于建立全国基本单位名录更新制度的通知

国统字[2005]91号　二OO五年九月十五日

各省、自治区、直辖市及新疆生产建设兵团统计局、机构编制委员会办公室、民政厅(局)、国税局、地税局、工商局:

根据《中华人民共和国统计法》、《全国经济普查条例》和《国务院关于开展第一次全国经济普查的通知》,经国家统计局、中央机构编制委员会办公室、民政部、国家税务总局和国家工商行政管理总局共同研究,决定从2006年起建立全国基本单位名录更新机制。现将《全国基本单位名录更新制度》印发给你们,请结合本地区情况,认真组织贯彻落实。

国家统计局

中央机构编制委员会办公室

民政部

国家税务总局

国家工商行政管理总局

二OO五年九月十五日

附件:

全国基本单位名录更新制度

一、为及时反映全国基本单位的增减变动情况,根据《中华人民共和国统计法》和《全国经济普查条例》,制定本制度。

二、本制度由国家统计局、中央机构编制委员会办公室、民政部、国家税务总局和国家工商行政管理总局共同建立,要求县及县以上统计、机构编制、民政、税务和工商部门共同实施。

三、本制度的资料来源是各部门的单位审批行政登记资料。从2006年起,每半年由县及县以上各级有关部门向同级统计部门提供一次,即每年2月底前提供上年7月到12月底新增、变更和注销单位资料,每年8月底前提供本年1至6月底新增、变更和注销单位资料。2006年2月底前应提供2005年全年新增、变更和注销单位资料。

(一)各级机构编制部门提供机关和事业单位法人及其产业活动单位(或分支机构)的登记变动资料;

(二)各级民政部门提供社会团体、基金会、民办非企业单位和居(村)委会及其产业活动单位(或分支机构)的登记变动资料;

(三)各级国税部门提供上缴增值税和消费税的法人单位和产业活动单位(或分支机构)的税务登记变动资料;各级地税部门提供上缴地方税的法人单位和产业活动单位(或分支机构)的税务登记变动资料;

(四)各级工商部门提供企业法人和生产经营性产业活动单位(或分支机构)的行政登记变动资料;

四、提供方式:电子邮件或磁介质。

五、基本单位名录信息,由上述有关部门共享,仅供内部使用。上述部门如需查询基本单位名录的有关信息,统计部门有责任及时提供。

表　　号：4 1 0 表
制表机关：国 家 统 计 局
中央机构编制委员会办公室
民政部
国家税务总局
国家工商行政管理总局
文　　号：国统字(2005) 91号
有效期至：2007年12月

新增、变更和注销单位情况表

200　　年　　半年

登记机关代码□
登记机关级别代码□
登记机关行政区划代码□□□□□□

单位序号	部门登记证号	组织机构代码	单位名称	法定代表人	详细地址	邮政编码	联系电话	单位类别代码	变动类型代码	变动时间
甲	1	2	3	4	5	6	7	8	9	10

单位负责人：　　　　填表人：　　　　报出日期：200　　年　　月　　日

说明：1.本表范围是报告期内部门登记的全部新增、变更和注销的法人单位和产业活动单位或分支机构。
2.本表报告期别为半年报；提供时间为每年2月底前和8月底前；提供方式为电子邮件或磁介质。
3.登记机关代码：B–机构编制部门；M–民政部门；S–税务部门；G–工商部门。
4.登记机关级别代码：1–中央级；2–省级；3–地(市)级；4–县(市)级。
5.单位类别代码：
法人单位填写：10–企业法人；20–事业法人；30–机关法人；40–社团法人；51–民办非企业法人；52–基金会；53–居委会；54–村委会；90–其他法人；
产业活动单位或分支机构填写：01–生产经营性的产业活动单位；02–非生产经营性的产业活动单位。
6.变动类型代码：1–新增；2–变更；3–注销。
7.变动时间：新增单位填写设立登记时间，变更单位填写变更登记时间，注销单位填写注销时间。

国务院第一次全国经济普查领导小组办公室关于成立全国基本单位名录库维护更新联合工作组的通知

国经普办字[2006]3号　二OO六年三月十三日

各省、自治区、直辖市及新疆生产建设兵团统计局、机构编制委员会办公室、民政厅(局)、国税局、地税局、工商局,国务院各有关部门:

根据《全国经济普查条例》和国务院领导同志的指示精神,在第一次全国经济普查工作圆满结束之后,为从组织上确保全国基本单位名录库更新机制的建立和运行,经国家统计局、中央机构编制委员会办公室、民政部、国家税务总局和国家工商行政管理总局共同研究,决定成立全国基本单位名录库维护更新联合工作组。现将有关事项通知如下:

一、工作方式及主要职责

联合工作组采取集中与分散相结合的工作方式。主要负责对全国基本单位名录库维护更新工作的宏观指导;研究制定部门间行政资料交换及基本单位名录库维护更新工作规定;研究提出部门间单位划分标准的衔接办法;统一协调和解决实施过程中遇到的困难和问题;负责名录库维护更新有关工作在本部门的贯彻落实。

二、组成人员

组　长:林贤郁　国家统计局副局长

副组长:李　强　国家统计局总统计师

　　　　李　纲　国家统计局普查中心主任

成　员:李章泽　中央机构编制委员会办公室综合司副司长(正司级)

　　　　陈　淼　民政部财务和机关事务司巡视员

　　　　张树学　国家税务总局税收征收管理司副司长

　　　　李国庆　国家工商行政管理总局企业注册局副局长

　　　　鲜祖德　国家统计局统计设计管理司司长

　　　　徐铁夫　国家统计局计算中心主任

　　　　杨宽宽　国家统计局普查中心副主任

　　　　杜希双　国家统计局普查中心副主任

　　　　杨秀军　中央机构编制委员会办公室综合司信息处处长

　　　　何珊珊　民政部财务和机关事务司综合处调研员

　　　　李丽凤　国家税务总局税收征收管理司制度处处长

　　　　王力敏　国家工商行政管理总局企业注册局信息处助理调研员

　　　　叶世芳　国家统计局统计设计管理司制度处处长

　　　　冶静怡　国家统计局普查中心业务指导处处长

　　　　宋雪清　国家统计局普查中心信息管理处处长

　　　　夏雨春　国家统计局计算中心软件开发一处处长

国务院第一次全国经济普查领导小组办公室

二OO六年三月十三日

关于贯彻落实国家统计局、中央机构编制委员会办公室、民政部、国家税务总局、国家工商行政管理总局《关于建立全国基本单位名录更新制度的通知》的通知

民函[2005]244号　二〇〇五年九月十九日

各省、自治区、直辖市民政厅（局），计划单列市民政局，新疆生产建设兵团民政局：

为贯彻落实国家统计局、中央机构编制委员会办公室、民政部、国家税务总局、国家工商行政管理总局联合下发的《关于建立全国基本单位名录更新制度的通知》（国统字〔2005〕91号），做好民政部门基本单位名录库更新工作，现就有关问题通知如下：

一、充分认识基本单位名录库建设工作的重要意义

建立和完善上下协调统一、部门间相互衔接、互为补充、信息共享且能适时更新的基本单位名录库（统计台帐），对于规范部门行政记录、整合行政资源、降低行政成本、提高行政效率和服务水平、努力建设服务型政府具有十分重要的意义，将为研究、制定国民经济和社会发展规划，提供科学的决策依据。各级民政部门负责的社会团体、基金会、民办非企业单位和居（村）委会及其产业活动单位（或分支机构）登记工作，属于“全国基本单位名录库”的重要组成部分，建立名录库更新制度是各级民政部门的法定职责。为此，各级民政部门要有高度的责任感和使命感，认真做好名录库更新工作。

二、基本单位名录库更新维护和交换的具体要求

（一）更新和维护

基本单位名录库（统计台帐）的更新和维护，应按照《民政事业统计台帐制度》的要求，在每季度终了15日内完成。

（二）交换时间

从2006年起，每半年由县及县以上各级民政计财部门向同级统计部门提供一次名录，即统计台帐中单位属性指标内容。每年1月底提供上年7月至12月底新增、变更和注销单位资料；每年7月底提供本年1至6月底新增、变更和注销单位资料。2006年1月底，需提供2005年全年新增、变更和注销单位资料。

（三）提供内容

各级民政计财部门负责提供社会团体、基金会、民办非企业单位和居（村）民委会及其产业活动单位（或分支机构）的登记变动资料，即统计台帐中民间组织台卡和基层群众自治组织台卡中的单位属性指标内容。

三、切实加强基本单位名录库建设的组织协调工作

基本单位名录库建设涵盖民政部门的多项业务，是一项涉及范围广、技术要求高、参与部门多、工作难度大的系统工程，各级民政部门要成立由计财部门牵头、有关业务单位参与的协调小组，明确各自职责。有关业务部门要及时整理变动资料并与计财部门核对，确保数据的真实、完整、准确；计财部门要及时汇总有关业务部门提供的名录数据，在规定时间内提供给同级统计部门。

民政部

二〇〇五年九月十九日

历年统计资料

A-1 全国总人口

单位：万人、%

年份	总人口	城镇	乡村	农村贫困人口	65岁及以上老年人口	65岁及以上占总人口比重	出生人口	死亡人口	当年净增人口
1978	96526	17245	79014	25000					
1979	97542	18495	79047						1283
1980	98705	19140	79565						1163
1981	100072	20171	79901						1367
1982	101654	21480	80174			4.91			1469
1983	103008	22274	80734						954
1984	104357	24017	80340	12800					
1985	105851	25094	80757	12500					1164
1986	107507	26366	81141	13100					1476
1987	109300	27674	81626	12200		5			1500
1988	111026	28661	82365	9600					1541
1989	112704	29540	83164	10200					1577
1990	114333	30191	84142	8500		5.58	2391	762	1629
1991	115823	30543	85280				2258	768	1490
1992	117171	32372	84799	8000			2119	771	1348
1993	118517	33351	85166				2126	780	1346
1994	119850	34301	85549	7000			2104	771	1333
1995	121121	35174	85947	6540		6.4	2063	792	1271
1996	122389	35950	86439				2067	799	1268
1997	123626	36989	86637	4962		6.7	2038	801	1237
1998	124810	37942	86868	4210	8375	6.9	1942	807	1135
1999	125909	38892	87017	3412	8687		1834	809	1025
2000	126583	45844	80739	3209	8811	6.96	1771	814	957
2001	127627	48064	79563	2927	9062	7.1	1702	818	884
2002	128453	50212	78241	2820	9377	7.3	1647	821	826
2003	129227	52376	76851	2900	9692	7.5	1599	825	774
2004	129988	54283	75705	2610	9857	7.6	1593	832	761
2005	130756	56212	74544	2365	10055	7.7	1617	849	768

注：本表资料来源于国家统计局。

A-2 城乡居民生活水平、职工工资和住房

单位：元、平方米

年份	平均消费水平			职工平均工资	城市人均住宅建筑面积
	全国	农村	城镇		
1978	184	138	405	615	6.7
1979	207	158	434	668	6.9
1980	236	178	496	762	7.2
1981	236	199	562	772	7.7
1982	262	221	576	798	8.2
1983	284	246	603	826	8.7
1984	311	283	664	974	9.1
1985	437	347	802	1148	10.0
1986	485	376	920	1329	12.4
1987	550	417	1089	1459	12.7
1988	693	508	1431	1747	13.0
1989	762	553	1568	1935	13.5
1990	803	571	1686	2140	13.7
1991	896	621	1925	2340	14.2
1992	1070	718	2356	2711	14.8
1993	1331	855	3027	3371	15.2
1994	1746	1118	3891	4538	15.7
1995	2236	1434	4874	5500	16.3
1996	2641	1768	5430	6210	17.0
1997	2834	1876	5796	6470	17.8
1998	2972	1895	6217	7479	18.7
1999	3138	1927	6796	8346	19.4
2000	3397	2037	7402	9371	20.3
2001	3609	2156	7761	10870	20.8
2002	3791	2259	7972	12422	22.8
2003	4089	2361	8473	14040	23.7
2004	4925	2301	8679	16024	25.0
2005	5434	2608	9278	18364	26.1

注：1. 本表资料来源于国家统计局。

A-3 城乡居民家庭人均收入和消费支出

单位：元、%

年　份	城镇居民可支配收入	城镇居民家庭		农民纯收入	农村居民家庭	
		人均生活消费支出	恩格尔系数		人均生活消费支出	恩格尔系数
1978	343	311	57.5	134	116	67.7
1979				161	135	64
1980	478	412	56.9	191	162	61.8
1981	*458*	457	56.7	223	191	59.8
1982	*495*	471	58.6	270	220	60.6
1983	*526*	506	59.2	310	248	59.4
1984	*608*	559	58	355	274	59.3
1985	739	673	52.2	398	317	57.8
1986	900	799	52.4	424	357	56.5
1987	1002	884	53.5	463	398	55.8
1988	1181	1104	51.4	545	477	54
1989	1376	1211	54.5	602	535	54.8
1990	1510	1279	54.2	686	585	58.8
1991	1701	1454	53.8	709	620	57.6
1992	2027	1672	53	784	659	57.6
1993	2577	2111	50.3	922	770	58.1
1994	3496	2851	50	1221	1017	58.9
1995	4283	3538	51	1578	1310	58.6
1996	4839	3919	48.8	1926	1572	56.3
1997	5160	4186	46.6	2090	1617	55.1
1998	5425	4332	44.7	2162	1590	53.4
1999	5854	4616	42.1	2210	1577	52.6
2000	6280	4998	39.4	2253	1670	49.1
2001	6860	5309	38.2	2366	1741	47.7
2002	7703	6030	37.7	2476	1834	46.2
2003	8472	6511	37.1	2622	1943	45.6
2004	9422	7182	37.7	2936	2185	47.2
2005	10493	7943	36.7	3255	2555	45.5

注：1.本表资料来源于国家统计局。

2.斜体下划线为生活费支出，与其他年份不可比。

A-4 民间组织

单位：个

年份	民间组织合计	社会团体	民办非企业	基金会
1978				
1979				
1980				
1981				
1982				
1983				
1984				
1985				
1986				
1987				
1988	4446	4446		
1989	4544	4544		
1990	10855	10855		
1991	82814	82814		
1992	154502	154502		
1993	167506	167506		
1994	174060	174060		
1995	180583	180583		
1996	184821	184821		
1997	181318	181318		
1998	165600	165600		
1999	142665	136764	5901	
2000	153322	130668	22654	
2001	210939	128805	82134	
2002	244509	133297	111212	
2003	266612	141167	124491	954
2004	289476	153359	135181	936
2005	319762	171150	147637	975

注：2001年以前的基金会含在社会团体内。

A-5 定期抚恤优抚对象

单位：人

年份	定期抚恤人数	烈属	牺牲、病故军人家属	伤残人员（万人）
1978				73.4
1979				75.6
1980				78.6
1981				79.6
1982	590104	541516	48588	81.6
1983	577791	526826	50965	83.0
1984	585403	536523	48880	84.4
1985	518566	440000	78566	85.3
1986	533245	446209	87036	86.5
1987	548063	453480	94583	88.0
1988	537472	429271	108201	88.7
1989	525134	422656	102478	89.1
1990	516638	407276	109362	87.4
1991	614945	504462	110483	87.5
1992	602163	492457	109706	87.6
1993	495994	383924	112070	88.3
1994	487256	372850	114406	88.5
1995	486250	370685	115565	88.8
1996	484270	366216	118054	89.3
1997	480464	362086	118378	89.5
1998	473901	357492	116409	89.2
1999	458079	336587	121492	88.7
2000	*2550321*	*2113343*	*436978*	88.1

年份	定期抚恤人数	烈属	牺牲军人家属	病故军人家属	伤残人员（万人）
2001	480852	348521	60081	72250	85.5
2002	480466	341109	63953	75404	85.8
2003	488820	345141	65303	78376	86.0
2004	485733	339817	65695	80221	85.6
2005	492517	349253	63603	79661	84.5

注：2000年的定期抚恤人数含未享受的。

A-6 定期补助优抚对象

单位：人

年 份	定期补助总人数	在乡红军老战士	西路军	红军失散人员	在乡复员军人	在乡退伍军人	其他
1978	9251	9251					
1979	7872	7872					
1980	6922	6922					
1981	6567	6567					
1982	1002181	6383			859055	136743	
1983	1104586	6142			952993	145451	
1984	1243633	6159			1081350	156124	
1985	1461180	6329			1185502	183129	86220
1986	1999872	6315			1673990	210445	109122
1987	2230873	7466			1833402	241290	148715
1988	2360462	7415			1950641	247009	155397
1989	2715258	6628			2272639	283075	152916
1990	2866579	7514			2373873	305045	180147
1991	2939074	7015			2419453	346021	166585
1992	2975175	6599			2402869	373989	191718
1993	2947209	5531	2997	105200	2424984	408497	
1994	2963965	5058	2430	104566	2424435	427476	
1995	2987751	4659	2318	101507	2423191	456076	
1996	3018047	4480	2303	108534	2421517	481213	
1997	3037367	4195	2214	115706	2396017	519235	
1998	3033826	3996	2157	112092	2367266	548315	
1999	3056727	3687	2106	105303	2363466	582165	
2000	3038754	3326	1997	100309	2603497	329625	
2001	3170877	3325	1889	93131	2246954	782802	42776
2002	3251971	3136	1691	90021	2274657	882090	376
2003	3300232	2893	1610	86264	2262264	919349	27852
2004	3277914	2701	1454	83366	2214467	950428	25498
2005	3265797	2681	1370	75588	2145421	977424	63313

A-7 烈士褒扬和优待

单位：人、个、户、万元

年 份	本年批准烈士人数	零散烈士纪念建筑物	优待优抚对象户数	优待军属户数	优待总金额	固定优待军属总额
1978		5347				
1979		3779			20393	
1980		2825			31459	
1981		2915			47255	
1982	8601	3592	4730756		58750	
1983	11024	3826	4387292		59588	
1984	8478	3953	4102419		62263	
1985	5887	3716	3567165	2884906	71655	577018
1986	11758	3871	3355694	2710272	75243	62205
1987	10644	4121	3223550	2562036	80915	66321
1988	9035	4236	3225253	2477699	87160	71735
1989	3960	4466	3086285	2423418	92169	77764
1990	3067	6065	2941486	2522476	99535	86739
1991	1556	6474	2967881	2540714	106354	93069
1992	1338	6957	2967002	2535037	116573	102008
1993	1467	6956	3009163	2470099	1315551	113330
1994	1215	7279	3027420	2462671	155627	133070
1995	1277	7067	3051322	2476261	194379	166414
1996	1187	7020	3040439	2449077	251798	217527
1997	888	7048	3334000	2427586	321741	261865
1998	749	7322	3250395	2415838	356413	292305
1999	616	7252	3818210	2380675	402998	305386
2000	468	7427	3855797	2282584	469054	363675
2001	460	7802	3973085	2086464	385859	275456
2002	403	8051	4130817	1929011	374819	251854
2003	461	7781	3962425	1672205	391581	239410
2004	316	7425	3632630	1430630	418498.9	267458
2005	314	7483	3393218	1224036	379631.2	213967.5

A-8 人口受灾和救灾

年 份	受灾人口（万人次）	因灾死亡人口（人）	紧急转移人口（万人）	紧急抢救灾民累计人数（万人）	因灾发救济费累计人数（万人）
1978		4965			
1979		6962			
1980		6821			
1981	26710.0	7422			
1982	22900.7	7935			
1983	22439.0	10952			
1984	20894.0	6927			
1985	26446.0	4394	290.5	139	6061
1986	29928.0	5410	345.8	199	6738
1987	23512.0	5495	348	113	6710
1988	36169.0	7306	582.9	112	6029
1989	34569.0	5952	365.3	132	6499
1990	29348.0	7338	579.2	129	5804
1991	41941.0	7315	1308.5	549	6725
1992	37174.0	5741	303.6	205	5259
1993	37541.0	6125	307.7	159	5258
1994	43799.0	8549	1054	244	5990
1995	24215.0	5561	1064	297	6710
1996	32305.0	7273	1216	478	6447
1997	47886.0	3212	511.3	305	5487
1998	35216.0	5511	2082.4	903	5781
1999	35319.0	2966	664.8	367	5058
2000	45652.3	3014	467.1	324	5127
2001	37255.9	2583	211.1	476	5727
2002	37841.8	2840	471.8	460	6013
2003	49745.9	2259	707.3	1001.5	6242
2004	33920.6	2250	563.2	492	4854.9
2005	40653.7	2475	1570.3	623.6	5097.1

A-9 因灾造成物资损失

年　份	直接经济损失（亿元）	倒塌房屋（万间）	受灾面积（万公顷）	死亡大牲畜（万头）
1978		73.09	4844	226.3
1979		152.06	3937	
1980		137.30	5003	72.6
1981		261.50	3979	170.9
1982		320.30	3313	198.6
1983	260.9	345.40	3471	114.8
1984		274.70	3189	36.9
1985	410.4	224.90	4437	322.7
1986		209.71	4714	79.0
1987	326.3	180.00	4207	100.0
1988		258.00	5087	249.2
1989	525.0	194.10	4699	450.0
1990	616.0	247.35	3847	166.0
1991	1215.1	581.51	5547	97.9
1992	853.9	196.56	5133	171.4
1993	933.2	271.64	4867	150.8
1994	1876.0	512.06	5504	238.2
1995	1863.0	439.29	4587	245.2
1996	2882.0	809.00	5975	619.3
1997	1975.0	288.00	5343	33.5
1998	3007.4	821.40	2229	689.3
1999	1962.4	174.53	4998	82.2
2000	2045.3	147.30	5469	162.0
2001	1942.0	92.20	5215	62.8
2002	1717.4	175.7	4711.9	74.8
2003	1884.2	343	5438.6	81.1
2004	1602.3	155	3710.6	169.5
2005	2042.1	226.4	3881.8	112.9

A-10 社会捐赠

单位：万元、万件

年 份	社会捐赠款物合计	社会捐赠款			接收社会捐赠衣被数量	社会捐赠衣被物资折款
			民政部门	慈善会		
1978						
1979						
1980						
1981						
1982						
1983						
1984						
1985						
1986						
1987						
1988						
1989						
1990						
1991						
1992						
1993						
1994						
1995						
1996						
1997	140159.5	41514.6			9358.0	98644.9
1998	1132082.4	501921.3	501921.3		29000.0	630161.1
1999	177807.4	69434.8	49914.4	19520.4	5636.2	108372.6
2000	163053.6	93464	54211.7	39252.3	7708.5	69589.6
2001	199885.6	117241.8	75769.6	41472.2	12635.4	82643.8
2002	207979.7	189675.8	110905.8	78770	22961.1	18303.9
2003	434054.9	410234.7	291690.4	118544.3	19648.8	23820.2
2004	351205.7	339641.3	170671.3	168970	8957.2	11564.4
2005	618935.2	603354.9	313392.9	289962	10356	15580.3

A-11 城市传统救济和居民最低生活保障

单位：万人

年 份	城市居民传统救济总人数	城市居民传统定救人数	城市精简退职老职工人数	享受40%人数	定量救济人数
1978					
1979	33.6	23.7	*9.9*		
1980	32.9	22.9	*10*		
1981	31.5	21.5	*10*		
1982	34.7	21.4	*13.3*		
1983	47.1	22.6	*24.5*		
1984	*207.4*	*160.6*	*46.8*	*25.3*	
1985	30.0	18.2	11.8	6.4	5.4
1986	49.0	35.6	13.4	7.1	6.3
1987	29.8	16.2	13.6	7.2	6.4
1988	32.9	17.6	15.3	7.7	7.6
1989	30.5	16.2	14.3	7.1	7.2
1990	41.8	16.4	25.4	16.4	9.0
1991	33.7	16.1	17.6	8.5	9.0
1992	39.5	19.2	20.3	9.7	10.6
1993	24.6	13.8	10.8	5	5.8
1994	23.0	12.4	10.6	4.9	5.7
1995	109.0	55.2	53.8	23.9	29.9
1996	120.1	66.5	53.6	23.6	30.0

年 份	城市最低生活保障人数	在职人员	下岗人员	退休人员	失业人员	"三无"人员	其他人员
1996	84.9						
1997	87.9						
1998	184.1						
1999	256.9						
2000	402.6						
2001	1170.7						
2002	2064.7	186.8	554.5	90.8	358.3	91.9	783.1
2003	2246.8	179.3	518.4	90.7	409	99.9	949.3
2004	2205	141	468.9	73.1	423.1	95.4	1003.5
2005	2234.2	114.1	430.7	61.3	410.1	95.8	1122.1

注：1984年的精简退职老职工人数含农村的数据。

A-12 农村社会救济

单位：万人、万户

年份	农村社会救济总人数	农村定期定量救济人数	农村精简退职老职工人数	享受40%人数	定量救济人数
1978					
1979	6847.6	6837.7	9.9		
1980	4651.8	4641.8	10		
1981	4265.1	4255.1	10		
1982	4270.7	4257.4	13.3		
1983	3526.7	3502.2	24.5		
1984	3842.7	3795.9	46.8	25.3	
1985	116.7	75.1	41.6	18.1	23.5
1986	103	63.1	39.9	18.1	21.7
1987	92.2	53.2	39	17.7	21.3
1988	93	54.1	38.9	17.6	21.4
1989	75.7	35.0	40.7	18.3	22.3
1990	100.2	46.7	53.5	23.6	29.9
1991	97	43.8	53.2	23.5	29.8
1992	97.5	45.6	51.9	23.3	28.6
1993	80.1	36.3	43.8	19.5	24.3
1994	82.1	38.5	43.6	19.2	24.3
1995	98.3	55.2	43.1	19	24.1
1996	109.2	66.5	42.7	18.6	24.1
1997	104.5	51.4	53.1	23.2	29.8
1998	120.5	65.6	54.9	24.9	30
1999	107.1	55.6	51.5	22.5	28.7
2000	112.2	62.5	49.7	22.1	27.6
2001	130.5	80.7	49.8	21.3	27.8
2002	138.7	90	48.7	20.9	27.8

年份	农村困难群众救助总人数	农村居民最低生活保障人数	农村特困户救助人数	农村困难群众救助总户数	农村居民最低生活保障户数	困难户	其他	农村特困户救助户数	困难户	其他	五保户供养户数
2001	385.3	304.6	80.7								
2002	497.8	407.8	90	156.7	156.7						
2003	1160.5	367.1	793.4	632.8	146.5	114.5	32	282.1	192.7	89.3	204.2
2004	1402.1	488	914.1	780.8	197.9	165.2	33.6	317.1	260.4	56.6	265.8
2005	1891.8	825	1066.8	1061	356.5	298.8	57.7	354.8	290.4	64.4	349.7

注：1984年以前含应保未保的农村救济人数。

A-13 社区服务

年　份	社区服务中心（个）	城镇社区服务设施数（个）	城镇便民、利民网点（个）
1978			
1979			
1980			
1981			
1982			
1983			
1984			
1985			
1986			
1987			
1988		69699	
1989		71357	
1990		84757	
1991		89918	
1992		112171	
1993	3711	89235	169503
1994	4034	94645	204229
1995	4380	110795	234024
1996	5055	127254	259201
1997	5113	133253	307226
1998	6154	148042	345075
1999	7623	157339	405740
2000	6444	181444	451567
2001	6179	195579	539544
2002	7898	198845	622986
2003	7520	196425	668418
2004	7804	198122	703760
2005	8479	194796	664764

A-14 村民自治

单位：万人、个

年份	当年农村登记选民数	参选人数	村民自治示范县	村民自治示范乡镇	村民自治示范村
1978					
1979					
1980					
1981					
1982					
1983					
1984					
1985					
1986					
1987					
1988					
1989					
1990					
1991					
1992					
1993					
1994					
1995			63	3917	82266
1996			187	4892	106000
1997			334	7942	164350
1998			488	10754	207898
1999			555	13709	239994
2000			587	14067	265730
2001			792		
2002	42403.7	38405.6	579	7457	
2003	12247.4	10746.6	667	7937	
2004	21407.1	19066.4	737	8047	
2005	35101.8	32328.4	513	7543	88181

A-15 基层群众性自治组织

年 份	居民委员会（个）	居民小组（万个）	居民委员会成员（万人）	村民委员会（万个）	村民小组（万个）	村民委员会成员（万人）
1978						
1979	46810					
1980						
1981	57169					
1982						
1983	65519			31.2		
1984	75609			92.7		
1985	80943		34.9	94.9		379.6
1986	86824		36.2	86.6		365.9
1987	86799		37.0	84.5		359.9
1988	95684		36.1	88.3		366.6
1989	93691		36.6	93.4		379.4
1990	98814		43.1	100.1		409.4
1991	100347		44.1	101.9		424.4
1992	104136		46.5	100.4		430.9
1993	107173		47.9	101.3		456
1994	110112		48.0	100.7		458.5
1995	111860		48.0	93.2		400.5
1996	113690		49.3	92.8		397.5
1997	117915	108.3	49.8	90.6	535.8	378.8
1998	119042	117.2	50.8	83.3	537.1	358.6
1999	114815	124.7	50.1	80.1	555.7	351.3
2000	108424	127.2	48.4	73.2	553.4	315.0
2001	91893	125.9	46.4	70.0	541.9	316.4
2002	86087	124.4	39.6	68.1	528.6	294.2
2003	77431	122.2	39.7	66.3	519.2	319.1
2004	77884	129.6	42.5	64.4	507.9	292.1
2005	79947	123.3	45.4	62.9	490.5	265.7

A-16 乡镇级行政区划

单位：个

年 份	乡镇级合计	镇	乡	民族乡	区公所	街道办事处
1978	6198	2176			4022	
1979	10424	2361			3619	4444
1980						
1981	11434	2678			3791	4965
1982						
1983	49695	2968	35514		5909	5304
1984	106439	7186	85290		8119	5844
1985	104900	9140	82450	3144	7908	5402
1986	84018	10718	61417	2936	6165	5718
1987	81025	11103	58739	3020	5503	5680
1988	65345	11481	45195	1571	3570	5099
1989	65419	11873	44624	1755	3502	5420
1990	65188	12084	44397	1980	3438	5269
1991	63391	12455	42654	1403	3096	5186
1992	54830	14539	33827	1348	1231	5233
1993	54863	15805	32445	1351	1143	5470
1994	54605	16702	31463	1322	1068	5372
1995	53360	17532	29502	1330	730	5596
1996	51336	18171	27056	1383	544	5565
1997	50967	18925	25966	1545	398	5678
1998	50999	19216	25712	1517	339	5732
1999	50750	19756	24745	1222	345	5904
2000	49668	20312	23199	1356	255	5902
2001	45303	20374	19341	1188	78	5510
2002	44850	20601	18639	1167	34	5576
2003	44067	20226	18064	1149	26	5751
2004	43258	19883	17451	1124	20	5904
2005	41636	19522	15951	1093	11	6152

A-17 县及以上行政区划

单位：个

年 份	省级	地级（不含地级市）	县级（不含县级市、市辖区）	市			市辖区
					地级	县级	
1978	30	241	2138	190	99	91	
1979	30	209	2137	216	104	109	520
1980	30	209	2137	223	107	113	511
1981	30	208	2136	226	110	113	581
1982	30	210	2133	245	109	133	527
1983	30	183	2095	281	137	141	599
1984	30	175	2069	300	148	149	595
1985	30	165	2046	324	162	159	620
1986	30	159	2017	353	166	184	629
1987	30	156	1986	381	170	208	623
1988	31	151	1930	434	183	248	647
1989	31	151	1919	450	185	262	648
1990	31	151	1903	467	185	279	651
1991	31	151	1894	479	187	289	650
1992	31	148	1848	517	191	323	662
1993	31	139	1795	570	196	371	669
1994	31	127	1735	622	206	413	697
1995	31	124	1716	640	210	427	706
1996	31	117	1696	666	218	445	717
1997	33	110	1693	668	222	442	727
1998	33	104	1689	668	227	437	737
1999	34	95	1682	667	236	427	749
2000	34	74	1674	663	259	400	787
2001	34	67	1660	662	265	393	808
2002	34	57	1649	660	275	381	830
2003	34	51	1642	660	282	374	845
2004	34	50	1636	661	283	374	852
2005	34	50	1636	661	283	374	852

A-18 结婚登记

年 份	结婚登记总数（万对）	内地居民登记结婚数（万对）	涉外华侨港奥台登记结婚数（万对）	结婚率（‰）	每千居民之结婚宗数(粗结婚率)（‰）
1978	597.8	597.8		12.4	6.20
1979	637.1	636.3	0.8	13.4	6.70
1980	720.9	719.8	1.1	14.6	7.30
1981	1041.7	1040.3	1.4	20.8	10.40
1982	836.9	835.5	1.4	16.5	8.25
1983	765.4	764.2	1.3	14.9	7.45
1984	784.8	783.4	1.4	15.0	7.50
1985	831.3	829.1	2.2	15.7	7.85
1986	884.0	882.3	1.7	16.4	8.20
1987	926.7	924.7	2.0	17.2	8.60
1988	899.2	897.2	2.0	16.6	8.30
1989	937.2	935.2	2.0	16.8	8.40
1990	951.1	948.7	2.4	16.4	8.20
1991	953.6	951.0	2.6	16.5	8.25
1992	957.5	954.5	3.0	16.5	8.25
1993	915.4	912.2	3.3	15.5	7.75
1994	932.4	929.0	3.4	15.6	7.80
1995	934.1	929.7	4.4	15.4	7.70
1996	938.7	934.0	4.7	15.3	7.65
1997	914.1	909.1	5.1	14.7	7.35
1998	891.7	886.7	5.0	14.4	7.20
1999	885.3	879.9	5.4	14.1	7.05
2000	848.5	842.0	6.5	13.4	6.70
2001	805.0	797.1	7.9	12.6	6.30
2002	786.0	778.8	7.3	12.2	6.10
2003	811.4	803.5	7.8	12.6	6.30
2004	867.2	860.8	6.4	13.3	6.65
2005	823.1	816.6	6.4	12.6	6.30

注：结婚率计算方法

$$结婚率=\frac{当年领证人数（人）}{（当年期初人口数+当年期末人口数）/2}\times 1000‰$$

注：每千居民之结婚宗数（粗结婚率）计算方法

$$每千居民之结婚宗数=\frac{结婚宗数}{（当年期初人口数+当年期末人口数）/2}\times 1000‰$$

A-19 离婚办理

年 份	离婚总数（万对）	民政部门登记离婚数（万对）	内地居民登记离婚数（万对）	涉外华侨港奥台登记离婚数（对）	法院部门办理离婚数（万对）	离婚率（‰）	每千居民之离婚宗数（粗离婚率）（‰）
1978	28.5	17.0	17		11.5	0.35	0.18
1979	31.9	19.3	19.3	82	12.6	0.65	0.33
1980	34.1	18.0	18	330	16.1	0.69	0.35
1981	38.9	18.7	18.7	46	20.2	0.78	0.39
1982	42.8	21.1	21.1	116	21.7	0.84	0.42
1983	41.8	19.7	19.7	126	22.1	0.83	0.42
1984	45.4	19.9	19.9	110	25.5	0.80	0.40
1985	45.8	19.6	19.6	108	26.2	0.87	0.44
1986	50.6	21.4	21.4	205	29.2	0.94	0.47
1987	58.1	23.6	23.6	220	34.5	1.10	0.55
1988	65.5	26.4	26.4	310	39.1	1.20	0.60
1989	75.3	28.8	28.7	518	46.5	1.35	0.68
1990	80.0	30.1	30	602	49.9	1.38	0.69
1991	83.1	30.1	30	588	53	1.43	0.72
1992	85.0	31.6	31.5	833	53.4	1.47	0.74
1993	91.0	33.6	33.5	968	57.4	1.54	0.77
1994	98.2	35.5	35.4	737	62.7	1.64	0.82
1995	105.6	36.8	36.7	813	68.8	1.75	0.88
1996	113.4	39.4	39.3	1175	74	1.85	0.93
1997	119.9	44.0	43.9	1385	75.9	1.94	0.97
1998	119.2	46.6	46.5	948	72.6	1.92	0.96
1999	120.2	47.8	47.7	975	72.4	1.91	0.96
2000	121.3	48.9	48.8	1075	72.4	1.91	0.96
2001	125.0	52.8	52.5	2856	72.2	1.96	0.98
2002	117.7	57.3	56.8	5221	60.4	1.80	0.90
2003	133.0	69	68.7	3333	64	2.10	1.05
2004	166.5	104.6	104	5830	61.9	2.56	1.28
2005	178.5	118.4	117.5	8267	60.1	2.73	1.37

注：离婚率计算方法

$$离婚率=\frac{当年领证人数（人）}{（当年期初人口数+当年期末人口数）/2}\times 1000‰$$

注：每千居民之离婚宗数（粗离婚率）计算方法

$$每千居民之离婚宗数=\frac{离婚宗数}{（当年期初人口数+当年期末人口数）/2}\times 1000‰$$

A-20 家庭收养儿童登记

单位：件、人

年　份	收养登记总数	中国公民收养登记	外国公民收养登记	被收养人合计	福利机构抚养的孤儿	被中国公民收养	被外国人收养
1978							
1979							
1980							
1981							
1982							
1983							
1984							
1985							
1986							
1987							
1988							
1989							
1990							
1991							
1992							
1993							
1994							
1995							
1996	18896	14804	4092	20389	2201		
1997	21548	17193	4355	21548	975		
1998	26498	20611	5887	26498	677		
1999	38074	31584	6158	38019	1670	31882	6137
2000	55802	49037	6765	56191	1847	49500	6691
2001	44706	36089	8617	45844	1908	37200	8644
2002	45336	35372	9964	47860	2404	37642	10218
2003	54159	44884	9275	54159	3427	44884	9275
2004	52603	40084	12519	55572	3189	44708	10864
2005	49506	35470	14036	50921	3564	38057	12864

A-21 救助与殡葬

年 份	救助人次数（人次）	救助类单位床位数（张）	火化炉数（台）	火化遗体数（万具）	火化率（%）
1978			1712	117.5	
1979			2300	102.1	
1980			2510	98.7	
1981			2586	85.4	
1982			2622	96.2	
1983			2622	108.0	
1984			2686	128.2	
1985			2729	155.2	
1986			2745	155.5	26.2
1987			2752	162.0	27.0
1988			2729	180.9	29.5
1989			2768	182.3	30.1
1990			2795	201.3	31.5
1991			2714	215.6	34.0
1992			2852	242.6	31.2
1993			2891	247.6	31.6
1994			2882	257.1	33.4
1995			2927	262.7	33.2
1996			3005	282.7	35.2
1997			2959	295.0	36.8
1998			3157	319.7	39.6
1999			*3340*	336.4	41.5
2000			*3565*	373.7	46.0
2001			4299	386.7	47.3
2002			3945	415.2	50.6
2003			4159	434.9	52.7
2004	820254	47086	4792	436.9	52.5
2005	1196305	45603	5037	450.2	53

注：斜体下划线数据经过修正。

A-22 收养性社会福利单位

年　份	单位数（个）	床位数（万张）	收养人数（万人）
1978	8571		16.3
1979	8988	22.6	18.6
1980	9669	24.2	19.1
1981	10031	25.3	19.7
1982	12275	28.2	22.5
1983	15807	32.4	25.9
1984	22796	42.5	34.1
1985	29100	49.1	40.8
1986	35008	58.7	47.4
1987	37372	64.9	51.8
1988	39030	69.5	54.8
1989	39743	73.8	56.9
1990	40583	78.0	59.9
1991	42264	82.8	64.6
1992	43319	89.8	69.6
1993	43681	92.7	72.4
1994	43240	95.5	73.6
1995	43074	97.6	74.7
1996	42829	100.8	76.9
1997	42385	103.1	78.5
1998	42131	105.8	80.0
1999	40430	108.9	82.7
2000	40491	113.0	85.4
2001	39338	124.7	89.3
2002	38875	125.1	92.6
2003	37294	129.8	96.5
2004	38593	146.7	110.9
2005	41368	163.9	123.6

A-23 社会福利企业

年　份	单位数（个）	残疾职工人数（万人）	利润额（亿元）
1978	920	3.5	0.8
1979	1106	4.8	0.8
1980	1309	5.5	0.9
1981	1574	6.1	0.7
1982	1704	6.4	0.8
1983	5930	9.6	0.9
1984	6710	11.6	1.3
1985	14872	23.2	5.1
1986	19865	31.4	4.2
1987	27793	43.3	8.8
1988	40496	55.9	16.5
1989	41565	60.5	16.1
1990	41827	63.8	17.8
1991	43805	70.1	21.3
1992	49836	77.8	32.6
1993	56881	84.5	44.7
1994	60233	90.9	44.1
1995	60237	93.9	49.1
1996	59397	93.6	45.1
1997	55509	91.0	66.3
1998	50514	85.6	63.9
1999	44628	79.0	76.7
2000	40670	72.5	99.0
2001	37980	69.9	119.5
2002	35758	68.3	148.3
2003	33976	67.9	189.9
2004	32410	66.2	219
2005	31211	63.7	225.2

A-24 中国福利彩票销售

年 份	福利彩票发行单位（个）	福利彩票销售额（亿元）	提取公益金（亿元）	公益金支出（亿元）
1978				
1979				
1980				
“六五”时期				
1981				
1982				
1983				
1984				
1985				
“七五”时期		**14.3**	**4.5**	
1986				
1987		0.2		
1988		3.8	1.2	
1989		3.8	1.3	
1990		6.5	2.0	
“八五”时期		**115.3**	**34.4**	
1991		7.7	2.5	
1992		13.8	4.1	
1993		18.4	5.5	
1994		18.1	5.3	
1995		57.3	17.0	
“九五”时期		**382.1**	**124.1**	**72.7**
1996		64.7	20.7	
1997		36.4	11.0	
1998		63.2	20.0	14.1
1999	1169	104.4	30.5	19.9
2000	1253	113.4	41.9	38.7
“十五”时期		**1145.6**	**398.2**	**176.1**
2001	1185	140.0	49.0	19.7
2002	1121	168.0	58.8	25.5
2003	1145	200.0	67.2	30.6
2004	1128	226.4	79.2	41.4
2005	1113	411.2	144.0	58.9

A-25 民政行业单位

单位：个

年 份	合 计	行政机关	提供住宿的社会福利单位	不提供住宿的社会福利单位	社会福利企业
1978	11497		8571	2006	920
1979	12863		8988	2769	1106
1980	14214		9669	3236	1309
1981	14898		10031	3293	1574
1982	17303		12275	3324	1704
1983	25137		15807	3400	5930
1984	33116		22796	3610	6710
1985	47736		29100	3764	14872
1986	58968		35008	4095	19865
1987	69401		37372	4236	27793
1988	83900		39030	4374	40496
1989	85797		39743	4489	41565
1990	86657		40583	4247	41827
1991	90448		42264	4379	43805
1992	97630		43319	4475	49836
1993	109577		43681	9015	56881
1994	112202		43240	8729	60233
1995	112499		43074	9188	60237
1996	112205		42829	9979	59397
1997	108696		42385	10802	55509
1998	104543		42131	11898	50514
1999	98308		40430	13250	44628
2000	101222		42342	18210	40670
2001	101118	6121	40176	16841	37980
2002	98377	4666	39736	18217	35758
2003	95951	4323	38741	18911	33976
2004	103411	4117	40141	26743	32410
2005	101352	3698	43019	23424	31211

A-26 民政行业单位职工

单位：万人

年 份	合 计	民政行政机关职工	乡、镇民政助理员	提供住宿的社会福利单位职工	不提供住宿的社会福利单位职工	社会福利企业职工
1978	19.7			2.8	2.4	14.5
1979	21.9			4.3	3.1	14.5
1980	25.3			5.2	3.2	16.9
1981	27.8			5.8	3.3	18.7
1982	29.1			6.4	3.4	19.3
1983	41.5			7.3	3.4	30.7
1984	48.0			9.2	3.7	35.1
1985	83.4			11.0	4.3	68.0
1986	104.1			12.8	4.7	86.6
1987	132.2			13.5	4.8	113.9
1988	166.9			14.4	4.9	147.6
1989	171.5			14.8	5.2	151.5
1990	179.3			15.6	5.5	158.3
1991	192.7			16.3	5.7	170.7
1992	213.9			17.1	5.9	190.9
1993	230.0			17.5	6.3	206.3
1994	243.1			17.6	6.4	219.0
1995	245.7			17.6	6.6	221.4
1996	229.2			18.1	7.0	204.2
1997	252.5	14.3		18.4	9.9	209.8
1998	239.8	14.8		18.5	11.2	195.3
1999	234.4	14.8	5.9	19.9	13.6	180.2
2000	222.6	13.5	5.7	21.5	16.1	165.8
2001	219.1	12.1	4.6	22.2	20.5	159.8
2002	207.7	11.2	4.1	21	19.1	152.3
2003	207.5	10.8	3.7	23.1	19.4	150.5
2004	213.0	11.3	3.9	23.3	22	152.5
2005	203.4	8.4	5.5	24.2	21	144.3

A-27 民政行业单位固定资产原值

单位：万元

年 份	合 计	民政行政机关	提供住宿的社会福利单位	不提供住宿的社会福利单位	社会福利企业
1978					
1979					
1980					
1981					
1982					
1983	130199.9		33022.6	33205.7	63971.6
1984	149324.0		40178.3	38166.8	70978.9
1985	201418.3		73453.2	39491.0	88474.1
1986	242226.7		99090.2	40058.2	103078.3
1987	286567.9		118460.8	44020.0	124087.1
1988	408046.0		191114.5	49479.3	167452.2
1989	441056.8		188698.5	56329.1	196029.2
1990	516550.6		220458.5	63472.8	232619.3
1991	636200.2		266806.8	74582.2	294811.2
1992	756337.0		309596.9	84089.4	362650.7
1993	1003139.0		381322.0	114127.0	507690.0
1994	1190134.0		426571.0	142076.0	621487.0
1995	1426480.0		271845.0	384761.0	769874.0
1996	1680916.0		320348.0	480552.0	880016.0
1997	2115436.0		366103.0	685941.0	1063392.0
1998	9623553.0		435516.4	842761.8	8345274.8
1999	10173444.0		665227.9	613100.3	8895115.8
2000	11992535.5		1753386.2	1022484.3	9216665.0
2001	13170429.0		1981000.0	1249000.0	9940429.0
2002	13948963.3		2042000.0	1497000.0	10409963.3
2003	16442842.0		2282000.0	1730000.0	12430842.0
2004	18183807.3	627965.3	2535000.0	2590000.0	12430842.0
2005	19229272.2	649236.8	2616000.0	2670000.0	13294035.4

A-28 基本建设投资

单位：万元

年份	计划总投资	本年完成投资	国家投资	国内贷款	自筹	福利彩票公益金	其他	本年施工项目个数
1978								
1979								
1980								
“六五”时期								
1981								
1982								
1983								
1984								
1985								
“七五”时期								
1986								
1987								
1988								
1989	57958	19527	7995	1162	7958		2412	
1990	69125	23600	9562	633	10438		2967	
“八五”时期	**633959**	**275977**	**101200**	**12208**	**134411**		**28262**	
1991	69593	30010	10803	1468	14680		3059	
1992	72702	32111	8270	1412	18877		3552	
1993	127777	55800	13126	1824	33941		7013	
1994	154660	62196	23466	4601	28587		5542	
1995	209227	95860	45535	2903	38326		9096	
“九五”时期	**2379261.9**	**898423.1**	**213133.5**	**58958.1**	**543162.2**	**68498.8**	**83169.3**	**2793**
1996	298233	100529	21014	4136	63992		11387	
1997	356854	138158	27171	8245	86340		16402	
1998	410430	165656	28352	8034	110656		18614	
1999	631557.5	246884.8	59661.1	22982.3	146282.4	35354.1	17959	1456
2000	682187.4	247195.3	76935.4	15560.8	135891.8	33144.7	18807.3	1337
“十五”时期	**3768952.7**	**1516653.6**	**478642.5**	**87814.9**	**784016.7**	**209767.3**	**166179.5**	**22117**
2001	774689.7	307979.5	103834.4	22418	151128.5	35850.4	30598.6	1360
2002	887153.6	301346.1	95140.9	14227.9	158957.6	33374.3	33019.7	3659
2003	872516.1	300137	99340.5	17251.1	150951.3	35298	32594.1	3867
2004	896879	291490.7	89224.6	23753.2	143730.4	46764.9	34782.5	8982
2005	337714.3	315700.3	91102.1	10164.7	179248.9	58479.7	35184.6	4249

A-29 民政事业费及财政支出

单位：亿元

年份	国家财政支出	民政事业费总支出	抚恤费	离休费	社会福利及其他社会救济费	最低生活保障事业费	自然灾害救济费	退休费	其他民政事业费
1978	1122.09	13.7	2.8		4.4		4.2	2.3	
1979	1281.79	18.4	3.5		5.2		6.8	2.9	
1980	1228.83	17.5	4.4		5.2		4.5	3.4	
“六五”时期	**7483.18**	**114.2**	**27.3**	**0.9**	**32.1**		**35.2**	**16.8**	**1.7**
1981	1138.41	19.2	4.4		5.1		6.3	3.4	
1982	1229.98	19.6	4.8		5.1		6.0	3.5	
1983	1409.52	21.6	5.3		6.5		6.4	3.4	
1984	1701.02	24.2	6.1	0.2	8.0		6.9	3.0	
1985	2004.25	29.6	6.7	0.7	7.4		9.6	3.5	1.7
“七五”时期	**12865.67**	**208.4**	**59.2**	**11.4**	**46.7**		**56.4**	**22.0**	**12.8**
1986	2204.91	34.4	8.4	1.2	8.3		10.7	3.8	1.9
1987	2262.18	35.9	9.6	1.8	8.6		9.9	4.1	2
1988	2491.21	39.6	11	2.3	9		10.4	4.3	2.5
1989	2823.78	46.6	14	2.9	10		12.3	4.6	2.9
1990	3083.59	51.9	16.2	3.2	10.8		13.1	5.2	3.5
“八五”时期	**24387.46**	**386.6**	**107.8**	**23.2**	**75.6**		**94.1**	**45.5**	**40.5**
1991	3386.62	62.5	16.8	3.6	11.7		20.9	5.4	4.2
1992	3742.2	63.7	18	4.2	12.4		17.1	6.6	5.4
1993	4642.3	69.9	20.1	3.6	14.5		14.9	8.3	8.4
1994	5792.62	87	24.4	5.5	17.3		17.7	12.1	10.1
1995	6823.72	103.5	28.5	6.3	19.7		23.5	13.1	12.4
“九五”时期	**57043.46**	**840.9**	**220.6**	**76.9**	**201.8**	**48.7**	**171.5**	**58.0**	**112.2**
1996	7937.55	121.2	31.9	6.2	22.8	3	30.8	13.9	15.5

年份	国家财政支出	民政事业费总支出	抚恤费	军队离退休、退职费	社会福利及其他社会救济费	最低生活保障事业费	农村及其他社会救济费	自然灾害救济费	地方离、退休人员费	其他民政事业费
1997	9233.56	133.5	36.1	12.4	27.1	2.9		28.7	10.3	19
1998	10798.18	161.8	39.4	15.2	34	7.1		41.2	10.9	21.3
1999	13187.67	194.7	49.7	18.4	52.5	13.8		35.6	11.2	27.2
2000	15886.5	229.7	63.5	24.7	65.4	21.9		35.2	11.7	29.2
“十五”时期	**127800.69**	**2471.8**	**479.8**	**302.7**	**444.7**	**668**	**127.6**	**247.6**	**66.9**	**284.7**
2001	18902.58	284.8	69.5	31.2	90.6	41.6		41	13	39.5
2002	22053.15	392.3	74.7	49.5	167.5	108.7		40	13.2	47.3

年份	国家财政支出	民政事业费总支出	抚恤费	军队离退休、退职费	社会福利费	城市居民最低生活保障事业费	农村及其他社会救济费	自然灾害救济费	地方离、退休人员费	其他民政事业费
2003	24649.95	498.9	87.9	59	78.9	153.1		52.9	13.1	54
2004	28486.89	577.4	104.1	74.1	52.1	172.7	47.7	51.1	13.9	61.7
2005	33708.12	718.4	143.6	88.9	55.6	191.9	79.9	62.6	13.7	82.2

A-30 中央级民政事业费及中央专项转移支付民政经费

单位：万元

年份	合计	中央级民政事业费	中央专项转移支付	抚恤、退休、救济费	救灾	社会福利救济事业费	其他
1978	11	11					
1979	44	44					
1980	103	103					
“六五”时期	**335594**	**1108**	**334486**	**63306**	**270745**	**220**	**215**
1981	138	138					
1982	74120	78	74042	14247	59795		
1983	74368	163	74205	14205	60000		
1984	78872	286	78586	18586	60000		

年份	合计	中央级民政事业费	中央专项转移支付	抚恤	安置	救灾	社会福利救济事业费	其他
1985	108096	443	107653	9698	6570	90950	220	215
“七五”时期	**778310**	**9267**	**769043**	**148718**	**105230**	**512500**		
1986	132802	2526	130276	16396	9285	102000		
1987	133877	2742	131135	21726	19409	90000		
1988	158355	1297	157058	24110	21948	111000		
1989	174374	1185	173189	43206	26483	103500		
1990	178902	1517	177385	43280	28105	106000		
“八五”时期	**1488090**	**15897**	**1472193**	**328272**	**315101**	**828820**		
1991	309432	1792	307640	49010	34210	224420		
1992	209360	3217	206143	52156	40587	113400		
1993	238083	3108	234975	60494	53481	121000		
1994	353831	4077	349754	79084	90670	180000		
1995	377384	3703	373681	87528	96153	190000		
“九五”时期	**2943934**	**104302**	**2839632**	**749824**	**773058**	**1122750**	**190000**	**4000**
1996	426354	6371	419983	102394	102589	215000		
1997	455309	5954	449355	110430	114925	220000		4000
1998	568049	50783	517266	120000	149516	247750		

年份	合计	中央级民政事业费	中央专项转移支付	抚恤	安置	救灾	低保	医疗救助	其他
1999	627928	11856	616072	180000	176072	220000	40000		
2000	866294	29338	836956	237000	229956	220000	150000		
“十五”时期	**10042982**	**118748**	**9924234**	**2120741**	**2172878**	**1700742**	**3730600**	**120000**	**79273**
2001	1095600	13965	1081635	263000	286919	301716	230000		
2002	1401992	18467	1383525	316000	370017	243008	454500		
2003	2136151	18027	2118124	370603	391944	404652	920000	30000	925
2004	2277407	39290	2238117	407308	473771	319940	1006100	30000	998
2005	3131832	28999	3102833	763830	650227	431426	1120000	60000	77350

CCASY

综合统计资料

4

B-1 “七五” - “十五”时期民政事业发展情况

单位：%

指　标	“七五”时期平均每年增长速度	“八五”时期平均每年增长速度	“九五”时期平均每年增长速度	“十五”时期平均每年增长速度
一、民间组织		75.5	-3.2	15.8
社会团体				5.6
民办非企业单位				45.5
基金会				
二、抚恤补助优抚对象	8.5	1.1	-0.3	0.8
伤残人员抚恤金			27.1	18.2
烈属和牺牲病故军人家属抚恤金			6.7	13.5
三、城市居民最低生活保障				40.9
四、城市社区服务中心			8.0	5.6
五、群众性自治组织				
村民委员会	1.1	-6.9	-4.7	-3.0
社区居委会	4.1	2.5	-0.6	-5.9
六、乡镇区划调整				
乡	-11.6	-7.8	-4.7	-7.2
镇	5.7	7.7	3.0	-0.8
七、收养性单位床位	9.7	4.6	3.0	7.7
儿童福利院				11.7
城市老年福利机构				5.0
农村老年福利机构				10.0
八、婚姻				
办理结婚登记	2.7	-0.4	-0.2	-0.6
办理离婚登记	11.7	5.7	2.8	8.0
九、家庭收养儿童				-2.0
十、全年火化遗体	5.3	5.5	7.3	3.8
十一、社会福利企业	23.0	7.6	-7.6	-5.2
十二、中国福利彩票销售额		54.5	14.6	29.4
十三、老年人口				2.7
十四、事业费支出情况	11.9	14.8	17.3	25.6
十五、民政系统固定资产	20.8	22.5	53.1	9.9

B-2 "十一五"时期末(2010年)民政事业发展主要指标预期值

指标	单位	2010年预期值	比上年增长(%)	"十五"时期平均每年增长(%)
一、民间组织	万个	53.2	10.7	15.8
社会团体	万个	29.9	11.8	5.6
民办非企业单位	万个	23.3	9.6	45.5
基金会	个	1521	9.3	
二、抚恤补助优抚对象	万人	453.4	-0.3	0.8
烈属和牺牲病故军人家属抚恤金	元/人、年	3201.9	2.4	13.5
三、城市居民最低生活保障	万人	2383.2	1.3	40.9
四、城市社区服务中心	万个	1.3	8.6	5.6
五、群众性自治组织				
村民委员会	万个	56.0	-2.3	-3.0
社区居委会	万个	9.1	2.6	-5.9
六、乡镇区划调整				
乡	万个	1.0	-8.6	-7.2
镇	万个	1.8	-1.8	-0.8
七、收养性单位床位	万张	210.2	5.1	7.7
儿童福利院	万张	5.2	10.3	11.7
城市老年福利机构	万张	69.4	10.6	5.0
农村老年福利机构	万张	184.0	15.5	10.0
八、婚姻				
办理结婚登记	万对	633.6	-5.1	-0.6
办理离婚登记	万对	252.7	7.2	8.0
九、家庭收养儿童	万件	3.2	-8.9	-2.0
十、全年火化遗体	万具	521.9	3.0	3.8
十一、社会福利企业	万个	2.6	-3.1	-5.2
十二、中国福利彩票销售额	亿元	1491.8	81.6	29.4
十三、事业费支出情况	亿元	2140.3	24.4	25.6
十四、民政系统固定资产	亿元	2537.1	5.7	9.9

注：本表数据均以"十五"时期末年增长速度预测、中国福利彩票以"十五"期间平均每年增长速度预测。

B-3 民政事业发展主要数据与上年比较

指　标	单位	2004年	2005年	比上年增减（%）
一、民间组织				
民间组织总数	万个	28.9	32	10.7
1.社会团体	万个	15.3	17.1	11.8
2.民办非企业单位	万个	13.5	14.8	9.6
3.基金会	个	892	975	9.3
二、优抚安置				
1.国家抚恤、补助各类优抚对象	万人	461.9	460.3	-0.3
2.安置义务兵、士官人数	万人	52.6	45.2	-14.1
3.接收军队离退休人员人数	万人	1.1	1.9	72.7
三、社会救助				
（一）城市				
1.城市居民最低生活保障人数	万人	2205	2234.2	1.3
2.城市居民最低生活保障户数	万户	955.5	994.7	4.1
3.城市最低生活保障平均标准	元／人、月	152	156	2.6
4城市最低生活保障平均补差水平	元／人、月	65	72.3	11.2
（二）农村				
1.农村居民最低生活保障人数	万人	488	825	69.1
2.农村居民最低生活保障户数	万户	235.9	406.1	72.1
3.农村最低生活保障平均标准	元／人、月		76	
4农村最低生活保障平均补差水平	元／人、月		38	
5.农村特困救济人数	万人	914.1	1066.8	16.7
6.农村特困救济户数	万户	545.8	654.8	20.0
7.农村特困救济平均标准	元／人、月		40	
8.农村特困救济平均补差水平	元／人、月		24	
9.农村五保户救济户数	万户		349.7	
10.农村五保户平均标准	元／人、月		136	

B-3续表1

指　标	单位	2004年	2005年	比上年增减（%）
（三）医疗救助				
1.城市医疗救助	万人次		114.9	
2.农村医疗救助	万人次	729.2	854.5	17.2
四、社会捐赠				
1.社会捐赠款数	亿元	34	31.3	-7.9
2.捐赠衣被总数	亿件	0.9	1	11.1
3.捐赠其他物资价值	亿元	1.2	1.6	33.3
4.受益人次数	万人次	2444.5	3610.7	47.7
5.社会捐赠接收站、点数	万个	3.2	3.1	-3.1
五、社区建设				
1.村委会	万个	64.4	62.9	-2.3
2.居委会（社区居委会）	万个	7.8	8	2.6
3.社区服务中心	个	7804	8479	8.6
4.城镇社区服务设施数	万个	19.8	19.5	-1.5
5.城市便民、利民网点	万个	70.4	66.5	-5.5
六、行政区划				
1.镇	个	19883	19522	-1.8
2.乡	个	17451	15951	-8.6
其中：民族乡	个	1124	1093	-2.8
3.街道办事处	个	5904	6152	4.2
4.区公所	个	20	11	-45.0
七、社会福利				
1.收养性单位数	万个	3.9	4.1	5.1
2.床位数	万张	146.8	163.9	11.6
3.收养人数	万人	110.9	123.6	11.5
4.社会福利企业数	万个	3.2	3.1	-3.1
5.其中残疾职工数	万人	66.2	63.7	-3.8
八、婚姻、收养与殡葬				

B–3续表2

指　标	单位	2004年	2005年	比上年增减（%）
1.结婚登记	万对	867.2	823.1	-5.1
其中：涉外及港台	万对	6.4	6.4	
结婚率	‰	13.3	12.6	-0.70（千分点）
每千居民之结婚宗数(粗结婚率)	‰	6.65	6.3	-0.35（千分点）
2.离婚办理	万对	166.5	178.5	7.2
离婚率	‰	2.56	2.73	0.17（千分点）
每千居民之离婚宗数(粗离婚率)	‰	1.28	1.37	0.09（千分点）
3.家庭收养孤残儿童	万人	5.6	5.1	-8.9
4.火化遗体数	万具	436.9	450.2	3.0
5.火化率	%	52.5	53	0.5（百分点）
九、福利彩票				
1.销售福利彩票	亿元	226.4	411.2	81.6
2.筹集社会福利基金	亿元	79.2	144	81.8
十、老龄人口				
1.65岁以上老年人口	万人	9857	10055	2.0
2.占全国总人口	%	7.6	7.7	0.1（百分点）
十一、民政事业费				
民政事业费总支出	亿元	577.4	718.4	24.4
其中：抚恤事业	亿元	104.1	143.6	37.9
安置事业	亿元	74.1	88.9	20.0
社会福利事业	亿元	99.4	55.6	-44.1
城市最低生活保障	亿元	172.7	191.9	11.1
农村社会救助	亿元		79.9	
自然灾害救济	亿元	51.5	62.6	21.6
地方离退休人员	亿元	13.9	13.7	-1.4
其他	亿元	61.7	82.3	33.4
基本建设支出	亿元	29.2	31.6	8.2

B-4 民间组织发展情况与上年比较

单位：个

指　标	2004年	2005年	比上年增减（%）
民间组织合计	**289432**	**31976**	**-89.0**
一、社团管理	153359	171150	11.6
（一）按活动区域分			
中央级	1673	1688	0.9
省级	20563	21119	2.7
地级	50424	53080	5.3
县级	80699	95263	18.0
（二）按性质分			
专业性	44322	50328	13.6
行业性	46370	53004	14.3
学术性	37899	39640	4.6
联合性	21790	23961	10.0
港澳台	38	52	36.8
外国商会	16	16	0.0
其他	2924	4149	41.9
二、民办非企业单位	135181	147637	9.2
（一）按活动区域分			
中央级	24	26	8.3
省级	4868	5602	15.1
地级	25151	25390	1.0
县级	105138	116619	10.9
（二）按性质分类			
法人	64308	75623	17.6
合伙	7220	6481	-10.2
个体	63653	65533	3.0
（三）按隶属行业分类			
教育	69068	75812	9.8
卫生	27509	27179	-1.2
文化	3139	3773	20.2
科技	5824	6915	18.7
体育	3441	4012	16.6
劳动	10736	12085	12.6
民政	9658	10445	8.1
社会中介服务业	1275	1665	30.6
法律服务业	546	662	21.2
其他	3985	5089	27.7
三、基金会	892	975	9.3
（一）按活动区域分			
中央级	84	92	9.5
省级	808	883	9.3
（二）按性质分类			
公募性		771	
非公募性		204	
境外基金代表机构			

B–5 国家优抚、安置对象与上年比较

单位：人

指　标	2004年	2005年	比上年增减（%）
一、国家抚恤、补助优抚对象总人数	4619457	4602931	-0.4
（一）重点优抚对象人数	4593959	4579618	-0.3
1.抚恤	1341543	1377134	2.7
（1）烈士家属抚恤	339817	349253	2.8
（2）因公牺牲抚恤	65695	63603	-3.2
（3）病故军人家属抚恤	80221	79661	-0.7
（4）伤残人员抚恤	855810	884617	3.4
2.补助	3252416	3202484	-1.5
（1）在乡复员军人	2214467	2145421	-3.1
（2）在乡退伍军人	950428	977424	2.8
（3）在乡红军老战士	2701	2681	-0.7
（4）在乡西路军红军老战士	1454	1370	-5.8
（5）红军失散人员	83366	75588	-9.3
（二）其他定补人数	25498	63313	148.3
二、离退休人员数	10794	18512	71.5
1.军队干部（含地方）	8884	17416	96.0
2.军队退休士官	90	192	113.3
3.军队无军籍职工	1820	904	-50.3

B-6 城市最低生活保障与农村社会救济与上年比较

单位：万人、万户

指　标	2004年	2005年	比上年增减（%）
最低生活保障与农村传统救济总人数	3607.1	4126	14.4
（一）城市居民最低生活保障人数	2205	2234.2	1.3
其中：在职人员	141	114.1	-19.1
下岗人员	468.9	430.7	-8.1
退休人员	73.1	61.3	-16.1
失业人员	423.1	410.1	-3.1
“三无”人员	95.4	95.8	0.4
其它人员	1003.5	1122.1	11.8
城市居民最低生活保障家庭数	955.5	994.7	4.1
其中：困难户	665.1	702.6	5.6
五保户	56.1	60.7	8.2
其他	234.4	231.4	-1.3
（二）农村社会救济人数	1402.1	1891.8	34.9
1.农村居民最低生活保障人数	488	825	69.1
农村居民最低生活保障家庭数	235.9	406.1	72.1
其中：困难户	165.2	298.8	80.9
五保户	37.1	49.7	34.0
其它	33.6	57.7	71.7
2.传统救济人数	914.1	1066.8	16.7
传统救济家庭数	545.8	654.8	20.0
其中：困难户	260.4	290.3	11.5
五保户	228.7	300	31.2
其它	56.6	64.4	13.8

B–7 各省城市最低生活保障平均标准与上年比较及月最低工资标准

单位：元／人、月

地　区	月最低工资标准	城市最低生活保障平均标准		
		2004年	2005年	比上年增减（%）
全　国	**367.5**	**152**	**156.0**	**2.6**
北　京	580	290	300.0	3.4
天　津	570	265	265.0	0.0
河　北	420	137	140.0	2.2
山　西	400	132	133.2	0.9
内蒙古	380	127	128.4	1.1
辽　宁	350	172	174.0	1.2
吉　林	300	137	142.2	3.8
黑龙江	235	124	126.0	1.6
上　海	690	290	300.0	3.4
江　苏	400	198	209.0	5.6
浙　江	490	213	217.6	2.2
安　徽	290	165	170.3	3.2
福　建	320	169	168.8	-0.1
江　西	270	122	129.7	6.3
山　东	350	167	175.4	5.0
河　南	320	127	129.1	1.7
湖　北	280	137	141.6	3.4
湖　南	350	140	142.4	1.7
广　东	352	203	203.9	0.4
广　西	320	135	137.2	1.6
海　南	350	140	143.8	2.7
重　庆	330	160	164.4	2.8
四　川	280	139	140.2	0.9
贵　州	320	124	135.2	9.0
云　南	350	159	159.2	0.1
西　藏	445	196	205.8	5.0
陕　西	400	135	139.3	3.2
甘　肃	300	118	129.3	9.6
青　海	330	162	162.6	0.4
宁　夏	320	158	162.7	3.0
新　疆	300	128	129.7	1.3

注：月最低工资标准数据来源劳动和社会保障部。

B-8 各省城市最低生活保障平均支出水平与上年比较

单位：元／人、月

地 区	2004年	2005年	比上年增减（%）
全 国	**65**	**72.3**	**11.2**
北 京	227	236.3	4.1
天 津	99	140.4	41.8
河 北	58	63.8	10.0
山 西	63	68.1	8.1
内蒙古	68	80.5	18.4
辽 宁	75	83.1	10.8
吉 林	60	68.3	13.8
黑龙江	58	63.4	9.3
上 海	137	158.6	15.8
江 苏	79	87.9	11.3
浙 江	131	151.4	15.6
安 徽	53	64.9	22.5
福 建	58	60.2	3.8
江 西	53	60	13.2
山 东	55	71.5	30.0
河 南	58	58.1	0.2
湖 北	60	63.7	6.2
湖 南	58	63.4	9.3
广 东	76	80.7	6.2
广 西	51	65.6	28.6
海 南	51	58.4	14.5
重 庆	77	84.3	9.5
四 川	58	61.1	5.3
贵 州	64	74.5	16.4
云 南	69	75.1	8.8
西 藏	82	99.1	20.9
陕 西	58	71	22.4
甘 肃	57	68.9	20.9
青 海	86	92.5	7.6
宁 夏	52	64	23.1
新 疆	73	74	1.4

B-9 社会捐赠与上年比较

单位：万元、万件、个

指　标	2004年	2005年	比上年增减（%）
社会捐赠合计	**351205.7**	**618935.2**	**76.23**
一、民政部门直接接收的捐赠	182235.7	328973.2	80.52
（一）直接接收捐赠情况			
1.捐赠款数额	170671.3	313392.9	83.62
2.捐赠衣被合计	8957.2	10356	15.62
其中：棉衣被	1788.4	2851	59.42
3.捐赠其他物资价值	11564.4	15580.3	34.73
（二）间接接收捐赠情况			
1.捐赠款数额	11409.4	22252.1	95.03
2.捐赠衣被合计	2489.9	3999	60.61
其中：棉衣被	931.9	975	4.62
3.捐赠其他物资价值	1833.3	4721.7	157.55
（三）受益人次数	2444.5	3610.7	47.71
（四）社会捐赠接收工作站、点数	31695	31153	-1.71
其中：社会捐赠接收工作站数	14470	13407	-7.35
慈善超市数	1842	3076	66.99
二、慈善会直接接收的捐赠	168970	289962	71.61

B-10 基层组织、社区建设与上年比较

单位：个、人

指　标	2004年	2005年	比上年增减（%）
一、城市			
（一）社区居委会	77884	79947	2.65
居民小组	1296392	1232992	-4.89
居民委员会成员人数	424939	453543	6.73
其中：女性	237145	240890	1.58
其中：中共党员	195326	218397	11.81
（二）居委会选举情况			
1.当年进行选举的居委会数		29689	
2.当年参选人口数		71367425	
其中：登记选民数		54755196	
参选人数		39546260	
（三）城市社区服务			
1.城镇社区服务设施	198122	194796	-1.68
其中：星光老年之家	25658	25840	0.71
2.社区从业人员	3246120	3578352	10.23
其中：安置下岗人员	1216744	1388161	14.09
3.社区服务志愿者组织数	133413	644180	382.85
社区服务志愿者人数	6269162	5635268	-10.11
4.城镇便民、利民服务网点数	703760	664764	-5.54
二、农村			
（一）村民委员会	644166	629079	-2.34
村民小组	5079109	4904536	-3.44
村民委员会成员人数	2921132	2657032	-9.04
其中：女性	442496	444016	0.34
其中：中共党员	1515611	1462891	-3.48
（二）村民自治模范县（市、区、旗）数	737	513	-30.39
村民自治模范乡镇数	8047	7543	-6.26
村民自治模范村数		88181	
（三）村委会选举情况			
1.当年进行选举的村委会数	214827	367950	71.28
2.当年参选村人口数	278998784	405662716	45.40
其中：登记选民数	214071474	351018227	63.97
参选人数	190664470	323284114	69.56

B-11 行政区划与上年比较

单位：个

指　标	2004年	2005年	比上年增减（%）
一、地级行政区划合计	333	333	
其中：地级市	283	283	
地区	17	17	
自治州	30	30	
盟	3	3	
二、县级行政区划合计	2862	2862	
其中：市辖区	852	852	
县级市	374	374	
县	1464	1464	
自治县	117	117	
旗	49	49	
自治旗	3	3	
特区	2	2	
林区	1	1	
三、乡镇、街道级行政区划合计	43258	41636	-3.75
其中：镇	19883	19522	-1.82
乡	17451	15951	-8.60
民族乡	1124	1093	-2.76
街道办事处	5904	6152	4.20
区公所	20	11	-45.00

B-12 社会行政事务与上年比较

单位：个、具、对、件、人

指　标	2004年	2005年	比上年增减（%）
一、结婚登记			
（一）内地居民登记结婚	8608275	8230508	-4.39
初婚人数	15696217	14829979	-5.52
再婚人数	1520333	1631037	7.28
男性	770693	742818	-3.62
恢复结婚	84799	115003	35.62
（二）涉外及华侨、港澳台居民登记结婚	63544	64305	1.20
二、离婚登记			
（一）民政部门办理离婚	1046150	1183568	13.14
1.内地居民办理离婚	1040320	1175301	12.97
2.华侨、港澳台居民登记离婚	5830	8267	41.80
（二）各级法院办理离婚	618980	601223	-2.87
三、收养登记合计	52603	49506	-5.89
（一）中国公民收养登记	40084	35470	-11.51
其中：1.香港居民	750	567	-14.9
2.澳门居民		71	
3.台湾居民	117	108	-7.69
4.华侨	101	90	-10.89
（二）外国人收养登记	12519	14036	12.12
四、被收养人合计	55572	50921	-8.37
（一）社会福利机构抚养的孤儿	3189	3564	11.76
其中：被外国人收养	215	508	136.28
（二）社会福利机构抚养的弃婴	19287	18927	-1.87
其中：被外国人收养	10647	12349	15.99
（三）社会弃婴	28729	24965	-13.10
（四）父母无力抚养的儿童	1165	1012	-13.13
其中：被外国人收养	2	7	250.00
（五）其他	3202	3453	7.84
五、救助人次数	820254	1178104	43.63
六、殡仪馆、公墓			
（一）火化炉数	4792	5037	5.11
（二）全年处理遗体数	4368646	4501777	3.05
（三）火化率（%）	52.5	53	0.5（百分点）
（四）穴位数	7648449	7964557	4.13
（五）安葬数	4308703	5047372	17.14

B-13 收养、救助类单位情况与上年比较

指标	床位数（万张）			收养救助人数（万人）			年末床位利用率（%）
	2004年	2005年	比上年增减（%）	2004年	2005年	比上年增减（%）	
全国合计	**153.3**	**170.4**	**11.2**	**116.5**	**128.1**	**10.0**	**75.2**
一、收养类单位	146.8	164	11.7	110.9	123.7	11.5	75.4
（一）优抚类收养单位	8.3	8.2	-1.2	5.6	5.8	3.6	70.7
1.荣誉军人康复医院	0.6	0.6	0.0	0.3	0.4	33.3	66.7
2.复员军人慢性病疗养院	0.5	0.6	20.0	0.4	0.4	0.0	66.7
3.复退军人精神病院	1.7	1.5	-11.8	1.2	1.2	0.0	80.0
4.光荣院	5.5	5.5	0.0	3.7	3.8	2.7	69.1
（二）福利类收养单位	138.5	155.8	12.5	105.3	117.9	12.0	75.7
1.社会福利院	15.7	16.3	3.8	12.1	12.5	3.3	76.7
2.儿童福利院	3	3.2	6.7	2.8	2.9	3.6	90.6
3.社会福利院	2.8	2.9	3.6	2.4	2.6	8.3	89.7
4.城镇老年福利机构	37.9	41.9	10.6	28	31.2	11.4	74.5
5.农村五保供养福利机构	77.5	89.5	15.5	59.4	67.9	14.3	75.9
6其它收养性单位	1.6	2	25.0	0.6	0.8	33.3	40.0
二、社区类收养单位	1.8	1.8	0.0	0.8	0.7	-12.5	38.9
三、救助类单位	4.7	4.6	-2.1	4.8	3.7	-22.9	80.4

B-14 民政行业单位基本情况与上年比较

指　标	单位数（个）			职工人数（人）		
	2004年	2005年	比上年增减（%）	2004年	2005年	比上年增减（%）
全国合计	**103411**	**101442**	**-1.9**	**2129262**	**2034085**	**-4.5**
一、事业单位	66884	66533	-0.5	453053	452244	-0.2
（一）提供住宿的社会福利单位	42190	45178	7.1	256992	264854	3.1
1.优抚类收养单位	1446	1447	0.1	26531	26961	1.6
2.福利类收养单位	37147	39921	7.5	183554	194502	6.0
3.社区服务单位	522	622	19.2	6168	5541	-10.2
4.救助类单位	1026	1119	9.1	17182	14711	-14.4
5.军队离退休干部休养所	1724	1745	1.2	16001	15713	-1.8
6.军队供应管理单位	325	324	-0.3	7556	7426	-1.7
（二）不提供住宿的社会福利单位	17039	17354	1.8	172448	173941	0.9
1.烈士纪念建筑物管理单位	938	989	5.4	8692	8871	2.1
2.社区服务单位	7282	7857	7.9	51656	54363	5.2
3.殡葬事业单位	3119	3284	5.3	66287	68588	3.5
4.福利彩票发行单位	1128	1113	-1.3	5864	6169	5.2
5.其他事业单位	4572	4111	-10.1	39949	35950	-10.0
（三）老龄事业单位	7655	4001	-47.7	23613	13449	-43.0
二、社会福利企业单位	32410	31211	-3.7	1524857	1442733	-5.4
其中：国有	1119	1013	-9.5	70247	65314	-7.0
集体	24202	22029	-9.0	1110773	1041990	-6.2
其他	7089	8169	15.2	343837	335429	-2.4
假肢厂	40	38	-5.0	2640	2735	3.6
三、行政机关	4117	3698	-10.2	112648	84081	-25.4
四、乡镇民政助理员				38704	55027	42.2

B-15 民政行业单位经费支出与上年比较

单位：万元

指　标	2004年	2005年	比上年增减（%）
全国合计	**5289631.2**	**5630406.6**	**6.4**
一、行政单位	2110099.5	2092310.0	-0.8
二、事业单位	3179531.7	3538096.6	11.3
（一）优抚事业单位小计	689870.8	842943.5	22.2
1.军队离退休干部休养所	474000.4	591265.6	24.7
2.军队供应管理单位	36194.4	42220.9	16.7
3.烈士纪念建筑物管理单位	50959.3	55412.0	8.7
4.荣誉军人康复医院	27061.6	33883.0	25.2
5.复员军人慢性病疗养院	20456.3	34996.7	71.1
6.复退军人精神病院	39196.7	45701.0	16.6
7.光荣院	42002.1	39464.3	-6.0
（二）福利事业单位小计	564348.8	729436.7	29.3
1.社会福利院	168752.3	188470.7	11.7
2.儿童福利院	41074.7	48277.4	17.5
3. 社会福利医院	72789.7	87365.0	20.0
4.城镇老年福利机构	117671.4	154168.3	31.0
5.农村老年福利机构	154423.2	241387.2	56.3
6.其它收养性单位	9637.5	9768.1	1.4
（三）社区服务单位小计	86504.0	206324.1	138.5
（四）救助类单位	80422.6	95685.5	19.0
（五）殡葬事业单位	895420.7	795124.2	-11.2
（六）彩票、募捐单位	382359.6	581765.5	52.2
（七）其他事业单位	480605.2	286817.1	-40.3

B-16 民政行业单位固定资产与上年比较

单位：亿元

指　标	2004年	2005年	比上年增减（%）
全国合计	**1819.7**	**1924.3**	**5.7**
一、事业单位合计	512.5	530.0	3.4
（一）优抚事业单位小计	75.1	80.4	7.1
1.军队离退休干部休养所	21.6	24.0	11.1
2.军队供应管理单位	8.7	10.2	17.2
3.烈士纪念建筑物管理单位	22.2	21.8	-1.8
4.荣誉军人康复医院	4.2	4.6	9.5
5.复员军人慢性病疗养院	3.3	3.8	15.2
6.复退军人精神病院	4.8	5.4	12.5
7.光荣院	10.3	10.6	2.9
（二）福利事业单位小计	178.4	218.0	22.2
1.社会福利院	37.4	38.8	3.7
2.儿童福利院	7.9	8.4	6.3
3. 社会福利医院	7.4	8.1	9.5
4.城镇老年福利机构	52.9	61.3	15.9
5.农村老年福利机构	70.8	99.6	40.7
6.其它收养性单位	2.0	1.8	-10.0
（三）社区服务单位小计	31.8	35.1	10.4
（四）救助类单位	12.8	12.0	-6.3
（五）殡葬事业单位	114.0	124.1	8.9
（六）彩票、募捐单位	25.9	29.3	13.1
（七）其他事业单位	74.5	31.1	-58.3
二、企业合计	1244.4	1329.4	6.8
1.社会福利工厂	1081.5	1131.0	4.6
2.假肢厂	2.1	2.3	9.5
3.其他福利企业	159.5	195.1	22.3
4.安置农场	1.3	1.0	-23.1
三、行政机关	62.8	64.9	3.3

B-17 基本建设投资与上年比较

单位：亿元、个、万平方米

指　标	2004年	2005年	比上年增减（%）
一、计划总投资	92.9	95.1	2.4
二、本年计划投资	31.9	33.8	6.0
三、自开始建设至本年底累计完成投资	58	62.7	8.1
四、本年完成投资	29.2	31.6	8.2
（一）国家投资	9.0	9.1	1.1
（二）国内投资	2.4	1.0	-58.3
（三）自筹	14.4	17.9	24.3
其中：福利彩票公益金	4.7	5.8	23.4
（四）其他	3.5	3.5	0.0
五、本年施工项目个数	8985	4249	-52.7
六、本年施工房屋建设面积	421.4	333.9	-20.8
七、本年新增固定资产	17.5	15.7	-10.3

B-18 各项民政事业费与上年比较

单位：亿元

指　标	2004年	2005年	比上年增减（%）
各项民政事业费总支出	683.1	870.7	27.5
一、国家财政性支出	627.8	786.4	25.3
1.民政事业费支出	577.4	718.4	24.4
同比增长（%）	15.7	24.2	8.5（百分点）
占国家财政支出比重（%）	2.04	2.13	0.09（百分点）
其中：抚恤费	104.1	143.6	37.9
军队离退休、退职费	74.1	88.9	20.0
社会福利费	99.4	55.6	-44.1
城市最低生活保障	172.7	191.9	11.1
农村及其他社会救济		79.9	
自然灾害救济费	51.1	62.6	22.5
地方离、退休人员费	13.9	13.7	-1.4
其他民政事业费	61.6	82.3	33.6
2.国家基本建设	9.0	9.1	1.1
3.公益金支出	41.4	58.9	42.3
二、其他基本建设投资	20.2	22.5	11.4
三、社会捐赠（含捐赠物资折款）	35.1	61.8	76.1

B-19 中央级民政事业费和中央转移支付民政事业费与上年比较

单位：万元

指 标	2004年	2005年	比上年增减（%）
合 计	**2277406.8**	**3140255.8**	**37.9**
一、中央级民政事业费	39289.8	37422.8	-4.8
1.其他民政事业费	6904.1	7335.1	6.2
其中：干部训练	1126.0	1107.4	-1.7
老龄机构	527.4	608.3	15.3
拥军拥属慰问	150.0	150.0	0.0
民间组织管理	329.3	196.0	-40.5
行政区划河地名管理	168.6	160.0	-5.1
其他	4602.8	5113.3	11.1
2.自然灾害生活救助	26347.6	24511.5	-7.0
救灾储备	26347.6	24511.5	-7.0
3.其他款项用于民政支出	6038.1	5576.2	-7.6
二、中央财政转移支付的民政经费	2238117.0	3102833.0	38.6
其中：抚恤	407308.0	763830.0	87.5
安置	473771.0	650227.0	37.2
低保	1006100.0	1120000.0	11.3
救灾	319940.0	431426.0	34.8
医疗救助	30000.0	60000.0	100.0
其他	998.0	77350.0	7650.5

CCASY

分省民政业务统计资料

C-1 省级行政区划

单位：个

地区	面积（万平方千米）	省级合计	直辖市	省	自治区	特别行政区
全国	**960**	**34**	**4**	**23**	**5**	**2**
北京	1.68	1	1			
天津	1.1	1	1			
河北	19	1		1		
山西	15	1		1		
内蒙古	110	1			1	
辽宁	15	1		1		
吉林	18	1		1		
黑龙江	46	1		1		
上海	0.58	1	1			
江苏	10	1		1		
浙江	10	1		1		
安徽	13	1		1		
福建	12	1		1		
江西	16	1		1		
山东	15	1		1		
河南	16	1		1		
湖北	18	1		1		
湖南	21	1		1		
广东	18	1		1		
广西	23	1			1	
海南	3.4	1		1		
重庆	8.23	1	1			
四川	48	1		1		
贵州	17	1		1		
云南	38	1		1		
西藏	120	1			1	
陕西	19	1		1		
甘肃	39	1		1		
青海	72	1		1		
宁夏	6.6	1			1	
新疆	160	1			1	
香港		1				1
澳门		1				1
台湾		1		1		

C-2 地、县级行政区划

单位：个

地区	地级合计	地级市	地区	自治州	盟	县级合计	市辖区	县级市	县	自治县	旗	自治旗	特区	林区
全国	**333**	**283**	**17**	**30**	**3**	**2862**	**852**	**374**	**1464**	**117**	**49**	**3**	**2**	**1**
北京						18	16		2					
天津						18	15		3					
河北	11	11				172	36	22	108	6				
山西	11	11				119	23	11	85					
内蒙古	12	9			3	101	21	11	17		49	3		
辽宁	14	14				100	56	17	19	8				
吉林	9	8		1		60	19	20	18	3				
黑龙江	13	12	1			130	65	19	45	1				
上海						19	18		1					
江苏	13	13				106	54	27	25					
浙江	11	11				90	32	22	35	1				
安徽	17	17				105	44	5	56					
福建	9	9				85	26	14	45					
江西	11	11				99	19	10	70					
山东	17	17				140	49	31	60					
河南	17	17				159	50	21	88					
湖北	13	12		1		102	38	24	37	2				1
湖南	14	13		1		122	34	16	65	7				
广东	21	21				121	54	23	41	3				
广西	14	14				109	34	7	56	12				
海南	2	2				20	4	6	4	6				
重庆						40	15	4	17	4				
四川	21	18		3		181	43	14	120	4				
贵州	9	4	2	3		88	10	9	56	11			2	
云南	16	8		8		129	12	9	79	29				
西藏	7	1	6			73	1	1	71					
陕西	10	10				107	24	3	80					
甘肃	14	12		2		86	17	4	58	7				
青海	8	1	1	6		43	4	2	30	7				
宁夏	5	5				21	8	2	11					
新疆	14	2	7	5		99	11	20	62	6				

C-3 县以下行政区划和区域

单位：个

地区	乡镇级合计	镇	乡	民族乡	街道办事处	区公所	村、居委会合计	村民委员会	居民委员会
全国	**41636**	**19522**	**15951**	**1093**	**6152**	**11**	**709026**	**629079**	**79947**
北京	314	142	41	5	131		6439	3957	2482
天津	241	120	20	2	101		5483	3838	1645
河北	2205	943	1019	53	242	1	52604	49584	3020
山西	1389	561	635		193		29142	26810	2332
内蒙古	1112	493	424	17	195		14915	12225	2690
辽宁	1528	602	376	77	550		15751	11630	4121
吉林	878	426	198	29	254		11122	9403	1719
黑龙江	1273	470	438	58	365		11842	9058	2784
上海	214	108	3		103		5311	1874	3437
江苏	1410	1019	110	1	281		23071	17771	5300
浙江	1525	752	475	14	298		37896	34408	3488
安徽	1696	948	507	9	241		26531	23625	2906
福建	1101	593	341	18	167		16148	14256	1892
江西	1550	773	654	7	123		19313	16822	2491
山东	1931	1194	277	1	460		86996	81875	5121
河南	2299	841	1066	12	392		50884	47814	3070
湖北	1220	733	210	9	277		29534	26069	3465
湖南	2409	1089	1087	97	233		48189	43572	4617
广东	1585	1145	11	7	429		25021	18693	6328
广西	1232	699	427	58	106		16003	14359	1644
海南	218	180	20		18		2967	2535	432
重庆	1081	608	361	8	112		12220	10202	2018
四川	4782	1865	2679	93	238		55193	50345	4848
贵州	1543	691	760	252	92		21641	20031	1610
云南	1455	567	832	155	56		13461	12268	1193
西藏	692	140	543	8	9		5904	5746	158
陕西	1745	917	680		148		29946	28383	1563
甘肃	1348	457	770	30	121		17617	16533	1084
青海	422	123	269	30	30		4498	4144	354
宁夏	229	94	93		42		2772	2328	444
新疆	1009	229	625	43	145	10	10612	8921	1691

C-4 社会

地区	直接接收捐赠情况				间接接收
	捐赠款数额	捐赠衣被合计	棉衣被	捐赠其他物资价值	捐赠款数额
全　国	**313392.9**	**10356**	**2851**	**15580.3**	**22252.1**
中央级	42979.0	52	52		
北　京	12299.0	448	165	667.2	3874.5
天　津	1760.5	231	107	328.9	12.4
河　北	3227.8	361	296	53.9	466.4
山　西	2866.8	100	18	204.6	371.8
内蒙古	930.1	38	13	42.6	75.0
辽　宁	14056.5	274	150	2472.6	125.1
吉　林	8379.4	182	86	458.3	2.1
黑龙江	5852.5	41	17	2362.5	312.1
上　海	6734.9	714	149	400.8	552.6
江　苏	22158.6	225	97	108.3	269.8
浙　江	53095.9	507	116	430.1	1406.0
安　徽	5193.8	259	61	262.4	620.6
福　建	8639.3	681	21	225.4	85.1
江　西	6663.4	61	4	195.6	133.0
山　东	41673.4	474	166	278.7	217.5
河　南	3588.8	198	66	75.4	95.4
湖　北	7625.6	259	79	850.0	273.3
湖　南	9349.1	190	86	1850.3	5454.9
广　东	26230.3	1071	461	1197.9	3500.9
广　西	4235.0	436	72	1053.4	276.0
海　南	4766.9	34	4	481.2	338.4
重　庆	2188.3	179	31	52.9	283.0
四　川	4862.7	781	130	582.5	1641.7
贵　州	2116.1	328	36	343.5	96.6
云　南	1763.8	294	14	121.1	784.3
西　藏	553.1	22		27.3	207.0
陕　西	2138.0	781	101	191.2	46.8
甘　肃	1475.8	266	89	99.2	31.6
青　海	192.5	245	23	47.3	251.6
宁　夏	935.6	549	129	5.4	213.7
新　疆	4860.4	75	13	109.8	232.9

捐赠

单位：万元、个、人次、万件

捐赠情况			受益人次数	社会捐赠接收工作站、点数		慈善超市数
捐赠衣被合计	棉衣被	捐赠其他物资价值			社会捐赠接收工作站数	
3999	**975**	**4721.7**	**36106891**	**31153**	**13407**	**3076**
			1869807	787	19	48
			91457	1623	106	67
28	20	7.0	438758	1521	840	121
14	2	17.0	517675	1326	873	135
33	13	482.5	394099	610	19	65
451	100	14.8	1579154	3222	1357	571
8	6	20.0	498692	690	395	177
15	5	91.9	474043	1475	757	453
25	4	107.7	55935	224	119	73
79	32	123.0	758733	1313	655	200
14	4	17.0	762085	435	125	133
75	38	24.7	1626545	389	225	77
11	1	161.7	455995	588	336	59
35	1	37.6	615017	796	385	5
8	5	191.0	4760872	2918	1560	147
11	5	3.3	1184412	719	413	11
48	7	259.4	1687791	719	385	149
19	5	100.7	960819	1184	764	124
419	1	46.3	840595	2106	435	28
247	150	1112.5	1932413	983	622	59
4		27.8	281379	60	18	
430	357	128.3	1132329	1484	824	78
585	49	522.5	1899483	2175	396	83
108	14	106.1	1274849	689	99	61
862	21	51.8	6785105	224	157	7
3		46.4	61175	82	82	
49	6	117.8	1277856	959	177	41
182	73	22.0	1216136	679	434	3
14	7	127.6	47515	157	107	8
212	48		314256	282	222	31
9	2	753.3	311911	734	501	62

C–5 自然灾

地区	总计		旱灾		洪涝灾（含滑坡、泥石流）	
	受灾	绝收	受灾	绝收	受灾	绝收
合　计	**38818.2**	**4597.4**	**16028.1**	**1888.8**	**10931.8**	**1466.4**
北　京	68.7		31.7			
天　津	121.7	2	33.7			
河　北	1126.6	147.5	826	112.5	64.5	10.5
山　西	1764.9	283.6	1688	271	10.7	1.4
内蒙古	1814.1	415.8	1382	299.6	280.8	68.5
辽　宁	987.1	108.3	394	6	344.5	67
吉　林	1023.1	109.3	406	52	364.3	20.3
黑龙江	2101.5	140.6	438	15.8	1313.9	50.3
上　海	84.7	5.6				
江　苏	1682.9	113.8	348	11	63.5	15.7
浙　江	1180.7	144.7	119	11.4	57.7	6.1
安　徽	2881.8	378.6	597.7	35.3	1463	272.6
福　建	946.2	100	14.5	1	281.9	17.4
江　西	1425.6	156.8	56.9	8.8	555.3	65.8
山　东	1779.8	155	356.2	13	524	67.7
河　南	2111.8	125.7	424	11.9	1100	74.4
湖　北	2580.3	284.4	771	37.1	900.4	152.2
湖　南	2074.4	274.6	840.4	135.1	495	82.8
广　东	869.1	96.7	174.7	22.7	273.1	46.3
广　西	1524.4	232.8	893.7	109	520	119.5
海　南	728.2	74.6	260	34		
重　庆	773.1	123.1	251.4	42.6	394	58.7
四　川	1593.7	143.3	213	25.3	960	82
贵　州	757.9	107.9	442	57.6	174.2	25.6
云　南	2585.2	316	2053.4	238	159	27
西　藏	43.2		34		2.7	
陕　西	1748.1	229.3	1022	110	400.4	83.3
甘　肃	1332.9	169.1	1100	109	134.7	37.9
青　海	106.9	5.1	80	0.7	0.5	
宁　夏	482.8	77.8	420.9	71.4	5.4	
新　疆	270.6	39.7	210.8	29	37.2	5.2
#新疆兵团	246	35.6	145	18	51	8.2

害核定数

单位：千公顷

风雹灾		台风灾		雪灾、低温冷冻	
受灾	绝收	受灾	绝收	受灾	绝收
2977	**462.9**	**4453.3**	**501.1**	**4428.1**	**278.2**
37					
21.3	2	66.7			
172.8	23.4	24.6		38.7	1.1
44.9	8.7			21.3	2.5
99.4	29.7			51.9	18
76.6	13.3	143	20	29	2
234.8	37			18	
347.5	74.5			2.1	
		78.7	5.6	6	
129.7	24	813.7	63.1	328	
20.1	0.4	898	118.6	85.9	8.2
62.7	6.7	573.4	64	185	
32.5	1.1	435.5	56.4	181.8	24.2
70.1	11.7	245.8	47	497.5	23.5
170	22.7	354.6	43.6	375	8
132	12.6	17.9	2.5	437.9	24.3
137.2	12.4	142.8	28.8	628.9	53.9
101	12			638	44.7
67.9	7	148.7	10.6	204.7	10.1
51.2	3.9	41.6	0.4	17.9	
		468.2	40.6		
97.5	17.3			30.2	4.5
214	32.7			206.7	3.3
104.7	22.3			37	2.4
123.9	25.1			248.9	25.9
6.5					
253.1	32			72.7	4
41.3	8			56.9	14.2
25.1	4.4			1.3	
39.7	6.4			16.8	
12.6	2.2			10	3.3
50	9.4				

C–6 自然灾

地　区	人口受灾情况				
	受灾	死亡人口（人）	伤病人口（人）	紧急转移人口	倒塌房屋
合　计	**40653.7**	**2475**	**767670**	**1570.3**	**226.4**
北　京	8.6	2	3		
天　津	32.2		10560		0.2
河　北	1145.8	35	19089	11.1	1.1
山　西	1323.3	20	12251		1.3
内蒙古	436.5	31	2844	0.8	1.7
辽　宁	406.5	53	19811	42.6	4.5
吉　林	311.5	5	7	7.1	4.7
黑龙江	307.3	129	21936	7.6	4.4
上　海	152.8	7	203	38.2	1.6
江　苏	938.1	75	5466	25.9	5.2
浙　江	2731.9	90	1158	424.4	8.2
安　徽	3417.7	112	24576	56.8	18.6
福　建	2182.6	253	5584	371.3	19.9
江　西	2374.8	104	187841	93.1	31.7
山　东	1474.9	32	58746	8.4	6.1
河　南	1614.8	36	61691	31.2	10.2
湖　北	3456.8	171	4670	40.0	10.9
湖　南	3794.4	169	83902	65.1	16.3
广　东	1201.0	117	4435	69.5	10.0
广　西	1888.7	137	51820	124.1	21.4
海　南	883.3	37		28.4	3.3
重　庆	2047.2	56	22335	20.2	10.2
四　川	2349.2	222	81246	46.4	13.0
贵　州	2055.9	137	2956	5.1	1.2
云　南	2343.7	239	21481	3.1	7.0
西　藏	46.2	14	14270	1.0	0.6
陕　西	1073.6	78	38501	33.5	6.3
甘　肃	160.1	32	8	1.2	1.6
青　海	266.8	26	122		0.9
宁　夏	123.6	1	36		0.9
新　疆	52.1	53	9923	13.0	2.1
#新疆兵团	51.8	2	199	1.0	1.4

害损失

单位：万人次、万间、万头、亿元

损失情况			其他		
损坏房屋	死亡大牲畜	直接经济损失	受淹县城个数	饮水困难人口	饮水困难大牲畜
748.4	**112.9**	**2042.1**	**59**	**2321.3**	**1975.8**
0.3		0.6			
0.2		2.2			
2.2		30.0		53.0	18.0
2.4		39.4		170.6	36.2
5.4	1.8	24.6		76.4	861.0
10.3	0.1	61.7	1		
35.2		36.7			
13.9	0.1	36.1			
2.3		17.0			
62.6		84.5	3		2.0
39.5		345.9	8	34.1	
43.5	0.4	151.1	4	48.6	
45.9	1.0	237.8	4	0.5	
40.9	7.1	96.1		22.4	
25.4		75.9		6.4	
16.2		81.5		24.1	
29.6		70.1	11	100.0	48.7
46.1	5.3	87.3	9	153.1	
44.8	0.7	63.1		56.6	
65.5		91.2	8	205.5	140.4
17.1		117.2		98.3	19.4
34.7	0.6	32.8	5	83.5	39.0
41.2	7.0	108.1	6	65.1	92.4
10.1	0.1	23.1		337.2	
60.8	9.0	37.4		629.7	456.4
1.7	33.7	2.3		0.1	
30.1		53.0		63.6	
6.5	11.1	8.8		40.0	38.0
3.1	18.1	5.6		5.5	208.0
1.3		4.6		46.3	16.3
5.8	15.2	8.5			
3.9	1.6	7.9		0.7	

C-7 结婚

地区	登记结婚对数	登记结婚人数	内地居民登记结婚对数	内地居民登记结婚人数	按居住 涉外及华侨、港澳台居民登记结婚对数
全国	**8230508**	**16461016**	**8166203**	**16332406**	**64305**
北京	96596	193192	95659	191318	937
天津	63600	127200	63201	126402	399
河北	537796	1075592	537521	1075042	275
山西	189855	379710	189741	379482	114
内蒙古	154571	309142	154436	308872	135
辽宁	259612	519224	257021	514042	2591
吉林	168349	336698	167018	334036	1331
黑龙江	228311	456622	225863	451726	2448
上海	102668	205336	100261	200522	2407
江苏	471995	943990	470570	941140	1425
浙江	353040	706080	348945	697890	4095
安徽	440278	880556	439401	878802	877
福建	271403	542806	257782	515564	13621
江西	295282	590564	293748	587496	1534
山东	631641	1263282	630671	1261342	970
河南	513309	1026618	511989	1023978	1320
湖北	394093	788186	391420	782840	2673
湖南	459684	919368	454319	908638	5365
广东	589408	1178816	578503	1157006	10905
广西	318068	636136	314657	629314	3411
海南	41371	82742	40017	80034	1354
重庆	184572	369144	183152	366304	1420
四川	408311	816622	405707	811414	2604
贵州	211257	422514	210520	421040	737
云南	250807	501614	250300	500600	507
西藏	6046	12092	6038	12076	8
陕西	208421	416842	207966	415932	455
甘肃	114554	229108	114442	228884	112
青海	28659	57318	28641	57282	18
宁夏	40622	81244	40588	81176	34
新疆	196329	392658	196106	392212	223

登记

单位：对、人

地分类

内地居民	女性	香港居民	澳门居民	台湾居民	华侨	外国人
63225	**43214**	**13009**	**1762**	**22661**	**7529**	**20424**
891	681	48	3	71	191	670
398	345	17		56	48	279
275	224	22		60	54	139
101	86	8		33	22	64
106	53	14		41	19	90
2588	2425	59	4	475	120	1936
1330	85	8	3	76	14	1231
2366	2055	16	1	84	365	2064
2385	2013	111	12	388	317	1601
1425	1373	117	7	559	155	587
4032	2882	105	7	1039	2374	633
877	830	116	7	475	49	230
13111	5412	2552	232	6773	1581	2993
1534	1496	339	21	950	37	187
966	106	58	16	274	77	549
1279	410	190	18	869	29	255
2558	2443	788	39	1305	118	538
5246	4881	2420	146	2541	76	301
10901	6050	3643	1055	1172	1584	3455
3411	3215	510	55	1789	89	968
1354	1153	675	32	451	26	170
1420	1393	300	13	808	11	288
2600	2399	499	46	1535	69	459
732	43	225	26	402	17	72
494	399	64	10	161	35	250
8	8	1		1		6
455	423	63	4	185	23	180
109	100	15	3	35	10	52
18	16			11		7
32	22	4		9	7	16
223	193	22	2	33	12	154

C-7续表

地　区	按婚前状况分类			
	初婚人数	再婚人数	女性	恢复结婚
全　国	**14829979**	**1631037**	**742818**	**115003**
北　京	158736	34456	16671	925
天　津	103397	23803	12166	1303
河　北	974708	100884	50148	5552
山　西	354147	25563	12163	1222
内蒙古	279730	29412	11890	2297
辽　宁	426672	92552	42425	8457
吉　林	290648	46050	23155	7247
黑龙江	395978	60644	28885	5441
上　海	164412	40924	20535	2086
江　苏	847393	96597	42637	8882
浙　江	641745	64335	29006	3387
安　徽	834036	46520	20618	4623
福　建	497704	45102	15026	1709
江　西	553628	36936	12678	4424
山　东	1149459	113823	58824	5800
河　南	964159	62459	28611	4317
湖　北	717495	70691	27767	6193
湖　南	837992	81376	33540	5052
广　东	1115700	63116	25802	3421
广　西	596971	39165	15131	1319
海　南	75418	7324	2839	202
重　庆	294669	74475	38010	4406
四　川	694094	122528	63262	7128
贵　州	381542	40972	19424	4344
云　南	456891	44723	16317	2881
西　藏	10881	1211	151	65
陕　西	381418	35424	15745	2705
甘　肃	209947	19161	8755	1930
青　海	51954	5364	2708	65
宁　夏	74578	6666	2958	528
新　疆	293877	98781	44971	7092

单位：对、人

按年龄分类				
20～24岁	25～29岁	30～34岁	35～39岁	40岁以上
7732447	**5650062**	**1634059**	**806199**	**638249**
43948	82014	28688	12853	25689
60638	36447	13642	7963	8510
690914	244903	67968	41191	30616
179221	132121	37267	18733	12368
169177	98399	21196	12185	8185
157925	223740	68583	38677	30299
104704	163918	42489	14822	10765
234367	124754	52454	28193	16854
62001	75426	25485	12917	29507
480848	304461	75068	46972	36641
259537	294070	79683	41868	30922
483457	272522	65464	33763	25350
238311	180250	60281	32051	31913
279132	230929	50005	18180	12318
628441	446074	96655	46049	46063
591416	311346	67818	31712	24326
380368	275309	72976	38194	21339
459039	306708	81701	41858	30062
406223	499631	157456	66080	49426
253878	238217	86501	33594	23946
29290	28990	13309	7121	4032
184572	129203	36913	11072	7384
345107	276526	108008	51376	35605
156729	145011	55276	36417	29081
261114	150190	48411	23474	18425
5109	5208	1523	196	56
219134	133895	36494	16309	11010
132952	66672	17158	8560	3766
27319	18511	6822	3245	1421
45084	25365	5509	2690	2596
162492	129252	53256	27884	19774

C-8 离婚

地区	总计	民政部门合计	内地居民登记离婚	涉外及华侨、港澳台居民登记离婚	外国人
全国	**1784791**	**1183568**	**1175301**	**8267**	**556**
北京	34244	23991	23930	61	15
天津	18691	13519	13481	38	12
河北	83187	50296	50280	16	5
山西	29416	17398	17398		
内蒙古	39156	17985	17869	116	1
辽宁	111291	80227	79680	547	40
吉林	72820	51820	51769	51	26
黑龙江	95997	53932	53861	71	21
上海	39304	31039	30734	305	74
江苏	96597	63844	63721	123	
浙江	73352	52055	51294	761	36
安徽	57535	32313	32254	59	7
福建	39450	24467	23536	931	81
江西	39441	25591	25501	90	7
山东	99426	56127	56058	69	17
河南	90976	60838	60507	331	10
湖北	76081	53394	52785	609	3
湖南	96286	70184	69595	589	14
广东	80536	58212	57612	600	63
广西	48447	36581	35708	873	35
海南	5672	3561	3501	60	11
重庆	72866	56548	56416	132	27
四川	140698	99882	99681	201	18
贵州	38142	22859	22808	51	6
云南	46651	30531	29554	977	16
西藏	956	466	466		
陕西	40493	23447	23348	99	8
甘肃	22536	11161	11155	6	2
青海	7767	3855	3854	1	
宁夏	8502	5607	5147	460	
新疆	78263	51838	51798	40	1

办理

单位：件（对）

法院部门合计	判决离婚	调解离婚	离婚案件收案	判决不离	调解不离
601223	**226519**	**374704**	**956313**	**106211**	**65656**
10253	3010	7243	19506	2328	551
5172	1868	3304	9881	1686	610
32891	11476	21415	50641	4945	3314
12018	5869	6149	20198	2467	1565
21171	6570	14601	32574	1362	2537
31064	9696	21368	48280	4454	3554
21000	6231	14769	35418	1777	3560
42065	10343	31722	62504	1095	2328
8265	2765	5500	18683	4160	1686
32753	10248	22505	59339	13502	3637
21297	7757	13540	39267	8406	2060
25222	10212	15010	38466	3403	1576
14983	7337	7646	24242	3226	1481
13850	6465	7385	21417	2270	1254
43299	12965	30334	72945	9014	9255
30138	14207	15931	49510	5508	4693
22687	9203	13484	33977	3192	2134
26102	12940	13162	38579	4665	2203
22324	10450	11874	33297	4552	1288
11866	6306	5560	17280	2539	544
2111	799	1312	3134	420	157
16318	7462	8856	24881	3154	986
40816	16144	24672	59964	6657	2759
15283	6121	9162	21738	1546	1359
16120	6583	9537	24278	2065	1389
490	128	362	705	9	72
17046	6737	10309	28692	3234	3072
11375	4788	6587	18353	1896	1671
3912	1204	2708	6139	318	508
2895	1167	1728	5270	666	443
26425	9461	16964	36635	1684	3410

C-9 收养登记

单位：人

地　区	收养登记合计	中国公民收养登记	香港居民	澳门居民	台湾居民	华侨	外国人收养登记	协议解除收养关系登记	中国公民
全　国	**49506**	**35470**	**567**	**71**	**108**	**90**	**14036**	**141**	**90**
北　京	400	365			2	3	35	4	3
天　津	260	232	1		1	4	28	1	1
河　北	1495	1478	34				17	3	1
山　西	406	329	1				77	1	1
内蒙古	612	592	2			2	20		
辽　宁	674	593	3	2	3	10	81	6	5
吉　林	81	52					29		
黑龙江	131	99	2			3	32		
上　海	970	921					49	8	8
江　苏	3762	3433			1	1	329	11	7
浙　江	5137	5005	3		9	47	132	4	3
安　徽	2406	1756	27		2		650	12	12
福　建	1344	1174	38	24	30	5	170		
江　西	4059	913					3146	5	5
山　东	4164	4145			12	2	19		
河　南	1193	1084	2		6	1	109		
湖　北	1744	1049	1		5	2	695	5	5
湖　南	4784	1542	6	2	9	1	3242	11	9
广　东	4707	3310	357	41	9	6	1397	10	8
广　西	2572	1117	36		7		1455	6	6
海　南	80	60	6		2		20	1	1
重　庆	1990	768	5		5	1	1222		
四　川	1773	1668			3		105	3	3
贵　州	838	622	1	1	1		216	6	2
云　南	1734	1388	24				346	43	9
西　藏	68	68							
陕　西	477	294	1				183		
甘　肃	765	585				2	180		
青　海	89	76					13		
宁　夏	67	52	6	1	1		15		
新　疆	724	700	11				24	1	1

C-10 被收养人情况

单位：人

地区	被收养人合计	女性	残疾儿童	社会福利机构抚养的孤儿	被外国人收养	社会福利机构抚养的弃婴	被外国人收养	社会弃婴	父母无力抚养的儿童	被外国人收养	其他
全国	**50921**	**31850**	**2558**	**3564**	**508**	**18927**	**12349**	**24965**	**1012**	**7**	**2453**
北京	400	268	8	48		164	35	135			53
天津	260	186	31			69	28	158			33
河北	1495	923	90	20		180	17	1169	52		74
山西	406	269	114	29		95	76	243	27	1	12
内蒙古	613	347	55	28	7	24	13	480	41		40
辽宁	688	494	71	63	1	180	81	347	12		86
吉林	81	41	22	4	1	30	28	35	7		5
黑龙江	136	49		32	32	6		36	8		54
上海	970	777	136			53	42	894	5		18
江苏	3882	2696	212	373	90	396	239	2603	101		409
浙江	5169	4298	266	403	5	1107	1	3408	37		214
安徽	2406	1996	80	71		827	650	1339	49		120
福建	1344	920	62	67	1	600	188	567	12		98
江西	4059	703	43	87		3585	3146	352	13		22
山东	4164	2830	104	20	14	165	5	3851	18		110
河南	1193	686	181	44		213	109	823	39	1	74
湖北	1744	821	34	24		929	695	703	41		47
湖南	5006	1252	104	102		3686	3410	1095	51		72
广东	5285	3486	137	252	105	3115	1174	1514	34		370
广西	2576	2411	53	28		1899	1455	565	59		25
海南	80	56	4			34	20	39	1		6
重庆	1990	1811	20	1233		37		667	44		9
四川	1773	1090	36	128	105	150		1151	120		224
贵州	838	726	43	2		317	216	494	15		10
云南	1968	1326	386	192	132	448	333	1096	83	5	149
西藏	68	47		2				35	27		4
陕西	596	404	70	5		211	183	325	14		41
甘肃	849	488	118	256		320	180	234	17		22
青海	89	56	10	13	13	1		45	10		20
宁夏	69	41	12	11	1	10	2	42	3		3
新疆	724	352	56	27	1	76	23	520	72		29

C-11 优抚对象享受定期

地区	抚恤、补助优抚对象总人数	在院集中供养人数	定期抚恤人数合计	烈属
全国	**4602931**	**38376**	**492517**	**349253**
北京	23220	346	2366	1208
天津	24521	270	1249	799
河北	293327	4097	41281	31517
山西	143050	1160	17439	13313
内蒙古	71430	1477	4685	3247
辽宁	128408	633	8743	5119
吉林	103454	71	11910	9174
黑龙江	134761	1701	9137	6878
上海	15975	13	3648	1372
江苏	235130	1732	28003	20355
浙江	102197	659	6114	3478
安徽	297814	1257	17226	11125
福建	73692	425	15304	12274
江西	160430	903	33588	30924
山东	490624	8187	64354	49804
河南	310860	1050	31590	19183
湖北	304461	5953	41857	30028
湖南	375796	3537	36589	27102
广东	155337	1046	16434	11618
广西	103274	903	8648	6161
海南	24906	930	5426	5047
重庆	137159	202	7042	3936
四川	435930	641	35168	19595
贵州	104494	283	5360	3161
云南	102369	80	8637	5453
西藏	4392	12	3144	1960
陕西	145278	473	18637	11379
甘肃	53170	130	4964	1993
青海	10289	23	1214	616
宁夏	9118	20	673	386
新疆	28065	162	2087	1048

抚恤、补助情况

单位:人

城市	农村	因公牺牲军人家属	城市	农村
63523	**285730**	**63603**	**15314**	**48289**
459	749	142	44	98
232	567	121	31	90
3543	27974	4229	869	3360
1007	12306	1915	428	1487
1248	1999	645	238	407
1442	3677	1677	479	1198
3351	5823	1010	321	689
2712	4166	977	483	494
910	462	558	496	62
1835	18520	2603	551	2052
474	3004	909	167	742
3791	7334	2737	897	1840
1274	11000	1576	239	1337
2769	28155	1170	351	819
6421	43383	7212	1417	5795
2516	16667	5818	1015	4803
6915	23113	6457	1681	4776
8276	18826	4137	1346	2791
3602	8016	1885	606	1279
928	5233	843	182	661
1118	3929	169	50	119
682	3254	1306	279	1027
2300	17295	7592	1379	6213
631	2530	855	184	671
1054	4399	1089	226	863
365	1595	601	119	482
2026	9353	3144	556	2588
527	1466	1275	167	1108
292	324	228	102	126
189	197	153	75	78
634	414	570	336	234

C-11续表

地区	病故军人家属	城市	农村	定期补助人数合计	在乡红军老战士
全 国	**79661**	**21244**	**58417**	**3265797**	**2681**
北 京	1016	421	595	10295	3
天 津	329	166	163	16021	2
河 北	5535	1075	4460	177626	18
山 西	2211	482	1729	89412	75
内蒙古	793	304	489	51113	30
辽 宁	1947	649	1298	84375	1
吉 林	1726	711	1015	64095	3
黑龙江	1282	620	662	99726	26
上 海	1718	1392	326	5209	
江 苏	5045	1264	3781	151937	7
浙 江	1727	283	1444	74783	
安 徽	3364	1081	2283	243425	24
福 建	1454	380	1074	48623	9
江 西	1494	455	1039	105801	88
山 东	7338	1352	5986	300531	46
河 南	6589	1397	5192	215912	69
湖 北	5372	1637	3735	226532	14
湖 南	5350	1791	3559	298454	18
广 东	2931	915	2016	115991	
广 西	1644	332	1312	82868	5
海 南	210	52	158	16989	
重 庆	1800	443	1357	109692	
四 川	7981	1741	6240	344097	300
贵 州	1344	236	1108	84054	4
云 南	2095	462	1633	76486	
西 藏	583	70	513	532	2
陕 西	4114	691	3423	103997	1739
甘 肃	1696	335	1361	37470	188
青 海	370	170	200	5806	8
宁 夏	134	55	79	6087	1
新 疆	469	282	187	17858	1

单位:人

西路军	红军失散人员	在乡复员军人	抗日	带病回乡退伍军人	其他
1370	**75588**	**2145421**	**134363**	**977424**	**63313**
		9064	994	552	676
		7436	645	4693	3890
		147805	29886	29490	313
1	7	62786	9240	25325	1218
	16	39632	1748	11435	
	8	56207	1179	12111	16048
	26	54593	2220	9473	
8	36	75808	2687	23830	18
		4488	51	492	229
	3	99504	13771	52281	142
	480	43577	523	30646	80
	6267	83402	4559	145865	7867
	3903	35333	165	9377	1
	21433	54726	779	29554	
	203	238397	30728	61885	
9	5963	160344	11311	49466	61
38	8613	109697	8455	101777	6393
	6751	171343	3027	117808	2534
	3432	65390	1071	27448	19721
	2309	75281	294	4473	800
	561	14490	2296	1166	772
12	54	56590	112	52588	448
952	11074	219090	1522	112681	
	263	69805	125	13982	
	49	55389	361	20049	999
		298		214	18
	3796	79260	3423	19081	121
222	323	31395	595	4927	415
90	6	4742	6	960	
22	9	5062	312	762	231
16	3	14487	2278	3033	318

C-12 伤残人员享

地 区	伤残人员合计	按伤残				
		一级				二级
			因战	因公	因病	
全 国	**844617**	**3178**	**890**	**2092**	**196**	**608**
北 京	10559	27	1	25	1	10
天 津	7251	21	1	20		2
河 北	74420	203	33	164	6	23
山 西	36199	86	32	52	2	33
内蒙古	15632	65	23	42		3
辽 宁	35290	125	26	99		22
吉 林	27449	131	38	90	3	
黑龙江	25898	83	55	27	1	
上 海	7118	27	2	24	1	5
江 苏	55190	214	70	132	12	24
浙 江	21300	75	16	58	1	10
安 徽	37163	130	34	92	4	6
福 建	9765	30	2	28		6
江 西	21041	224	11	59	154	296
山 东	125739	309	119	190		
河 南	63358	191	45	146		8
湖 北	36072	108	23	84	1	4
湖 南	40753	168	51	115	2	19
广 东	22912	99	21	75	3	9
广 西	11758	47	23	24		3
海 南	2491	8	3	5		
重 庆	20425	81	23	58		38
四 川	56665	270	78	192		1
贵 州	15080	111	71	40		1
云 南	17246	90	29	58	3	6
西 藏	716	9		9		
陕 西	22644	152	41	110	1	63
甘 肃	10736	57	6	50	1	4
青 海	3269	20	9	11		7
宁 夏	2358	4	1	3		
新 疆	8120	13	3	10		5

受抚恤情况

单位:人

等级分类						
			三级			
因战	因公	因病		因战	因公	因病
126	**151**	**331**	**20145**	**8807**	**9459**	**1879**
2	3	5	199	60	120	19
	1	1	172	66	84	22
19	3	1	1288	650	525	113
28	5		764	479	228	57
		3	249	93	137	19
1	17	4	795	353	389	53
			1030	565	420	45
			425	208	186	31
2	3		123	43	74	6
1	19	4	2153	1130	902	121
	8	2	371	82	259	30
3	3		934	388	458	88
2	4		216	36	157	23
		296	649	131	193	325
			3450	1808	1445	197
3	4	1	1322	596	552	174
1	1	2	751	267	379	105
9	9	1	1050	399	548	103
4	4	1	474	147	282	45
1	1	1	215	100	95	20
			62	31	25	6
9	23	6	363	131	197	35
		1	1379	456	805	118
	1		294	121	157	16
3	2	1	335	159	146	30
			38	3	35	
36	26	1	538	193	302	43
	4		194	55	118	21
1	6		61	10	49	2
			95	14	80	1
1	4		156	33	112	11

C-12续表1

地区	按伤残					
	四级	因战	因公	因病	五级	因战
全　国	**2185**	**197**	**1362**	**626**	**67200**	**34347**
北　京	12	6	5	1	607	274
天　津	4		2	2	530	158
河　北	22	2	6	14	5550	3416
山　西	69	38	23	8	2761	1869
内蒙古	3	1	2		1068	457
辽　宁	47	32	13	2	2698	1374
吉　林	4		3	1	3766	2052
黑龙江	1		1		2100	1321
上　海	6	1	5		409	179
江　苏	10	6	1	3	4483	2590
浙　江	24	7	17		1109	380
安　徽	41	19	17	5	3038	1463
福　建	49	29	14	6	680	184
江　西	449	1	3	445	1469	530
山　东	11	4	3	4	11533	7374
河　南	133	18	28	87	4631	2406
湖　北	1136	7	1112	17	3795	1206
湖　南	54	11	30	13	3472	1426
广　东	14		12	2	1335	556
广　西					804	433
海　南	5	2	2	1	182	101
重　庆	2			2	1430	574
四　川	8		3	5	3949	1647
贵　州	1			1	1042	507
云　南	5	1	3	1	1083	568
西　藏					65	
陕　西	11	4	3	4	1755	855
甘　肃	15	2	12	1	701	195
青　海	34	3	30	1	228	41
宁　夏					133	41
新　疆	15	3	12		794	170

单位:人

等级分类					
因公	因病	六级	因战	因公	因病
26679	**6174**	**192036**	**83110**	**82489**	**26437**
282	51	2013	780	1017	216
173	199	1562	560	757	245
1536	598	17477	9302	5387	2788
710	182	7948	5028	2185	735
568	43	4110	1237	2551	322
1158	166	7855	3669	3557	629
1611	103	8233	4384	3498	351
658	121	5044	3218	1418	408
190	40	1287	452	642	193
1564	329	13961	6504	5734	1723
612	117	4028	902	2059	1067
1276	299	8854	3361	4056	1437
400	96	2320	577	1241	502
538	401	4315	1718	1811	786
3567	592	31366	17041	11009	3316
1583	642	15816	6334	6570	2912
2080	509	7084	2128	3667	1289
1496	550	9437	3244	4356	1837
670	109	4542	1440	2430	672
325	46	2307	1079	921	307
69	12	481	252	180	49
720	136	3994	1179	2150	665
1915	387	12095	3712	6432	1951
474	61	2717	1051	1345	321
428	87	2944	1092	1408	444
65		151		151	
739	161	4810	1575	2510	725
422	84	2112	499	1249	364
183	4	578	150	390	38
68	24	527	120	351	56
599	25	2068	522	1457	89

C-16 农村社

地区	农村居民最低生活保障情况							农村定期救济人数
	农村居民最低生活保障人数	女性	农村居民最低生活保障家庭数	困难户(特困户)	五保户	其他	农村低保资金全年计划支出	
全　国	**8249984**	**2351290**	**4061456**	**2988053**	**496779**	**576624**	**281041.7**	**10667976**
北　京	78095	29137	41830	31960	4199	5671	6868.4	
天　津	31875	14106	12756	8189	1023	3544	1588.2	
河　北	347505	86739	184490	120742	25036	38712	5318.4	88129
山　西	204318	72132	102579	71838	12878	17863	4998.3	574762
内蒙古	60119	13134	39603	13103	9515	16985	2061.0	73763
辽　宁	433417	134344	288196	201945	55338	30913	16782.6	35478
吉　林	291318	84311	145689	109829	4429	31431	16113.8	31159
黑龙江								449752
上　海	108944	38722	57595	52240	5048	307	9155.6	
江　苏	872408	276814	423696	365396	11689	46611	36395.8	170590
浙　江	525691	173049	305951	206363	46949	52639	38001.9	5873
安　徽	251183	88410	130116	70722	28305	31089	4008.3	938070
福　建	730516	137248	334167	224519	85842	23806	34907.4	14379
江　西								1245909
山　东	356621	69681	188775	156277	26371	6127	12456.6	202428
河　南	532756	106006	290310	268289	13312	8709	10583.3	1343743
湖　北	87084	14788	48598	39490	8175	933	2435.6	858266
湖　南	320308	137574	159002	87939	47919	23144	8312.1	812885
广　东	1254319	337402	491805	397274	30969	63562	42005.8	182228
广　西	42745	9696	26019	9282	12093	4644	1189.4	470169
海　南	88414	38994	56855	27511	11894	17450	2965.5	28283
重　庆	12927	4884	6961			6961	313.3	547398
四　川	647007	129928	296176	268793	7910	19473	11569.6	530101
贵　州	75685	37945	42909	28487	6556	7866	2253.7	1016319
云　南	26015	6245	14029	11163	404	2462	719.8	155982
西　藏	1651	1038	463		442	21	28.8	8058
陕　西	803443	276293	345621	204154	29211	112256	9470.7	261258
甘　肃	23193	10465	7491	4648	1662	1181	351.5	126565
青　海								229354
宁　夏	519	220	372	350	2	20	6.8	194226
新　疆	41908	21985	19402	7550	9608	2244	179.5	72849

会救济

单位：人、户、万元、人次

农村定期救济情况						农村临时救济人次数	民政部门医疗救助总人次数	民政部门资助参加合作医疗人次数	民政部门医疗救助人次数
女性	农村定期救济户数	困难户（特困户）	五保户	其他	农村定期救济资金全年计划支出				
2713152	**6548060**	**2903560**	**3000153**	**644347**	**304838.2**	**13599119**	**8545463**	**6549207**	**1996256**
						21769	57430	53741	3689
						44456	15656	10462	5194
19792	55472	20313	22789	12370	3218.6	394719	106713	53176	53537
157680	328050	165779	93603	68668	14565.1	379762	110720	88429	22291
18902	55948	9621	23826	22501	2475.5	155771	118751	76511	42240
10257	22035	10353	8319	3363	1872.7	330161	88913	43732	45181
8745	22614	6155	6617	9842	3332.4	18875	182439	136861	45578
74948	173090	71133	40179	61778	5164.2	242824	117854	70269	47585
						48078	26638		26638
54653	161311	7234	111439	42638	24497.7	767941	708158	660994	47164
327	5361	267	1597	3497	1031.2	399001	374658	318416	56242
251094	617775	174210	375129	68436	23989.8	437230	595525	520095	75430
1650	12100	4830	1200	6070	1140.5	218144	53865	50568	3297
177879	780778	531364	214495	34919	26227.0	216227	234569	65341	169228
51356	124245	62789	52909	8547	7204.4	142065	135544	60056	75488
250340	872558	432178	399031	41349	29453.3	255122	525726	399980	125746
220650	531382	323283	178747	29352	17710.4	665316	292099	232573	59526
229968	537983	166594	315677	55712	16720.2	696213	196657	154104	42553
54154	165288	17451	140430	7407	19459.2	673637	824866	569462	255404
110517	338862	54302	273583	10977	19299.2	2058208	337270	272999	64271
8213	21326	3555	16030	1741	1377.5	176165	73177	66271	6906
169886	319307	190081	114950	14276	11458.7	591980	258674	243753	14921
87061	440080	53171	348134	38775	28318.0	688107	926702	718755	207947
459702	466903	370062	78043	18798	29214.8	746423	168736	123998	44738
16201	120831	35907	44318	40606	4790.5	1265029	542942	357979	184963
4351	7959	29	7923	7	132.0	62361	1439	242	1197
40506	106278	47110	33374	25794	2408.0	378200	172959	86979	85980
35799	67227	24912	36083	6232	2676.9	488875	248684	196465	52219
106554	55090	35595	15230	4265	3054.8	28095	230403	212698	17705
61293	96108	82914	10376	2818	2851.7	164601	44150	24178	19972
30674	42099	2368	36122	3609	1193.9	843764	773546	680120	93426

C–17 民政行

地区	单位数	编制人数	其他编制人数	年末职工实有人数	按行政		
					中央级	省级	地级
全国	**3698**	**78324**	**9654**	**84081**	**258**	**3785**	**12976**
中央级	1	264		258	258		
北京	19	888	43	873		104	
天津	20	676	22	690		143	18
河北	194	4674	315	5243		106	634
山西	135	1927	324	2267			284
内蒙古	115	2062	189	2271		73	430
辽宁	116	2871	297	2815		72	671
吉林	168	1537	129	1620		80	274
黑龙江	148	2304	152	2487		103	679
上海	21	988	44	1021		178	
江苏	130	3082	248	3211		133	652
浙江	107	2577	361	2657		84	418
安徽	128	2427	193	2743		103	546
福建	97	1739	246	1865		84	291
江西	117	2271	217	2647		72	413
山东	186	4999	474	5371		119	824
河南	180	6287	887	7607		134	856
湖北	117	3222	374	3721		89	593
湖南	142	6975	2029	6146		141	676
广东	156	3389	332	3632		108	865
广西	125	2045	148	2280		81	370
海南	23	526	55	555		58	52
重庆	43	1063	132	1071			228
四川	206	3995	346	4251		115	751
贵州	99	2282	363	2228		109	209
云南	218	3490	291	3498		113	475
西藏	83	702	118	865		80	289
陕西	118	2976	556	3211		135	465
甘肃	101	2254	293	2323		107	365
青海	55	756	72	779		46	199
宁夏	26	453	75	1250		826	89
新疆	304	2623	329	2625		189	360

政机关

单位：个、人

级别分	按年龄划分				按文化程度分	
县级	35岁及以下	36-45岁	46-55岁	56岁及以上	大学本科及以上	大学专科
67062	**21766**	**32084**	**25132**	**5099**	**21325**	**38385**
	77	81	77	23	203	53
769	206	302	325	40	454	323
529	118	247	263	62	294	263
4503	1445	1834	1724	240	1001	2072
1983	597	870	704	96	366	1124
1768	480	1077	642	72	569	1242
2072	492	1005	1081	237	1009	1450
1266	332	543	671	74	611	743
1705	617	1016	762	92	1081	1161
843	171	277	484	89	409	425
2426	485	1148	1217	361	1129	1507
2155	401	867	1092	297	678	1202
2094	519	995	963	266	731	1291
1490	284	737	659	185	349	731
2162	519	1039	858	231	462	1351
4428	1524	2027	1547	273	1808	2349
6617	2586	2752	1881	388	1301	3610
3039	632	1467	1272	350	865	1820
5329	1976	2153	1530	487	1194	2748
2659	933	1294	1161	244	934	1719
1829	489	1065	688	38	535	1221
445	113	200	183	59	113	247
843	194	444	361	72	465	493
3385	994	1769	1269	219	1326	1822
1910	588	964	600	76	474	1190
2910	858	1773	780	87	701	1689
496	517	283	65		55	263
2611	932	1201	876	202	694	1414
1851	805	858	539	121	460	879
534	231	352	178	18	199	320
335	722	325	182	21	234	366
2076	929	1119	498	79	621	1297

C-17续表

地区	按性别分		资产合计	固定资产原值	负债合计	净资产合计	事业基金
	男性	女性					
全国	**59152**	**24929**	**1397418.4**	**649236.8**	**347903.8**	**984396.7**	**97818.7**
中央级	192	66	59349.6	28940.5	3260.7	50279.4	
北京	510	363	100117.1	23106.1	23859.9	60822.3	5668.0
天津	501	189	8184.9	3779.3	2768.9	5262.1	490.4
河北	3478	1765	47468.5	26287.2	10015.4	36403.3	2196.3
山西	1527	740	14784.3	7047.6	3011.7	10832.0	1005.5
内蒙古	1595	676	21978.8	12117.0	4863.8	15295.1	631.2
辽宁	1993	822	57002.8	28486.4	25040.1	31931.2	349.4
吉林	1240	380	16108.3	4537.4	2820.9	14572.3	5333.2
黑龙江	1598	889	13562.2	7365.7	2755.3	10936.6	1088.8
上海	657	364	34127.1	9024.4	13626.2	18582.4	1737.1
江苏	2512	699	86757.3	36095.6	28320.2	57703.3	3995.9
浙江	2085	572	84798.8	29498.6	16557.4	62372.7	5836.0
安徽	2076	667	48851.9	32384.1	6259.9	40964.5	15295.1
福建	1483	382	35078.0	12126.7	10413.4	23341.0	4935.4
江西	2011	636	23564.5	10394.6	6611.7	17245.6	947.7
山东	4036	1335	109694.7	57464.3	28405.9	78759.7	4048.8
河南	5134	2473	32780.0	19073.7	4006.0	28236.4	3165.6
湖北	2791	930	80202.7	47975.0	22191.8	55844.5	471.4
湖南	4120	2026	74865.4	35392.2	26578.2	46912.7	4177.5
广东	2588	1044	81587.5	36760.1	15874.3	61287.9	11984.1
广西	1497	783	49641.9	17809.3	10718.4	33733.6	5004.7
海南	409	146	20427.0	6493.3	2075.2	16263.8	2830.8
重庆	769	302	28418.1	12370.9	13626.6	13970.6	378.5
四川	2955	1296	64099.5	30519.6	24943.2	38737.6	2368.6
贵州	1520	708	51846.7	21425.4	9714.7	34251.3	4896.2
云南	2388	1110	56372.3	30504.1	10963.6	44609.6	3186.3
西藏	528	337	7751.4	5425.5	2310.3	5441.1	
陕西	2449	762	19622.3	8950.1	5471.4	13781.2	523.8
甘肃	1716	607	15983.1	11818.3	1252.4	14539.1	1899.1
青海	529	250	8033.4	7195.9	596.3	7154.4	295.0
宁夏	660	590	4411.7	3634.2	1248.3	3074.4	92.8
新疆	1605	1020	39946.6	25233.7	7741.7	31255.0	2985.5

单位：万元、人

收入合计	财政补助收入	事业(其他)收入	支出合计	民政职工总人数	年末职工实有人数	乡、镇、街道民政助理员
2157427.6	**1911024**	**246404**	**2092310**	**139108**	**84081**	**55027**
45028.4	21224	23805	39219	258	258	
148105.9	107067	41039	132671	1742	873	869
13026.0	12856	170	12872	1204	690	514
96318.2	93929	2390	95268	7697	5243	2454
53035.2	52764	272	52095	3400	2267	1133
37107.4	31523	5584	35288	3717	2271	1446
55610.9	52155	3456	55579	4473	2815	1658
30524.9	24703	5822	31810	2523	1620	903
37863.7	37658	206	37993	3905	2487	1418
110013.4	75385	34628	108095	1396	1021	375
134923.5	125489	9435	134190	4976	3211	1765
150692.0	134103	16589	144823	4590	2657	1933
58619.0	53082	5537	56992	4610	2743	1867
72023.3	66905	5118	70700	3298	1865	1433
49290.5	48161	1130	49583	3917	2647	1270
144689.2	133792	10897	142160	7623	5371	2252
46918.9	44839	2080	46381	10717	7607	3110
95234.8	87250	7984	93068	5333	3721	1612
115820.5	110315	5505	114446	9403	6146	3257
151616.6	122632	28985	147191	5997	3632	2365
70851.2	61993	8858	65661	4357	2280	2077
34849.3	31978	2871	32761	803	555	248
62153.4	60454	1699	61333	3169	1071	2098
77168.3	70058	7110	76750	10909	4251	6658
73346.7	69887	3460	65466	5352	2228	3124
62333.8	60027	2307	61535	6026	3498	2528
22238.5	22192	47	22239	1582	865	717
19552.0	18821	731	19182	5720	3211	2509
20356.2	16504	3852	20165	3845	2323	1522
14808.3	13809	999	14526	1215	779	436
5229.7	5077	153	5141	1564	1250	314
48077.9	44394	3684	47128	3787	2625	1162

C-18 社会

地 区	年末实有社团	本年通过年检数	本年批准数	中央级社团	省级社团
					按活动
全 国	**171150**	**114759**	**22308**	**1688**	**21119**
中央级	1688	1619	15	1688	
北 京	2589	2043	272		1065
天 津	1905	804	139		805
河 北	6973	4852	1086		663
山 西	4323	2473	726		728
内蒙古	2912	2301	629		468
辽 宁	7155	5832	978		593
吉 林	4027	776	289		516
黑龙江	4096	1568	487		687
上 海	2952	2689	141		1032
江 苏	12974	8786	1330		819
浙 江	11555	10011	939		796
安 徽	5865	4363	813		694
福 建	7166	3659	665		721
江 西	5171	3566	601		592
山 东	12190	9634	2103		932
河 南	7331	3982	1109		856
湖 北	7085	5519	898		725
湖 南	7722	6337	1037		715
广 东	9318	6043	867		812
广 西	6184	3762	1495		590
海 南	952	609	53		527
重 庆	3387	2714	415		744
四 川	12672	6404	1299		924
贵 州	3376	1626	666		544
云 南	5186	3476	705		619
西 藏	249	245	6		152
陕 西	4143	2706	659		668
甘 肃	4056	2790	639		662
青 海	1126	453	161		421
宁 夏	1470	705	502		463
新 疆	3352	2412	584		586

团体

单位：个

区域分		按性质分			
地级社团	县级社团	专业性社团	行业性社团	学术性社团	联合性社团
53080	**95263**	**50328**	**53004**	**39640**	**23961**
		330	645	594	103
	1524	1139	635	495	313
	1100	570	306	500	528
2305	4005	2119	2608	1384	773
1541	2054	1346	1431	787	670
1161	1283	999	912	584	381
3317	3245	1973	2250	1789	1100
1425	2086	1001	1228	1173	524
1713	1696	1137	1372	1080	414
	1920	1342	213	717	648
4048	8107	4200	3665	3145	1653
3052	7707	3443	3044	2717	2017
2277	2894	1862	1560	1567	818
2258	4187	1450	1891	2073	1618
1710	2869	1214	1787	1147	677
3891	7367	3697	4704	2257	1238
3283	3192	1648	3055	1717	648
2271	4089	2053	1962	1904	1034
2713	4294	2452	2260	1877	852
4291	4215	2504	2218	2299	2208
1750	3844	2108	1785	934	796
143	282	290	250	268	140
	2643	1114	832	844	558
3347	8401	3615	3808	2908	2138
743	2089	1209	1292	597	221
1532	3035	1326	1696	1306	631
97		42	104	88	15
1374	2101	1267	1361	1059	366
1074	2320	1254	1795	603	290
250	455	262	459	224	135
296	711	377	674	232	163
1218	1548	985	1202	771	291

C-18续表

地区	按性质分			本年注、撤销、取缔社团总数
	港澳台社团	外国商会	其他	
全国	**52**	**16**	**4149**	**4503**
中央级		16		
北京			7	174
天津			1	32
河北	4		85	225
山西			89	51
内蒙古			36	338
辽宁			43	171
吉林			101	57
黑龙江	2		91	42
上海			32	31
江苏	3		308	171
浙江			334	246
安徽			58	139
福建	10		124	92
江西			346	181
山东	1		293	272
河南	3		260	191
湖北			132	527
湖南	4		277	227
广东			89	246
广西			561	192
海南			4	9
重庆			39	100
四川			203	269
贵州			57	102
云南	7		220	70
西藏				18
陕西			90	46
甘肃	18		96	138
青海			46	40
宁夏			24	61
新疆			103	45

单位：个

社团负责人	女性	应建立党组织的社会团体	已建立党组织的社会团体
640401	**69048**	**47162**	**22117**
1655	165	1632	1367
19887	3602	698	544
8921	1549	434	251
14700	1324	3410	2207
10896	2007	1071	456
13798	2110	988	539
24816	3572	2188	633
8956	1005	1006	673
14497	2228	1449	784
11620	1635	1615	1291
79504	3645	1744	811
51884	5390	2458	1557
18429	2731	1047	322
15850	1559	758	355
16281	1755	2027	805
47116	5075	3922	1823
22940	1586	2490	911
24405	3028	2417	773
30284	4468	2114	1372
37834	3971	1174	391
22119	4478	997	455
1149	117	166	42
10985	1574	956	190
76900	4188	3588	1296
9446	790	1146	405
13014	1505	1085	154
1235	51	32	25
9307	865	895	323
6486	640	1082	410
3726	528	194	93
3538	219	755	488
8223	1688	1624	371

C-19 民办

地区	年末实有民办非企业	本年通过年检数	本年批准数	按性质 法人	合伙
全国	**147637**	**99705**	**20987**	**75623**	**6481**
中央级	26			26	
北京	2541	1692	513	2243	22
天津	1760	995	208	1587	11
河北	6126	3673	745	1788	437
山西	2574	1337	798	1578	132
内蒙古	1809	1408	437	794	137
辽宁	6278	4841	1055	3039	133
吉林	2775	685	281	630	107
黑龙江	4864	1227	493	1428	78
上海	4537	3672	470	4368	48
江苏	8095	5139	1415	4809	421
浙江	10189	9163	1200	3984	675
安徽	2973	1876	514	1273	254
福建	2434	1134	789	1657	146
江西	3823	1862	754	1137	627
山东	32357	28839	2382	18884	816
河南	6415	3403	714	2841	397
湖北	6140	3263	2508	4206	205
湖南	3421	2638	645	1867	246
广东	10319	5954	1382	5274	308
广西	3207	2463	410	1192	243
海南	639	366	93	259	24
重庆	1647	1008	254	900	74
四川	11364	6520	1115	3525	337
贵州	1171	605	151	329	107
云南	1794	973	386	539	143
西藏	5		1	5	
陕西	3694	2187	570	2155	128
甘肃	2176	1297	227	1296	143
青海	464	265	102	286	32
宁夏	310	134	58	197	21
新疆	1710	1086	317	1527	29

非企业

单位：个、人

分类	按隶属行业分类				
个体	教育	卫生	文化	科技	体育
65533	**75812**	**27179**	**3773**	**6915**	**4012**
	1	3	1	3	
276	1844	79	37	110	108
162	953	48	34	26	139
3901	1807	2710	84	373	143
864	1444	160	86	406	90
878	718	493	43	124	43
3106	3624	313	102	162	188
2038	1482	71	135	140	60
3358	2812	111	59	357	129
121	2466	88	86	60	133
2865	3862	954	246	242	308
5530	7710	363	226	624	163
1446	1340	595	96	247	70
631	1677	65	86	118	92
2059	2366	758	71	72	118
12657	10789	13477	677	1909	657
3177	2263	1680	320	423	356
1729	2005	458	271	274	222
1308	2136	225	97	89	86
4737	7642	125	173	200	188
1772	2528	20	43	69	95
356	462	69	23	19	1
673	1072	23	30	33	65
7502	7154	2206	186	154	143
735	684	167	41	47	48
1112	1327	23	64	85	75
1411	1632	998	179	250	71
737	600	737	77	216	100
146	215	27	62	7	16
92	121	16	20	22	28
154	1076	117	118	54	77

C-19续表

地区	按隶属行业分类				
	劳动	民政	社会中介服务业	法律服务业	其他
全国	**12085**	**10445**	**1665**	**662**	**5089**
中央级		3	1	1	13
北京	217	72	2	20	52
天津	280	204	22	1	53
河北	511	219	79	17	183
山西	175	121	21	4	67
内蒙古	155	137	36	4	56
辽宁	830	858	36	10	155
吉林	265	501	34	23	64
黑龙江	673	642	26	8	47
上海	543	805	25	12	319
江苏	752	1126	170	5	430
浙江	465	282	55	15	286
安徽	303	168	43	5	106
福建	248	77	14	3	54
江西	244	90	31	3	70
山东	1004	2630	424	273	517
河南	620	413	97	8	235
湖北	577	448	185	150	1550
湖南	343	133	47	12	253
广东	1427	370	55	9	130
广西	316	96	4		36
海南	38	12	7	1	7
重庆	322	45	13	3	41
四川	878	401	75	14	153
贵州	67	84	16	2	15
云南	84	87	15	1	33
西藏	1	4			
陕西	316	129	53	22	44
甘肃	183	126	32	35	70
青海	63	41	9		24
宁夏	48	11	30		14
新疆	137	110	8	1	12

单位：个、人

本年注、撤销、取缔单位	民办非企业单位负责人	女性	应建立党组织的民办非企业单位	已建立党组织的民办非企业单位
8703	**231099**	**69883**	**26273**	**12522**
	23	5	24	21
50	5831	2193	465	187
74	4091	1427	158	99
473	7525	1733	1397	488
91	3335	911	555	286
311	2970	822	396	281
363	8957	3535	1285	304
160	3253	1432	351	38
61	7346	2562	1091	422
113	8666	2916	3620	3161
214	14690	4046	1130	739
771	14690	6503	1260	837
86	4010	1078	270	99
51	3331	1326	228	73
74	5971	1963	1081	267
2912	59987	9972	3708	1943
451	8288	2050	804	530
898	8491	2226	1857	724
124	7547	1941	719	424
394	11811	5517	1267	328
210	6165	2633	377	171
1	1497	422	10	8
94	3666	1222	328	84
375	14282	6445	1726	378
31	1654	580	275	46
17	2362	1210	345	84
	22	3	2	
121	5224	1633	596	238
14	2559	510	179	81
15	518	204	157	40
31	510	89	158	97
123	1827	774	454	44

C-20 基金

地区	年末实有基金会			按性质	
		本年通过年检数	本年批准数	公募基金会	非公募基金会
全国	**975**	**210**	**158**	**771**	**204**
中央级	92		9	71	21
北京	61		17	26	35
天津	25			13	12
河北	11		3	6	5
山西	10	6	2	8	2
内蒙古	25	22	3	25	
辽宁	8	1		5	3
吉林	18		2	16	2
黑龙江	14	14	13	13	1
上海	67	61	7	44	23
江苏	45	32	9	31	14
浙江	109		15	89	20
安徽	16	14	2	14	2
福建	40		9	17	23
江西	9			9	
山东	27		4	21	6
河南	16		1	15	1
湖北	14			10	4
湖南	56		33	49	7
广东	134		6	134	
广西	9		1	8	1
海南	6	5	1	3	3
重庆	5		3	4	1
四川	45		8	37	8
贵州	5			5	
云南	26	14	2	26	
西藏	7	7		7	
陕西	15	1	5	14	1
甘肃	21	21		21	
青海	9	1		8	1
宁夏	8			6	2
新疆	22	11	3	16	6

会

单位：个、人

分类 境外基金代表机构	本年注、撤销、取缔基金会	基金会负责人	女性	应建立党组织的基金会	已建立党组织的基金会
	78	**2940**	**450**	**397**	**222**
		94	12	88	78
		279	48	60	3
	3	195	28	10	5
	3	11			
	1	32	1	9	8
		28	3	23	14
		22	4		
		63	11	8	8
		82	34	4	4
	3	245	36	67	30
		198	15		
	1	357	38	17	17
		84	22	14	6
	5	160	21		
		158	25	9	9
		95	6		
	12	54	1	15	14
	20	52		14	4
	10	178	57	6	5
	8				
		50	6	1	1
		30	13	2	1
		12	5		
		45	4	1	1
		14	1	1	1
	1	100	3	6	1
		35	5		
	7	15		1	
		48	7	7	4
		57	4	9	
	3	8	1	8	8
	1	139	39	17	

C-21 社会团体

地 区	单位数	年末职工人数	资产合计	固定资产原值	负债合计	净资产合计
全 国	**510**	**1782**	**354100.6**	**11674.2**	**40498.7**	**238510.9**
中央级	1	41	22090.5	235.0	16133.0	5476.5
北 京	9	42	6981.2	114.2	80.8	1658.9
天 津	4	22	2327.6	34.3	413.6	1712.4
河 北	2	7	75.1	0.6	4.0	71.1
山 西	5	16	2147.0	168.4	198.2	1941.1
内蒙古	2	5	13.5	3.0	5.9	13.7
辽 宁	16	57	2444.7	220.1	444.9	860.2
吉 林	42	117	4785.4	604.3	273.3	3438.7
黑龙江	3	4	405.0	33.0		405.0
上 海	14	44	64118.1	3122.2	4328.7	48374.6
江 苏	45	124	39889.9	1154.4	293.1	32736.3
浙 江	100	278	131158.7	2610.2	15062.4	97319.4
安 徽	24	52	1000.1	108.7	180.9	843.2
福 建	9	31	911.9	103.3	122.0	775.5
江 西	28	79	756.9	177.5	114.8	621.5
山 东	34	179	25043.7	631.6	842.0	10159.7
河 南	24	112	928.3	68.3	211.9	603.0
湖 北	19	75	4763.2	176.3	124.0	2039.0
湖 南	38	114	5742.7	114.6	103.9	4693.9
广 东	27	118	29220.3	1424.8	957.2	17293.6
广 西	15	50	767.7	84.6	318.0	446.5
海 南	1	1	25.9			6.5
重 庆	14	80	143.8	95.2	15.6	106.3
四 川	2	3	12.6		62.2	8.7
贵 州	2	8	1628.9	16.1	41.5	1408.5
云 南	2	11	888.7	42.3	12.8	868.7
西 藏						
陕 西	7	30	1004.3	21.3		798.3
甘 肃	10	48	686.5	160.8	27.1	596.3
青 海	2	9	381.2	27.0	2.0	369.0
宁 夏	1	2	15.0	2.0		15.0
新 疆	8	23	3742.2	120.1	124.9	2849.8

中的慈善会

单位：个、人、万元

收入合计	支出合计	发行费支出	本年资助福利项目	上年募捐结余	本年募捐收入	本年募捐支出	年末募捐资金结余
182346.6	**107255.6**	**343.2**	**1903**	**244787.7**	**289962.0**	**180905.2**	**353844.5**
1115.3	634.3		70	4172.0	39211.3	27081.0	16302.3
9406.9	4165.4		33	385.3	10598.4	4286.7	6697.0
1282.9	1081.3		70	1622.5	1563.2	1463.8	1721.9
290.0	290.0			33.3	382.7	345.5	70.5
469.9	462.2	37.0	30	83.5	471.0	468.3	86.2
	6.1			26.0	12.0	8.0	30.0
1807.3	667.7	3.0	7	1631.0	10718.9	8257.3	4092.6
5193.7	4120.3		82	2212.4	6588.0	7062.6	1737.8
471.0	471.0		10	1128.0	1417.0	772.0	1773.0
34091.4	22676.6		81	58804.0	36259.2	22928.2	72135.0
11736.8	4876.3		125	26982.5	27079.4	10339.7	43722.2
43026.7	24249.8		503	104199.4	63810.0	30070.6	137938.8
442.6	466.6	32.8	8	729.1	948.6	874.6	803.1
627.7	613.3		19	17179.6	6368.3	6858.1	16689.8
683.2	662.6		40	2938.0	5407.0	2528.7	5816.3
26818.5	12776.5		460	8860.0	17471.8	8900.0	17431.8
607.9	494.5	11.1	14	690.6	1293.9	925.9	1058.6
3469.9	869.7		15	581.0	3921.0	933.0	3569.0
2770.1	1825.2		17	2010.3	6377.3	3577.4	4810.2
33659.9	22690.4	253.0	54	9793.9	42174.8	38404.6	13564.1
125.7	122.5		9	216.5	1013.1	902.1	327.5
81.0	61.6				227.9	220.8	7.1
107.2	85.3	6.3	2	41.9	853.1	480.2	414.8
590.7	649.0		220	35.4	585.7	647.4	-26.3
310.0	131.1		8		887.0	27.0	860.0
22.6	15.4			-156.0	1318.3	339.3	823.0
473.5	267.5		20	84.3	448.4	312.2	220.5
616.5	553.4			335.2	439.3	544.0	230.5
866.0	855.8			51.0	870.6	857.2	64.4
29.0	29.0						
1152.7	385.2		6	117.0	1244.8	489.0	872.8

C-22 基层群众性

地　区	社区居委会、村委会合计	居、村民小组合计	社区居委会、村委会规模		
			居民1000户以下	居民1000户－3000户	居民3000户以上
全　国	**709026**	**6137528**	**503738**	**165547**	**39741**
北　京	6439	89739	4441	1669	329
天　津	5483	119647	3854	1542	87
河　北	52604	322715	38486	11978	2140
山　西	29142	117164	22720	5371	1051
内蒙古	14915	87619	10276	3518	1121
辽　宁	15751	232792	8095	6543	1113
吉　林	11122	40143	6468	2773	1881
黑龙江	11842	139138	5800	4634	1408
上　海	5311	158040	2318	2841	152
江　苏	23071	348602	9964	10792	2315
浙　江	37896	368996	30198	6277	1421
安　徽	26531	330043	14319	9610	2602
福　建	16148	163860	9844	5237	1067
江　西	19313	160937	12691	5099	1523
山　东	86996	541326	79780	6186	1030
河　南	50884	407139	33031	14619	3234
湖　北	29534	246816	20309	7238	1987
湖　南	48189	489059	32687	11227	4275
广　东	25021	274694	15097	8024	1900
广　西	16003	284595	10936	4147	920
海　南	2967	27604	2132	721	114
重　庆	12220	101587	7480	4119	621
四　川	55193	391350	42481	9657	3055
贵　州	21641	199256	15713	4965	963
云　南	13461	168133	8107	4507	847
西　藏	5904	14254	5904		
陕　西	29946	142402	24096	4732	1118
甘　肃	17617	98040	12936	4138	543
青　海	4498	12948	3728	543	227
宁　夏	2772	15792	1874	832	66
新　疆	10612	43098	7973	2008	631

自治组织总表

单位：个、人

社区居委会、村委会成员人数	女性	中共党员	主任、书记“一肩挑”	其他委会成员兼任支部成员
3110575	**684906**	**1681288**	**240223**	**609153**
95757	17003	22303	2319	4616
22070	9366	11034	1590	3795
187928	28992	107620	10675	33849
123869	24198	61040	17232	21243
59649	18979	31126	3020	7280
71735	30702	39686	6077	18896
35281	10890	17217	2387	2110
54634	17978	27564	3955	10851
30363	16867	17150	1284	3689
112852	31494	77487	7325	29470
133732	21911	62014	3330	16300
96242	22156	66456	6466	31607
66551	14736	34151	1127	8573
59917	14633	35593	4878	9909
396374	52041	199288	54769	100463
219059	41424	132716	16745	52763
113527	31100	82778	23126	43983
174897	56657	118908	29465	57630
122561	31141	83145	16162	46845
79810	16508	55008	7883	24423
13991	2778	10759	2476	6018
62827	15712	34859	824	8675
258878	61414	109764	5686	21302
129077	26298	47095	463	4489
79862	11340	43497	2333	7614
21689	2457	12291	2166	633
115453	18426	51864	2731	13275
81974	13911	41215	1622	11627
20037	3886	10176	577	2080
13318	3859	7266	485	1262
56661	16049	30218	1045	3883

C-22续表

地区	当年进行选举的居、村委会数	当年参选人口数	本届选民数	参加投票人数	资产合计
全国	**397639**	**477030141**	**405773423**	**362830374**	**26418583.8**
北京	201	243368	221497	133176	1836512.2
天津	754	467081	465529	448682	1015144.6
河北	4466	5576430	4281895	3854972	437411.1
山西	25735	16551512	14449443	12637485	455212.3
内蒙古					193558.2
辽宁	4003	9289219	5623246	3521504	500139.0
吉林	1380	1565636	1074167	578336	33065.1
黑龙江	8802	16265408	14119857	11589830	293427.3
上海					1085807.8
江苏	3652	9249841	7763710	5882487	1349031.6
浙江	34230	29034326	26912291	25545335	8815290.0
安徽	22833	37520806	32597489	28333104	385837.5
福建	964	1573584	1116357	929127	56692.1
江西	12016	18749857	15831234	13889882	43385.8
山东	32135	21022636	19002562	17037561	5980872.0
河南	47965	63664544	51682979	52551277	204682.7
湖北	25842	30709295	27826285	22654207	252490.8
湖南	43853	34920772	31702974	30145967	471247.1
广东	23843	51661525	43034082	39314471	1920331.3
广西	15653	35926881	31375672	28451182	202233.7
海南	1	2780	2158	2026	33565.2
重庆	4842	10494500	7742361	4382461	135851.7
四川	13720	16115571	14040431	12614017	211644.5
贵州	13744	17325283	15248275	13236958	89274.4
云南	2317	6068109	5276414	3991326	109390.8
西藏	4323	1102535	1072298	848074	
陕西	28376	25061432	19864255	18958416	141479.6
甘肃	10368	8246111	6319157	5161885	57998.9
青海	4391	2563949	2059577	1967780	3066.1
宁夏	973	1044307	1024356	845080	36552.6
新疆	6257	5012843	4042872	3323766	67387.8

单位：个、人、万元

固定资产原值	负债合计	净资产合计	收入合计	支出合计
11748926.0	**8026670.3**	**17717844.3**	**10937433.7**	**10263364.5**
628863.1	698961.0	982757.3	1814395.2	1659601.3
312078.6	71859.0	905490.6	593931.2	556136.2
273568.4	102225.4	331536.6	98419.8	94770.7
230309.3	222601.0	215570.9	856477.4	839437.0
91866.1	64050.0	120731.5	55667.2	46890.5
285249.9	163043.7	322979.5	85280.4	71164.6
16731.3	13819.2	19511.9	10266.1	10532.1
125317.7	142278.9	149970.1	30161.0	28982.7
348252.5	531493.3	492908.9	213990.2	152584.6
669088.2	536228.0	789851.5	282342.2	259390.1
3379024.9	2204407.1	6391187.0	1897304.7	1677608.8
243971.2	153526.1	224128.9	114135.4	105952.9
34330.0	26213.8	29442.9	10625.0	9589.6
31948.6	10704.5	31720.0	11803.6	10842.3
2703882.6	1982066.0	3884501.6	3683406.0	3569101.6
143021.9	52088.7	148931.7	63652.8	59990.5
143604.5	85041.0	163742.7	59439.5	55732.4
301234.5	176413.6	416906.4	450132.0	572204.9
1092212.6	547253.1	1304914.7	350289.0	282125.5
155905.7	12637.5	181846.7	25483.0	17733.5
29835.3	2342.5	30797.3	4921.1	4495.7
67942.8	47379.0	78104.3	53826.7	43458.3
119300.0	66805.1	131208.3	62227.7	48596.6
67867.6	15552.5	66667.8	35185.9	28131.8
73817.1	34361.3	73311.1	12477.1	10758.7
72130.6	23452.9	111938.0	30379.2	24290.5
37883.0	11777.1	41351.5	10593.4	5723.1
3058.1	58.0	3060.1	636.8	688.8
25655.0	2064.0	34931.3	4530.8	4973.5
40974.9	25967.0	37843.2	15453.3	11875.7

C-23 社区居民委员

地区	社区居委会	居民小组	社区居委会规模			社区居委会成员人数	女性
			居民1000户以下	居民1000户－3000户	居民3000户以上		
全国	**79947**	**1232992**	**28672**	**40981**	**10294**	**453543**	**240890**
北京	2482	62680	683	1496	303	23577	13996
天津	1645	74323	440	1149	56	10945	8410
河北	3020	37558	1075	1715	230	14321	8777
山西	2332	13517	1097	1100	135	33148	15262
内蒙古	2690	26639	1076	1447	167	12159	8709
辽宁	4121	152011	634	2802	685	25245	19318
吉林	1719	12346	432	734	553	6844	4047
黑龙江	2784	83306	569	1672	543	13894	10146
上海	3437	140016	899	2403	135	19611	13236
江苏	5300	103384	1617	2960	723	27659	13815
浙江	3488	71706	1352	1703	433	18415	10665
安徽	2906	29231	848	1783	275	14436	7671
福建	1892	22694	663	1003	226	10942	6432
江西	2491	12236	1161	994	336	7868	5291
山东	5121	74893	3291	1560	270	26007	7058
河南	3070	26718	1201	1496	373	16283	8547
湖北	3465	38115	948	1885	632	17154	8988
湖南	4617	42494	1922	1967	728	25102	12329
广东	6328	53319	2039	3198	1091	39124	16225
广西	1644	33856	563	842	239	9342	4098
海南	432	2891	197	174	61	1980	688
重庆	2018	16240	648	1030	340	10188	4603
四川	4848	37334	2171	1970	707	20437	7051
贵州	1610	17919	746	718	146	9789	5544
云南	1193	15487	360	588	245	8599	2540
西藏	158	569	158			796	140
陕西	1563	10457	461	783	319	7788	4306
甘肃	1084	6151	319	627	138	6999	3504
青海	354	925	156	175	23	1629	1176
宁夏	444	1457	144	255	45	2328	1787
新疆	1691	12520	802	752	137	10934	6531

会及社区服务

单位：个、人

中共党员	主任、书记“一肩挑”	其他委会成员兼任支部成员	当年进行选举的居委会数	所属的县（市、区、旗）数	当年参选人口数	本届选民数	参加投票人数
218397	**35017**	**68762**	**29689**	**971**	**71367425**	**54755196**	**39546260**
10656	986	1586	142	2	146115	124244	36525
5134	1083	1338					
6700	1002	1636	248	5	415759	274007	216231
4744	1096	1165	1044	8	1115713	885546	512915
5130	1290	969					
10332	2733	4734	4003	72	9289219	5623246	3521504
2884	700	226	779	20	1009643	578836	149075
5237	1390	2388	845	28	3358401	2468562	2046447
10391	732	1911					
15547	2156	5284	1071	23	2667324	1940466	942045
9841	1234	3095	1135	37	2019190	1867205	1283915
8761	981	3134	891	37	2116111	1282952	981362
5490	344	1648	98	5	179922	132813	59162
4019	714	1004	1169	53	3174184	2465221	1981448
12959	3217	5426	2013	55	2797659	2481469	2283490
7757	816	1571	736	40	1522337	1336201	1156355
11090	2308	4835	944	37	2879214	2671117	1359608
16320	2995	6550	1457	14	2543989	2125198	1970437
20380	3866	9300	5782	100	16017726	12766403	9620110
5791	845	2004	1346	91	5241800	4388638	3577746
1464	367	596					
5319	526	1403	860	8	3123749	1837453	872512
10726	1349	2729	1394	51	2734513	2138727	1806753
4093	229	459	1049	30	2048656	1815447	1231656
4881	347	1299	744	53	2553426	2111301	1385750
649	7	100	20	3	50875	50875	24702
3840	410	552	609	88	2325502	1997665	1431230
2725	429	357	513	39	926525	564562	485063
756	208	285	278	29	204060	46985	33769
1077	243	238	60	12	96424	78952	27697
3704	414	940	459	31	809389	701105	548753

C-23续表

地区	资产合计	固定资产原值	负债合计	净资产合计	收入合计	支出合计
全国	**5825372.3**	**2193788.3**	**1386502.7**	**4382480.5**	**1238104.2**	**1181715.1**
北京	25549.9	7552.4	3958.0	11577.1	138031.6	128016.8
天津	7667.6	5648.6	109.0	7558.6	1745.2	1745.2
河北	18406.4	5955.4	1058.2	17292.8	2345.0	2289.6
山西	3096.6	2829.0	641.7	2376.5	1173.3	1094.9
内蒙古	3924.7	3404.4	371.6	3587.4	960.1	994.4
辽宁	60445.4	53737.3	5813.0	54575.2	7920.4	7863.2
吉林	1963.5	1034.1	2.6	1825.6	522.9	387.6
黑龙江	5253.5	4231.5	591.9	4677.6	969.4	985.4
上海	87960.1	29727.3	28654.6	58266.4	17217.8	16178.7
江苏	218819.4	101253.2	66330.3	146862.8	61342.4	55716.1
浙江	3363582.7	953212.4	647397.8	2681684.1	342707.0	308206.2
安徽	122490.7	76332.4	35732.7	84761.8	28490.1	26493.9
福建	10360.1	6896.0	1909.8	8426.9	2070.0	2046.6
江西	4118.8	3123.8	1163.1	2793.0	1296.2	1133.5
山东	1063218.8	467211.7	371869.2	704359.3	421460.8	434470.5
河南	27477.6	22865.6	3361.5	22109.9	17067.8	15061.6
湖北	52338.7	28943.6	16787.0	32885.7	19149.0	16483.0
湖南	105672.8	70348.8	22755.7	79657.6	34736.3	31476.8
广东	442500.3	223066.9	154432.1	286206.5	99690.5	97828.8
广西	60073.8	28558.9	1001.8	57862.0	5123.7	3913.7
海南	6075.1	5579.8	395.1	5595.8	1149.8	1065.6
重庆	21173.7	16375.5	3646.9	17386.8	4562.7	4422.7
四川	56247.4	34407.2	12657.9	41741.9	19112.1	17264.5
贵州	13462.9	10731.0	2448.0	8092.6	6093.8	3171.5
云南	8474.1	6635.2	951.3	7570.7	648.6	696.5
西藏						
陕西	11632.5	10449.2	619.7	11044.3	601.9	633.4
甘肃	2892.7	2433.2	352.0	2626.2	124.5	210.0
青海	2911.3	2911.3	58.0	2911.3	444.6	502.6
宁夏	12335.8	4609.0	185.5	12235.3	464.7	549.7
新疆	5245.4	3723.6	1246.7	3928.8	882.0	812.1

单位：个、人、万元

城镇社区服务设施	星光老年之家	社区从业人员	安置下岗人员	社区服务志愿者组织数	社区服务志愿者人数	城镇便民、利民服务网点数
194796	**25840**	**3578352**	**1388161**	**644180**	**5635268**	**664764**
1897	1535	18759	6870	10015	294329	6354
2139	482	101195	15073	3356	357104	8907
6602	1332	149205	30700	6126	176864	19758
1817	590	57355	20711	8622	97119	12137
4826	450	106796	37968	4676	110627	25485
8898	1219	473364	214463	251491	427341	91287
1999	216	37431	21639	4345	25189	11869
5805	704	159442	74324	24144	158635	60068
8016	1593	97779	26504	12806	624866	8702
23506	1340	173358	70914	34152	514633	71447
36255	1348	118829	44881	22496	634990	50046
6815	969	333138	80222	10777	50857	18327
5778	682	98429	22382	33823	145063	46220
3053	791	29342	18480	1281	32630	8990
9563	1355	178949	70744	5274	271537	42947
3799	535	73918	28262	3771	73155	13634
6971	2120	324793	119190	9652	194806	22573
14265	872	378624	210170	34951	232899	38045
9044	3182	138741	57519	88163	394396	11108
1394	557	40759	8434	1253	37039	2681
434	107	30152	4183	177	14390	1591
1644	769	68258	27932	4190	231294	7968
7216	543	192791	91032	17672	197571	22660
4704	393	16756	7897	1325	42542	12004
424	248	29325	4676	5607	12086	1365
70	9					
7038	605	42666	18766	23114	122420	18544
1975	543	23857	13440	1702	61219	14475
360	102	4750	1299	938	929	1271
2622	163	8704	3036	4765	5233	2973
5867	486	70887	36450	13516	93505	11328

C-24 村民

地区	村民委员会	村民小组	村民委员会规模			村民委员会成员人数	女性
			居民1000户以下	居民1000户－3000户	居民3000户以上		
全国	**629079**	**4904536**	**475066**	**124566**	**29447**	**2657032**	**444016**
北京	3957	27059	3758	173	26	72180	3007
天津	3838	45324	3414	393	31	11125	956
河北	49584	285157	37411	10263	1910	173607	20215
山西	26810	103647	21623	4271	916	90721	8936
内蒙古	12225	60980	9200	2071	954	47490	10270
辽宁	11630	80781	7461	3741	428	46490	11384
吉林	9403	27797	6036	2039	1328	28437	6843
黑龙江	9058	55832	5231	2962	865	40740	7832
上海	1874	18024	1419	438	17	10752	3631
江苏	17771	245218	8347	7832	1592	85193	17679
浙江	34408	297290	28846	4574	988	115317	11246
安徽	23625	300812	13471	7827	2327	81806	14485
福建	14256	141166	9181	4234	841	55609	8304
江西	16822	148701	11530	4105	1187	52049	9342
山东	81875	466433	76489	4626	760	370367	44983
河南	47814	380421	31830	13123	2861	202776	32877
湖北	26069	208701	19361	5353	1355	96373	22112
湖南	43572	446565	30765	9260	3547	149795	44328
广东	18693	221375	13058	4826	809	83437	14916
广西	14359	250739	10373	3305	681	70468	12410
海南	2535	24713	1935	547	53	12011	2090
重庆	10202	85347	6832	3089	281	52639	11109
四川	50345	354016	40310	7687	2348	238441	54363
贵州	20031	181337	14967	4247	817	119288	20754
云南	12268	152646	7747	3919	602	71263	8800
西藏	5746	13685	5746			20893	2317
陕西	28383	131945	23635	3949	799	107665	14120
甘肃	16533	91889	12617	3511	405	74975	10407
青海	4144	12023	3572	368	204	18408	2710
宁夏	2328	14335	1730	577	21	10990	2072
新疆	8921	30578	7171	1256	494	45727	9518

委员会

单位：个、人

中共党员	主任、书记“一肩挑”	其他委会成员兼任支部成员	当年进行选举的村委会数	所属的县（市、区、旗）数	当年参选人口数	本届选民数	参加投票人数
1462891	**205206**	**540391**	**367950**	**1543**	**405662716**	**351018227**	**323284114**
11647	1333	3030	59	1	97253	97253	96651
5900	507	2457	754	4	467081	465529	448682
100920	9673	32213	4218	19	5160671	4007888	3638741
56296	16136	20078	24691	98	15435799	13563897	12124570
25996	1730	6311					
29354	3344	14162					
14333	1687	1884	601	6	555993	495331	429261
22327	2565	8463	7957	135	12907007	11651295	9543383
6759	552	1778					
61940	5169	24186	2581	28	6582517	5823244	4940442
52173	2096	13205	33095	87	27015136	25045086	24261420
57695	5485	28473	21942	98	35404695	31314537	27351742
28661	783	6925	866	3	1393662	983544	869965
31574	4164	8905	10847	72	15575673	13366013	11908434
186329	51552	95037	30122	81	18224977	16521093	14754071
124959	15929	51192	47229	142	62142207	50346778	51394922
71688	20818	39148	24898	89	27830081	25155168	21294599
102588	26470	51080	42396	109	32376783	29577776	28175530
62765	12296	37545	18061	83	35643799	30267679	29694361
49217	7038	22419	14307	109	30685081	26987034	24873436
9295	2109	5422	1	1	2780	2158	2026
29540	298	7272	3982	6	7370751	5904908	3509949
99038	4337	18573	12326	55	13381058	11901704	10807264
43002	234	4030	12695	32	15276627	13432828	12005302
38616	1986	6315	1573	16	3514683	3165113	2605576
11642	2159	533	4303	55	1051660	1021423	823372
48024	2321	12723	27767	94	22735930	17866590	17527186
38490	1193	11270	9855	29	7319586	5754595	4676822
9420	369	1795	4113	45	2359889	2012592	1934011
6189	242	1024	913	6	947883	945404	817383
26514	631	2943	5798	40	4203454	3341767	2775013

C-24续表

地　区	资产合计	固定资产原值	负债合计	净资产合计
全　国	**20593211.5**	**9555137.7**	**6640167.6**	**13335363.8**
北　京	1810962.3	621310.7	695003.0	971180.2
天　津	1007477.0	306430.0	71750.0	897932.0
河　北	419004.7	267613.0	101167.2	314243.8
山　西	452115.7	227480.3	221959.3	213194.4
内蒙古	189633.5	88461.7	63678.4	117144.1
辽　宁	439693.6	231512.6	157230.7	268404.3
吉　林	31101.6	15697.2	13816.6	17686.3
黑龙江	288173.8	121086.2	141687.0	145292.5
上　海	997847.7	318525.2	502838.7	434642.5
江　苏	1130212.2	567835.0	469897.7	642988.7
浙　江	5451707.3	2425812.5	1557009.3	3709502.9
安　徽	263346.8	167638.8	117793.4	139367.1
福　建	46332.0	27434.0	24304.0	21016.0
江　西	39267.0	28824.8	9541.4	28927.0
山　东	4917653.2	2236670.9	1610196.8	3180142.3
河　南	177205.1	120156.3	48727.2	126821.8
湖　北	200152.1	114660.9	68254.0	130857.0
湖　南	365574.3	230885.7	153657.9	337248.8
广　东	1477831.0	869145.7	392821.0	1018708.2
广　西	142159.9	127346.8	11635.7	123984.7
海　南	27490.1	24255.5	1947.4	25201.5
重　庆	114678.0	51567.3	43732.1	60717.5
四　川	155397.1	84892.8	54147.2	89466.4
贵　州	75811.5	57136.6	13104.5	58575.2
云　南	100916.7	67181.9	33410.0	65740.4
西　藏				
陕　西	129847.1	61681.4	22833.2	100893.7
甘　肃	55106.2	35449.8	11425.1	38725.3
青　海	154.8	146.8		148.8
宁　夏	24216.8	21046.0	1878.5	22696.0
新　疆	62142.4	37251.3	24720.3	33914.4

单位：个、人、万元

收入合计	支出合计	村民自治模范县（市、区、旗）数	村民自治模范乡镇数	村民自治模范村数
9699329.5	**9081649.4**	**513**	**7543**	**88181**
1676363.6	1531584.5		3	18
592186.0	554391.0	5	46	1186
96074.8	92481.1	29	240	3463
855304.1	838342.1	24	130	743
54707.1	45896.1	17	68	532
77360.0	63301.4	19	70	445
9743.2	10144.5	6	62	571
29191.6	27997.3	28	102	505
196772.4	136405.9	3	23	317
220999.8	203674.0	43	779	11651
1554597.7	1369402.6	48	421	7613
85645.3	79459.0	22	404	5757
8555.0	7543.0	6	65	950
10507.4	9708.8	32	464	2682
3261945.2	3134631.1	31	201	943
46585.0	44928.9	29	927	9296
40290.5	39249.4	7	180	3162
415395.7	540728.1	24	563	7468
250598.5	184296.7	17	152	1837
20359.3	13819.8	20	196	1408
3771.3	3430.1	2	28	229
49264.0	39035.6	2	168	2603
43115.6	31332.1	27	1137	12194
29092.1	24960.3	26	553	7308
11828.5	10062.2	5	37	193
		4	9	8
29777.3	23657.1	7	96	761
10468.9	5513.1	18	285	3153
192.2	186.2	1	3	19
4066.1	4423.8	3	55	582
14571.3	11063.6	8	76	584

C-25 社会福利

地区	单位数	年末职工人数	残疾职工	残疾职工女性	资产总额
全国	**31211**	**1442733**	**637216**	**217805**	**36279607.7**
北京	1496	41953	17618	6829	847302.1
天津	781	31801	14442	5314	669628.6
河北	1621	52121	23682	7084	1697684.7
山西	831	35991	16620	4107	671618.6
内蒙古	438	14870	7481	2304	178816.6
辽宁	2660	102036	47791	17091	1844330.6
吉林	1036	27705	13151	5090	368280.2
黑龙江	1006	35919	12522	4216	303396.2
上海	2230	112119	46204	19454	2676668.5
江苏	4535	280942	124395	42752	8444097.4
浙江	3251	229281	98096	34460	11216553.1
安徽	464	14247	6776	2406	201731.2
福建	470	19688	9299	2912	368263.3
江西	391	14493	7349	3114	140742.2
山东	1881	96507	43906	13180	1763010.3
河南	1670	70693	32011	8683	987584.4
湖北	933	30147	13784	4616	360977.9
湖南	829	30450	14547	5543	237347.3
广东	251	13419	6266	2356	267650.6
广西	276	9835	3774	1161	167935.0
海南	17	1093	544	218	88238.8
重庆	891	39214	17422	6490	589905.4
四川	1071	46121	20802	6620	638856.7
贵州	228	9327	4523	1003	127807.9
云南	731	38986	15992	3709	799429.9
西藏	16	365	182	44	2622.8
陕西	547	19843	7909	3413	250810.2
甘肃	287	11291	4525	1393	105970.9
青海	31	1356	766	375	4179.9
宁夏	145	4671	1873	660	65026.5
新疆	197	6249	2964	1208	193139.9

企业总表

单位：个、人、万元

固定资产原值	固定资产净值	负债总额	所有者权益合计	末分配利润	销售（营业）收入
13294035.4	**9082030.1**	**18848420.1**	**17431187.6**	**2568391.6**	**40948890.1**
260644.2	172968.4	348417.5	498884.6	101837.2	582423.7
280232.6	195007.4	289305.1	380323.5	14752.1	828878.2
878044.6	716075.5	485240.0	1212444.7	98774.8	1647101.8
214909.3	156906.3	342199.3	329419.3	64604.8	549489.2
72067.4	49159.5	108610.6	70206.0	4398.5	127622.7
615404.4	438937.8	1054757.2	789573.4	84763.5	2293077.3
131938.2	91538.0	188459.0	179821.2	17312.0	308276.9
127274.9	85475.7	157930.7	145465.5	23808.5	470507.3
828886.9	546704.0	1342460.2	1334208.3	167022.5	2898364.9
3118206.0	2036126.1	4675192.6	3768904.8	499994.8	12006754.2
3589001.6	2457701.4	6041875.1	5174678.0	873022.4	10442472.7
79064.1	61603.1	111433.7	90297.5	25722.7	349458.1
145512.5	100703.4	163620.0	204643.3	51437.4	381414.9
76587.8	38617.6	61397.4	79344.8	2019.6	158422.8
830606.9	585971.4	1007285.6	755724.7	179526.6	2121374.5
361861.1	214517.4	509842.5	477741.9	73398.2	1345758.7
144004.5	96716.1	172257.4	188720.5	33625.7	386642.0
121738.4	83464.0	141127.5	96219.8	-3467.4	539419.7
116541.7	65964.1	122946.5	144704.1	55353.8	249844.5
64393.2	36172.6	113178.9	54756.1	4263.7	165360.1
17521.7	7393.0	33778.8	54460.0	37049.2	10165.7
216848.4	159825.6	310773.6	279131.8	48064.7	816264.2
266068.0	170342.7	319294.1	319562.6	37302.3	662596.4
59707.6	31470.6	59152.5	68655.4	4039.8	139329.2
372325.4	279737.8	379821.6	419608.3	32400.0	1019736.0
1436.3	574.0	1091.0	1531.8	0.0	240.8
108614.2	54188.8	110523.2	140287.0	15597.5	153723.9
55232.2	39496.6	50570.1	55400.8	5017.0	90423.6
2192.9	1530.1	1499.0	2680.9	160.3	2891.0
31415.6	21811.2	38689.1	26337.4	7327.5	62721.4
105752.8	85329.9	105690.3	87449.6	9261.9	138133.7

C-25续表

地　区	残疾职工工资总额	残疾职工养老保险总额	残疾职工补贴	纳税总额	增值税总额
全　国	**459488.8**	**112760.5**	**35768.2**	**2769639.4**	**1444348.8**
北　京	73907.9	22488.8	7971.4	61274.3	37429.8
天　津	7975.3	1474.3	281.6	43433.3	28446.6
河　北	13645.9	5776.0	717.4	111333.0	57903.3
山　西	9745.6	1416.3	1207.3	63367.9	41818.2
内蒙古	2980.0	436.3	26.7	12843.4	6903.1
辽　宁	28276.2	7350.0	92.1	185448.7	113869.3
吉　林	4848.6	605.9	49.8	49849.5	8845.1
黑龙江	102966.4	2558.5	222.9	125251.3	10383.5
上　海	24118.5	6402.7	668.3	148438.9	94263.8
江　苏	70977.5	14912.7	9135.8	521740.4	313138.8
浙　江	108294.0	24093.3	811.7	722771.2	313313.5
安　徽	4388.2	448.9	278.2	38325.0	30203.9
福　建	12321.0	700.7	3098.2	33115.1	11519.9
江　西	1599.6	301.1	26.4	20090.3	5553.5
山　东	16692.7	10602.7	831.4	129362.4	117507.5
河　南	11187.9	1486.3	559.8	94665.5	32814.4
湖　北	7714.5	1090.6	540.2	28706.7	19438.0
湖　南	8764.0	2221.9	429.4	44302.2	22942.4
广　东	5183.2	697.8	723.7	17521.0	3606.9
广　西	2603.2	3433.6	136.9	13595.2	9845.4
海　南	343.6	119.2	50.2	13908.6	7110.1
重　庆	13007.9	1071.7	930.0	61321.6	36322.3
四　川	6062.5	899.7	552.9	55439.3	24857.7
贵　州	33727.2	9.1	34.2	19512.8	12510.1
云　南	6207.9	696.1	5941.2	101027.0	51137.0
西　藏	85.0	24.0		16.3	
陕　西	2089.7	490.3	84.4	29182.7	24843.6
甘　肃	1359.7	262.3	153.8	4101.4	2716.9
青　海	58.9	6.5		677.7	116.0
宁　夏	718.4	154.3	33.0	10932.2	1051.7
新　疆	1991.1	528.9	179.3	8084.5	3936.5

单位：万元

营业税总额	所得税总额	应减免税金总额	实际减免税金总额	盈利总额	亏损总额
36301.0	**478715.8**	**2047415.1**	**1829747.0**	**2251552.7**	**259157.9**
933.0	12978.3	45448.5	40123.7	45654.4	5416.5
270.0	2639.6	41196.9	40585.1	26190.5	7114.5
1646.7	8963.5	93916.8	71173.0	72934.7	6230.3
1043.9	9750.7	51458.9	44977.4	52578.9	5268.3
252.3	326.2	11143.1	8903.1	10775.1	2381.5
5685.8	31617.7	167838.0	134578.6	166292.8	14219.8
170.7	817.6	18898.2	18286.1	18064.9	4426.8
553.7	3516.1	18525.0	16675.0	23183.8	1336.9
597.5	31607.5	127129.2	125747.0	209405.1	4733.0
1283.9	51721.8	432178.3	355796.2	480650.9	64049.8
4088.7	256351.6	466818.2	475311.4	694196.4	65309.9
1109.7	3603.0	28861.6	28835.8	15344.0	6189.6
654.5	2505.6	19446.6	18471.4	20466.4	4200.5
447.5	857.7	17249.0	16661.6	4699.0	1126.1
3698.6	8110.3	120708.5	106106.9	81047.3	18590.7
5625.6	6908.1	62990.4	51327.7	81837.6	8288.1
280.6	2317.9	25310.2	28003.3	25108.0	4424.9
1158.9	3140.8	35210.2	31234.0	10664.7	3545.6
117.4	2947.9	15788.0	11015.7	17485.7	1950.5
98.6	1756.0	10898.4	7980.5	8341.7	3860.8
12.0	6421.4	6766.4	6746.4	28248.8	366.5
222.7	11285.7	49807.9	42851.5	49666.2	3622.7
851.5	4205.6	38798.2	35233.2	32711.5	7297.2
606.6	206.0	14162.4	14148.4	2852.6	1398.7
2556.3	10161.1	85857.9	78921.0	44195.6	10178.9
6.0		6.0	6.0	83.0	
231.0	1484.6	26432.7	6442.5	5724.2	1560.9
114.3	499.0	3314.9	2991.7	4623.7	514.0
499.0		247.0	247.0	53.0	73.2
621.0	924.9	5054.8	4988.1	10738.2	164.2
863.0	1089.6	5952.9	5377.7	7734.0	1317.5

C-26 国有社会

地 区	单位数	年末职工人数	残疾职工	残疾职工女性	资产总额
全 国	**1013**	**65314**	**27448**	**9768**	**1133203.8**
北 京	57	3815	1762	697	268658.1
天 津	35	3931	1472	645	90421.0
河 北	71	4275	1799	621	85094.9
山 西	50	2487	1143	363	90455.1
内蒙古	21	1383	713	336	6760.2
辽 宁	39	6882	2857	294	49388.1
吉 林	30	2722	1059	428	21829.6
黑龙江	23	1878	898	314	15801.3
上 海	19	1104	404	154	46335.9
江 苏	20	2107	820	244	31490.4
浙 江	7	353	57	16	7590.6
安 徽	26	1091	471	201	6021.8
福 建	19	974	375	132	6818.1
江 西	43	1672	797	389	7095.6
山 东	38	2441	1023	292	43249.4
河 南	60	4342	1979	801	68001.5
湖 北	38	1372	531	171	10891.9
湖 南	74	5719	2583	1214	42521.5
广 东	42	4055	2008	746	66315.1
广 西	42	1546	440	145	30303.6
海 南	1	64	38	15	1660.0
重 庆	8	753	337	138	8407.4
四 川	27	2271	717	204	25637.6
贵 州	17	959	204	51	8557.2
云 南	14	618	233	127	8505.7
西 藏	16	365	182	44	2622.8
陕 西	76	2448	976	420	26388.4
甘 肃	15	1341	488	177	17659.0
青 海					
宁 夏	6	142	39		254.0
新 疆	79	2204	1043	389	38468.0

福利企业

单位：个、人、万元

固定资产原值	固定资产净值	负债总额	所有者权益合计	末分配利润	销售（营业）收入
392389.5	**264063.4**	**568406.9**	**564796.9**	**40187.0**	**626719.5**
57276.1	38443.5	56514.5	212143.6	59230.1	88301.3
29104.0	16502.0	33735.0	56686.0	-9940.0	31268.0
29274.6	22514.1	57897.4	27197.5	2025.5	32099.9
15999.9	10991.9	47434.5	43020.6	17027.0	74077.2
3408.9	2409.1	3642.9	3117.3	587.0	6505.7
22079.6	12528.6	64631.6	-15243.5	-36698.8	17770.8
8969.4	6663.7	11357.2	10472.4	-1968.4	8004.7
8932.1	5254.3	13296.3	2505.0	101.1	2945.7
7912.5	5179.7	15827.5	30508.4	1395.6	18816.3
13704.2	9089.8	20688.7	10801.7	44.0	23457.0
1978.4	930.1	3365.2	4225.4	-553.1	1539.5
2952.8	2230.9	4032.7	1989.1	31.5	2584.9
3619.5	2688.0	2324.8	4493.3	-718.2	2087.8
3894.4	2545.6	3066.8	4028.8	60.0	4783.5
18802.4	12184.7	20323.2	22926.2	8679.1	54684.7
19487.0	11374.7	45003.2	22998.3	6120.7	27347.6
5296.0	3786.8	5628.3	5263.6	57.5	5874.6
23701.7	16713.1	37156.2	5365.3	-9211.2	44186.8
32486.4	25620.0	27897.3	38417.8	8398.3	57232.8
10148.1	7309.3	22428.5	7875.1	-1492.3	12289.0
426.0	402.0	1203.0	457.0	87.0	1202.0
4715.0	2875.5	4968.6	3438.8	-331.8	10108.0
17056.7	10209.9	13818.4	11819.2	-2895.1	16164.6
4347.9	3104.3	4437.1	4120.1	-119.3	2544.2
5797.5	3757.1	2588.1	5917.6	104.0	2065.1
1436.3	574.0	1091.0	1531.8		240.8
11383.0	8433.4	15896.9	10491.5	79.2	18070.5
9495.4	6396.2	10718.5	6940.5	-853.0	13289.6
146.0	97.0	153.0	101.0		4.0
18557.7	13254.1	17280.5	21187.5	940.6	47172.9

C-26续表

地 区	残疾职工工资总额	残疾职工养老保险总额	残疾职工补贴	纳税总额	增值税总额
全 国	**25343.8**	**6026.7**	**1014.1**	**50234.4**	**32003.7**
北 京	3699.9	1626.8	149.9	13834.7	8096.4
天 津	1090.8	358.0	194.0	2517.0	2053.0
河 北	757.5	303.4	35.0	2738.1	1665.8
山 西	278.5	33.8	150.0	3680.2	3456.1
内蒙古	138.1	86.6	1.8	333.7	231.6
辽 宁	1444.6	192.0	1.4	1336.5	1254.1
吉 林	2053.9	100.6	11.0	879.6	314.0
黑龙江	2806.4	148.6	2.0	226.3	118.0
上 海	579.9	136.2	103.5	1070.4	918.4
江 苏	657.2	218.7	2.5	2657.2	871.0
浙 江	53.3	20.0		104.1	78.3
安 徽	225.3	82.3	13.7	115.4	103.7
福 建	42.1	29.4	3.8	135.7	95.6
江 西	130.9	16.6	2.9	443.3	339.9
山 东	564.5	220.7	21.7	3299.9	2777.8
河 南	733.5	223.6	11.3	1613.9	612.7
湖 北	114.9	64.4	6.2	240.4	168.2
湖 南	2815.4	1327.1	63.7	2063.0	850.2
广 东	1672.5	378.5	40.3	2869.4	1849.2
广 西	233.0	60.9	16.2	973.1	723.4
海 南	12.5	20.0		50.0	50.0
重 庆	185.7	61.0	2.5	828.2	439.5
四 川	239.5	24.2	2.5	4572.4	3854.8
贵 州	3265.6		1.2	488.2	18.9
云 南	292.2	23.5	9.3	143.1	86.5
西 藏	85.0	24.0		16.3	
陕 西	250.4	64.7	13.3	807.1	331.0
甘 肃	182.3	77.3	12.7	248.5	208.2
青 海					
宁 夏					
新 疆	738.4	103.8	141.7	1948.7	437.4

单位：万元

营业税总额	所得税总额	应减免税金总额	实际减免税金总额	盈利总额	亏损总额
1085.0	**7201.0**	**34377.5**	**30601.0**	**50986.5**	**21211.4**
120.3	3511.2	5032.1	4901.9	15605.1	1089.6
65.0	313.0	2399.0	2399.0	1420.2	6685.0
55.3	170.5	1900.2	1736.8	1363.1	1288.9
106.8	67.0	3574.2	3541.4	12417.1	558.1
56.5	24.2	315.1	194.1	183.4	190.2
4.0	41.4	1303.1	1178.6	656.0	5009.1
6.6	67.3	366.7	341.9	483.2	138.5
6.6	62.0	149.0	149.0	10.6	357.6
28.0	119.0	1027.7	1030.5	1103.7	474.6
1.5	386.0	2462.0	738.0	865.4	306.1
12.0	6.0	77.5	85.6	285.5	96.0
4.0		127.4	98.2	19.3	611.8
3.4	3.5	122.1	91.1	52.1	221.6
17.5	8.9	277.6	234.5	160.9	149.0
97.9	424.2	2864.0	2673.9	4241.0	123.8
23.2	311.3	1566.4	1198.7	2084.7	673.9
12.0	15.8	206.5	155.1	170.4	82.8
182.7	102.4	2020.2	1964.2	1216.0	-95.4
73.3	640.6	2687.7	2594.9	4759.3	256.9
47.8	46.3	858.6	671.5	445.5	582.3
		50.0	30.0		73.0
	357.5	575.4	551.7	1085.4	17.3
2.4	399.4	2341.6	2318.7	517.4	701.6
15.3		70.6	63.8	54.0	217.8
23.2	18.8	141.8	109.8	23.9	189.4
6.0		6.0	6.0	83.0	
38.4	59.1	770.6	540.5	425.3	518.4
0.7	20.4	215.2	215.9	64.9	270.6
74.6	25.2	869.2	785.7	1190.1	422.9

C–27 集体社会

地 区	单位数	年末职工人数	残疾职工	残疾职工女性	资产总额
全 国	**22029**	**1041990**	**459198**	**160551**	**28321793.5**
北 京	1218	31302	13272	5207	491397.8
天 津	40	1086	496	198	30251.3
河 北	1160	37269	17214	5394	1383121.6
山 西	517	20474	9819	2743	334107.0
内蒙古	180	6682	3482	1104	87312.5
辽 宁	2054	73145	34497	12442	1257006.7
吉 林	842	20586	10087	3940	297460.3
黑龙江	850	30096	9693	3168	232005.4
上 海	2170	109405	45089	19013	2600035.4
江 苏	4351	269484	119066	40510	7930422.4
浙 江	2751	199504	85245	30106	10095326.1
安 徽	299	9761	4590	1471	177887.4
福 建	126	5477	2669	1163	182699.0
江 西	205	7878	4061	1748	56836.5
山 东	1382	69096	31865	9644	1133259.7
河 南	1188	44553	20844	5351	689104.8
湖 北	287	9334	4214	1514	77017.2
湖 南	492	17908	8467	3156	123834.3
广 东	177	8390	3852	1465	184089.4
广 西	174	6184	2426	795	100582.3
海 南	5	195	105	48	1629.9
重 庆	253	10149	4897	1743	139764.5
四 川	363	16771	7844	2759	176739.3
贵 州	89	3362	1754	448	46515.3
云 南	125	6383	2449	756	117555.2
西 藏					
陕 西	393	15365	5976	2773	203317.8
甘 肃	228	8103	3244	957	73306.1
青 海	15	1066	643	343	801.8
宁 夏	43	1194	475	243	13683.3
新 疆	52	1788	863	349	84723.2

福利企业

单位：个、人、万元

固定资产原值	固定资产净值	负债总额	所有者权益合计	末分配利润	销售（营业）收入
10238571.2	**6949076.9**	**14791985.2**	**13529808.3**	**2025410.8**	**32198647.6**
177818.8	118667.4	248886.1	242511.7	39244.0	432059.2
21749.6	20414.2	7373.1	22878.2	488.8	26291.5
765361.3	645842.2	310730.8	1072390.8	74437.3	1229124.7
128949.4	96232.0	182549.0	151558.0	38283.4	314296.9
32692.4	21471.9	51292.6	36019.9	445.7	54728.8
421760.8	302909.6	675435.3	581571.4	92219.5	1613215.5
100917.9	67854.3	150407.9	147052.4	16479.3	265839.1
104159.3	70472.5	111687.5	120317.9	15528.3	431371.5
811431.7	535904.0	1308636.1	1291399.3	163615.0	2844274.9
2907197.8	1854037.4	4454990.9	3475431.5	454528.7	11408498.7
3225524.8	2204743.3	5390967.9	4704358.2	769453.7	9218935.1
64613.6	50809.9	99149.8	78737.6	24684.7	296387.5
71194.6	46192.4	88676.9	94022.1	39903.3	104372.9
32152.5	16075.5	29818.6	27017.9	845.9	42847.4
529290.3	373214.2	650852.1	482407.6	123378.3	1509567.1
237351.7	153960.1	349008.4	340096.4	59740.0	1012243.6
33421.8	24493.4	38084.6	38932.6	5990.3	103664.7
64521.7	41803.8	70513.9	53320.4	2818.3	276358.2
80784.6	38884.2	88303.0	95786.4	42943.7	179698.6
36918.1	22687.8	64209.3	36373.0	4326.8	104964.9
1069.5	695.4	550.2	1079.7	59.8	2253.2
49782.2	42635.0	77051.3	62713.2	14132.7	179063.7
71247.0	38414.8	85702.3	91037.0	11159.4	164243.7
30123.1	9779.7	18089.5	28425.8	575.9	24841.1
55155.5	36067.9	65145.7	52409.5	4950.7	130382.2
88436.8	39163.1	85948.4	117369.4	15007.2	120549.8
37264.0	26460.7	33066.6	40239.5	5761.3	60019.9
355.8	161.0	513.0	288.8		944.0
6375.7	4941.9	7692.8	5990.5	972.7	7910.0
50948.9	44087.3	46651.6	38071.6	3436.1	39699.2

C-27续表

地区	残疾职工工资总额	残疾职工养老保险总额	残疾职工补贴	纳税总额	增值税总额
全国	**357225.2**	**84255.5**	**25424.7**	**2104907.7**	**1091769.8**
北京	68746.8	15892.1	7780.2	41733.3	25922.3
天津	225.0	75.8	6.3	1487.3	313.4
河北	10225.6	4685.1	639.7	80597.8	34814.8
山西	6426.1	949.1	550.8	45292.3	29218.2
内蒙古	1777.0	233.6	15.0	6137.2	4208.5
辽宁	20510.4	5954.8	78.2	132347.7	78865.1
吉林	1924.9	363.7	24.0	37251.7	7678.3
黑龙江	2611.2	552.4	217.6	121887.0	8504.0
上海	23166.6	6160.1	561.3	144242.0	91201.7
江苏	67362.3	14511.6	9083.9	484794.5	303799.7
浙江	99162.4	21398.4	771.7	654782.0	283917.3
安徽	2717.1	335.9	219.2	35423.8	28573.0
福建	9742.8	86.3	2977.2	8456.0	3188.4
江西	544.9	127.8	17.4	9738.8	1286.6
山东	11250.3	5666.3	574.2	93622.9	86634.4
河南	7420.9	1065.7	415.9	68792.1	25583.6
湖北	3951.3	333.4	72.6	5635.8	4612.3
湖南	4259.7	692.6	216.9	19541.9	14526.4
广东	3388.9	315.4	667.3	13209.0	1447.0
广西	1847.0	3225.3	69.2	8716.4	6678.0
海南	45.5	9.8	4.0	131.8	120.7
重庆	2593.8	400.2	119.4	18813.3	8098.8
四川	1863.6	261.3	113.0	20509.2	6085.0
贵州	655.7	3.9	5.1	1577.7	433.4
云南	1279.9	145.7	65.5	16825.6	9966.4
西藏					
陕西	1728.1	422.6	68.8	26431.1	22916.6
甘肃	945.2	127.5	68.2	3250.7	2118.6
青海	46.4	6.5		534.0	116.0
宁夏	173.1	48.4	18.3	675.2	6.5
新疆	632.7	204.2	3.8	2469.6	934.8

单位：万元

营业税总额	所得税总额	应减免税金总额	实际减免税金总额	盈利总额	亏损总额
23068.5	**405907.2**	**1500839.9**	**1315596.6**	**1736126.7**	**181534.5**
762.3	8654.9	35109.0	30299.4	27025.3	3768.4
22.0	87.2	1120.4	1099.4	250.8	19.1
1494.3	7926.2	65676.0	47003.3	55227.5	3738.0
734.3	8995.9	32855.7	28937.3	29819.3	3930.4
32.3	199.0	5808.6	4844.3	6172.0	153.9
2992.8	23944.0	121067.6	98959.3	121773.5	7371.8
164.1	454.8	15836.2	15460.4	13586.3	2582.0
505.2	3142.6	16001.9	14258.5	19803.5	956.8
569.5	31488.5	124475.3	123240.7	206152.0	3831.7
1267.8	47869.4	397938.8	307177.1	422354.5	63547.4
3982.5	246991.0	401753.6	416584.2	635819.4	55915.3
1041.5	3540.0	26658.4	26899.6	13110.8	5552.1
5.2	608.9	5887.3	5215.2	10156.3	1306.3
62.8	60.2	8099.1	7718.4	1438.0	350.8
1496.3	5457.9	87745.7	77110.9	54530.3	10732.3
5069.3	4496.1	48656.1	38446.6	50983.5	5691.2
90.6	402.4	5567.9	7040.3	6826.3	564.9
584.3	2678.6	19030.1	15720.4	5993.2	3006.2
23.1	2098.9	12132.8	7549.5	11640.0	1665.1
43.1	1141.0	7244.2	4519.5	5492.3	1976.2
11.0		131.8	131.8	44.8	31.3
8.0	2194.0	10464.8	8467.9	12021.5	908.4
767.8	1156.0	9764.4	7715.5	8000.7	688.3
22.0	23.0	1197.4	1210.6	599.1	146.3
310.8	394.6	11066.3	10763.9	6403.4	1848.9
140.8	1132.8	23758.5	4038.1	4784.4	773.3
31.8	384.9	2671.7	2347.8	3907.3	235.2
418.0		166.0	166.0	33.0	5.0
	6.2	499.6	498.8	471.4	6.6
415.0	378.2	2454.7	2171.9	1706.3	231.3

C-28 其他类型

地 区	单位数	年末职工人数	残疾职工	残疾职工女性	资产总额
全 国	**8169**	**335429**	**150570**	**47486**	**6824610.4**
北 京	221	6836	2584	925	87246.2
天 津	706	26784	12474	4471	548956.3
河 北	390	10577	4669	1069	229468.2
山 西	264	13030	5658	1001	247056.5
内蒙古	237	6805	3286	864	84743.9
辽 宁	567	22009	10437	4355	537935.8
吉 林	164	4397	2005	722	48990.3
黑龙江	133	3945	1931	734	55589.5
上 海	41	1610	711	287	30297.2
江 苏	164	9351	4509	1998	482184.6
浙 江	493	29424	12794	4338	1113636.4
安 徽	139	3395	1715	734	17822.0
福 建	325	13237	6255	1617	178746.2
江 西	143	4943	2491	977	76810.1
山 东	461	24970	11018	3244	586501.2
河 南	422	21798	9188	2531	230478.1
湖 北	608	19441	9039	2931	273068.8
湖 南	263	6823	3497	1173	70991.5
广 东	32	974	406	145	17246.1
广 西	60	2105	908	221	37049.1
海 南	11	834	401	155	84948.9
重 庆	630	28312	12188	4609	441733.5
四 川	681	27079	12241	3657	436479.8
贵 州	122	5006	2565	504	72735.4
云 南	592	31985	13310	2826	673369.0
西 藏					
陕 西	78	2030	957	220	21104.0
甘 肃	44	1847	793	259	15005.8
青 海	16	290	123	32	3378.1
宁 夏	96	3335	1359	417	51089.2
新 疆	66	2257	1058	470	69948.7

福利企业

单位：个、人、万元

固定资产原值	固定资产净值	负债总额	所有者权益合计	末分配利润	销售（营业）收入
2663074.7	**1868889.8**	**3488028.0**	**3336582.4**	**502793.8**	**8123523.0**
25549.3	15857.5	43016.9	44229.3	3363.1	62063.2
229379.0	158091.2	248197.0	300759.3	24203.3	771318.7
83408.7	47719.2	116611.8	112856.4	22312.0	385877.2
69960.0	49682.4	112215.8	134840.7	9294.4	161115.1
35966.1	25278.5	53675.1	31068.8	3365.8	66388.2
171564.0	123499.6	314690.3	223245.5	29242.8	662091.0
22050.9	17020.0	26693.9	22296.4	2801.1	34433.1
14183.5	9748.9	32946.9	22642.6	8179.1	36190.1
9542.7	5620.3	17996.6	12300.6	2011.9	35273.7
197304.0	172998.9	199513.0	282671.6	45422.1	574798.5
361498.4	252028.0	647542.0	466094.4	104121.8	1221998.1
11497.7	8562.3	8251.2	9570.8	1006.5	50485.7
70698.4	51823.0	72618.3	106127.9	12252.3	274954.2
40540.9	19996.5	28512.0	48298.1	1113.7	110791.9
282514.2	200572.5	336110.3	250390.9	47469.2	557122.7
105022.4	49182.6	115830.9	114647.2	7537.5	306167.5
105286.7	68435.9	128544.5	144524.3	27577.9	277102.7
33515.0	24947.1	33457.4	37534.1	2925.5	218874.7
3270.7	1459.9	6746.2	10499.9	4011.8	12913.1
17327.0	6175.5	26541.1	10508.0	1429.2	48106.2
16026.2	6295.6	32025.6	52923.3	36902.4	6710.5
162351.2	114315.1	228753.7	212979.8	34263.8	627092.5
177764.3	121718.0	219773.4	216706.4	29038.0	482188.1
25236.6	18586.6	36625.9	36109.5	3583.2	111943.9
311372.4	239912.8	312087.8	361281.2	27345.3	887288.7
8794.4	6592.3	8677.9	12426.1	511.1	15103.6
8472.8	6639.7	6785.0	8220.8	108.7	17114.1
1837.1	1369.1	986.0	2392.1	160.3	1947.0
24893.9	16772.3	30843.3	20245.9	6354.8	54807.4
36246.2	27988.5	41758.2	28190.5	4885.2	51261.6

C–28续表

地　区	残疾职工工资总额	残疾职工养老保险总额	残疾职工补贴	纳税总额	增值税总额
全　国	**76919.8**	**22478.3**	**9329.4**	**614497.3**	**320575.3**
北　京	1461.2	4969.9	41.3	5706.3	3411.1
天　津	6659.5	1040.5	81.3	39429.0	26080.2
河　北	2662.8	787.5	42.7	27997.1	21422.7
山　西	3041.0	433.4	506.5	14395.4	9143.9
内蒙古	1064.9	116.1	9.9	6372.5	2463.0
辽　宁	6321.2	1203.2	12.5	51764.5	33750.1
吉　林	869.8	141.6	14.8	11718.2	852.8
黑龙江	758.5	1857.5	3.3	3138.0	1761.5
上　海	372.0	106.4	3.5	3126.5	2143.7
江　苏	2958.0	182.4	49.4	34288.7	8468.1
浙　江	9078.3	2674.9	40.0	67885.1	29317.9
安　徽	1445.8	30.7	45.3	2785.8	1527.2
福　建	2536.1	585.0	117.2	24523.4	8235.9
江　西	923.8	156.7	6.1	9908.2	3927.0
山　东	4877.9	4715.7	235.5	32439.6	28095.3
河　南	3033.5	197.0	132.6	24259.5	6618.1
湖　北	3648.3	692.8	461.4	22830.5	14657.5
湖　南	1688.9	202.2	148.8	22697.3	7565.8
广　东	121.8	3.9	16.1	1442.6	310.7
广　西	523.2	147.4	51.5	3905.7	2444.0
海　南	285.6	89.4	46.2	13726.8	6939.4
重　庆	10228.4	610.5	808.1	41680.1	27784.0
四　川	3959.4	614.2	437.4	30357.7	14917.9
贵　州	2242.9	5.2	27.9	17446.9	12057.8
云　南	4635.8	526.9	5866.4	84058.3	41084.1
西　藏					
陕　西	111.2	3.0	2.3	1944.5	1596.0
甘　肃	232.2	57.5	72.9	602.2	390.1
青　海	12.5			143.7	
宁　夏	545.3	105.9	14.7	10257.0	1045.2
新　疆	620.0	220.9	33.8	3666.2	2564.3

单位：万元

营业税总额	所得税总额	应减免税金总额	实际减免税金总额	盈利总额	亏损总额
12147.5	**65607.6**	**512197.7**	**483549.4**	**464439.5**	**56412.0**
50.4	812.2	5307.4	4922.4	3024.0	558.5
183.0	2239.4	37677.5	37086.7	24519.5	410.4
97.1	866.8	26340.6	22432.9	16344.1	1203.4
202.8	687.8	15029.0	12498.7	10342.5	779.8
163.5	103.0	5019.4	3864.7	4419.7	2037.4
2689.0	7632.3	45467.3	34440.7	43863.3	1838.9
	295.5	2695.3	2483.8	3995.4	1706.3
41.9	311.5	2374.1	2267.5	3369.7	22.5
		1626.2	1475.8	2149.4	426.7
14.6	3466.4	31777.5	47881.1	57431.0	196.3
94.2	9354.6	64987.1	58641.6	58091.5	9298.6
64.2	63.0	2075.8	1838.0	2213.9	25.7
645.9	1893.2	13437.2	13165.1	10258.0	2672.6
367.2	788.6	8872.3	8708.7	3100.1	626.3
2104.4	2228.2	30098.8	26322.1	22276.0	7734.6
533.1	2100.7	12767.9	11682.4	28769.4	1923.0
178.0	1899.7	19535.8	20807.9	18111.3	3777.2
391.9	359.8	14159.9	13549.4	3455.5	634.8
21.0	208.4	967.5	871.3	1086.4	28.5
7.7	568.7	2795.6	2789.5	2403.9	1302.3
1.0	6421.4	6584.6	6584.6	28204.0	262.2
214.7	8734.2	38767.7	33831.9	36559.3	2697.0
81.3	2650.2	26692.2	25199.0	24193.4	5907.3
569.3	183.0	12894.4	12874.0	2199.5	1034.6
2222.3	9747.7	74649.8	68047.3	37768.3	8140.6
51.8	292.7	1903.6	1863.9	514.5	269.2
81.8	93.7	428.0	428.0	651.5	8.2
81.0		81.0	81.0	20.0	68.2
621.0	918.7	4555.2	4489.3	10266.8	157.6
373.4	686.2	2629.0	2420.1	4837.6	663.3

C-29 福利

地　区	单位数	年末职工人数	残疾职工	残疾职工女性	资产总额
全　国	**25450**	**1092345**	**532773**	**245991**	**31381425.5**
北　京	1387	35204	16103	7541	785767.9
天　津	766	16768	14245	13178	630708.6
河　北	1361	38942	19602	8475	1579556.3
山　西	544	19173	10905	5661	251868.1
内蒙古	260	8222	5293	3102	133764.8
辽　宁	2137	77941	40997	18914	1557868.1
吉　林	838	22619	11618	5271	331043.3
黑龙江	855	29369	10287	4046	248527.7
上　海	2220	110797	46078	19822	2642685.4
江　苏	4457	269286	121665	44378	8350145.7
浙　江	2846	187217	85413	36066	10077592.9
安　徽	370	10824	5580	2497	189891.6
福　建	201	6823	4328	3148	181582.5
江　西	380	11662	7146	4502	137496.4
山　东	1626	71786	38055	17675	1470436.8
河　南	1397	50563	26992	11800	851473.8
湖　北	454	10748	6940	4972	161650.4
湖　南	649	22479	11885	5801	174620.0
广　东	193	9643	4669	1899	199400.9
广　西	163	6116	2581	1053	109340.5
海　南	7	277	161	81	4248.5
重　庆	544	15544	10652	7877	312012.4
四　川	559	18944	11095	6669	249001.5
贵　州	88	3257	2029	1080	44528.8
云　南	194	6716	4416	3389	251022.0
西　藏					
陕　西	506	17839	7366	3671	205134.3
甘　肃	223	8490	3614	1378	80290.1
青　海	12	119	101	86	2127.1
宁　夏	70	1157	854	810	37809.9
新　疆	143	3820	2103	1149	129829.2

工厂

单位：个、人、万元

固定资产原值	固定资产净值	负债总额	所有者权益合计	末分配利润	销售（营业）收入
11310445.4	**7755671.8**	**16401936.0**	**14979489.5**	**2151461.7**	**35447096.3**
238102.3	159278.1	315878.7	469889.2	95737.7	537770.2
276818.6	193200.4	282474.1	348234.5	20489.1	828044.2
829226.6	684056.6	430084.0	1149472.3	87661.5	1521611.0
115448.1	84612.2	153443.2	98424.9	13755.1	260750.5
51923.3	35781.3	81882.3	51882.5	3000.8	93481.2
507115.1	367438.4	904201.3	653666.8	68287.7	1916827.3
116634.5	87550.4	173704.1	157339.2	15906.6	263575.5
109210.9	73548.7	132962.8	115564.9	17772.0	441972.5
824807.6	544098.9	1330596.4	1312089.0	165412.3	2892945.0
3053281.5	1992675.7	4618957.3	3731188.4	498898.3	11738337.3
3149465.0	2166638.6	5384900.1	4692692.8	810642.4	8900665.3
71176.0	57523.3	106525.2	83366.4	25376.0	320665.1
59915.1	40561.5	92852.9	88729.6	22567.2	158743.4
74573.2	37742.1	59578.4	77918.0	1376.3	157009.1
716334.7	503069.1	859880.5	610556.3	107806.3	1887853.4
292473.6	182159.5	442439.7	409034.1	68075.1	1198631.8
59331.2	38048.7	75712.8	85937.6	18675.1	185189.5
87699.3	57850.2	111592.7	63027.3	-6013.4	344224.2
90342.9	46246.6	95659.4	103741.5	41408.1	181602.8
35726.9	21452.4	69532.7	39807.8	5071.8	114515.0
1988.1	1184.0	2640.0	1608.5	151.4	3825.1
115345.9	91942.5	170125.1	141887.3	21600.0	449322.9
100097.7	56330.8	124831.4	124170.1	7849.8	320026.4
32236.1	11877.2	13057.3	31471.5	2147.4	18483.1
95867.3	68917.4	128535.3	122486.7	8502.5	351198.7
70499.5	47878.4	102085.0	103049.3	15684.8	146514.1
44032.6	30942.1	42970.1	37320.0	3606.3	67559.2
1431.1	1295.1	551.0	1576.1	8.3	2177.0
17606.8	12249.0	24232.3	13577.6	5411.8	50879.7
71733.9	59522.6	70049.9	59779.3	4593.4	92695.8

C-29续表

地区	残疾职工工资总额	残疾职工养老保险总额	残疾职工补贴	纳税总额	增值税总额
全国	**397218.6**	**100715.7**	**27761.2**	**2354816.3**	**1219413.6**
北京	72748.7	22351.6	7885.0	58527.4	35508.4
天津	7932.3	1472.9	281.6	43320.3	28419.6
河北	11178.1	4591.5	699.6	100213.8	53013.7
山西	7145.7	1133.3	838.7	27705.3	20033.3
内蒙古	2309.4	286.4	14.5	8896.5	4331.3
辽宁	23681.5	5618.8	67.7	161780.3	102162.3
吉林	4035.9	517.5	44.1	46615.2	8032.6
黑龙江	5551.0	2447.1	211.3	122087.1	8800.9
上海	23981.1	6337.8	565.3	148067.6	94160.8
江苏	68901.9	14532.3	9015.6	511851.0	306185.8
浙江	96662.9	20966.1	771.2	658273.9	267863.1
安徽	2997.8	429.3	262.1	35513.4	29062.5
福建	6018.3	406.9	3030.8	10460.2	4429.3
江西	1591.0	301.1	25.2	20072.2	5543.2
山东	13999.3	9420.1	774.7	115148.7	104442.2
河南	9459.7	1344.9	522.5	83731.1	28889.0
湖北	4912.0	720.3	342.6	11107.0	6162.4
湖南	7293.3	1905.0	287.5	23401.2	17928.5
广东	3919.0	516.1	691.1	13155.5	1758.8
广西	1879.8	3246.0	111.3	9940.0	7417.6
海南	79.8	29.8	13.7	218.5	170.7
重庆	7146.1	495.3	494.0	36775.8	19463.6
四川	2762.8	275.2	139.8	26623.1	7784.3
贵州	3655.5	7.6	6.7	2024.0	222.1
云南	2383.0	259.3	285.9	35321.2	28456.5
西藏					
陕西	2036.8	486.4	83.6	27100.9	23757.7
甘肃	1125.6	210.1	142.2	3104.7	2428.3
青海				178.7	116.0
宁夏	456.3	73.9	0.3	8592.6	1000.5
新疆	1374.0	333.1	152.6	5009.1	1868.6

单位：万元

营业税总额	所得税总额	应减免税金总额	实际减免税金总额	盈利总额	亏损总额
27836.0	**416501.8**	**1702639.6**	**1484956.5**	**1933636.9**	**220850.8**
741.4	12673.2	42948.4	37623.6	44298.5	4834.7
204.0	2619.6	41145.9	40534.1	26161.3	2149.5
839.8	6687.1	84934.8	62191.0	58545.8	6021.7
844.6	3309.7	24044.0	17562.5	16566.2	3819.9
160.5	237.0	8357.6	6117.6	10479.9	50.3
4770.5	27262.2	139041.2	105781.8	138049.1	11729.0
170.7	709.4	16218.4	15606.3	16073.9	3492.5
515.3	3455.4	16837.9	14987.9	20316.0	1243.7
569.8	31607.5	127017.3	125635.1	209024.4	4660.4
982.4	49421.5	422447.0	346064.9	475491.0	63652.1
4068.7	242447.3	401445.4	409924.6	627586.7	62752.7
799.8	3514.5	26655.7	26629.9	13055.8	6034.6
77.5	868.0	7469.1	6493.9	7867.5	4067.4
444.2	857.7	17240.3	16652.9	4697.7	999.9
3498.5	7184.0	107863.4	93253.8	71787.1	15410.6
5611.3	4872.6	57348.0	45685.3	77299.4	7275.6
95.7	1170.5	10337.1	13030.2	11004.7	765.1
968.7	2655.5	22692.4	18716.2	7676.2	2988.7
75.3	1320.5	12132.1	7359.3	10694.0	1861.1
21.7	1740.7	8093.9	5176.0	6898.7	1849.6
11.0		218.5	198.5	56.3	104.3
39.4	6580.2	27147.3	20190.9	29749.4	1023.8
719.1	655.2	15577.1	12013.6	11656.9	6449.8
13.9	115.6	646.7	632.7	502.7	345.7
270.9	1348.2	28532.9	21596.0	16770.9	4168.0
193.0	1484.6	25216.3	5226.1	5599.1	1352.8
47.8	328.2	2912.1	2588.9	3698.2	506.8
		108.0	108.0	8.0	23.2
621.0	878.2	4108.6	4041.9	8533.7	84.1
459.5	497.7	3902.2	3333.0	3487.8	1133.2

C-30 假

地　区	单位数	年末职工人数	残疾职工	残疾职工女性	资产总额
全　国	**38**	**2735**	**202**	**69**	**47950.8**
北　京	1	112	11	2	3132.8
天　津	1	100	2	1	690.0
河　北	1	25	5	3	75.0
山　西	1	93	3		1272.9
内蒙古	1	57	1	1	376.0
辽　宁	1	62	5	1	2076.6
吉　林	2	104	1		1314.4
黑龙江	2	87	7	1	1677.0
上　海	1	154	7		3910.5
江　苏	1	97	1		1679.9
浙　江	1	86			2417.0
安　徽	1	56	3	2	570.0
福　建	1	36	1		1092.7
江　西	1	73			688.0
山　东	2	252	25	10	3610.0
河　南	2	171	12	5	2830.7
湖　北	3	156	3	2	1669.5
湖　南	1	83	2	1	2066.9
广　东	3	171	34	22	4238.0
广　西	1	88	3	2	975.0
海　南					
重　庆	1	13			48.0
四　川	3	175	28	7	3015.2
贵　州	1	95	4		1866.0
云　南	1	62	13	5	2393.7
西　藏					
陕　西	1	190	4	2	2980.0
甘　肃	1	72	1		503.0
青　海					
宁　夏	1	33	24		
新　疆	1	32	2	2	782.0

肢厂

单位：个、人、万元

固定资产原值	固定资产净值	负债总额	所有者权益合计	末分配利润	销售（营业）收入
22630.0	**15510.0**	**18146.0**	**29804.8**	**2388.7**	**16062.6**
1288.6	695.0	544.5	2588.3	1822.7	1174.0
143.0	80.0	578.0	112.0	-56.0	59.0
56.0	56.0	9.0	66.0		17.0
279.5	168.6	598.8	674.1		1023.4
200.0	126.0	118.0	258.0		196.0
990.6	920.8	735.6	1341.0		33.5
481.6	20.6	548.4	766.0	24.9	570.4
949.0	931.0	213.0	1464.0	99.0	639.8
2248.4	1592.9	442.9	3467.6	289.9	2207.8
1092.3	1033.0	101.3	1578.6		402.9
556.0		1551.0	866.0		239.0
461.0	374.0	122.0	448.0		226.0
782.6	550.4	169.3	923.4	89.0	400.0
402.0	326.0	359.0	329.0		280.0
1831.0	1192.0	1396.0	2214.0	-83.0	1558.0
1315.5	645.7	2039.3	791.4	177.0	929.6
998.1	635.8	738.8	930.7	2.0	674.3
572.4	501.3	1481.1	585.8		416.1
1356.5	561.4	531.6	3706.4	99.2	1483.3
940.0	747.0	626.0	349.0		606.0
44.0			48.0		25.0
1341.0	1015.0	1439.3	1575.9	-9.0	1247.9
248.0	67.0	1185.0	681.0		
1646.9	1561.5	406.1	1987.6		487.6
1640.0	1239.0	1874.0	1106.0	-90.0	652.0
311.0	224.0	168.0	335.0	23.0	230.0
455.0	246.0	170.0	612.0		284.0

C-30续表

地　区	残疾职工工资总额	残疾职工养老保险总额	残疾职工补贴	纳税总额	增值税总额
全　国	**202.6**	**34.4**	**22.4**	**445.0**	**136.0**
北　京	31.7	7.7	14.7	100.2	2.9
天　津	4.0				
河　北	11.2	3.0			
山　西	4.0		1.3		
内蒙古	0.7				
辽　宁	7.2	1.3	0.4		
吉　林	1.6			4.3	
黑龙江	6.0	0.2			
上　海	20.0	1.3		31.1	5.2
江　苏				2.8	1.0
浙　江				14.0	14.0
安　徽	3.0		0.3	3.4	1.3
福　建	1.6	0.5			
江　西				5.7	2.8
山　东	21.3			92.2	92.2
河　南	10.9	4.0	5.0	60.5	
湖　北					
湖　南	4.2				
广　东	4.5	14.9	0.5	36.9	2.0
广　西	4.0	1.0		25.0	
海　南					
重　庆					
四　川	42.7			1.7	0.2
贵　州				3.0	
云　南	18.3			7.5	1.4
西　藏					
陕　西				16.0	
甘　肃	1.7			23.7	13.0
青　海					
宁　夏					
新　疆	4.0	0.5	0.2	17.0	

单位：万元

营业税总额	所得税总额	应减免税金总额	实际减免税金总额	盈利总额	亏损总额
88.4	**16.1**	**452.4**	**467.4**	**564.4**	**708.8**
14.4		82.9	82.9		
					149.0
					200.6
		8.0	8.0		13.0
					58.1
					26.7
				2.0	
25.9				271.1	
1.5				0.4	
			14.0	152.0	
1.8		36.0	36.0		
					89.0
2.9					62.0
		92.2	100.2		39.9
1.7	0.1	51.5	51.5	12.0	23.5
				61.7	
				9.0	
10.5		13.8	14.3	4.4	33.8
10.0		60.0	60.0	18.0	
				2.8	
		1.7	0.2		-15.1
		40.3	40.3		56.3
16.0		37.0	37.0		-30.0
0.7	10.0	23.0	23.0	31.0	
3.0	6.0	6.0			2.0

C-31 安置

地 区	单位数	年末职工人数	残疾职工	残疾职工女性	资产总额
全 国	**37**	**2969**	**144**	**50**	**19396.4**
北 京					
天 津	1	12	3		206.0
河 北	1	29			80.0
山 西					
内蒙古					
辽 宁					
吉 林	1	45			110.0
黑龙江	1	750			1026.0
上 海					
江 苏	1	185	35	18	551.5
浙 江	3	160	9	2	3574.9
安 徽	4	152	16	6	674.5
福 建	4	110	13	3	1363.0
江 西					
山 东					
河 南	2	28	11	3	96.8
湖 北					
湖 南	4	170	12	6	1277.0
广 东	1	23	3	1	200.8
广 西	2	290	2		4325.2
海 南					
重 庆					
四 川	3	333			996.0
贵 州	6	568	39	11	3594.2
云 南	1	74			1012.0
西 藏					
陕 西	2	40	1		308.5
甘 肃					
青 海					
宁 夏					
新 疆					

农场

单位：个、人、万元

固定资产原值	固定资产净值	负债总额	所有者权益合计	末分配利润	销售（营业）收入
10270.5	**6800.8**	**5941.7**	**13454.7**	**-341.8**	**3759.0**
54.0	54.0	41.0	165.0		95.0
80.0	80.0		80.0		
69.4		26.0	84.0	5.0	
780.0	780.0	259.0	767.0		
196.0	188.9	508.6	42.9		1047.1
835.4	591.4	718.8	2856.1	-353.7	364.7
444.4	309.1	75.5	599.0	6.9	115.3
806.6	600.4	237.6	1125.4		41.1
88.0	68.0	39.1	57.7		74.9
1160.0	1078.0	189.0	1088.0		151.7
170.3		17.2	183.6		104.2
1711.0	1591.0	1801.0	2524.2		847.0
626.8		91.2	904.8		
2304.3	1338.5	1758.0	1836.2		505.0
707.0		68.0	944.0		339.0
237.3	121.5	111.7	196.8		74.0

C-31续表

地区	残疾职工工资总额	残疾职工养老保险总额	残疾职工补贴	纳税总额	增值税总额
全国	**105.6**	**5.7**	**8.4**	**117.6**	**65.0**
北京					
天津	7.8				
河北					
山西					
内蒙古					
辽宁					
吉林					
黑龙江					
上海					
江苏	32.6			52.0	52.0
浙江	10.2	2.5		18.6	
安徽	12.0		3.0	1.0	1.0
福建	4.9			1.7	
江西					
山东					
河南	1.8	0.3			
湖北					
湖南	13.6	1.0	4.0	0.6	
广东	2.7	1.2	0.2	1.6	
广西	3.4	0.4		10.0	1.0
海南					
重庆					
四川					
贵州	15.6		1.2	32.1	11.0
云南					
西藏					
陕西	1.0	0.3			
甘肃					
青海					
宁夏					
新疆					

单位：万元

营业税总额	所得税总额	应减免税金总额	实际减免税金总额	盈利总额	亏损总额
35.6	**6.6**	**53.2**	**53.2**	**134.6**	**349.7**
				0.2	
		45.7	45.7	0.5	
12.0	6.0	6.0	6.0	87.9	
		1.0	1.0	6.3	131.8
1.7				1.0	7.2
	0.6				45.7
1.6				4.2	
5.0					32.0
15.3		0.5	0.5	34.5	133.0

C-32 其他社会

地　区	单位数	年末职工人数	残疾职工	残疾职工女性	资产总额
全　国	**5686**	**234702**	**104097**	**32693**	**4830835.0**
北　京	108	3052	1504	583	58401.4
天　津	13	692	192	110	38024.0
河　北	258	8454	4075	1362	117973.4
山　西	286	12993	5712	1121	418477.6
内蒙古	177	4497	2187	680	44675.8
辽　宁	522	15397	6789	2779	284385.9
吉　林	195	3437	1532	658	35812.5
黑龙江	148	4633	2228	856	52165.5
上　海	9	269	119	56	30072.6
江　苏	76	6532	2694	867	91720.3
浙　江	401	29941	12674	4382	1132968.3
安　徽	89	2390	1177	399	10595.1
福　建	264	10351	4957	1463	184225.1
江　西	10	390	203	74	2557.8
山　东	253	13355	5826	1751	288963.5
河　南	269	10220	4996	1224	133183.1
湖　北	476	14822	6841	2380	197658.0
湖　南	175	5807	2648	1088	59383.4
广　东	54	3329	1560	552	63810.9
广　西	110	2895	1188	342	53294.3
海　南	10	802	383	147	83990.3
重　庆	346	15803	6770	2413	277845.0
四　川	506	21677	9679	2731	385844.0
贵　州	133	4926	2451	346	77818.9
云　南	535	29126	11563	2683	545002.2
西　藏	16	365	182	44	2622.8
陕　西	38	1192	538	122	42387.4
甘　肃	63	2284	910	287	25177.8
青　海	19	1143	665	342	2052.8
宁　夏	74	2110	995	518	27216.6
新　疆	53	1818	859	333	62528.7

福利企业

单位：个、人、万元

固定资产原值	固定资产净值	负债总额	所有者权益合计	末分配利润	销售（营业）收入
1950689.5	**1304047.5**	**2422396.4**	**2408438.6**	**414883.0**	**5481972.2**
21253.3	12995.3	31994.3	26407.1	4276.8	43479.5
3217.0	1673.0	6212.0	31812.0	-5681.0	680.0
48682.0	31882.9	55147.0	62826.4	11113.3	125473.8
99181.7	72125.5	188157.3	230320.3	50849.7	287715.3
19944.1	13252.2	26610.3	18065.5	1397.7	33945.5
107298.7	70578.6	149820.3	134565.6	16475.8	376216.5
14752.7	3967.0	14180.5	21632.0	1375.5	44131.0
16335.0	10216.0	24495.9	27669.6	5937.5	27895.0
1830.9	1012.2	11420.9	18651.7	1320.3	3212.1
63636.2	42228.5	55625.4	36094.9	1096.5	266966.9
438145.2	290471.4	654705.2	478263.1	62733.7	1541203.7
6982.7	3396.7	4711.0	5884.1	339.8	28451.7
84008.2	58991.1	70360.2	113864.9	28781.2	222230.4
1612.6	549.5	1460.0	1097.8	643.3	1133.7
112441.2	81710.3	146009.1	142954.4	71803.3	231963.1
67984.0	31644.2	65324.4	67858.7	5146.1	146122.4
83675.2	58031.6	95805.8	101852.2	14948.6	200778.2
32306.7	24034.5	27864.7	31518.7	2546.0	194627.7
24672.0	19156.1	26738.3	37072.6	13846.5	66654.2
26015.3	12382.2	41219.2	12075.1	-808.1	49392.1
15533.6	6209.0	31138.8	52851.5	36897.8	6340.6
101458.5	67883.1	140648.5	137196.5	26464.7	366916.3
164002.5	112996.9	192932.2	192911.8	29461.5	341322.1
24919.2	18187.9	43152.2	34666.7	1892.4	120341.1
274104.2	209258.9	250812.2	294190.0	23897.5	667710.7
1436.3	574.0	1091.0	1531.8		240.8
36237.4	4949.9	6452.5	35934.9	2.7	6483.8
10888.6	8330.5	7432.0	17745.8	1387.7	22634.4
761.8	235.0	948.0	1104.8	152.0	714.0
13808.8	9562.2	14456.8	12759.8	1915.7	11841.7
33563.9	25561.3	35470.4	27058.3	4668.5	45153.9

C-32续表

地　区	残疾职工工资总额	残疾职工养老保险总额	残疾职工补贴	纳税总额	增值税总额
全　国	**61962.0**	**12004.7**	**7976.2**	**414260.5**	**224734.2**
北　京	1127.5	129.5	71.7	2646.7	1918.5
天　津	31.2	1.4		113.0	27.0
河　北	2456.6	1181.5	17.8	11119.2	4889.6
山　西	2595.9	283.0	367.3	35662.6	21784.9
内蒙古	669.9	149.9	12.2	3946.9	2571.8
辽　宁	4587.5	1729.9	24.0	23668.4	11707.0
吉　林	811.1	88.4	5.7	3230.0	812.5
黑龙江	619.1	111.2	11.6	3164.2	1582.6
上　海	117.4	63.6	103.0	340.2	97.8
江　苏	2043.0	380.4	120.2	9834.6	6900.0
浙　江	11620.9	3124.7	40.5	64464.7	45436.4
安　徽	1375.4	19.6	12.8	2807.2	1139.1
福　建	6296.2	293.3	67.4	22653.2	7090.6
江　西	8.6		1.2	12.4	7.5
山　东	2672.1	1182.6	56.7	14121.5	12973.1
河　南	1715.5	137.1	32.3	10873.9	3925.4
湖　北	2802.5	370.3	197.6	17599.7	13275.6
湖　南	1452.9	315.9	137.9	20900.4	5013.9
广　东	1257.0	165.6	31.9	4327.0	1846.1
广　西	716.0	186.2	25.6	3620.2	2426.8
海　南	263.8	89.4	36.5	13690.1	6939.4
重　庆	5861.8	576.4	436.0	24545.8	16858.7
四　川	3257.0	624.5	413.1	28814.5	17073.2
贵　州	2493.1	1.5	26.3	17453.7	12277.0
云　南	3806.6	436.8	5655.3	65698.3	22679.1
西　藏	85.0	24.0		16.3	
陕　西	51.9	3.6	0.8	2065.8	1085.9
甘　肃	232.4	52.2	11.6	973.0	275.6
青　海	58.9	6.5		499.0	
宁　夏	262.1	80.4	32.7	2339.6	51.2
新　疆	613.1	195.3	26.5	3058.4	2067.9

单位：万元

营业税总额	所得税总额	应减免税金总额	实际减免税金总额	盈利总额	亏损总额
8341.0	**62191.3**	**344269.9**	**344269.9**	**317216.8**	**37248.6**
177.2	305.1	2417.2	2417.2	1355.9	581.8
66.0	20.0	51.0	51.0	29.0	4816.0
806.9	2276.4	8982.0	8982.0	14388.9	208.6
199.3	6441.0	27414.9	27414.9	36012.7	1247.8
91.8	89.2	2777.5	2777.5	295.2	2318.2
915.3	4355.5	28796.8	28796.8	28243.7	2432.7
	108.2	2679.8	2679.8	1991.0	907.6
38.4	60.7	1687.1	1687.1	2865.8	93.2
1.8		111.9	111.9	109.6	72.6
300.0	2300.3	9685.6	9685.6	5159.0	397.7
8.0	13898.3	65366.8	65366.8	66369.8	2557.2
308.1	88.5	2168.9	2168.9	2281.9	23.2
575.3	1637.6	11977.5	11977.5	12597.9	36.9
0.4		8.7	8.7	1.3	64.2
200.1	926.3	12752.9	12752.9	9260.2	3140.2
12.6	2035.4	5590.9	5590.9	4526.2	989.0
184.9	1147.4	14973.1	14973.1	14041.6	3659.8
190.2	484.7	12517.8	12517.8	2979.5	511.2
30.0	1627.4	3642.1	3642.1	6783.1	55.6
61.9	15.3	2744.5	2744.5	1425.0	1979.2
1.0	6421.4	6547.9	6547.9	28192.5	262.2
183.3	4705.5	22660.6	22660.6	19914.0	2598.9
132.4	3550.4	23219.4	23219.4	21054.6	862.5
577.4	90.4	13515.2	13515.2	2315.4	920.0
2285.4	8812.9	57284.7	57284.7	27424.7	5954.6
6.0		6.0	6.0	83.0	
22.0		1179.4	1179.4	125.1	238.1
65.8	160.8	379.8	379.8	894.5	7.2
499.0		139.0	139.0	45.0	50.0
	46.7	946.2	946.2	2204.5	80.1
400.5	585.9	2044.7	2044.7	4246.2	182.3

C-33 优抚安置

地区	单位数	年末职工人数	资产合计	固定资产原值	负债合计
全国	**3058**	**32010**	**890826.5**	**560044.9**	**167807.8**
北京	74	1778	96875.0	21839.2	10643.5
天津	31	427	40327.0	23376.9	14346.4
河北	242	2022	31228.9	23219.9	3673.8
山西	114	960	15285.0	11203.0	1564.0
内蒙古	33	466	8260.0	5899.2	547.8
辽宁	125	1880	61394.6	31472.6	22574.3
吉林	72	856	18532.1	13005.0	4053.6
黑龙江	74	776	20337.3	15848.4	3836.1
上海	46	768	86817.0	74908.8	4026.9
江苏	210	2144	55259.0	34445.5	16533.8
浙江	88	628	35085.0	23391.4	5894.6
安徽	139	1670	26896.0	18833.5	6989.7
福建	101	756	22904.8	13999.3	5232.0
江西	62	788	16766.2	11977.6	4821.9
山东	238	2742	72428.9	45467.5	15820.7
河南	225	3005	35210.2	25860.2	5667.0
湖北	150	1826	35300.7	19257.0	7327.8
湖南	138	1435	24273.7	16974.7	4187.5
广东	126	1158	43254.7	22325.6	7017.6
广西	62	770	22323.5	16899.2	3998.4
海南	13	163	5872.4	3588.0	407.6
重庆	64	409	7612.7	5676.9	953.4
四川	216	1127	25990.5	17642.7	4059.7
贵州	44	359	6567.9	4813.2	1026.0
云南	139	1121	27014.0	18898.0	5740.3
西藏	3	3	568.0	567.0	1.0
陕西	107	1001	21090.3	17282.2	2951.2
甘肃	54	421	8150.2	7097.0	873.3
青海	14	103	1990.3	1550.2	342.3
宁夏	15	107	2419.8	1605.8	304.8
新疆	39	341	14790.8	11119.4	2390.8

单位总表

单位：个、人、万元

净资产合计	事业基金	收入合计	财政补助收入	事业收入	支出合计
705422.1	**72344.5**	**706495.1**	**579515.9**	**30116.5**	**688898.5**
84007.9	20206.8	115699.3	90299.6	3401.5	113475.7
25877.3	1279.3	26746.3	25506.4	877.1	26643.0
26669.6	1147.5	33968.4	28904.3	1204.1	33082.9
13446.4	839.8	12484.4	10854.7	747.4	12209.8
7156.4	1009.6	8160.9	7754.6	322.0	7605.1
38434.5	1754.9	50343.8	45166.2	375.3	49958.0
14351.6	1995.5	12683.8	10913.2	1280.1	12556.9
17358.8	1603.0	14168.6	5623.4	775.1	15026.2
81313.5	1287.2	25268.3	14718.4	273.7	23791.7
38029.7	3951.5	43475.3	38462.0	2252.0	42779.8
28900.2	2423.4	17806.3	14419.9	991.9	17516.1
19082.0	1559.0	14283.1	11586.9	1450.6	13458.8
16829.1	2635.6	14267.2	11602.0	1197.1	13423.5
11525.2	1135.2	6071.7	5330.1	482.1	5652.6
53991.4	3099.0	67570.1	61188.5	1090.1	64953.3
28328.6	3173.2	24609.9	20551.1	2261.7	23395.3
28517.4	6991.7	58075.8	53164.2	984.8	58620.3
19296.2	3150.5	17465.3	14054.6	1262.6	16675.3
34950.4	5515.2	30187.1	19258.8	3895.8	28900.4
17666.7	889.4	8718.2	7031.3	419.6	8059.8
4704.7	879.2	3735.7	3126.4	227.4	2975.6
6505.9	298.0	9000.2	8053.3	154.5	8846.8
21450.0	1869.4	28209.9	19892.2	1151.9	27729.1
5215.1	178.2	5404.6	4470.3	84.4	5077.8
20469.9	1638.9	20565.9	15973.3	1250.0	19762.1
567.0					
17658.5	1030.2	21645.7	19044.9	433.9	21165.1
7145.1	174.3	6427.6	6052.0	104.2	6295.8
1622.0	90.8	1265.2	1173.6	11.3	1239.2
2109.3	93.0	1266.6	890.8	30.7	1260.9
12241.7	445.2	6919.9	4448.9	1123.6	6761.6

C-34 军休所

地区	单位数	年末职工人数	资产合计	固定资产原值	负债合计	净资产合计
全国	**1745**	**15713**	**507026.2**	**240012.0**	**116868.4**	**375487.1**
北京	68	1648	88014.8	16024.3	9245.4	76524.8
天津	20	225	34607.4	18018.0	14278.8	20250.9
河北	143	1093	18906.6	12153.9	3406.9	15064.9
山西	63	452	7706.5	5165.2	1129.2	6350.0
内蒙古	20	237	6076.4	4243.6	394.4	5203.3
辽宁	91	1258	48127.8	19490.1	22167.4	25584.3
吉林	35	305	8336.3	4965.6	1147.4	7109.3
黑龙江	49	377	10239.8	7352.5	1382.0	8727.8
上海	31	351	17048.7	7372.0	3352.7	12323.4
江苏	126	968	26461.7	10912.9	10617.5	15217.9
浙江	52	266	13572.0	5046.7	3276.0	9647.6
安徽	53	354	9115.6	4289.5	1394.7	6540.8
福建	52	366	9858.8	4889.1	1331.0	7755.5
江西	15	127	3708.9	2199.5	857.8	2673.4
山东	159	1702	47805.8	26940.3	14390.4	33005.3
河南	112	1017	16076.2	9559.6	3205.8	12099.1
湖北	97	844	22284.0	8023.4	5866.0	16908.3
湖南	98	710	15860.2	10898.1	2425.4	12713.9
广东	76	605	21693.5	7673.2	4598.2	15983.0
广西	32	224	9010.6	6379.1	902.3	7513.4
海南	9	107	4131.3	1980.9	333.7	3048.9
重庆	43	291	4657.2	2970.1	866.0	3658.0
四川	112	620	15125.3	8712.4	2758.4	11866.8
贵州	13	101	2124.1	1105.6	520.2	1300.3
云南	65	495	15378.0	9034.8	3506.4	11432.0
西藏						
陕西	67	587	17029.7	13749.3	2319.4	14279.1
甘肃	18	153	4168.3	3493.2	384.2	3649.6
青海	3	49	657.5	344.4	286.4	363.1
宁夏	7	59	1423.2	624.0	296.7	1120.8
新疆	16	122	7820.0	6400.7	227.7	7571.6

（含管理中心）

单位：个、人、户、万元

事业基金	收入合计			支出合计	修养所可提供休养的户数	年末休养(含分散修养)人数	本年代发离退休金
		财政补助收入	事业收入				
58045.6	**605936.3**	**524660.7**	**6788.9**	**591265.6**	**86537**	**111737**	**701709.9**
19444.6	110871.5	88622.2	300.7	108626.9	16762	17801	42774.8
1177.6	25727.4	24545.5	832.0	25649.7	590	2493	314.9
473.6	28182.3	24693.5	112.8	27747.5	4243	6988	21305.9
274.5	9849.4	8992.3	78.6	9622.1	1902	2297	6874.0
853.5	6912.7	6831.5	8.0	6434.0	895	1305	3889.0
857.8	46353.8	41789.5	28.7	45977.7	6993	8130	14617.0
1529.0	9643.1	9236.0	212.5	9563.5	1412	1783	2082.5
1005.6	9231.3	3820.3	554.0	9101.3	1375	1927	444337.3
933.5	19580.7	12726.7	198.0	18208.1	2710	3452	11327.2
3214.4	35200.0	33817.5	264.4	34573.7	4418	5936	14004.7
1563.2	13132.7	12181.4	150.8	12484.3	2087	2333	6599.7
1178.3	10513.0	9990.3	212.5	9332.9	1641	2542	5518.9
2244.6	12007.8	10623.4	484.4	11235.5	1827	2228	7706.2
263.6	4041.2	3837.6	63.0	3863.5	728	960	2154.9
2327.9	57942.1	56327.5	95.7	57532.0	11904	13381	38579.4
2440.9	17738.9	16568.7	242.4	16967.6	3128	3719	4370.8
6944.8	55145.9	51404.4	262.9	55636.2	4376	5215	6314.1
2846.0	14585.9	12532.3	276.1	13865.0	3005	4847	10335.4
3509.2	22209.3	15023.1	1426.2	21097.0	2597	4419	11289.6
509.2	6840.8	5825.9	78.2	6245.9	954	1266	3507.6
879.2	3461.1	3063.4	136.0	2712.4	511	1210	1811.2
267.3	8410.3	7503.9	124.1	8277.1	1538	1861	5360.6
1134.6	25194.4	18068.8	236.9	24694.3	3522	4216	10839.1
99.7	4228.0	3607.8	49.6	3924.4	697	718	2224.6
1501.8	17529.1	14783.9	75.8	17089.5	1717	3805	12731.5
234.2	19857.0	17800.1	117.6	19425.8	3059	4759	1358.1
121.0	5273.7	5105.6		5139.2	880	850	4288.8
6.0	1012.0	1012.0		1004.0	151	136	582.0
69.0	1032.9	796.6	23.0	1027.2	98	274	671.9
141.0	4228.0	3529.0	144.0	4207.3	817	886	3938.2

C-35 军

地区	单位数	年末职工人数	资产合计	固定资产原值	负债合计	净资产合计
全国	**324**	**7426**	**129002.8**	**102126.5**	**34017.5**	**95705.5**
北京	1	50	1467.0	978.0	327.0	1140.0
天津	1	26	314.3	287.6	6.7	307.6
河北	9	117	2585.6	2086.6	50.2	2261.7
山西	6	135	584.4	498.7	25.7	567.4
内蒙古	5	120	1007.3	743.2	80.2	940.1
辽宁	11	282	4621.1	3504.9	342.3	4269.1
吉林	11	289	2094.5	1680.2	404.9	1705.6
黑龙江	11	272	7501.3	6590.0	1984.0	6489.3
上海	1	87	2953.0	2426.0	41.0	2822.0
江苏	16	356	9619.4	7415.1	4903.5	4778.1
浙江	11	227	13939.8	11923.1	2020.2	12307.5
安徽	42	876	10024.1	8012.7	4678.0	5433.6
福建	13	235	8900.7	6197.4	2784.8	6061.9
江西	12	345	7257.7	4620.7	3256.0	3942.9
山东	19	338	2510.9	1888.5	458.8	2011.6
河南	24	834	7732.6	6379.6	1746.8	5755.5
湖北	8	283	1874.2	1632.0	423.5	1466.2
湖南	13	351	4199.0	3255.6	1375.2	2823.3
广东	14	324	9247.5	7070.2	1406.6	7762.1
广西	12	391	5975.6	4749.2	2270.6	3651.8
海南	1	44	498.1	379.1	73.9	412.8
重庆	4	65	378.2	268.2	45.7	312.3
四川	15	244	4716.2	3724.0	506.9	4246.4
贵州	9	173	2159.0	1457.3	503.1	1639.9
云南	23	501	8184.3	7235.7	2149.5	6104.1
西藏						
陕西	7	138	980.3	744.3	170.2	798.2
甘肃	8	140	1694.1	1595.8	292.2	1401.9
青海	4	39	895.1	768.1	55.9	839.2
宁夏	1	18	620.7	611.9	7.8	612.9
新疆	12	126	4466.8	3402.8	1626.3	2840.5

供站

单位：个、人、张、人次、万元

事业基金	收入合计	财政补助收入	事业收入	支出合计	床位数	接待人次数	接待军队人次数
4151.4	**41500.7**	**22946.2**	**7710.3**	**42220.9**	**67192**	**5023008**	**3263530**
41.0	1477.0	1477.0		1477.0	80	61676	61676
	230.5	230.5		230.5	128	14000	14000
46.0	1341.2	970.2		1067.5	225	117955	117955
43.6	468.0	386.7	15.0	476.7	357	75710	75710
63.1	516.1	505.0		529.1	282	48896	48896
800.6	2483.7	2118.9	192.0	2474.0	565	222461	104960
86.0	950.1	576.2	295.6	966.1	3600	123135	68229
256.5	3849.0	1095.0	151.0	4821.0	1219	261270	152703
	828.0	740.0		738.0	179	73635	35383
-399.3	2779.6	753.7	1056.0	2841.8	1238	325683	162962
155.5	2872.3	1104.0	675.0	3260.2	1572	342900	134441
37.1	1967.5	347.8	821.0	2055.0	34475	284951	112432
168.7	970.2	330.2	236.6	916.2	884	127306	106910
60.1	836.2	719.4	56.5	777.4	1191	169509	108307
177.2	1668.9	1074.1	209.1	1628.4	2602	295733	227107
514.8	2957.4	1533.6	922.7	2727.1	2897	519194	391288
	1057.4	737.4	13.0	1072.9	673	86886	74777
65.3	1723.1	860.0	627.2	1722.6	910	193905	159387
984.4	3595.0	2152.3	399.1	3516.2	2324	255791	213090
103.0	1241.5	832.7	293.8	1188.3	1653	201508	99461
	259.5	47.9	91.4	248.1	253	3	
28.7	300.8	290.7		280.6	65	69444	67444
525.0	1544.7	1064.6	398.6	1581.8	3352	306850	270093
75.9	688.4	510.1	32.7	672.4	1226	96789	92059
135.1	2202.1	913.0	1163.2	2271.4	2663	467315	176095
	463.0	277.9	29.4	451.1	1511	93702	43070
5.0	502.1	424.5	8.3	502.1	288	41149	41149
64.8	159.7	140.2	9.5	159.7	157	74821	71821
	94.2	55.6	6.8	94.2	47	1868	1868
113.3	1473.5	677.0	6.8	1473.5	576	68963	30257

C–36 烈士纪念建

地区	单位数	年末职工人数	资产合计	固定资产原值	负债合计	净资产合计	事业基金	收入合计
全国	**989**	**8871**	**254797.5**	**217906.4**	**16921.9**	**234229.5**	**10147.5**	**59058.1**
北京	5	80	7393.2	4836.9	1071.1	6343.1	721.2	3350.8
天津	10	176	5405.3	5071.3	60.9	5318.8	101.7	788.4
河北	90	812	9736.7	8979.4	216.7	9343.0	627.9	4444.9
山西	45	373	6994.1	5539.1	409.1	6529.0	521.7	2167.0
内蒙古	8	109	1176.3	912.4	73.2	1013.0	93.0	732.1
辽宁	23	340	8645.7	8477.6	64.6	8581.1	96.5	1506.3
吉林	26	262	8101.3	6359.2	2501.3	5536.7	380.5	2090.6
黑龙江	14	127	2596.2	1905.9	470.1	2141.7	340.9	1088.3
上海	14	330	66815.3	65110.8	633.2	66168.1	353.7	4859.6
江苏	68	820	19177.9	16117.5	1012.8	18033.7	1136.4	5495.7
浙江	25	135	7573.2	6421.6	598.4	6945.1	704.7	1801.3
安徽	44	440	7756.3	6531.3	917.0	7107.6	343.6	1802.6
福建	36	155	4145.3	2912.8	1116.2	3011.7	222.3	1289.2
江西	35	316	5799.6	5157.4	708.1	4908.9	811.5	1194.3
山东	60	702	22112.2	16638.7	971.5	18974.5	593.9	7959.1
河南	89	1154	11401.4	9921.0	714.4	10474.0	217.5	3913.6
湖北	45	699	11142.5	9601.6	1038.3	10142.9	46.9	1872.5
湖南	27	374	4214.5	2821.0	386.9	3759.0	239.2	1156.3
广东	36	229	12313.7	7582.2	1012.8	11205.3	1021.6	4382.8
广西	18	155	7337.3	5770.9	825.5	6501.5	277.2	635.9
海南	3	12	1243.0	1228.0		1243.0		15.1
重庆	17	53	2577.3	2438.6	41.7	2535.6	2.0	289.1
四川	89	263	6149.0	5206.3	794.4	5336.8	209.8	1470.8
贵州	22	85	2284.8	2250.3	2.7	2274.9	2.6	488.2
云南	51	125	3451.7	2627.5	84.4	2933.8	2.0	834.7
西藏	3	3	568.0	567.0	1.0	567.0		
陕西	33	276	3080.3	2788.6	461.6	2581.2	796.0	1325.7
甘肃	28	128	2287.8	2008.0	196.9	2093.6	48.3	651.8
青海	7	15	437.7	437.7		419.7	20.0	93.5
宁夏	7	30	375.9	369.9	0.3	375.6	24.0	139.5
新疆	11	93	2504.0	1315.9	536.8	1829.6	190.9	1218.4

筑物管理单位

单位：个、人、平方米、人次、万元

财政补助收入	事业收入	支出合计	管理单位占地面积	烈士纪念建筑物面积	烈士纪念建筑物数	纪念馆（陈列馆）个数	藏品数	参观人次数
31909.0	**15617.3**	**55412.0**	**42729963.0**	**3613009.0**	**8122**	**987**	**178639**	**45963720**
200.4	3100.8	3371.8	80035.0	25412.0	9	4	989	322455
730.4	45.1	762.8	371387.0	19084.0	46	28	1823	281033
3240.6	1091.3	4267.9	2535686.0	257628.0	637	85	36300	3266039
1475.7	653.8	2111.0	983666.0	130131.0	89	50	1618	1240225
418.1	314.0	642.0	494624.0	32176.0	23	10	249	190730
1257.8	154.6	1506.3	3320911.0	186635.0	42	17	28266	521577
1101.0	772.0	2027.3	2718711.0	184809.0	740	32	4506	656877
708.1	70.1	1103.9	710211.0	84108.0	344	17	3507	758866
1251.7	75.7	4845.6	348798.0	28876.0	60	15	2252	1671886
3890.8	931.6	5364.3	3199284.0	334972.0	757	75	15129	3531394
1134.5	166.1	1771.6	853474.0	132542.0	112	30	4485	7869320
1248.8	417.1	2070.9	2279876.0	109437.0	422	43	7510	2083465
648.4	476.1	1271.8	711271.0	117292.0	121	40	796	995834
773.1	362.6	1011.7	1401053.0	48785.0	145	27	6626	1203444
3786.9	785.3	5792.9	3842889.0	191085.0	290	98	12173	4769818
2448.8	1096.6	3700.6	5365125.0	105425.0	235	79	10716	2761649
1022.4	708.9	1911.2	1925294.0	318886.0	211	48	7488	2540645
662.3	359.3	1087.7	790477.0	29936.0	57	14	2797	413056
2083.4	2070.5	4287.2	1497098.0	180482.0	262	33	2395	3037367
372.7	47.6	625.6	2188368.0	61291.0	153	10	1814	604957
15.1		15.1	675379.0	154048.0	74	21	4401	348241
258.7	30.4	289.1	152981.0	60884.0	60	11	2454	1099009
758.8	516.4	1453.0	950086.0	202248.0	966	74	5994	1577164
352.4	2.1	481.0	816078.0	19087.0	42	7	313	1078712
276.4	11.0	401.2	1059526.0	167343.0	1612	35	1900	539968
			259501.0	212774.0	26	2	5702	
966.9	286.9	1288.2	1145315.0	89884.0	144	36	4078	1369898
521.9	95.9	654.5	1052130.0	82746.0	380	21	501	410057
21.4	1.8	75.5	175890.0	26730.0	20	7	1040	458600
38.6	0.9	139.5	206374.0	10456.0	19	9	149	231248
242.9	972.8	1080.8	618465.0	7817.0	24	9	668	130186

C-37 社区服务

地区	单位数	年末职工人数	资产合计		负债合计
				固定资产原值	
全国	**8479**	**59904**	**477279.0**	**351307.6**	**67379.8**
北京	164	2439	55648.4	39175.4	11220.6
天津	111	920	3217.3	2694.6	296.1
河北	231	1652	7670.8	6950.6	516.1
山西	168	1690	2185.2	1849.1	160.0
内蒙古	240	1245	3485.6	3134.4	272.8
辽宁	341	2232	33564.0	27556.2	1986.1
吉林	249	2348	8327.0	7787.4	323.8
黑龙江	583	2880	6753.2	5463.8	387.4
上海	104	1247	25847.7	11250.3	3469.0
江苏	454	4077	40967.6	35504.0	3191.5
浙江	300	1746	45099.9	17087.0	4698.2
安徽	327	1825	9461.9	7418.9	1445.3
福建	366	1231	4898.7	3019.9	1625.2
江西	299	2186	6601.0	4788.7	1240.1
山东	399	4339	41606.1	30162.9	10590.8
河南	346	1896	15789.8	14473.3	988.7
湖北	278	1940	22142.9	17148.5	4243.2
湖南	955	7355	26141.2	22440.8	4377.0
广东	665	3375	26389.6	19223.5	5950.0
广西	93	901	1528.5	1309.3	232.8
海南	4	22	353.1	349.8	1.2
重庆	98	619	9317.9	7507.0	572.9
四川	397	2416	17901.9	13235.3	3057.1
贵州	149	1254	13173.0	11966.5	1567.2
云南	137	811	3506.4	2445.9	626.9
西藏	5	5	6850.0	6850.0	
陕西	239	2397	13912.8	11933.3	1928.5
甘肃	272	1173	10750.6	7327.7	433.8
青海	116	568	3797.1	3107.1	
宁夏	42	651	473.6	430.6	41.0
新疆	347	2464	9916.4	7715.9	1936.6

中心总表

单位：个、人、万元

净资产合计		收入合计		
	事业基金		财政补助收入	事业收入
400427.0	**30274.7**	**215796.3**	**82703.6**	**105861.9**
43646.0	2874.2	12042.5	3566.8	2813.2
2976.5	514.7	543.5	110.7	164.6
7044.5	887.3	1092.0	333.0	585.0
1872.7	41.0	910.2	38.6	363.0
3227.8	398.0	554.2	398.4	140.8
31324.3	1743.0	2768.1	213.8	705.9
7902.1	217.5	7733.9	5975.4	1567.0
5727.9	566.6	33874.4	32382.1	609.9
22210.3	1153.5	8665.0	4351.2	1143.1
37794.7	2142.4	10273.8	2762.7	5899.8
35049.4	917.8	35010.7	16995.8	15429.0
7979.7	735.2	2372.3	627.9	1153.4
3096.4	435.0	51172.4	281.1	50460.6
5058.2	157.5	1586.1	114.7	1148.1
30208.8	4047.9	7812.0	882.7	6425.0
14681.2	970.1	2055.7	836.0	780.3
17788.1	1047.8	4733.1	602.5	2690.1
21752.5	1701.6	4938.2	754.7	3380.6
20861.4	1001.1	8385.2	3113.1	2955.2
1138.2	128.4	508.6	77.6	93.3
351.8	3.0	52.9	47.5	5.4
8739.2	92.6	1250.6	801.5	271.1
14388.8	1923.7	2499.4	892.8	1156.6
11491.7	813.6	1988.7	96.8	1177.6
2490.6	253.1	754.2	112.3	180.5
6850.0				
12334.9	256.8	1204.6	668.6	464.0
10319.3	3353.7	6780.1	3665.5	3108.2
3797.1		68.0		9.0
432.6	287.0	407.0	23.5	380.5
7890.3	1610.6	3759.2	1976.4	601.2

C-37续表

地　区	支出合计	活动项目数	老年人活动项目
全　国	**206324.1**	**82322**	**26012**
北　京	11260.6	5008	1387
天　津	598.9	918	238
河　北	981.8	1361	490
山　西	757.7	1392	379
内蒙古	569.2	939	401
辽　宁	2514.5	2658	885
吉　林	7632.8	2746	1009
黑龙江	33236.5	4977	1518
上　海	8496.6	3003	1420
江　苏	10292.3	8533	1828
浙　江	29658.3	6089	1195
安　徽	2335.5	1890	454
福　建	50995.3	1940	756
江　西	1283.5	2210	834
山　东	7005.5	2199	818
河　南	1935.8	3285	1277
湖　北	4621.5	2618	700
湖　南	4926.5	9669	3073
广　东	8807.0	6439	2296
广　西	351.1	416	237
海　南	52.8	202	23
重　庆	1244.8	3159	827
四　川	2043.4	4217	1226
贵　州	1874.6	1041	494
云　南	365.3	459	185
西　藏		62	62
陕　西	1555.2	1155	558
甘　肃	6782.6	1285	362
青　海	68.0	257	112
宁　夏	407.0	473	157
新　疆	3669.7	1722	811

单位：个、人次、万元

残疾人活动项目	家务劳动服务项目	其他社区服务项目	活动人次数	老人
8723	**16456**	**24336**	**32730259**	**19157852**
579	1350	1661	4197100	1331839
129	324	209	568796	368467
104	262	412	708368	501142
110	407	433	265683	96494
72	179	228	317445	218837
378	566	799	956486	644819
331	527	675	573959	295829
512	1286	851	964704	727525
501	325	737	2690470	1818307
744	1352	4276	3196920	1746187
544	979	2012	3059095	2287435
198	297	608	416094	241635
221	286	480	1373964	825240
178	671	444	444774	191480
337	538	473	1537726	704920
371	647	840	510944	238952
265	737	863	707699	493398
525	2488	2139	1038940	681985
1225	989	1747	1891841	988841
17	74	77	412002	274475
2	20	157	183040	121830
252	354	960	482795	241385
411	792	1543	1544532	899125
108	220	181	825801	585499
61	38	141	181471	163774
			542	310
151	137	260	848162	603027
149	318	417	695876	498047
9	27	22	19449	16733
41	108	166	848514	571960
198	158	525	1267067	778355

C-38 提供住宿的

地区	单位数	年末职工人数	资产合计	固定资产原值	负债合计
全国	**622**	**5541**	**88318**	**72886**	**13299**
北京	18	564	18553	16359	2421
天津	1	83	283	193	92
河北	6	87	1746	1746	64
山西	16	137	542	424	44
内蒙古	9	77	417	284	23
辽宁	5	44	188	108	5
吉林	9	52	963	876	52
黑龙江	48	294	2206	1586	156
上海	1	23	14	9	4
江苏	8	77	1928	1898	7
浙江	11	126	2550	1167	539
安徽	31	232	3727	3579	378
福建	20	48	404	398	2
江西	42	328	2007	1441	352
山东	31	404	7505	5612	2501
河南	16	428	8478	8132	422
湖北	21	455	8043	6566	1843
湖南	36	446	2815	2495	578
广东	13	153	2765	1143	830
广西	2	5	87	70	52
海南					
重庆	10	75	634	565	27
四川	39	412	5786	4477	1069
贵州	22	138	6502	6102	772
云南	8	83	1081	863	385
西藏					
陕西	28	185	2917	2441	480
甘肃	166	553	6177	4352	202
青海					
宁夏	5	32			
新疆					

社区服务中心

单位：个、人、万元

净资产合计	事业基金	收入合计	财政补助收入	事业收入
74568	**5897**	**17386**	**6571**	**6407**
16008	374	2556	799	678
245	63	116		
1681		128	35	93
499	3	179	10	156
394		17		17
180	3	32	5	25
908	11	34	15	19
1596	64	771	214	322
10		39	9	
1905	5	168	42	49
2231	182	2380	1030	265
3370	25	237	9	152
399		53	9	27
1505	84	444	31	248
4986	1043	619	80	457
7935	683	906	340	411
5949	63	1171	31	690
2235	666	311	90	126
1849	2	616	18	44
35	35			
601	45	115	16	74
4712	123	442	35	300
5985	196	430	1	401
719	119	128	25	102
2660	86	297	122	161
5973	2022	5198	3607	1591

C-38续表

地区	支出合计	活动项目数	老年人活动项目	残疾人活动项目	家务劳动服务项目
全国	**16936**	**5226**	**1672**	**584**	**1105**
北京	2432	491	194	37	120
天津	170	10	10		
河北	128	57	34	7	10
山西	180	130	34	16	33
内蒙古	17	57	22	8	16
辽宁	29	34	27	4	2
吉林	31	63	31	17	5
黑龙江	317	542	162	83	44
上海	39	20	9	1	1
江苏	151	168	29	12	106
浙江	2600	144	53	16	23
安徽	257	103	46	13	8
福建	50	46	27	9	2
江西	294	268	88	23	86
山东	601	147	61	14	34
河南	784	243	122	26	19
湖北	919	460	56	13	126
湖南	310	601	65	46	165
广东	530	170	55	21	20
广西		29	21	1	
海南					
重庆	108	144	27	26	15
四川	437	487	103	32	163
贵州	685	116	44	5	41
云南	150	31	12	6	
西藏					
陕西	519	256	158	55	10
甘肃	5197	399	177	93	56
青海					
宁夏		10	5		
新疆					

单位：个、人次、张、人、万元

其他社区服务项目	活动人次数	老人	床位数	年末收养人数
1634	**2111481**	**1043881**	**17669**	**7723**
134	629193	315108	1840	1069
	300	300	300	140
6	7868	2602	478	88
42	42856	9003	311	177
11	11708	8242	116	
1	2716	2576	130	95
10	22269	14951	170	32
190	30782	15921	828	249
9	29573	26191	9	9
21	172102	27720	103	27
52	167150	53663	1557	1022
28	9827	5595	1011	404
8	328	236	54	
64	29379	12301	374	137
34	133465	97381	1536	1030
34	88305	59440	1147	423
264	59414	24981	1412	335
318	34406	15431	876	354
28	194915	58728	593	88
7	13250	8140	68	17
76	12298	8550	546	317
189	103365	62472	1194	685
23	118849	62432	1123	466
12	1892	889	159	56
33	154079	113737	1191	438
36	41192	37291	543	65
4				

C—39 不提供住宿的

地　区	单位数	年末职工人数	资产合计	固定资产原值	负债合计
全　国	**7857**	**54363**	**388961.5**	**278421.5**	**54080.9**
北　京	146	1875	37095.4	22816.0	8799.4
天　津	110	837	2934.1	2501.2	204.3
河　北	225	1565	5925.3	5205.1	452.1
山　西	152	1553	1643.7	1424.7	116.0
内蒙古	231	1168	3068.5	2850.3	249.8
辽　宁	336	2188	33376.0	27448.2	1981.1
吉　林	240	2296	7364.0	6911.4	271.8
黑龙江	535	2586	4547.0	3877.9	231.4
上　海	103	1224	25833.4	11241.6	3464.7
江　苏	446	4000	39039.5	33605.6	3184.9
浙　江	289	1620	42549.8	15920.1	4158.8
安　徽	296	1593	5734.8	3840.3	1067.6
福　建	346	1183	4495.0	2621.9	1623.3
江　西	257	1858	4593.6	3347.6	888.1
山　东	368	3935	34100.7	24550.9	8089.6
河　南	330	1468	7311.9	6341.1	567.0
湖　北	257	1485	14099.5	10582.6	2400.4
湖　南	919	6909	23326.5	19946.1	3798.8
广　东	652	3222	23624.6	18080.5	5119.7
广　西	91	896	1441.5	1239.3	180.8
海　南	4	22	353.1	349.8	1.2
重　庆	88	544	8683.9	6942.0	546.4
四　川	358	2004	12116.2	8758.1	1988.2
贵　州	127	1116	6671.0	5864.9	795.4
云　南	129	728	2425.9	1582.7	242.3
西　藏	5	5	6850.0	6850.0	
陕　西	211	2212	10995.7	9492.7	1448.9
甘　肃	106	620	4573.9	2975.4	231.4
青　海	116	568	3797.1	3107.1	
宁　夏	37	619	473.6	430.6	41.0
新　疆	347	2464	9916.4	7715.9	1936.6

社区服务中心

单位：个、人、万元

净资产合计		收入合计		
	事业基金		财政补助收入	事业收入
325858.6	**24377.9**	**198410.6**	**76132.3**	**99455.1**
27637.7	2500.6	9486.6	2767.7	2135.2
2731.3	451.2	427.3	110.7	164.6
5363.2	887.3	963.6	298.0	491.6
1374.2	38.0	731.0	29.1	207.0
2833.7	398.0	537.6	398.4	124.2
31144.3	1740.0	2736.1	208.8	680.9
6994.1	206.5	7699.9	5960.4	1548.0
4131.7	502.6	33103.2	32168.1	287.9
22200.3	1153.5	8625.9	4342.6	1143.1
35890.1	2137.2	10106.0	2720.6	5850.7
32818.8	736.0	32631.1	15965.7	15164.2
4610.1	710.7	2135.8	619.3	1001.7
2697.4	435.0	51119.4	272.1	50433.2
3552.8	73.5	1142.1	83.5	900.5
25222.6	3004.9	7193.2	802.7	5968.1
6746.4	287.0	1149.9	496.4	369.7
11839.5	985.2	3562.4	571.2	2000.2
19517.5	1035.6	4627.0	664.9	3254.6
19012.4	999.1	7769.2	3095.1	2911.2
1103.2	93.4	508.6	77.6	93.3
351.8	3.0	52.9	47.5	5.4
8138.2	47.6	1136.1	785.6	196.7
9676.9	1800.3	2057.2	858.2	856.2
5507.1	617.6	1558.6	95.8	777.0
1771.9	134.0	626.6	87.2	78.6
6850.0				
9675.4	170.8	907.3	547.1	303.2
4346.0	1331.7	1582.1	58.2	1517.5
3797.1		68.0		9.0
432.6	287.0	407.0	23.5	380.5
7890.3	1610.6	3759.2	1976.4	601.2

C-39续表

地区	支出合计	活动项目数	老年人活动项目
全国	**189388.6**	**77096**	**24340**
北京	8828.2	4517	1193
天津	428.8	908	228
河北	853.6	1304	456
山西	577.5	1262	345
内蒙古	552.6	882	379
辽宁	2485.5	2624	858
吉林	7601.8	2683	978
黑龙江	32919.3	4435	1356
上海	8457.5	2983	1411
江苏	10141.4	8365	1799
浙江	27058.8	5945	1142
安徽	2078.7	1787	408
福建	50945.1	1894	729
江西	989.5	1942	746
山东	6404.7	2052	757
河南	1151.4	3042	1155
湖北	3702.8	2158	644
湖南	4616.8	9068	3008
广东	8276.7	6269	2241
广西	351.1	387	216
海南	52.8	202	23
重庆	1136.8	3015	800
四川	1606.1	3730	1123
贵州	1190.1	925	450
云南	214.9	428	173
西藏		62	62
陕西	1035.9	899	400
甘肃	1585.6	886	185
青海	68.0	257	112
宁夏	407.0	463	152
新疆	3669.7	1722	811

单位：个、人次、万元

			活动人次数	
残疾人活动项目	家务劳动服务项目	其他社区服务项目		老人
8139	**15351**	**22702**	**30618778**	**18113971**
542	1230	1527	3567907	1016731
129	324	209	568496	368167
97	252	406	700500	498540
94	374	391	222827	87491
64	163	217	305737	210595
374	564	798	953770	642243
314	522	665	551690	280878
429	1242	661	933922	711604
500	324	728	2660897	1792116
732	1246	4255	3024818	1718467
528	956	1960	2891945	2233772
185	289	580	406267	236040
212	284	472	1373636	825004
155	585	380	415395	179179
323	504	439	1404261	607539
345	628	806	422639	179512
252	611	599	648285	468417
479	2323	1821	1004534	666554
1204	969	1719	1696926	930113
16	74	70	398752	266335
2	20	157	183040	121830
226	339	884	470497	232835
379	629	1354	1441167	836653
103	179	158	706952	523067
55	38	129	179579	162885
			542	310
96	127	227	694083	489290
56	262	381	654684	460756
9	27	22	19449	16733
41	108	162	848514	571960
198	158	525	1267067	778355

C-40 收养性社会

地区	单位数	年末职工人数	医护人员	年末床位数	光荣间床位	年在院总人天数	年末在院人数
全国	**41368**	**221463**	**49911**	**1639338**	**83313**	**404400376**	**1235705**
北京	327	5748	1209	32504	910	6069325	18795
天津	277	3974	942	17294	874	3706525	12009
河北	2053	11436	2437	66850	6554	14483076	42470
山西	792	4874	1284	18157	2953	3974488	11555
内蒙古	774	4389	2307	26411	1653	6050472	17646
辽宁	1266	12341	2455	81033	3541	15554150	56637
吉林	819	6479	1507	43663	2610	10369755	34034
黑龙江	790	6152	1593	47222	2429	11082855	39398
上海	483	12105	2026	53007	485	12053127	39919
江苏	1998	15409	3073	106973	4079	24731276	84564
浙江	1636	9323	1370	119210	2647	24834875	82374
安徽	1769	8144	1443	54175	2882	14178402	42894
福建	787	3678	794	20019	1879	4860305	14292
江西	2066	9654	1230	108390	9958	19101066	93071
山东	1915	16525	4645	123207	9783	32434230	95435
河南	2639	11719	2484	70840	5893	16398271	51034
湖北	2755	18132	3560	189486	7447	91367553	168800
湖南	1891	8954	2322	64704	4241	12228790	49496
广东	2151	14905	3107	91890	4548	18626155	63256
广西	5992	9136	3781	83987	2574	16285890	65983
海南	181	417	56	3088	162	363941	1984
重庆	1187	4137	656	50690	470	11045412	38878
四川	2773	9071	2184	73763	1885	15767740	49840
贵州	892	2470	510	15629	481	3088445	9974
云南	771	2578	427	20576	354	3039371	10906
西藏	129	211	3	3463		597140	1766
陕西	701	3525	962	17463	941	5769698	13244
甘肃	712	1909	398	10250	128	1359108	6083
青海	151	303	155	3534	66	911715	3092
宁夏	134	588	121	3673	113	671111	2603
新疆	557	3177	870	18187	773	3396109	13673

福利单位总表

单位：个、人、张、人天、人次

女性	在院人员按性质分			在院人员按年龄分			康复和医疗门诊人次数
	优抚对象	“三无”对象	自费人员	老人	青壮年	少年儿童	
383125	**101452**	**917262**	**216991**	**1102895**	**64023**	**68787**	**6358433**
7616	577	4547	13671	16062	1839	894	184717
5202	450	3673	7886	10343	883	783	61639
6935	8378	29854	4238	40341	1208	921	159303
2710	2938	6541	2076	8602	1217	1736	61140
2476	2186	12981	2479	15639	1040	967	31077
13376	4365	38652	13620	49030	5800	1807	76701
7391	3313	26917	3804	28428	4222	1384	120185
8288	4136	31007	4255	33383	4082	1933	79609
22465	1472	6624	31823	34904	2863	2152	377013
28855	4734	61171	18659	77145	4317	3102	691887
25627	1363	46402	34609	77651	2126	2597	431416
14714	3295	36532	3067	38223	1154	3517	174509
4217	1769	9378	3145	10066	2473	1753	221139
34439	11976	75281	5814	83790	3397	5884	113309
29131	10629	75632	9174	91609	2428	1398	335901
12296	6201	42324	2509	46600	1652	2782	228986
51855	12353	145637	10810	159288	4708	4804	415709
17203	6356	39081	4059	43323	2245	3928	281029
27985	5269	44902	13085	52512	2708	8036	629460
16440	1929	57856	6198	61291	1478	3214	644856
1083	347	1584	53	1761	16	207	16222
11971	1019	31768	6091	35022	1524	2332	163579
11652	3191	39171	7478	43263	3796	2781	512244
2560	283	8508	1183	8064	556	1354	65010
3886	379	8899	1628	8702	917	1287	86056
784	12	1754		1075	2	689	
3344	1412	10477	1355	8482	2728	2034	63048
1703	258	5438	387	4714	455	914	66850
1615	23	2888	181	2823	133	136	17788
610	54	1950	599	1858	392	353	4237
4696	785	9833	3055	8901	1664	3108	43814

C-40续表

地　区	资产合计	固定资产原值	负债合计	净资产合计	事业基金
全　国	**2959353.7**	**2424586.9**	**255942.0**	**2676236.8**	**115307.7**
北　京	101424.8	80776.0	15388.8	85592.2	4079.4
天　津	22581.7	18196.2	2866.9	19735.2	461.3
河　北	83681.6	73490.1	5409.2	77258.5	2325.3
山　西	33772.8	27747.3	2255.1	31301.2	2880.0
内蒙古	39898.2	33892.1	4336.8	35312.4	1339.7
辽　宁	163052.4	116827.6	14392.0	148238.4	2348.5
吉　林	67492.5	53060.9	7095.8	60132.6	2506.1
黑龙江	64869.7	55202.6	4080.3	60349.1	1682.4
上　海	143843.1	105270.2	17498.5	124374.8	6059.4
江　苏	256431.9	206725.3	26411.5	226834.3	13346.0
浙　江	257058.7	204520.8	24591.0	226265.0	9001.9
安　徽	69447.1	60111.2	4688.9	64685.9	3868.0
福　建	46110.8	35317.2	5356.1	39805.9	4901.1
江　西	74376.5	60486.6	5992.3	67765.2	3811.6
山　东	203501.2	170742.6	21047.8	180846.2	5358.6
河　南	262631.1	245189.2	5566.5	256774.4	4502.8
湖　北	198437.3	153309.4	15193.6	183243.7	2805.8
湖　南	102826.9	82998.2	10542.1	91178.4	5774.9
广　东	332630.1	277929.8	25476.3	304440.3	15542.9
广　西	95066.2	80489.6	7118.2	87665.9	7122.1
海　南	10619.0	9809.0	897.4	9688.1	1370.0
重　庆	70334.4	56576.5	6263.2	62289.7	4621.9
四　川	84025.8	69318.4	8629.2	73900.0	2485.6
贵　州	26699.7	22477.5	1286.7	24748.2	1188.5
云　南	25955.1	19496.2	1176.6	24459.4	2495.7
西　藏	4610.5	4476.0	99.5	4511.0	
陕　西	56688.0	47742.3	4599.0	51934.1	884.8
甘　肃	13585.1	12209.8	1470.7	12077.8	472.7
青　海	4625.1	4070.1	319.0	4303.0	135.1
宁　夏	8725.9	7239.4	854.8	7806.6	77.2
新　疆	34350.5	28888.8	5038.2	28719.3	1858.4

单位：万元

收入合计	财政补助收入	事业收入	支出合计	代发伤残抚恤金	年集体供给金额
910656.6	**534243.1**	**222189.3**	**883481.7**	**4934.8**	**257750.1**
32946.4	13480.8	13124.8	32502.6	59.2	672.1
21732.4	13007.5	2833.2	21752.8		746.5
30922.2	22470.9	3743.0	29908.3	688.6	3276.6
16300.4	13088.8	1534.2	16083.9	94.5	270.8
10265.6	6663.5	2696.9	10016.6	13.7	77.6
34340.4	19080.9	8999.4	33918.4	159.3	3149.8
18689.5	11669.8	5663.4	18425.4	62.6	3087.2
19964.0	15673.7	3191.1	19523.7	53.0	2594.1
53446.7	21970.5	13641.6	51476.9	82.5	863.5
80992.6	43448.1	25675.1	77806.5	313.7	8426.3
66548.1	30525.2	12961.4	60345.4	110.0	7483.0
14544.3	8791.9	3220.4	14472.0	394.0	2920.6
22073.6	9529.4	4180.3	21124.8	90.4	1212.9
20226.8	10716.3	4819.6	19607.8	407.5	3383.4
52526.6	29852.4	15481.5	50919.4	718.8	11190.7
21292.8	10645.4	6915.4	21002.6	184.8	19237.1
50091.9	25747.9	18933.4	50091.9	260.3	4987.8
37763.0	15824.2	13627.4	36656.6	154.1	3302.2
82294.8	45144.0	22967.6	79581.3	237.5	5985.9
116528.8	96620.0	15585.4	116246.7	31.5	629.3
1576.3	1028.1	240.3	1542.8	58.9	165.3
16158.7	6896.4	4493.7	14377.2	142.0	2314.3
27277.3	13290.7	9884.7	25780.7	143.4	3177.1
7104.3	5101.0	1463.9	6439.5	87.9	528.5
6620.4	3953.9	2000.1	6301.3	54.2	29842.7
383.7	383.7		383.7		
27172.9	25787.1	458.1	27018.0	114.6	423.0
4085.7	2747.6	747.1	4049.1	51.4	137205.3
3269.9	3226.1	24.0	3266.8		141.6
2067.3	1234.6	403.2	2002.8		177.9
11449.2	6642.7	2679.1	10856.2	166.4	277.0

C-41 在编制部门登

地区	单位数	年末职工人数	医护人员	年末床位数	光荣间床位	年在院总人天数	年末在院人数
全国	**24449**	**144945**	**39097**	**952223**	**58657**	**265118500**	**723693**
北京	217	3717	954	17514	809	3974721	11012
天津	29	1563	570	4931	782	1340903	3917
河北	821	6890	1643	37659	4785	8115806	23947
山西	415	3615	1111	11433	2412	2796224	7577
内蒙古	553	3361	1897	18904	1190	4541765	12928
辽宁	874	9437	1873	59898	3271	12099264	43553
吉林	232	3401	1081	16757	1199	5393378	13457
黑龙江	446	4606	1341	31228	1895	7931513	26688
上海	70	3698	933	13492	14	3627397	11457
江苏	1565	12658	2704	84694	3702	20469081	67894
浙江	890	6204	993	64586	2215	13614017	44047
安徽	327	2894	694	15945	985	4243201	12763
福建	515	3186	778	16381	1630	4124997	11809
江西	138	2198	519	15473	1384	2537276	11867
山东	1150	10537	3494	74937	6971	20938073	59513
河南	1838	9249	2145	53624	4779	13270683	40452
湖北	1310	10208	2493	87608	5558	65191999	77019
湖南	1513	7722	2228	53801	3899	11192748	40757
广东	1884	12700	2742	72428	4424	16302384	53093
广西	5926	8384	3452	80963	2572	15892856	63880
海南	181	417	56	3088	162	363941	1984
重庆	332	2022	503	17799	280	4113778	14253
四川	1204	5179	1815	37284	1308	9442612	27184
贵州	69	1283	454	4074	247	1047052	3060
云南	557	1883	381	15460	353	2333819	8379
西藏	122	200	3	3203		567575	1557
陕西	600	3371	951	16134	885	5517267	12389
甘肃	118	1005	329	3772	78	559440	2883
青海	17	90	29	701		167025	572
宁夏	107	531	116	3098	111	584956	2255
新疆	429	2736	815	15354	757	2822749	11547

记的收养性单位

单位：个、人、张、人天、人次

女性	在院人员按性质分			在院人员按年龄分			康复和医疗门诊人次数
	优抚对象	“三无”对象	自费人员	老人	青壮年	少年儿童	
215871	**70398**	**544892**	**108403**	**609722**	**52187**	**61784**	**4980096**
4696	505	3510	6997	8661	1477	874	89410
1723	392	1622	1903	2375	763	779	39561
3446	7070	15243	1634	22089	1013	845	132274
1940	2552	4359	666	4716	1175	1686	43530
1839	1982	9891	1055	11054	940	934	16194
9166	3554	32376	7623	36660	5150	1743	70975
2964	1906	10372	1179	9603	2729	1125	102308
6109	2586	21216	2886	21319	3575	1794	73747
5625	944	3356	7157	7787	1841	1829	202536
22637	4289	50333	13272	60962	3874	3058	551545
12974	1021	28501	14525	39561	1955	2531	350265
4796	1434	9626	1703	8869	803	3091	139347
3649	1558	7426	2825	7656	2459	1694	210549
5426	1866	8345	1656	6603	915	4349	37557
16853	8433	48664	2416	56031	2187	1295	259009
10062	5123	33431	1898	36269	1534	2649	215004
24030	7233	63447	6339	71107	2704	3208	353951
13866	5555	31705	3497	35053	2036	3668	270581
22829	4915	38377	9801	42712	2652	7729	469455
15246	1929	57535	4416	59232	1475	3173	419394
1083	347	1584	53	1761	16	207	16222
4630	403	10122	3728	11335	1049	1869	135178
6583	1976	20598	4610	21606	3253	2325	473690
1284	135	1995	930	1470	524	1066	53029
2693	350	7170	859	6207	901	1271	79911
715	12	1545		1006	2	549	
3213	1357	9680	1352	7690	2692	2007	63048
972	147	2382	354	1587	437	859	60123
251	7	405	160	323	120	129	16250
523	54	1723	478	1522	382	351	4128
4048	763	8353	2431	6896	1554	3097	31325

C-41续表

地　区	资产合计	固定资产原值	负债合计	净资产合计	事业基金
全　国	**2038590.1**	**1648137.1**	**175181.7**	**1845921.0**	**91883.5**
北　京	75437.3	63963.9	5215.2	69537.0	3301.9
天　津	10735.8	8026.9	2021.6	8675.2	366.3
河　北	58731.5	51369.9	3486.9	54221.9	1662.3
山　西	27177.9	22127.6	1275.0	25528.9	2186.0
内蒙古	29891.6	24753.6	2977.7	26675.0	1339.5
辽　宁	129090.4	91718.2	10610.2	118306.9	2284.5
吉　林	30944.3	24894.5	3327.5	27667.9	1644.4
黑龙江	51213.4	42665.4	3441.6	47345.1	1341.8
上　海	81842.7	65768.3	4103.1	76590.6	3083.1
江　苏	214616.2	171085.1	21279.6	190317.3	11795.8
浙　江	177675.1	144441.7	16174.3	158736.6	7091.0
安　徽	29177.5	24119.9	1470.1	27649.4	1926.5
福　建	40666.5	30176.8	4574.5	35112.9	4887.8
江　西	28661.6	20564.8	1971.5	26281.3	2251.4
山　东	133274.8	110378.2	15166.6	117337.4	3956.9
河　南	84067.1	67883.2	5021.3	78752.3	4253.8
湖　北	111275.4	87306.8	10445.1	100830.3	1606.4
湖　南	89421.7	71153.5	10037.4	78403.5	5061.9
广　东	292312.3	243457.5	22166.9	268462.5	12767.9
广　西	92529.9	78262.0	6525.0	85742.9	7053.4
海　南	10619.0	9809.0	897.4	9688.1	1370.0
重　庆	36046.8	27529.0	3342.1	32744.1	2433.7
四　川	59153.1	48138.1	6299.4	52246.2	1608.9
贵　州	11660.1	8834.7	1001.4	10154.4	935.0
云　南	22576.0	16503.4	1068.2	21184.5	2493.2
西　藏	4610.5	4476.0	99.5	4511.0	
陕　西	56094.5	47322.3	4599.0	51340.6	884.8
甘　肃	8280.7	7086.5	1196.0	7052.7	432.7
青　海	2146.7	2078.7	46.0	2100.7	1.2
宁　夏	7801.0	6540.6	822.4	6976.5	77.2
新　疆	30858.7	25701.0	4519.2	25747.3	1784.2

单位：万元

收入合计	财政补助收入	事业收入	支出合计	代发伤残抚恤金	年集体供给金额
763824.3	**487221.0**	**172877.8**	**746336.9**	**3213.9**	**57036.5**
26408.9	13170.2	10490.8	25723.8	57.7	585.1
18950.2	12655.1	1871.8	18911.2		
27939.6	21507.4	2841.3	26916.9	687.3	1791.7
15092.8	12896.9	662.1	14718.8	92.8	116.9
9031.7	6490.3	1704.4	8792.8	8.2	71.0
30328.1	18656.6	7545.3	30154.8	146.8	2379.2
13940.5	10248.2	2937.5	13991.6	40.7	994.2
17920.6	14655.7	2414.2	17493.9	51.0	1490.2
29759.5	18775.7	5736.5	28610.5		29.1
74349.2	41883.4	22660.2	71329.9	305.1	6578.3
46908.4	24296.3	10673.7	44144.2	105.6	4744.0
9518.9	6519.6	1754.5	9460.9	6.7	521.1
21469.8	9282.4	3929.9	20490.7	90.2	1005.5
9998.1	5379.3	2954.4	9589.3	65.1	242.0
41207.1	27789.5	7786.1	40436.3	168.1	5878.6
19688.0	10266.5	6057.1	19394.5	181.4	17876.4
34368.8	16174.4	14004.6	34368.8	75.8	1993.1
35360.6	15163.8	12502.0	34379.8	154.1	2880.7
74676.1	42094.1	19987.8	72993.2	222.9	3661.1
116082.1	96601.6	15239.3	115820.1	31.5	628.8
1576.3	1028.1	240.3	1542.8	58.9	165.3
10599.1	5089.2	3139.7	10638.5	92.1	656.3
22197.9	11311.6	8584.8	21590.4	138.4	1162.1
5678.9	4392.1	1147.4	5174.6	54.3	52.4
6201.1	3848.6	1979.5	5877.8	54.2	657.4
383.7	383.7		383.7		
27106.5	25733.6	446.4	26951.6	114.6	398.1
3691.7	2561.2	671.6	3659.7	50.0	50.1
578.0	574.0	3.0	578.0		0.5
1883.7	1173.3	402.0	1881.6		166.6
10928.4	6618.6	2509.6	10336.2	160.4	260.7

C-42 在民政部门登记和

地区	单位数	年末职工人数	医护人员	年末床位数	光荣间床位	年在院总人天数	年末在院人数
全国	**16919**	**76518**	**10814**	**687115**	**24656**	**139281876**	**512012**
北京	110	2031	255	14990	101	2094604	7783
天津	248	2411	372	12363	92	2365622	8092
河北	1232	4546	794	29191	1769	6367270	18523
山西	377	1259	173	6724	541	1178264	3978
内蒙古	221	1028	410	7507	463	1508707	4718
辽宁	392	2904	582	21135	270	3454886	13084
吉林	587	3078	426	26906	1411	4976377	20577
黑龙江	344	1546	252	15994	534	3151342	12710
上海	413	8407	1093	39515	471	8425730	28462
江苏	433	2751	369	22279	377	4262195	16670
浙江	746	3119	377	54624	432	11220858	38327
安徽	1442	5250	749	38230	1897	9935201	30131
福建	272	492	16	3638	249	735308	2483
江西	1928	7456	711	92917	8574	16563790	81204
山东	765	5988	1151	48270	2812	11496157	35922
河南	801	2470	339	17216	1114	3127588	10582
湖北	1445	7924	1067	101878	1889	26175554	91781
湖南	378	1232	94	10903	342	1036042	8739
广东	267	2205	365	19462	124	2323771	10163
广西	66	752	329	3024	2	393034	2103
海南							
重庆	855	2115	153	32891	190	6931634	24625
四川	1569	3892	369	36479	577	6325128	22656
贵州	823	1187	56	11555	234	2041393	6914
云南	214	695	46	5116	1	705552	2527
西藏	7	11		260		29565	209
陕西	101	154	11	1329	56	252431	855
甘肃	594	904	69	6478	50	799668	3200
青海	134	213	126	2833	66	744690	2520
宁夏	27	57	5	575	2	86155	348
新疆	128	441	55	2833	16	573360	2126

未登记的收养性单位

单位：个、人、张、人天、人次

女性	在院人员按性质分			在院人员按年龄分			康复和医疗门诊人次数
	优抚对象	“三无”对象	自费人员	老人	青壮年	少年儿童	
167254	**31054**	**372370**	**108588**	**493173**	**11836**	**7003**	**1378337**
2920	72	1037	6674	7401	362	20	95307
3479	58	2051	5983	7968	120	4	22078
3489	1308	14611	2604	18252	195	76	27029
770	386	2182	1410	3886	42	50	17610
637	204	3090	1424	4585	100	33	14883
4210	811	6276	5997	12370	650	64	5726
4427	1407	16545	2625	18825	1493	259	17877
2179	1550	9791	1369	12064	507	139	5862
16840	528	3268	24666	27117	1022	323	174477
6218	445	10838	5387	16183	443	44	140342
12653	342	17901	20084	38090	171	66	81151
9918	1861	26906	1364	29354	351	426	35162
568	211	1952	320	2410	14	59	10590
29013	10110	66936	4158	77187	2482	1535	75752
12278	2196	26968	6758	35578	241	103	76892
2234	1078	8893	611	10331	118	133	13982
27825	5120	82190	4471	88181	2004	1596	61758
3337	801	7376	562	8270	209	260	10448
5156	354	6525	3284	9800	56	307	160005
1194		321	1782	2059	3	41	225462
7341	616	21646	2363	23687	475	463	28401
5069	1215	18573	2868	21657	543	456	38554
1276	148	6513	253	6594	32	288	11981
1193	29	1729	769	2495	16	16	6145
69		209		69		140	
131	55	797	3	792	36	27	
731	111	3056	33	3127	18	55	6727
1364	16	2483	21	2500	13	7	1538
87		227	121	336	10	2	109
648	22	1480	624	2005	110	11	12489

C-42续表

地区	资产合计	固定资产原值	负债合计	净资产合计	事业基金
全国	**920763.6**	**776449.8**	**80760.3**	**830315.8**	**23424.2**
北京	25987.5	16812.1	10173.6	16055.2	777.5
天津	11845.9	10169.3	845.3	11060.0	95.0
河北	24950.1	22120.2	1922.3	23036.6	663.0
山西	6594.9	5619.7	980.1	5772.3	694.0
内蒙古	10006.6	9138.5	1359.1	8637.4	0.2
辽宁	33962.0	25109.4	3781.8	29931.5	64.0
吉林	36548.2	28166.4	3768.3	32464.7	861.7
黑龙江	13656.3	12537.2	638.7	13004.0	340.6
上海	62000.4	39501.9	13395.4	47784.2	2976.3
江苏	41815.7	35640.2	5131.9	36517.0	1550.2
浙江	79383.6	60079.1	8416.7	67528.4	1910.9
安徽	40269.6	35991.3	3218.8	37036.5	1941.5
福建	5444.3	5140.4	781.6	4693.0	13.3
江西	45714.9	39921.8	4020.8	41483.9	1560.2
山东	70226.4	60364.4	5881.2	63508.8	1401.7
河南	178564.0	177306.0	545.2	178022.1	249.0
湖北	87161.9	66002.6	4748.5	82413.4	1199.4
湖南	13405.2	11844.7	504.7	12774.9	713.0
广东	40317.8	34472.3	3309.4	35977.8	2775.0
广西	2536.3	2227.6	593.2	1923.0	68.7
海南					
重庆	34287.6	29047.5	2921.1	29545.6	2188.2
四川	24872.7	21180.3	2329.8	21653.8	876.7
贵州	15039.6	13642.8	285.3	14593.8	253.5
云南	3379.1	2992.8	108.4	3274.9	2.5
西藏					
陕西	593.5	420.0		593.5	
甘肃	5304.4	5123.3	274.7	5025.1	40.0
青海	2478.4	1991.4	273.0	2202.3	133.9
宁夏	924.9	698.8	32.4	830.1	
新疆	3491.8	3187.8	519.0	2972.0	74.2

单位：万元

收入合计	财政补助收入	事业收入	支出合计	代发伤残抚恤金	年集体供给金额
146832.3	**47022.1**	**49311.5**	**137144.8**	**1720.9**	**200713.6**
6537.5	310.6	2634.0	6778.8	1.5	87.0
2782.2	352.4	961.4	2841.6		746.5
2982.6	963.5	901.7	2991.4	1.3	1484.9
1207.6	191.9	872.1	1365.1	1.7	153.9
1233.9	173.2	992.5	1223.8	5.5	6.6
4012.3	424.3	1454.1	3763.6	12.5	770.6
4749.0	1421.6	2725.9	4433.8	21.9	2093.0
2043.4	1018.0	776.9	2029.8	2.0	1103.9
23687.2	3194.8	7905.1	22866.4	82.5	834.4
6643.4	1564.7	3014.9	6476.6	8.6	1848.0
19639.7	6228.9	2287.7	16201.2	4.4	2739.0
5025.4	2272.3	1465.9	5011.1	387.3	2399.5
603.8	247.0	250.4	634.1	0.2	207.4
10228.7	5337.0	1865.2	10018.5	342.4	3141.4
11319.5	2062.9	7695.4	10483.1	550.7	5312.1
1604.8	378.9	858.3	1608.1	3.4	1360.7
15723.1	9573.5	4928.8	15723.1	184.5	2994.7
2402.4	660.4	1125.4	2276.8		421.5
7618.7	3049.9	2979.8	6588.1	14.6	2324.8
446.7	18.4	346.1	426.6		0.5
5559.6	1807.2	1354.0	3738.7	49.9	1658.0
5079.4	1979.1	1299.9	4190.3	5.0	2015.0
1425.4	708.9	316.5	1264.9	33.6	476.1
419.3	105.3	20.6	423.5		29185.3
66.4	53.5	11.7	66.4		24.9
394.0	186.4	75.5	389.4	1.4	137155.2
2691.9	2652.1	21.0	2688.8		141.1
183.6	61.3	1.2	121.2		11.3
520.8	24.1	169.5	520.0	6.0	16.3

C–43 优抚类收养

地区	单位数	年末职工人数	医护人员	年末床位数	光荣间床位	年在院总人天数	年末在院人数
全国	**1447**	**26961**	**10954**	**81208**	**32622**	**17426858**	**56893**
北京	10	250	16	778	534	140016	409
天津	9	398	134	1081	782	276390	822
河北	161	3429	1103	10662	3977	2426328	7131
山西	98	2188	831	4710	1939	878566	2826
内蒙古	33	685	411	2026	693	385808	1219
辽宁	30	1366	504	3751	1935	833496	2491
吉林	13	676	367	1442	512	460606	1244
黑龙江	20	335	110	791	324	162600	475
上海	1	41	13	50		6180	12
江苏	22	799	423	1490	337	376138	1248
浙江	46	545	257	1271	553	245724	689
安徽	46	803	209	1677	659	416959	1253
福建	59	541	125	2136	1061	476844	1460
江西	273	1837	375	14240	7273	2770677	12060
山东	30	2325	1512	4071	1159	1061127	3234
河南	97	1487	635	3791	1974	928303	2656
湖北	99	2999	1198	7507	3177	1684875	5479
湖南	149	1607	628	6473	1633	1490597	4363
广东	81	1337	534	4118	1266	781403	2600
广西	44	673	395	2351	957	438962	1426
海南	7	60	4	234	82	37105	120
重庆	11	124	31	581	103	118150	355
四川	37	900	411	2025	684	390183	1228
贵州	4	137	71	375	225	32783	89
云南	4	148	89	285	4	43363	197
西藏							
陕西	26	805	309	1540	324	250959	1005
甘肃	6	137	67	278	48	65293	118
青海							
宁夏	2	3		25		2555	7
新疆	29	326	192	1449	407	244868	677

性单位总表

单位：个、人、张、人天、人次

女性	在院人员按性质分			在院人员按年龄分			康复和医疗门诊人次数
	优抚对象	“三无”对象	自费人员	老人	青壮年	少年儿童	
11059	**39720**	**8418**	**8755**	**46515**	**9533**	**845**	**1608510**
58	328	2	79	399	10		22912
248	392	78	352	739	83		14570
535	6449	350	332	6556	500	75	82197
237	2459	142	225	2313	493	20	44524
70	1110	30	79	1121	95	3	8694
405	1061	589	841	2076	406	9	32811
259	1053	8	183	1124	120		46135
51	456	4	15	371	104		24258
1	12			12			
184	868	114	266	706	517	25	120757
178	293	34	362	587	90	12	82026
76	1150	15	88	1107	113	33	60943
293	782	221	457	1168	243	49	12318
4364	6969	4790	301	11054	775	231	35157
394	2467	172	595	2049	1185		124905
338	2144	196	316	2102	455	99	106681
1162	3499	630	1350	4216	1131	132	197220
868	3438	457	468	3822	486	55	80116
540	1382	222	996	1484	1043	73	112848
281	705	108	613	919	497	10	95847
45	116		4	119		1	3712
85	205	42	108	330	24	1	42792
96	975	90	163	866	362		142573
	89			85	4		7017
15	114	2	81	26	171		3140
31	938	34	33	580	419	6	42136
26	81	11	26	34	84		50530
1	6	1		7			87
218	179	76	422	543	123	11	11604

C-43续表

地　区	资产合计	固定资产原值	负债合计	净资产合计	事业基金
全　国	**311046.7**	**244186.2**	**34125.8**	**271755.2**	**15461.9**
北　京	4560.6	4297.2	46.1	4512.3	178.6
天　津	3582.6	3037.5	301.3	3281.3	282.8
河　北	35659.1	30505.9	2699.3	31897.7	846.3
山　西	16593.3	14446.6	673.7	15592.2	1737.5
内蒙古	6469.0	4870.7	918.9	5483.5	161.4
辽　宁	12313.7	10409.1	954.3	11150.0	284.7
吉　林	3921.4	3644.0	347.9	3608.5	511.0
黑龙江	2952.0	2895.3	51.0	2901.0	8.0
上　海	559.8	485.4	5.3	521.3	21.3
江　苏	9822.6	6257.7	3715.6	6085.0	268.4
浙　江	9194.3	5414.0	1255.4	7588.2	1191.1
安　徽	5740.4	4875.3	358.6	5401.8	744.8
福　建	6223.6	4935.1	702.3	5279.0	231.7
江　西	15375.3	12447.7	1154.4	13861.5	862.3
山　东	36744.0	28447.0	4358.8	31935.3	748.8
河　南	15702.0	12272.5	1128.7	14285.0	1313.2
湖　北	37593.5	29030.5	3974.6	33618.9	1092.8
湖　南	14774.0	10881.3	1950.5	12793.5	1145.6
广　东	30383.8	23382.3	4404.0	25788.6	1975.2
广　西	10547.7	8629.3	1012.9	9200.5	1352.6
海　南	1450.0	1252.0	125.0	1276.0	113.0
重　庆	2508.5	2209.4	182.3	2310.2	78.7
四　川	10495.6	7881.6	1113.1	8843.4	92.1
贵　州	1714.5	791.2	120.5	1502.0	
云　南	2271.3	1862.5	123.6	2047.2	191.7
西　藏					
陕　西	6572.2	2786.8	1075.5	5490.2	6.9
甘　肃	1865.8	1732.9	159.7	1687.2	6.3
青　海					
宁　夏	17.4	17.4		17.4	6.4
新　疆	5438.7	4488.0	1212.5	3796.5	8.7

单位：万元

收入合计			支出合计	代发伤残抚恤金	年集体供给金额
	财政补助收入	事业收入			
159210.7	**109538.5**	**34566.5**	**154045.0**	**2099.6**	**3201.8**
1714.5	1610.4	33.0	1712.3	0.2	
11154.4	8213.7	82.6	11154.4		
19034.0	15585.3	1812.9	17971.9	335.2	151.9
11558.9	10266.3	340.4	11231.5	92.8	63.8
2751.2	2246.5	301.0	2684.6	8.2	
6982.9	4696.4	1339.9	6773.5	144.0	3.0
3064.8	2922.0	96.8	3099.8	26.5	177.0
1340.7	1167.7	66.0	1340.7	42.0	276.0
599.2	467.3		566.0		
7072.1	3674.9	3288.9	7050.1		8.8
3138.5	2138.0	609.8	2787.8	38.0	47.5
2826.1	2612.0	211.1	2846.1	7.5	16.8
2637.3	1910.4	348.6	2395.0	25.7	428.2
4650.8	3728.8	605.2	4291.4	269.9	534.4
19366.1	13400.9	3039.4	18916.2	112.0	80.2
7037.2	5287.1	1124.0	6748.9	155.6	170.2
16124.9	5886.8	9556.6	16124.9	69.9	82.6
8798.5	5629.3	2466.9	8768.5	130.4	333.3
12458.6	6174.5	5409.4	12267.4	91.0	143.5
4026.7	1372.0	2030.3	3692.4	8.0	4.3
212.0	114.1	2.4	163.0	15.0	29.7
656.1	576.2	64.9	640.1	70.9	
5144.0	4224.4	851.7	4604.9	95.5	99.5
743.4	722.4	21.0	651.4	54.3	
727.2	617.8	109.4	626.7	52.3	521.6
3130.4	3066.9	28.6	3123.9	114.6	1.5
889.3	447.1	406.0	870.4	50.0	
15.2	15.2		15.2		
1355.7	764.1	319.7	926.0	90.1	28.0

C-44 荣誉军人

地 区	单位数	年末职工人数	医护人员	年末床位数	光荣间床位	年在院总人天数	年末在院人数
全 国	**32**	**4314**	**2236**	**6067**	**594**	**1212263**	**3514**
北 京							
天 津							
河 北	1	220		200		46355	127
山 西	3	181	37	140	10	17805	50
内蒙古	1	76	53	100		17568	28
辽 宁	1	192	59	250	100	37923	114
吉 林	1	247	167	310	40	135680	310
黑龙江	1	92	54	230		23725	65
上 海	1	41	13	50		6180	12
江 苏	1	108	66	140		10546	28
浙 江	1	253	155	285	40	97321	267
安 徽	1	149	85	120	80	23435	116
福 建	1	42	23	150	21	53280	148
江 西	1	290	187	750		156401	400
山 东	2	524	282	600		120928	514
河 南	2	81	29	145	5	7822	53
湖 北	1	408	225	400		45765	109
湖 南	1	133	84	120		50356	97
广 东	2	226	156	364	68	97627	250
广 西	1	92	66	200		68600	188
海 南							
重 庆	1	78	23	180		18250	108
四 川	3	424	226	650	80	108116	323
贵 州	2	120	60	300	150	18380	50
云 南	1	100	54	100		19345	53
西 藏							
陕 西	1	199	110	213		26475	92
甘 肃							
青 海							
宁 夏							
新 疆	1	38	22	70		4380	12

康复医院

单位：个、人、张、人天、人次

女性	在院人员按性质分			在院人员按年龄分			康复和医疗门诊人次数
	优抚对象	“三无”对象	自费人员	老人	青壮年	少年儿童	
678	**2247**	**37**	**1230**	**2303**	**1125**	**86**	**583489**
1	127			84	43		22441
6	50			50			10000
	28			28			5134
25	79	35		50	64		8805
2	310			303	7		21940
1	65			58	7		12000
1	12			12			
	28			23	5		726
128	27		240	201	54	12	81344
	80		36	83		33	18534
70	19		129	146	2		6800
40	400			38	362		13653
108	305		209	466	48		32525
4	46		7	53			12156
39	29		80	38	62	9	78000
39	26		71	38	31	28	17006
67	54	2	194	133	116	1	49146
93	22		166	160	28		17883
30	50		58	84	24		40000
17	295		28	139	184		99722
	50			46	4		4672
	53			13	40		2600
7	80		12	51	38	3	28402
	12			6	6		

C-44续表

地区	资产合计	固定资产原值	负债合计	净资产合计	事业基金
全国	**61854.3**	**45958.2**	**6168.9**	**53720.5**	**2234.9**
北京					
天津					
河北	2603.0	2049.0	111.0	2186.0	10.0
山西	440.0	370.0		440.0	
内蒙古	1152.1	1067.1	40.6	1106.5	
辽宁	2005.0	1650.6	99.6	1818.2	67.8
吉林	1386.0	1308.0	23.0	1363.0	11.0
黑龙江	1378.0	1378.0		1378.0	
上海	559.8	485.4	5.3	521.3	21.3
江苏	2122.0	1008.3	860.9	1258.2	
浙江	4973.0	2570.0	332.0	4339.0	992.0
安徽	1196.0	1046.0	85.0	1111.0	65.0
福建	840.9	730.3	57.6	715.7	50.0
江西	1632.0	894.2	192.3	1119.8	
山东	9885.5	8215.6	1199.6	8819.9	215.0
河南	1310.3	1093.7	56.6	1204.6	0.5
湖北	6490.0	5736.0	451.0	6039.0	259.0
湖南	1359.0	997.0	221.0	1287.0	290.0
广东	7393.0	6060.0	1019.0	6388.0	5.0
广西	2149.1	1475.0	181.2	1657.1	25.0
海南					
重庆	1317.0	1160.0	40.0	1261.0	
四川	5356.6	3812.9	191.3	4575.3	27.5
贵州	1650.2	739.2	120.5	1437.7	
云南	1928.2	1544.9	123.6	1704.1	191.7
西藏					
陕西	2080.1		501.6	1578.5	0.5
甘肃					
青海					
宁夏					
新疆	647.5	567.0	256.2	411.6	3.6

单位：万元

收入合计	财政补助收入	事业收入	支出合计	代发伤残抚恤金	年集体供给金额
35847.9	**23828.9**	**8726.0**	**33883.0**	**1232.8**	**1070.3**
2057.0	1229.0	43.0	1751.0	101.0	
863.0	601.0	4.0	863.0	67.0	
432.5	412.6		427.5		
1433.1	967.5	8.6	1345.9	144.0	
1208.0	1208.0		1208.0	25.0	145.0
554.2	484.2		554.2	42.0	
599.2	467.3		566.0		
1472.0	966.0	506.0	1469.1		
1579.0	986.0	350.0	1277.0	38.0	
679.8	615.0	64.8	679.8		
495.6	319.4	176.2	428.0	24.3	403.7
1744.4	1744.4		1424.5	11.0	
5231.5	3593.8	937.7	5365.5	108.0	
577.9	462.0	30.0	528.8	117.2	
4254.0	1226.0	2984.0	4254.0	44.8	
1615.0	1029.0	517.0	1764.0	44.1	
3284.0	1407.0	1877.0	3298.0	91.0	
1258.0	404.4	524.6	947.2		
357.0	305.0	37.0	341.0	69.0	
3083.6	2524.1	531.7	2493.6	91.7	
667.4	667.4		575.4	54.3	
622.1	586.8	35.3	521.6	52.3	521.6
1373.8	1373.8		1373.8	75.7	
405.8	249.2	99.1	426.1	32.4	

C-45 复员军人

地 区	单位数	年末职工人数	医护人员	年末床位数	光荣间床位	年在院总人天数	年末在院人数
全 国	**35**	**3441**	**2055**	**5626**	**1243**	**1341179**	**4207**
北 京							
天 津	1	22	5	100	100	10800	70
河 北	6	942	528	1345	300	413290	1149
山 西	2	331	244	500		137047	390
内蒙古	2	77	32	290		18300	43
辽 宁							
吉 林	2	228	141	360		124480	343
黑龙江							
上 海							
江 苏	4	241	174	250	58	58549	246
浙 江	1	70	45	80	80		
安 徽							
福 建	1	78	56	300		103300	300
江 西	1	27		120		9280	68
山 东	5	557	389	955	205	256780	768
河 南	2	475	319	530	400	77068	295
湖 北	1	5		25		1560	20
湖 南	1	21	15	40		3703	2
广 东	2	180	91	375	100	43000	277
广 西							
海 南							
重 庆							
四 川	1	15	12	26		16200	26
贵 州							
云 南							
西 藏							
陕 西	3	172	4	330		67822	210
甘 肃							
青 海							
宁 夏							
新 疆							

疗养院

单位：个、人、张、人天、人次

女性	在院人员按性质分			在院人员按年龄分			康复和医疗门诊人次数
	优抚对象	“三无”对象	自费人员	老人	青壮年	少年儿童	
421	**3356**	**246**	**605**	**3653**	**503**	**51**	**247976**
5	70			70			1079
76	969	180		1117	9	23	12000
65	390			390			17763
8	23		20	43			1960
7	343			277	66		19537
	228		18	239	7		70029
72		34	266	64	236		1005
14	46	22		68			
64	689	10	69	688	80		37751
29	231		64	228	67		74898
5	20			20			
1	1		1	1	1		3100
75	110		167	222	27	28	
	26			16	10		3660
	210			210			5194

C-45续表

地区	资产合计	固定资产原值	负债合计	净资产合计	事业基金
全国	**47579.3**	**37997.8**	**5378.6**	**41305.8**	**1695.0**
北京					
天津	878.0	742.0	6.0	872.0	90.0
河北	9809.8	7955.6	1202.1	8402.4	149.0
山西	3018.0	2775.0	62.0	3066.0	62.0
内蒙古	1079.0	734.0	389.0	690.0	
辽宁					
吉林	782.0	776.0	6.0	776.0	
黑龙江					
上海					
江苏	2596.5	2194.8	1081.4	1497.8	258.0
浙江	58.1	13.4	1.5	55.1	
安徽					
福建	679.0	286.0	298.0	372.0	12.0
江西	705.2	620.7	47.9	631.4	32.3
山东	14608.6	11597.4	637.0	13397.7	212.8
河南	4874.0	3407.0	690.0	4030.0	523.0
湖北	170.0	170.0		170.0	
湖南	239.8	180.9	16.6	223.2	32.6
广东	6475.3	5205.0	701.6	5755.7	316.9
广西					
海南					
重庆					
四川	86.0	86.0	25.0	61.0	
贵州					
云南					
西藏					
陕西	1520.0	1254.0	214.5	1305.5	6.4
甘肃					
青海					
宁夏					
新疆					

单位：万元

收入合计	财政补助收入	事业收入	支出合计	代发伤残抚恤金	年集体供给金额
35891.6	**24227.6**	**6976.6**	**34996.7**	**34.9**	
9076.0	6557.0	16.0	9076.0		
6814.4	4506.3	1558.8	6609.1	6.3	
2195.0	2014.0	70.0	2305.0		
99.5	59.7	39.8	99.5		
995.0	995.0		995.0		
2440.9	562.9	1813.0	2423.6		
5.0			3.5		
571.0	448.0	113.0	562.0		
110.9	86.9	13.4	85.0		
6374.4	4532.7	1049.1	5800.5	3.0	
3202.0	2243.0	570.0	3048.0	24.0	
51.0			51.0		
148.9	69.2	79.7	148.9		
3216.6	1570.9	1644.8	3198.6		
31.0	22.0	9.0	31.0		
560.0	560.0		560.0	1.6	

C-46 复退军人

地区	单位数	年末职工人数	医护人员	年末床位数	光荣间床位	年在院总人天数	年末在院人数
全国	**75**	**8247**	**4946**	**14875**	**1963**	**3649530**	**11603**
北京							
天津	1	113	76	130	130	38880	108
河北	2	536	345	993		283700	816
山西	8	829	440	1180	70	266144	787
内蒙古	2	175	126	200		54895	139
辽宁	3	600	342	1052	150	329918	906
吉林	1	45	32	100		29930	84
黑龙江	1	48	25	100		13435	99
上海							
江苏	1	321	173	578		200441	572
浙江	1	61	44	50		13100	36
安徽	1	305	81	420		140525	376
福建							
江西	1	3	2	30			30
山东	11	1145	822	2150	720	609439	1742
河南	1	342	213	600		72450	600
湖北	9	1439	824	2288	475	493546	1516
湖南	6	540	375	1035	32	167414	667
广东	8	594	239	1436	15	403895	1307
广西	4	375	251	850	199	197308	647
海南							
重庆							
四川	3	235	148	400	108	80125	326
贵州							
云南	2	46	35	165	4	22560	140
西藏							
陕西	3	250	168	558		79500	458
甘肃	2	72	48	150	10	50890	78
青海							
宁夏							
新疆	4	173	137	410	50	101435	169

精神病院

单位：个、人、张、人天、人次

女性	在院人员按性质分			在院人员按年龄分			康复和医疗门诊人次数
	优抚对象	“三无”对象	自费人员	老人	青壮年	少年儿童	
1962	**6499**	**891**	**4213**	**3982**	**7325**	**296**	**543986**
	98		10	25	83		
50	671	3	142	351	431	34	19074
81	590	41	156	295	480	12	11741
27	78	15	46	41	95	3	1600
189	214	115	577	576	329	1	7550
	84			44	40		
8	90		9	4	95		11000
98	326		246	46	505	21	48693
	36				36		
20	351		25	270	106		29261
2	20	8	2	27	3		976
183	1291	152	299	685	1057		54510
129	389		211	120	382	98	15676
406	409	189	918	435	1040	41	83680
177	375	96	196	190	453	24	48434
303	508	189	610	372	891	44	59430
113	247	29	371	169	468	10	52918
45	170	26	130	165	161		28748
15	57	2	81	9	131		540
11	439	6	13	79	378	1	8491
24	46	10	22	16	62		50150
81	10	10	149	63	99	7	11514

C-46续表

地　区	资产合计	固定资产原值	负债合计	净资产合计	事业基金
全　国	**75874.0**	**53877.4**	**13449.1**	**61256.5**	**4915.6**
北　京					
天　津	351.3	126.3	17.6	333.7	177.8
河　北	4698.3	3717.5	487.7	3659.8	41.0
山　西	5249.6	4366.7	381.1	4692.7	619.1
内蒙古	1270.4	873.2	357.0	906.4	29.2
辽　宁	3463.0	2597.0	391.0	3011.0	205.0
吉　林	80.0	80.0		80.0	
黑龙江	864.0	850.0	14.0	850.0	
上　海					
江　苏	3771.3	1831.3	1702.7	2068.6	
浙　江	831.8	616.0	128.4	703.4	81.0
安　徽	1142.0	1004.0	158.0	1004.0	
福　建					
江　西	16.6	16.6		16.6	
山　东	11367.8	7852.0	2446.8	8911.0	301.3
河　南	4557.0	3751.0	106.0	4385.0	604.0
湖　北	16310.1	12234.9	2584.0	13726.1	415.4
湖　南	2852.6	1510.0	777.9	1918.9	186.2
广　东	8372.0	5184.1	2000.2	6308.2	917.6
广　西	4405.8	3371.8	659.0	3689.8	1272.0
海　南					
重　庆					
四　川	2139.5	1400.7	570.5	1613.0	54.6
贵　州					
云　南	308.1	282.6		308.1	
西　藏					
陕　西	1918.0	518.8	285.5	1626.0	
甘　肃	757.8	629.9	154.7	584.2	6.3
青　海					
宁　夏					
新　疆	1147.0	1063.0	227.0	860.0	5.1

单位：万元

收入合计	财政补助收入	事业收入	支出合计	代发伤残抚恤金	年集体供给金额
46869.4	**27072.6**	**16269.2**	**45701.0**	**14.9**	
568.5	535.9	32.6	568.5		
3010.9	2875.0	124.6	2460.1	13.2	
4711.8	4052.2	231.6	4536.0		
740.5	508.0	232.5	733.5		
3142.0	1424.0	1230.0	3081.0		
90.0	90.0		90.0		
338.0	301.0	26.0	338.0		
2618.7	1682.4	936.3	2618.7		
394.5	326.5	67.5	394.5		
1166.0	1052.0	114.0	1186.0		
5.6	2.5		5.6		
7446.2	4970.5	1042.6	7436.2	1.0	
1974.0	1436.0	426.0	1908.0		
8485.3	2357.0	6023.3	8485.3		
2494.0	824.1	1501.3	2338.2		
4381.5	2094.7	1826.4	4317.9		
2369.9	681.5	1483.1	2312.9		
1133.8	834.1	299.7	1177.8		
105.1	31.0	74.1	105.1		
879.3	852.7	26.6	872.8		
573.7	131.5	406.0	554.8		
240.1	10.0	165.0	180.1	0.7	

C-47 光

地　区	单位数	年末职工人数	医护人员	年末床位数	光荣间床位	年在院总人天数	年末在院人数
全　国	**1305**	**10959**	**1717**	**54640**	**28822**	**11223886**	**37569**
北　京	10	250	16	778	534	140016	409
天　津	7	263	53	851	552	226710	644
河　北	152	1731	230	8124	3677	1682983	5039
山　西	85	847	110	2890	1859	457570	1599
内蒙古	28	357	200	1436	693	295045	1009
辽　宁	26	574	103	2449	1685	465655	1471
吉　林	9	156	27	672	472	170516	507
黑龙江	18	195	31	461	324	125440	311
上　海							
江　苏	16	129	10	522	279	106602	402
浙　江	43	161	13	856	433	135303	386
安　徽	44	349	43	1137	579	252999	761
福　建	57	421	46	1686	1040	320264	1012
江　西	270	1517	186	13340	7273	2604996	11562
山　东	12	99	19	366	234	73980	210
河　南	92	589	74	2516	1569	770963	1708
湖　北	88	1147	149	4794	2702	1144004	3834
湖　南	141	913	154	5278	1601	1269124	3597
广　东	69	337	48	1943	1083	236881	766
广　西	39	206	78	1301	758	173054	591
海　南	7	60	4	234	82	37105	120
重　庆	10	46	8	401	103	99900	247
四　川	30	226	25	949	496	185742	553
贵　州	2	17	11	75	75	14403	39
云　南	1	2		20		1458	4
西　藏							
陕　西	19	184	27	439	324	77162	245
甘　肃	4	65	19	128	38	14403	40
青　海							
宁　夏	2	3		25		2555	7
新　疆	24	115	33	969	357	139053	496

荣院

单位：个、人、张、人天、人次

女性	在院人员按性质分			在院人员按年龄分			康复和医疗门诊人次数
	优抚对象	“三无”对象	自费人员	老人	青壮年	少年儿童	
7998	**27618**	**7244**	**2707**	**36577**	**580**	**412**	**233059**
58	328	2	79	399	10		22912
243	224	78	342	644			13491
408	4682	167	190	5004	17	18	28682
85	1429	101	69	1578	13	8	5020
35	981	15	13	1009			
191	768	439	264	1450	13	8	16456
250	316	8	183	500	7		4658
42	301	4	6	309	2		1258
86	286	114	2	398		4	1309
50	230	34	122	386			682
56	719	15	27	754	7		13148
151	763	187	62	958	5	49	4513
4308	6503	4760	299	10921	410	231	20528
39	182	10	18	210			119
176	1478	196	34	1701	6	1	3951
712	3041	441	352	3723	29	82	35540
651	3036	361	200	3593	1	3	11576
95	710	31	25	757	9		4272
75	436	79	76	590	1		25046
45	116		4	119		1	3712
55	155	42	50	246		1	2792
34	484	64	5	546	7		10443
	39			39			2345
	4			4			
13	209	28	8	240	3	2	49
2	35	1	4	18	22		380
1	6	1		7			87
137	157	66	273	474	18	4	90

C-47续表

地区	资产合计	固定资产原值	负债合计	净资产合计	事业基金
全国	**125739.1**	**106352.8**	**9129.2**	**115472.4**	**6616.4**
北京	4560.6	4297.2	46.1	4512.3	178.6
天津	2353.3	2169.2	277.7	2075.6	15.0
河北	18548.0	16783.8	898.5	17649.5	646.3
山西	7885.7	6934.9	230.6	7393.5	1056.4
内蒙古	2967.5	2196.4	132.3	2780.6	132.2
辽宁	6845.7	6161.5	463.7	6320.8	11.9
吉林	1673.4	1480.0	318.9	1389.5	500.0
黑龙江	710.0	667.3	37.0	673.0	8.0
上海					
江苏	1332.8	1223.3	70.6	1260.4	10.4
浙江	3331.4	2214.6	793.5	2490.7	118.1
安徽	3402.4	2825.3	115.6	3286.8	679.8
福建	4703.7	3918.8	346.7	4191.3	169.7
江西	13021.5	10916.2	914.2	12093.7	830.0
山东	882.1	782.0	75.4	806.7	19.7
河南	4960.7	4020.8	276.1	4665.4	185.7
湖北	14623.4	10889.6	939.6	13683.8	418.4
湖南	10322.6	8193.4	935.0	9364.4	636.8
广东	8143.5	6933.2	683.2	7336.7	735.7
广西	3992.8	3782.5	172.7	3853.6	55.6
海南	1450.0	1252.0	125.0	1276.0	113.0
重庆	1191.5	1049.4	142.3	1049.2	78.7
四川	2913.5	2582.0	326.3	2594.1	10.0
贵州	64.3	52.0		64.3	
云南	35.0	35.0		35.0	
西藏					
陕西	1054.1	1014.0	73.9	980.2	
甘肃	1108.0	1103.0	5.0	1103.0	
青海					
宁夏	17.4	17.4		17.4	6.4
新疆	3644.2	2858.0	729.3	2524.9	

单位：万元

收入合计			支出合计	代发伤残抚恤金	年集体供给金额
	财政补助收入	事业收入			
40601.8	**34409.4**	**2594.7**	**39464.3**	**817.0**	**2131.5**
1714.5	1610.4	33.0	1712.3	0.2	
1509.9	1120.8	34.0	1509.9		
7151.7	6975.0	86.5	7151.7	214.7	151.9
3789.1	3599.1	34.8	3527.5	25.8	63.8
1478.7	1266.2	28.7	1424.1	8.2	
2407.8	2304.9	101.3	2346.6		3.0
771.8	629.0	96.8	806.8	1.5	32.0
448.5	382.5	40.0	448.5		276.0
540.5	463.6	33.6	538.7		8.8
1160.0	825.5	192.3	1112.8		47.5
980.3	945.0	32.3	980.3	7.5	16.8
1570.7	1143.0	59.4	1405.0	1.4	24.5
2789.9	1895.0	591.8	2776.3	258.9	534.4
314.0	303.9	10.0	314.0		80.2
1283.3	1146.1	98.0	1264.1	14.4	170.2
3334.6	2303.8	549.3	3334.6	25.1	82.6
4540.6	3707.0	368.9	4517.4	86.3	333.3
1576.5	1101.9	61.2	1452.9		143.5
398.8	286.1	22.6	432.3	8.0	4.3
212.0	114.1	2.4	163.0	15.0	29.7
299.1	271.2	27.9	299.1	1.9	
895.6	844.2	11.3	902.5	3.8	99.5
76.0	55.0	21.0	76.0		
317.3	280.4	2.0	317.3	37.3	1.5
315.6	315.6		315.6	50.0	
15.2	15.2		15.2		
709.8	504.9	55.6	319.8	57.0	28.0

C-48 福利类收养

地　区	单位数	年末职工人数	医护人员	年末床位数	光荣间床位	年在院总人天数	年末在院人数
全　国	**39921**	**194502**	**38957**	**1558130**	**50691**	**386973518**	**1178812**
北　京	317	5498	1193	31726	376	5929309	18386
天　津	268	3576	808	16213	92	3430135	11187
河　北	1892	8007	1334	56188	2577	12056748	35339
山　西	694	2686	453	13447	1014	3095922	8729
内蒙古	741	3704	1896	24385	960	5664664	16427
辽　宁	1236	10975	1951	77282	1606	14720654	54146
吉　林	806	5803	1140	42221	2098	9909149	32790
黑龙江	770	5817	1483	46431	2105	10920255	38923
上　海	482	12064	2013	52957	485	12046947	39907
江　苏	1976	14610	2650	105483	3742	24355138	83316
浙　江	1590	8778	1113	117939	2094	24589151	81685
安　徽	1723	7341	1234	52498	2223	13761443	41641
福　建	728	3137	669	17883	818	4383461	12832
江　西	1793	7817	855	94150	2685	16330389	81011
山　东	1885	14200	3133	119136	8624	31373103	92201
河　南	2542	10232	1849	67049	3919	15469968	48378
湖　北	2656	15133	2362	181979	4270	89682678	163321
湖　南	1742	7347	1694	58231	2608	10738193	45133
广　东	2070	13568	2573	87772	3282	17844752	60656
广　西	5948	8463	3386	81636	1617	15846928	64557
海　南	174	357	52	2854	80	326836	1864
重　庆	1176	4013	625	50109	367	10927262	38523
四　川	2736	8171	1773	71738	1201	15377557	48612
贵　州	888	2333	439	15254	256	3055662	9885
云　南	767	2430	338	20291	350	2996008	10709
西　藏	129	211	3	3463		597140	1766
陕　西	675	2720	653	15923	617	5518739	12239
甘　肃	706	1772	331	9972	80	1293815	5965
青　海	151	303	155	3534	66	911715	3092
宁　夏	132	585	121	3648	113	668556	2596
新　疆	528	2851	678	16738	366	3151241	12996

性单位总表

单位：个、人、张、人天、人次

女性	在院人员按性质分			在院人员按年龄分			康复和医疗门诊人次数
	优抚对象	"三无"对象	自费人员	老人	青壮年	少年儿童	
372066	**61732**	**908844**	**208236**	**1056380**	**54490**	**67942**	**4749923**
7558	249	4545	13592	15663	1829	894	161805
4954	58	3595	7534	9604	800	783	47069
6400	1929	29504	3906	33785	708	846	77106
2473	479	6399	1851	6289	724	1716	16616
2406	1076	12951	2400	14518	945	964	22383
12971	3304	38063	12779	46954	5394	1798	43890
7132	2260	26909	3621	27304	4102	1384	74050
8237	3680	31003	4240	33012	3978	1933	55351
22464	1460	6624	31823	34892	2863	2152	377013
28671	3866	61057	18393	76439	3800	3077	571130
25449	1070	46368	34247	77064	2036	2585	349390
14638	2145	36517	2979	37116	1041	3484	113566
3924	987	9157	2688	8898	2230	1704	208821
30075	5007	70491	5513	72736	2622	5653	78152
28737	8162	75460	8579	89560	1243	1398	210996
11958	4057	42128	2193	44498	1197	2683	122305
50693	8854	145007	9460	155072	3577	4672	218489
16335	2918	38624	3591	39501	1759	3873	200913
27445	3887	44680	12089	51028	1665	7963	516612
16159	1224	57748	5585	60372	981	3204	549009
1038	231	1584	49	1642	16	206	12510
11886	814	31726	5983	34692	1500	2331	120787
11556	2216	39081	7315	42397	3434	2781	369671
2560	194	8508	1183	7979	552	1354	57993
3871	265	8897	1547	8676	746	1287	82916
784	12	1754		1075	2	689	
3313	474	10443	1322	7902	2309	2028	20912
1677	177	5427	361	4680	371	914	16320
1615	23	2888	181	2823	133	136	17788
609	48	1949	599	1851	392	353	4150
4478	606	9757	2633	8358	1541	3097	32210

C-48续表

地区	资产合计	固定资产原值	负债合计	净资产合计	事业基金
全国	**2648307.0**	**2180400.7**	**221816.2**	**2404481.6**	**99845.8**
北京	96864.2	76478.8	15342.7	81079.9	3900.8
天津	18999.1	15158.7	2565.6	16453.9	178.5
河北	48022.5	42984.2	2709.9	45360.8	1479.0
山西	17179.5	13300.7	1581.4	15709.0	1142.5
内蒙古	33429.2	29021.4	3417.9	29828.9	1178.3
辽宁	150738.7	106418.5	13437.7	137088.4	2063.8
吉林	63571.1	49416.9	6747.9	56524.1	1995.1
黑龙江	61917.7	52307.3	4029.3	57448.1	1674.4
上海	143283.3	104784.8	17493.2	123853.5	6038.1
江苏	246609.3	200467.6	22695.9	220749.3	13077.6
浙江	247864.4	199106.8	23335.6	218676.8	7810.8
安徽	63706.7	55235.9	4330.3	59284.1	3123.2
福建	39887.2	30382.1	4653.8	34526.9	4669.4
江西	59001.2	48038.9	4837.9	53903.7	2949.3
山东	166757.2	142295.6	16689.0	148910.9	4609.8
河南	246929.1	232916.7	4437.8	242489.4	3189.6
湖北	160843.8	124278.9	11219.0	149624.8	1713.0
湖南	88052.9	72116.9	8591.6	78384.9	4629.3
广东	302246.3	254547.5	21072.3	278651.7	13567.7
广西	84518.5	71860.3	6105.3	78465.4	5769.5
海南	9169.0	8557.0	772.4	8412.1	1257.0
重庆	67825.9	54367.1	6080.9	59979.5	4543.2
四川	73530.2	61436.8	7516.1	65056.6	2393.5
贵州	24985.2	21686.3	1166.2	23246.2	1188.5
云南	23683.8	17633.7	1053.0	22412.2	2304.0
西藏	4610.5	4476.0	99.5	4511.0	
陕西	50115.8	44955.5	3523.5	46443.9	877.9
甘肃	11719.3	10476.9	1311.0	10390.6	466.4
青海	4625.1	4070.1	319.0	4303.0	135.1
宁夏	8708.5	7222.0	854.8	7789.2	70.8
新疆	28911.8	24400.8	3825.7	24922.8	1849.7

单位：万元

收入合计	财政补助收入	事业收入	支出合计	代发伤残抚恤金	年集体供给金额
751445.9	**424704.6**	**187622.8**	**729436.7**	**2835.2**	**254548.3**
31231.9	11870.4	13091.8	30790.3	59.0	672.1
10578.0	4793.8	2750.6	10598.4		746.5
11888.2	6885.6	1930.1	11936.4	353.4	3124.7
4741.5	2822.5	1193.8	4852.4	1.7	207.0
7514.4	4417.0	2395.9	7332.0	5.5	77.6
27357.5	14384.5	7659.5	27144.9	15.3	3146.8
15624.7	8747.8	5566.6	15325.6	36.1	2910.2
18623.3	14506.0	3125.1	18183.0	11.0	2318.1
52847.5	21503.2	13641.6	50910.9	82.5	863.5
73920.5	39773.2	22386.2	70756.4	313.7	8417.5
63409.6	28387.2	12351.6	57557.6	72.0	7435.5
11718.2	6179.9	3009.3	11625.9	386.5	2903.8
19436.3	7619.0	3831.7	18729.8	64.7	784.7
15576.0	6987.5	4214.4	15316.4	137.6	2849.0
33160.5	16451.5	12442.1	32003.2	606.8	11110.5
14255.6	5358.3	5791.4	14253.7	29.2	19066.9
33967.0	19861.1	9376.8	33967.0	190.4	4905.2
28964.5	10194.9	11160.5	27888.1	23.7	2968.9
69836.2	38969.5	17558.2	67313.9	146.5	5842.4
112502.1	95248.0	13555.1	112554.3	23.5	625.0
1364.3	914.0	237.9	1379.8	43.9	135.6
15502.6	6320.2	4428.8	13737.1	71.1	2314.3
22133.3	9066.3	9033.0	21175.8	47.9	3077.6
6360.9	4378.6	1442.9	5788.1	33.6	528.5
5893.2	3336.1	1890.7	5674.6	1.9	29321.1
383.7	383.7		383.7		
24042.5	22720.2	429.5	23894.1		421.5
3196.4	2300.5	341.1	3178.7	1.4	137205.3
3269.9	3226.1	24.0	3266.8		141.6
2052.1	1219.4	403.2	1987.6		177.9
10093.5	5878.6	2359.4	9930.2	76.3	249.0

C-49 社会

地区	单位数	年末职工人数	医护人员	年末床位数	光荣间床位	年在院总人天数	年末在院人数
全国	**1447**	**32815**	**8939**	**162582**	**6003**	**39399481**	**124841**
北京	9	976	402	2751	6	816460	2272
天津	6	355	129	1065		293005	957
河北	47	793	138	4008	180	970018	2749
山西	18	443	137	2492	54	1213836	2280
内蒙古	38	761	417	3383	141	854041	2436
辽宁	46	1888	504	8367	166	2110722	6694
吉林	19	780	158	3725	66	1110111	3070
黑龙江	31	1010	354	5101	354	1482600	4257
上海	23	1922	596	5999		1452516	4809
江苏	61	1684	328	9255	113	2539368	7018
浙江	99	1681	262	12998	324	2775708	8641
安徽	56	824	183	4562	211	1209369	3540
福建	70	918	126	4428	405	850368	3131
江西	99	1424	218	12311	315	2037703	9530
山东	24	877	352	3299	98	997078	2788
河南	57	960	206	4115	358	1035438	3259
湖北	104	2917	485	13529	401	3646830	11401
湖南	92	1563	499	8090	484	2083506	6646
广东	127	4247	1105	16555	1049	3246675	12869
广西	80	1813	933	7590	630	1725206	5555
海南	2	126	24	420		77421	238
重庆	21	583	105	4768	30	1227424	3827
四川	68	1233	420	8155	242	2253794	5809
贵州	40	458	66	1849	20	573895	1502
云南	79	563	59	3112	28	569920	1596
西藏	17	31	1	1125		169360	284
陕西	32	857	370	4406	199	1124213	3717
甘肃	21	345	116	1470	12	204157	1114
青海	4	45	23	373		97680	328
宁夏	13	221	56	1021	66	120299	790
新疆	44	517	167	2260	51	530760	1734

福利院

单位：个、人、张、人天、人次

女性	在院人员按性质分			在院人员按年龄分			康复和医疗门诊人次数	家庭寄养儿童数量
	优抚对象	“三无”对象	自费人员	老人	青壮年	少年儿童		
58358	**4656**	**77998**	**42187**	**77848**	**16468**	**30525**	**1420911**	**6493**
1084	26	650	1596	1444	797	31	17110	1171
424		463	494	675	220	62	10700	
1045	163	1454	1132	1667	334	748	15798	16
1355	2	2212	66	306	560	1414	1030	902
655	110	1863	463	1708	260	468		200
2224	78	3933	2683	3869	2079	746	31383	191
1152	134	2622	314	1553	1133	384	30925	23
1270	131	3056	1070	3617	437	203	11870	
2777	245	802	3762	4247	556	6	156314	
3466	85	3822	3111	4757	728	1533	109341	180
4136	100	2874	5667	6431	960	1250	149685	490
1719	117	2360	1063	1886	352	1302	26837	296
1394	107	2382	642	1789	280	1062	105678	292
4748	476	7536	1518	5131	387	4012	14170	273
1054	152	2116	520	1468	495	825	46848	76
1286	395	2692	172	1448	362	1449	15174	121
5033	705	6840	3856	9042	1070	1289	115577	246
3725	247	4861	1538	3434	885	2327	30737	508
8048	792	7918	4159	6984	729	5156	257683	332
3375	29	3512	2014	2886	331	2338	93429	609
155		210	28	75	16	147	8499	10
2037	39	2087	1701	2690	165	972	31883	153
2589	56	3429	2324	4633	537	639	75044	63
598	23	1082	397	922	89	491	13487	42
643	26	1200	370	1118	226	252	23923	74
145	12	272		241		43		
878	237	3223	257	1194	1634	889	11378	111
501	5	969	140	517	214	383	6310	2
122	6	257	65	187	120	21	2250	
204	19	331	440	456	298	36	3411	
516	139	970	625	1473	214	47	4437	112

C-49续表

地区	资产合计	固定资产原值	负债合计	净资产合计	事业基金
全国	**498512.4**	**388181.1**	**44398.0**	**449095.8**	**28163.0**
北京	30062.6	26165.3	1664.2	28063.1	1816.1
天津	2249.4	1975.8	234.6	1985.8	
河北	8242.1	7259.6	717.7	7505.8	61.5
山西	5124.6	4513.8	168.5	4910.1	304.2
内蒙古	7495.1	6086.1	629.6	6815.1	507.3
辽宁	26099.6	19385.8	3720.5	22198.1	162.0
吉林	6154.0	5109.0	398.0	5620.0	293.8
黑龙江	16193.9	10564.5	1269.7	14896.5	378.1
上海	36362.1	29340.4	2154.0	33368.7	1079.1
江苏	47933.6	40662.0	2975.2	44195.5	1990.0
浙江	40248.2	30835.8	4300.5	35353.3	2165.7
安徽	9974.7	7977.1	645.8	9256.4	1112.3
福建	13979.9	10828.0	1184.9	12850.4	2810.0
江西	21498.3	15060.3	1515.1	20026.0	2053.6
山东	13034.3	10443.4	1502.3	11279.7	1860.0
河南	6804.8	5675.9	542.5	6268.3	267.6
湖北	26140.4	18255.1	2698.7	23441.7	298.4
湖南	17733.4	13808.7	1858.3	15356.3	1150.6
广东	74994.3	54616.3	8078.2	66363.2	3525.4
广西	20997.9	16435.8	2158.6	18528.7	926.5
海南	4361.0	4305.0	179.0	4154.0	1222.0
重庆	14110.6	8092.4	1606.4	12543.8	760.5
四川	13921.0	11781.2	1334.6	12492.9	475.4
贵州	5204.0	4494.4	343.5	4657.6	292.7
云南	5195.4	3127.7	494.3	4641.3	400.2
西藏	3775.0	3681.0	59.0	3716.0	
陕西	6437.6	5923.6	194.7	6242.9	536.6
甘肃	2639.7	2160.0	428.0	2198.6	400.5
青海	550.0	482.0	46.0	504.0	0.2
宁夏	4199.9	3497.4	469.2	3731.1	20.0
新疆	6795.0	5637.7	826.4	5930.9	1292.7

单位：万元

收入合计			支出合计	代发伤残抚恤金	年集体供给金额
	财政补助收入	事业收入			
193489.3	**117696.1**	**43764.8**	**188470.7**	**507.6**	**2030.2**
12293.9	7055.1	5050.9	11958.6		60.4
2267.2	1514.8	225.5	2238.2		
3925.7	2954.9	635.0	3907.1	332.0	32.0
2349.0	1758.3	85.1	2303.0		0.7
2799.1	2314.9	280.9	2748.7		
9721.9	7675.7	1428.9	9540.9		74.0
3613.1	2724.8	472.0	3477.1		194.2
5330.5	5179.4	151.1	5302.8		69.0
14506.9	9011.6	2664.4	13667.5		6.3
18737.8	12447.7	3770.6	17974.9	4.8	171.0
13515.1	6333.9	2839.6	12920.7		251.8
2914.4	1615.4	563.1	2841.9	2.7	118.0
4350.3	3081.4	524.5	4405.7	1.0	277.3
6537.7	2511.8	2461.7	6580.5	43.1	227.2
6213.3	4895.2	636.3	5961.0		5.0
3132.1	2444.4	138.3	3138.1		16.2
9545.1	5022.3	2833.5	9545.1	3.9	11.0
11478.5	3958.6	4352.0	10959.7	6.7	10.5
29753.1	17156.4	7361.2	29200.2	16.0	258.4
7278.8	3593.1	2408.5	6968.2		0.9
737.0	530.0	89.0	709.0		
4480.7	1843.4	1519.9	4520.3	3.0	9.3
5685.1	3217.2	1572.7	5591.6	37.4	96.3
1984.0	1642.8	288.3	1781.1		52.4
1651.1	1129.6	388.3	1591.3		26.1
32.0	32.0		32.0		
2916.0	2636.1	90.9	2916.0		6.1
1338.4	861.6	83.2	1325.3		13.6
297.0	297.0		297.0		
1204.6	583.3	384.7	1205.0		4.9
2899.9	1673.4	464.7	2862.2	57.0	37.6

C-50 儿童

地区	单位数	年末职工人数	医护人员	年末床位数	光荣间床位	年在院总人天数	年末在院人数
全国	**224**	**7211**	**1631**	**31839**	**229**	**9705450**	**28931**
北京	4	326	166	757		451776	747
天津	2	154	29	818		264956	776
河北							
山西	2	20	2	78		21100	75
内蒙古	4	122	83	520		122675	369
辽宁	3	157	13	842		269370	764
吉林	5	199	6	711		235545	651
黑龙江	8	397	31	1621		475938	1449
上海	6	619	77	2016		723552	1986
江苏	8	629	253	1726		445632	1571
浙江	8	318	46	1500		501840	1407
安徽	14	536	85	2579	22	785085	2217
福建	4	120	28	545		98156	526
江西	3	45	1	328		105700	315
山东	4	98	28	478		135814	420
河南	6	311	15	971		319355	928
湖北	12	293	78	1334	92	406931	1182
湖南	15	363	71	1672	18	492291	1347
广东	20	458	152	2260	2	619547	1816
广西	9	486	99	1042		167348	949
海南	1	20	1	40		9210	25
重庆	3	147	21	946		295870	812
四川	11	242	58	1752	5	671400	1656
贵州	6	102	21	524		199658	565
云南	7	134	27	995		314875	947
西藏	9	68		714		137605	616
陕西	8	162	71	1037		346958	984
甘肃	4	100	17	491		132063	466
青海	1	13	6	108		29000	108
宁夏	1	102	60	300		112940	300
新疆	36	470	86	3134	90	813260	2957

福利院

单位：个、人、张、人天、人次

女性	在院人员按性质分			在院人员按年龄分			康复和医疗门诊人次数	家庭寄养儿童数量
	优抚对象	“三无”对象	自费人员	老人	青壮年	少年儿童		
15829	**349**	**26572**	**2010**	**913**	**968**	**27050**	**294856**	**5858**
615		733	14		23	724	189	1171
432		765	11		61	715	1734	441
37		17	58			75	80	
199		369			22	347		87
319		764			103	661		1
231		651			3	648		16
517	21	1286	142	135		1314	2238	
875		1781	205		14	1972		513
930		1499	72	45	229	1297	14902	153
774		1037	370	330	20	1057	13316	430
1478	23	1741	453	303	221	1693	19014	84
309		524	2	1	3	522		67
250		315				315	3000	
134		417	3			420	4316	170
617		928		8	46	874		70
793	92	1050	40	3	32	1147	405	438
1107	2	1345		2	25	1320	42658	103
1139		1516	300			1816	43962	259
682		774	175	76	71	802	24597	294
18		25				25		
565		792	20			812	30550	68
726		1518	138			1656	36250	269
400		565				565	1230	
516		947		2	38	907	34290	470
207		616				616		
477		977	7		27	957	3446	141
35		466		4		462	193	39
70		108				108	14000	23
120		300				300		147
1257	211	2746		4	30	2923	4486	404

C-50续表

地区	资产合计	固定资产原值	负债合计	净资产合计	事业基金
全国	**108234.2**	**83585.1**	**7237.5**	**99430.6**	**6458.7**
北京	6999.7	5683.7	146.0	6858.7	300.0
天津	1062.0	591.0	456.0	606.0	12.0
河北					
山西	45.9	43.0	0.6	45.3	2.3
内蒙古	1215.8	1024.9	63.0	1122.0	104.9
辽宁	1577.2	1437.4	100.6	1474.8	7.0
吉林	1735.0	1572.0		1735.0	
黑龙江	6949.6	6530.7	241.7	6587.9	78.2
上海	19074.1	15885.8	518.8	18519.6	401.7
江苏	5840.3	4140.8	542.6	5292.2	451.2
浙江	6204.1	3741.8	702.5	5185.6	728.8
安徽	5847.5	4388.8	310.0	5527.4	106.1
福建	1781.4	983.5	397.0	1282.1	151.2
江西	137.1	36.8	16.6	94.2	32.9
山东	1716.0	1619.0	68.0	1648.0	5.0
河南	2142.5	1962.5	152.0	2086.5	125.0
湖北	4900.0	4447.2	399.8	4500.2	41.0
湖南	5340.3	3661.7	287.6	4920.2	760.4
广东	8089.8	4965.7	344.0	7346.8	501.6
广西	2944.4	1781.1	199.4	2372.4	410.1
海南	275.0	232.0	2.0	256.0	7.0
重庆	1748.3	1158.0	845.3	957.9	6.5
四川	6212.0	5510.4	114.3	6056.8	383.8
贵州	1294.2	738.5	215.5	988.9	216.0
云南	3763.3	1975.0	75.0	3685.9	1369.1
西藏	835.5	795.0	40.5	795.0	
陕西	2475.8	2263.6	254.1	2208.4	108.1
甘肃	879.8	668.1	83.6	796.2	5.2
青海	321.0	321.0		321.0	
宁夏	941.6	664.7	112.8	828.8	
新疆	5885.0	4761.4	548.2	5330.8	143.6

单位：万元

收入合计			支出合计	代发伤残抚恤金	年集体供给金额
	财政补助收入	事业收入			
49843.5	**32627.9**	**8603.0**	**48277.4**		**456.5**
3816.9	2959.9	857.0	3821.9		64.0
1833.7	952.0	26.0	1833.7		
21.7	20.7		21.7		
549.6	456.2		518.8		
1218.7	968.0	87.4	1216.9		
936.0	936.0		936.0		
2505.6	2325.6	122.0	2385.6		49.0
4897.7	3681.3	287.5	4862.0		
4590.5	3985.8	181.9	4585.0		43.0
4411.3	2489.7	1098.2	4095.3		10.4
2930.1	1862.1	729.3	2920.0		35.0
740.0	579.0	147.0	637.7		
305.5	78.5	227.0	279.2		
765.8	673.8	18.0	765.8		
895.9	322.2	369.0	991.9		34.0
1539.9	1107.0	217.9	1539.9		
1984.1	377.9	982.5	1851.6		
3174.4	1236.9	682.3	2775.4		10.2
2821.8	1125.2	1011.6	2449.2		115.0
86.0	50.0	25.0	69.0		
1331.0	512.0	112.6	1385.9		5.0
1798.0	944.1	353.7	1757.1		80.9
773.2	551.1	222.1	683.4		
1255.1	610.6	519.0	1252.7		10.0
248.3	248.3		248.3		
1228.3	840.3	41.4	1215.0		
524.1	513.1	11.0	524.1		
233.0	233.0		233.0		
462.6	462.6		462.6		
1964.7	1525.0	273.6	1958.7		

C–51 社会福

地 区	单位数	年末职工人数	医护人员	年末床位数	光荣间床位	年在院总人天数	年末在院人数
全 国	**151**	**11707**	**6606**	**29364**	**1059**	**11788213**	**25592**
北 京	2	183	129	348		69848	318
天 津	2	368	220	694		219853	596
河 北							
山 西	2	148	91	170	10	50438	142
内蒙古	3	288	188	650		138015	425
辽 宁	2	109	72	275		87665	241
吉 林	6	737	416	2258	137	1426960	2076
黑龙江	5	963	620	2420	17	818548	2379
上 海	3	603	137	1811		659685	1811
江 苏	11	1596	743	3425	20	990158	3005
浙 江	4	147	83	752	24	225965	685
安 徽	2	30	23	50		10165	28
福 建	16	756	441	3051	32	1547487	2582
江 西	2	144	89	270	30	21280	248
山 东	2	304	186	532		167535	469
河 南	4	348	232	710	6	93075	384
湖 北							
湖 南	7	893	458	1134	75	222855	837
广 东	3	476	258	1398	100	484459	1360
广 西	4	436	220	905		197113	841
海 南							
重 庆	9	430	278	1169	30	332610	997
四 川	17	1171	821	3422	256	1469278	3017
贵 州	17	565	282	1241	2	239696	819
云 南	6	189	141	476		118160	368
西 藏							
陕 西	10	164	101	513	200	1936260	503
甘 肃	3	168	116	300		18748	175
青 海	1	52	39	60		9360	52
宁 夏							
新 疆	8	439	222	1330	120	232997	1234

利医院

单位：个、人、张、人天、人次

女性	在院人员按性质分			在院人员按年龄分			康复和医疗门诊人次数
	优抚对象	“三无”对象	自费人员	老人	青壮年	少年儿童	
7634	**2810**	**11398**	**11384**	**8524**	**16557**	**511**	**689810**
116	8	30	280	96	222		4687
189		287	309	200	394	2	12557
42	3	50	89	39	103		2172
142	45	317	63	104	321		7500
68	20	178	43	21	168	52	68
470	209	1356	511	816	1260		5077
739	48	1955	376	603	1713	63	30730
491	629	303	879	464	1347		
920	139	1490	1376	1214	1780	11	65972
261	18	149	518	349	319	17	23294
4		27	1	27	1		21128
597	333	1096	1153	732	1802	48	68669
72	15	181	52	90	158		4553
118	66	251	152	182	287		2748
133	7	31	346	52	311	21	39644
341	177	183	477	302	467	68	63125
439	202	582	576	541	767	52	21984
302	39	218	584	299	533	9	62798
236	55	399	543	347	645	5	26182
893	437	711	1869	872	2042	103	186839
241	23	348	448	378	431	10	23338
105	122	139	107	87	278	3	5526
152	81	355	67	177	313	13	1650
55	10	102	63	34	138	3	2668
	6	34	12	41	4	7	
508	118	626	490	457	753	24	6901

C-51续表

地　区	资产合计	固定资产原值	负债合计	净资产合计	事业基金
全　国	**118355.2**	**81226.7**	**18325.0**	**98895.7**	**11418.5**
北　京	2016.0	1403.0	245.0	1768.0	308.0
天　津	2488.0	1527.0	939.0	1549.0	19.0
河　北					
山　西	555.0	348.0	106.0	409.0	22.0
内蒙古	1053.3	756.4	219.0	787.8	58.0
辽　宁	1099.0	974.6	91.4	1104.6	31.0
吉　林	6040.0	4817.0	1272.4	4940.0	287.9
黑龙江	6492.0	5357.0	492.0	5726.0	234.0
上　海	7998.1	5985.6	457.3	7592.8	982.0
江　苏	18443.2	8024.2	3089.3	15109.7	4949.9
浙　江	4113.8	1548.9	1250.8	2813.7	574.6
安　徽	213.8	166.8	27.6	191.2	
福　建	9065.2	6046.0	1456.7	7233.9	1018.5
江　西	592.6	389.8	157.8	401.9	35.4
山　东	2004.4	1076.0	543.4	1461.0	284.0
河　南	3875.4	3156.6	593.8	3251.6	41.0
湖　北					
湖　南	6479.0	4216.0	1147.0	5122.0	636.0
广　东	7961.0	6108.5	986.0	7018.0	285.0
广　西	4802.4	3933.7	763.7	4033.7	97.7
海　南					
重　庆	4034.0	3541.9	424.8	3607.7	213.5
四　川	15761.8	11838.4	2429.6	13424.9	458.1
贵　州	2747.4	2120.6	311.9	2315.9	426.3
云　南	1845.6	1446.5	134.1	1681.9	231.4
西　藏					
陕　西	1930.5	1046.0	389.8	1429.0	170.0
甘　肃	783.8	576.1	200.7	583.1	-1.9
青　海	982.0	616.0	257.0	725.0	
宁　夏					
新　疆	4977.9	4206.1	338.9	4614.3	57.1

单位：万元

收入合计	财政补助收入	事业收入	支出合计	代发伤残抚恤金	年集体供给金额
88499.5	**47032.8**	**37656.3**	**87365.0**	**1.3**	**188.4**
2301.2	377.0	1924.2	2298.2		
2498.0	1683.0	756.0	2498.0		
567.0	451.0	116.0	527.0		
1045.5	892.0	78.5	999.0		
576.7	452.5	124.2	673.7		
4454.1	2852.1	1420.1	4626.5		121.0
4772.0	4265.0	480.0	4498.0		
6376.2	4572.1	1600.5	6428.2		
16620.2	8776.7	7346.2	16376.0		
3295.1	1149.9	1966.1	3245.8		
53.7	37.7		58.7		
5286.5	2775.9	2312.5	4911.9		
727.4	520.5	205.4	694.5		
2705.3	2253.7	446.0	2705.3		
3508.7	508.1	2412.7	3478.7		
4361.6	699.6	3448.9	4151.6		7.0
6535.0	4408.0	2054.0	6578.0		
3271.5	1481.2	1582.9	3266.5		
2684.8	1168.3	1280.0	2683.3	1.3	
8107.6	1956.0	5705.5	8200.3		59.4
2147.8	1475.8	585.5	2028.2		
1508.1	746.8	711.3	1478.5		
801.5	653.0	120.0	689.8		1.0
468.6	371.1	97.5	468.6		
771.0	750.0	21.0	771.0		
3054.4	1755.8	861.3	3029.7		

C-52 城市老年

地　区	单位数	年末职工人数	医护人员	年末床位数	光荣间床位	年在院总人天数	年末在院人数
全　国	**8141**	**51358**	**7948**	**419131**	**10694**	**89052893**	**312194**
北　京	151	2069	276	14131	42	2423173	7771
天　津	127	2133	336	9963	18	1876569	6628
河　北	482	2187	328	14905	607	3342039	9714
山　西	74	575	78	2700	58	461061	1650
内蒙古	85	778	280	4157	89	838294	2508
辽　宁	272	2493	372	18358	148	3331752	11274
吉　林	286	1595	271	14397	634	2443434	10578
黑龙江	100	661	101	6207	102	906085	4794
上　海	236	5254	800	20517	7	5242695	15655
江　苏	1211	7845	925	67103	2341	13713220	50818
浙　江	482	2936	332	36553	463	7679081	25226
安　徽	553	1723	375	16494	266	4125473	13089
福　建	112	275	16	2154	123	308940	1180
江　西	352	1864	143	17315	847	2714823	14882
山　东	238	2262	498	15722	392	3032355	10267
河　南	415	1666	325	11587	894	2447237	7960
湖　北	915	5367	854	73494	1560	20984395	68627
湖　南	198	726	184	7348	493	1340798	5820
广　东	666	3756	470	24488	1038	5080255	18048
广　西	392	1478	488	9715	237	1575817	6259
海　南							
重　庆	144	706	81	7423	28	1532480	5319
四　川	397	1578	199	14420	160	2319537	7883
贵　州	15	133	29	734		37848	240
云　南	44	235	27	1903		190265	953
西　藏	6	6		280		14965	113
陕　西	111	409	31	3053	67	694380	2196
甘　肃	17	85	4	596	25	40271	424
青　海	6	17	4	209		9405	61
宁　夏	5	38	4	428	12	127528	375
新　疆	49	508	117	2777	43	218718	1882

福利机构

单位：个、人、张、人天、人次

女性	在院人员按性质分			在院人员按年龄分			康复和医疗门诊人次数
	优抚对象	“三无”对象	自费人员	老人	青壮年	少年儿童	
112805	**14922**	**199183**	**98089**	**303068**	**6033**	**3093**	**1184566**
3337	62	1043	6666	7376	334	61	94159
3386	15	128	6485	6545	79	4	10031
1762	393	7615	1706	9636	56	22	15731
527	143	311	1196	1610	21	19	4596
776	184	862	1462	2440	59	9	14297
4997	915	3072	7287	10786	464	24	158
2303	545	8029	2004	9928	503	147	10992
1269	634	2328	1832	4391	304	99	4880
9711	157	349	15149	15465	185	5	40956
17792	2273	35957	12588	49880	812	126	311951
8103	234	13990	11002	24677	356	193	121907
4490	712	11201	1176	12852	141	96	20611
432	160	709	311	1140	10	30	2656
6608	1351	11319	2212	14262	397	223	5838
4073	339	4365	5563	10218	47	2	37365
1989	664	6359	937	7805	129	26	15228
21295	3661	61331	3635	66499	1363	765	51350
2205	336	4733	751	5778	14	28	13558
7949	1351	12333	4364	17095	126	827	118146
2503	75	3458	2726	6220	16	23	231695
2650	15	2360	2944	5098	57	164	453
2250	630	4630	2623	7570	261	52	23258
114		5	235	235	5		13067
493	5	121	827	938	11	4	5822
51		113		91		22	
764	33	1499	664	1934	163	99	2403
93		299	125	413		11	310
32	5	54	2	60	1		
72	7	209	159	367	7	1	66
779	23	401	1458	1759	112	11	13082

C-52续表

地　区	资产合计	固定资产原值	负债合计	净资产合计	事业基金
全　国	**749348.2**	**612964.3**	**71544.1**	**671281.9**	**21808.9**
北　京	21074.8	15059.7	5270.4	15913.2	895.9
天　津	4576.3	2967.5	891.0	3748.7	147.5
河　北	9466.3	9274.2	81.6	9384.7	345.0
山　西	5128.9	2913.3	918.4	4370.5	324.0
内蒙古	8257.5	6879.6	1051.2	7154.6	497.8
辽　宁	42722.0	28562.7	4267.4	38232.7	240.3
吉　林	19356.3	12854.1	1560.4	17283.6	609.7
黑龙江	8288.8	7906.8	624.7	7732.4	195.1
上　海	40922.8	26204.8	7497.4	32785.1	1421.5
江　苏	132073.6	111868.9	10989.6	119258.3	4194.5
浙　江	79288.0	62006.6	10069.5	67971.5	2651.2
安　徽	18975.1	17390.1	705.4	18267.7	731.5
福　建	2910.0	2531.0	32.3	2757.6	110.1
江　西	10189.8	8548.3	619.4	9516.6	56.3
山　东	30222.1	24640.3	5885.9	24258.7	163.0
河　南	16382.3	13654.8	408.3	15921.3	120.0
湖　北	65321.5	50993.3	4913.4	60408.1	1243.6
湖　南	10969.0	8709.4	2199.8	8600.7	386.6
广　东	144545.7	129889.2	6176.4	137260.3	6082.8
广　西	11932.8	10387.6	955.0	10950.1	384.9
海　南					
重　庆	11094.9	9682.6	969.8	10111.1	14.3
四　川	12727.7	11569.9	1656.2	10302.6	804.0
贵　州	980.8	936.2	43.1	970.8	
云　南	903.7	675.4	35.5	871.9	4.8
西　藏					
陕　西	33851.9	30865.8	2569.0	31299.9	58.2
甘　肃	1221.9	1148.1	68.0	1153.9	21.6
青　海	909.1	909.1		909.1	
宁　夏	804.0	758.0	232.8	561.2	
新　疆	4250.6	3177.0	852.2	3325.0	104.7

单位：万元

收入合计			支出合计	代发伤残抚恤金	年集体供给金额
	财政补助收入	事业收入			
160690.5	**65339.3**	**44617.5**	**154168.3**	**500.7**	**19464.8**
5930.7	464.0	2661.7	6039.5	56.2	121.5
2957.2	303.4	1591.9	3020.6		
2168.2	695.2	406.0	2168.2	15.1	1129.1
909.0	61.6	776.2	1069.0		26.0
1221.6	137.5	939.6	1169.9		20.0
6816.1	2364.1	1703.9	6594.2	15.3	141.7
2963.3	699.3	1951.0	2451.0	21.0	931.5
1449.8	727.3	534.9	1518.1		299.6
15496.0	1413.0	4896.0	14855.7		68.5
25171.0	11490.0	7509.4	23345.3	112.8	6087.8
15953.5	4725.8	3633.2	14706.5	10.2	2138.4
2259.1	913.0	471.1	2257.1	10.0	1095.6
6925.4	104.8	305.2	6805.3		48.4
2621.9	917.8	645.4	2568.1	39.5	245.9
6018.8	1787.0	3905.6	5941.3		488.5
1459.6	356.7	575.0	1406.9	1.1	485.6
10439.5	6128.2	2833.0	10439.5	174.5	2703.5
1748.7	345.4	541.2	1580.2	0.4	302.4
22239.7	11935.7	5409.0	21130.7	41.7	2139.4
1396.8	245.3	900.3	1369.1		41.5
1246.5	134.6	809.8	1232.5		237.5
2692.0	464.8	756.4	1923.1	2.9	538.0
78.3		72.0	111.4		1.0
184.4	18.0	57.1	188.1		3.4
14.0	14.0		14.0		
18461.5	18185.5	113.0	18478.5		82.6
216.9	122.7	53.4	216.9		
33.2	31.2	1.0	33.2		6.2
173.8	3.8	16.6	163.8		71.2
1444.0	549.6	548.6	1370.6		10.0

C–53 农村五保供

地　区	单位数	年末职工人数	医护人员	年末床位数	光荣间床位	年在院总人天数	年末在院人数
全　国	**29681**	**88745**	**13152**	**895340**	**32401**	**233938802**	**679037**
北　京	147	1887	215	13349	328	2122052	7074
天　津	131	566	94	3673	74	775752	2230
河　北	1347	4652	777	35827	1709	7532309	22310
山　西	579	1328	95	7436	890	1261627	4252
内蒙古	608	1738	921	15619	730	3707063	10637
辽　宁	903	6186	959	48525	1267	8860511	34518
吉　林	485	2474	287	20953	1261	4681784	16293
黑龙江	614	2690	372	30493	1632	7189079	25613
上　海	214	3666	403	22614	478	3968499	15646
江　苏	681	2831	397	23791	1268	6627080	20777
浙　江	965	3426	343	62545	1275	12505648	43098
安　徽	1093	4205	560	28673	1724	7593915	22642
福　建	521	964	34	7259	258	1437620	5003
江　西	1337	4340	404	63926	1493	11450883	56036
山　东	1615	10635	2067	99007	8132	27021671	78221
河　南	2051	6841	1029	49150	2511	11487396	35501
湖　北	1613	6219	804	91932	2217	63659815	81375
湖　南	1424	3672	398	39708	1538	6580518	30364
广　东	1211	4340	535	35800	1070	8279156	26149
广　西	5461	4161	1628	62302	750	12180864	50939
海　南	171	211	27	2394	80	240205	1601
重　庆	996	2136	138	35712	279	7513698	27483
四　川	2230	3885	260	43698	538	8585809	30024
贵　州	810	1075	41	10906	234	2004565	6759
云　南	613	1235	44	13404	313	1760887	6631
西　藏	97	106	2	1344		275210	753
陕　西	504	1090	79	6783	151	1411603	4763
甘　肃	634	931	78	6949	38	877048	3680
青　海	139	176	83	2784	66	766270	2543
宁　夏	103	210		1788	35	294649	1102
新　疆	384	869	78	6996	62	1285616	5020

养服务机构

单位：个、人、张、人天、人次

女性	在院人员按性质分			在院人员按年龄分			康复和医疗门诊人次数
	优抚对象	“三无”对象	自费人员	老人	青壮年	少年儿童	
174235	**38596**	**591167**	**49274**	**658783**	**13919**	**6335**	**949940**
2340	143	2069	4862	6560	437	77	45518
523	43	1952	235	2184	46		12047
3425	1355	20095	860	22011	228	71	42868
404	313	3543	396	4183	39	30	1929
629	737	9488	412	10252	245	140	586
5069	2263	30116	2139	31665	2578	275	12246
2959	1337	14200	756	14885	1203	205	27056
4208	2842	22367	404	23844	1520	249	5633
8610	429	3389	11828	14716	761	169	179743
5491	1360	18287	1130	20428	239	110	49619
10992	692	27891	14515	42656	375	67	30901
6934	1293	21083	266	21925	324	393	20960
1116	374	4324	305	4930	31	42	15902
18397	3165	51140	1731	53253	1680	1103	50591
23355	7590	68301	2330	77656	414	151	119719
7860	2887	31936	678	34925	304	272	30971
23258	4386	75644	1345	78956	1042	1377	46361
8923	2155	27487	722	29896	340	128	28707
9577	1523	22303	2323	25994	43	112	39738
9287	1081	49786	72	50877	30	32	91387
865	231	1349	21	1567		34	4011
6377	705	26003	775	26484	621	378	31719
5036	1091	28579	354	29160	564	300	35144
1207	148	6508	103	6444	27	288	6871
2047	56	6385	190	6398	114	119	5520
381		753		743	2	8	
1028	123	4313	327	4523	171	69	2035
966	157	3490	33	3606	19	55	6839
1391	6	2435	102	2535	8		1538
206	22	1080		1004	82	16	627
1374	89	4871	60	4523	432	65	3154

C-53续表

地　区	资产合计	固定资产原值	负债合计	净资产合计	事业基金
全　国	**1148479.6**	**995813.5**	**76165.3**	**1066060.0**	**31003.2**
北　京	35392.3	27320.6	7354.8	27840.5	497.7
天　津	8623.4	8097.4	45.0	8564.4	
河　北	27885.6	24502.4	1587.2	26308.2	869.5
山　西	5599.1	4917.6	334.9	5302.1	447.0
内蒙古	15362.8	14250.4	1441.0	13921.8	9.2
辽　宁	77768.9	55573.8	5132.6	72765.4	1615.9
吉　林	30024.8	24846.8	3435.1	26733.5	803.7
黑龙江	23791.2	21792.1	1380.2	22322.1	789.0
上　海	38926.2	27368.2	6865.7	31587.3	2153.8
江　苏	41907.6	35438.7	5091.2	36490.6	1452.0
浙　江	112000.0	96343.5	6445.9	103085.4	1655.9
安　徽	28584.0	25258.5	2614.8	25956.9	1097.1
福　建	10559.3	8967.8	1427.2	9137.7	450.3
江　西	26583.4	24003.7	2529.0	23865.0	771.1
山　东	119623.4	104408.9	8689.4	110106.5	2297.8
河　南	216875.1	207686.9	2734.4	214127.5	2433.6
湖　北	61367.3	48903.3	2768.5	58598.8	82.0
湖　南	46757.2	41130.1	2808.9	43984.7	1628.7
广　东	63663.3	56073.6	4357.3	58777.8	3139.9
广　西	43119.0	38679.1	1983.6	41903.5	3947.3
海　南	4533.0	4020.0	591.4	4002.1	28.0
重　庆	36790.1	31844.5	2234.3	32711.3	3548.4
四　川	24369.6	20275.6	1950.2	22274.5	262.4
贵　州	14758.8	13396.6	252.2	14313.0	253.5
云　南	11083.8	9839.0	246.9	10822.1	294.7
西　藏					
陕　西	5283.8	4720.3	115.9	5127.5	5.0
甘　肃	5973.1	5820.6	432.7	5535.8	41.0
青　海	1863.0	1742.0	16.0	1843.9	134.9
宁　夏	2590.3	2134.0	40.0	2510.4	50.8
新　疆	6820.2	6457.5	1259.0	5539.7	243.0

单位：万元

收入合计	财政补助收入	事业收入	支出合计	代发伤残抚恤金	年集体供给金额
247641.5	**157919.3**	**50253.4**	**241387.2**	**1825.0**	**232240.5**
5996.9	868.4	2501.7	5799.9	2.8	411.5
1021.9	340.6	151.2	1007.9		746.5
4041.7	1739.0	719.4	4051.5	5.7	1957.6
584.3	311.1	131.6	622.2	1.7	177.3
1837.4	556.4	1096.7	1837.4	5.5	57.6
8707.9	2920.5	4231.1	8837.0		2931.1
3658.2	1535.6	1723.5	3802.0	15.1	1644.5
4430.8	2008.7	1705.1	4341.9	11.0	1900.5
11570.7	2825.2	4193.2	11097.5	82.5	788.7
8690.3	3073.0	3478.4	8364.5	196.1	2115.7
23068.9	13479.9	2663.0	20600.2	61.8	5034.9
3502.6	1693.4	1245.8	3490.3	373.8	1649.4
1527.2	799.2	378.0	1532.8	63.7	459.0
5383.5	2958.9	674.9	5194.1	55.0	2375.9
17399.5	6806.8	7413.4	16572.0	606.8	10595.0
5042.2	1612.8	2223.4	5029.0	28.1	18503.1
11063.3	7064.6	2873.2	11063.3	12.0	2145.7
9057.2	4751.9	1563.6	9093.6	16.6	2649.0
7677.3	4232.5	1752.7	7149.1	88.8	3434.4
97193.2	88535.2	7384.8	97961.3	23.5	467.6
541.3	334.0	123.9	601.8	43.9	135.6
5733.4	2635.7	706.5	3888.9	66.8	2049.9
3692.3	2350.5	628.6	3547.4	7.6	2298.9
1377.6	708.9	275.0	1184.0	33.6	475.1
897.4	656.7	59.5	882.6	1.9	29277.7
89.4	89.4		89.4		
574.4	344.5	64.2	534.0		331.8
439.4	244.5	76.5	434.8	1.4	137189.2
1935.7	1914.9	2.0	1932.6		135.4
192.1	166.7	1.3	152.2		100.5
713.5	359.8	211.2	692.0	19.3	201.4

C-54 其他收养性

地区	单位数	年末职工人数	医护人员	年末床位数	光荣间床位	年在院总人天数	年末在院人数
全国	**277**	**2666**	**681**	**19874**	**305**	**3088679**	**8217**
北京	4	57	5	390		46000	204
天津							
河北	16	375	91	1448	81	212382	566
山西	19	172	50	571	2	87860	330
内蒙古	3	17	7	56		4576	52
辽宁	10	142	31	915	25	60634	655
吉林	5	18	2	177		11315	122
黑龙江	12	96	5	589		48005	431
上海							
江苏	4	25	4	183		39680	127
浙江	32	270	47	3591	8	900909	2628
安徽	5	23	8	140		37436	125
福建	5	104	24	446		140890	410
江西							
山东	2	24	2	98	2	18650	36
河南	9	106	42	516	150	87467	346
湖北	12	337	141	1690		984707	736
湖南	6	130	84	279		18225	119
广东	43	291	53	7271	23	134660	414
广西	2	89	18	82		580	14
海南							
重庆	3	11	2	91		25180	85
四川	13	62	15	291		77739	223
贵州							
云南	18	74	40	401	9	41901	214
西藏							
陕西	10	38	1	131		5325	76
甘肃	27	143		166	5	21528	106
青海							
宁夏	10	14	1	111		13140	29
新疆	7	48	8	241		69890	169

福利机构

单位：个、人、张、人天、人次

女性	在院人员按性质分			在院人员按年龄分			康复和医疗门诊人次数
	优抚对象	“三无”对象	自费人员	老人	青壮年	少年儿童	
3205	**399**	**2526**	**5292**	**7244**	**545**	**428**	**209840**
66	10	20	174	187	16	1	142
168	18	340	208	471	90	5	2709
108	18	266	46	151	1	178	6809
5		52		14	38		
294	28		627	613	2	40	35
17	35	51	36	122			
234	4	11	416	422	4	5	
72	9	2	116	115	12		19345
1183	26	427	2175	2621	6	1	10287
13		105	20	123	2		5016
76	13	122	275	306	104		15916
3	15	10	11	36			
73	104	182	60	260	45	41	21288
314	10	142	584	572	70	94	4796
34	1	15	103	89	28	2	22128
293	19	28	367	414			35099
10			14	14			45103
21		85		73	12		
62	2	214	7	162	30	31	13136
67	56	105	53	133	79	2	7835
14		76		74	1	1	
27	5	101		106			
7		29		24	5		46
44	26	143		142		27	150

C-54续表

地 区	资产合计	固定资产原值	负债合计	净资产合计	事业基金
全 国	**25377.4**	**18630.0**	**4146.3**	**19717.6**	**993.5**
北 京	1318.8	846.5	662.3	636.4	83.1
天 津					
河 北	2428.5	1948.0	323.4	2162.1	203.0
山 西	726.0	565.0	53.0	672.0	43.0
内蒙古	44.7	24.0	14.1	27.6	1.1
辽 宁	1472.0	484.2	125.2	1312.8	7.6
吉 林	261.0	218.0	82.0	212.0	
黑龙江	202.2	156.2	21.0	183.2	
上 海					
江 苏	411.0	333.0	8.0	403.0	40.0
浙 江	6010.3	4630.2	566.4	4267.3	34.6
安 徽	111.6	54.6	26.7	84.5	76.2
福 建	1591.4	1025.8	155.7	1265.2	129.3
江 西					
山 东	157.0	108.0		157.0	
河 南	849.0	780.0	6.8	834.2	202.4
湖 北	3114.6	1680.0	438.6	2676.0	48.0
湖 南	774.0	591.0	290.0	401.0	67.0
广 东	2992.2	2894.2	1130.4	1885.6	33.0
广 西	722.0	643.0	45.0	677.0	3.0
海 南					
重 庆	48.0	47.7	0.3	47.7	
四 川	538.1	461.3	31.2	504.9	9.8
贵 州					
云 南	892.0	570.1	67.2	709.1	3.8
西 藏					
陕 西	136.2	136.2		136.2	
甘 肃	221.0	104.0	98.0	123.0	
青 海					
宁 夏	172.7	167.9		157.7	
新 疆	183.1	161.1	1.0	182.1	8.6

单位：万元

收入合计	财政补助收入	事业收入	支出合计	代发伤残抚恤金	年集体供给金额
11281.6	**4089.2**	**2727.8**	**9768.1**	**0.6**	**167.9**
892.3	146.0	96.3	872.2		14.7
1752.6	1496.5	169.7	1809.6	0.6	6.0
310.5	219.8	84.9	309.5		3.0
61.2	60.0	0.2	58.2		
316.2	3.7	84.0	282.2		
			33.0		19.0
134.6		132.0	136.6		
110.7		99.7	110.7		
3165.7	208.0	151.5	1989.1		
58.3	58.3		57.9		5.8
606.9	278.7	164.5	436.4		
57.8	35.0	22.8	57.8		22.0
217.1	114.1	73.0	209.1		28.0
1379.2	539.0	619.2	1379.2		45.0
334.4	61.5	272.3	251.4		
456.7		299.0	480.5		
540.0	268.0	267.0	540.0		
26.2	26.2		26.2		12.6
158.3	133.7	16.1	156.3		4.1
397.1	174.4	155.5	281.4		3.9
60.8	60.8		60.8		
209.0	187.5	19.5	209.0		2.5
19.0	3.0	0.6	4.0		1.3
17.0	15.0		17.0		

C-55 救助类

地区	单位数	年末职工人数	床位数	年末在站（场）人数	儿童
全国	**1119**	**14711**	**45603**	**36678**	**4803**
北京	21	468	2231	770	165
天津	9	183	1097	173	14
河北	20	371	685	129	25
山西	12	313	712	123	46
内蒙古	32	406	905	119	32
辽宁	45	739	2468	7088	143
吉林	48	702	1578	1925	175
黑龙江	74	770	1187	1203	99
上海	22	457	2111	591	212
江苏	43	537	1838	399	126
浙江	45	451	2450	201	90
安徽	35	363	1071	3293	386
福建	17	336	620	758	35
江西	39	367	1287	185	38
山东	21	337	1435	194	5
河南	31	732	1758	1100	269
湖北	42	536	1378	223	53
湖南	69	891	3387	971	196
广东	65	1951	6229	1267	363
广西	20	297	1037	5752	332
海南	6	92	344	201	14
重庆	34	316	929	837	258
四川	103	815	1818	1643	345
贵州	20	252	980	217	56
云南	71	401	1325	644	88
西藏	3	22	330		
陕西	88	815	2197	4545	602
甘肃	33	366	643	1508	263
青海	9	55	147	55	7
宁夏	11	84	191	22	8
新疆	31	286	1235	542	358

单位总表

单位：个、人、张、万元

资产合计	固定资产原值	负债合计	净资产合计	事业基金
152896.4	**119728.6**	**13966.3**	**140311.9**	**16152.3**
3864.9	2931.4	629.0	3272.9	238.7
1626.9	1569.8	43.7	1583.2	
2544.1	1931.9	241.6	2192.0	110.3
1566.0	1050.3	226.1	1234.5	156.8
1804.3	1193.4	244.9	1493.2	101.5
5705.6	4086.2	1480.4	4221.2	35.8
3124.0	2581.0	266.0	2858.4	216.8
5819.9	5206.3	186.9	5604.6	138.9
9942.6	6787.3	282.2	10665.7	766.5
8867.3	6149.4	2043.6	6740.3	342.6
9705.0	7425.0	943.3	8662.8	1230.4
2770.5	1937.9	801.8	2136.4	130.9
4807.3	3925.3	400.9	4409.7	252.2
1474.1	1085.1	158.4	1311.1	225.8
4181.8	3308.4	327.9	3866.4	323.2
3726.7	2959.7	370.3	3450.0	161.4
2594.2	2182.4	417.3	2206.8	84.5
6241.4	5122.4	1366.0	5034.3	617.1
43925.9	34711.2	928.0	43512.8	9488.5
3958.6	3276.1	284.2	3624.6	208.2
1239.8	1046.5	11.1	1075.5	9.0
1897.9	1399.9	321.8	1577.3	109.2
5476.2	4559.7	640.7	5097.2	442.6
1692.7	1193.6	184.4	1357.1	38.1
3834.7	3118.4	405.5	3406.4	272.5
897.4	892.0	5.4	892.0	
3028.3	2308.4	403.8	2661.6	288.9
2176.0	1825.5	225.0	1874.4	88.3
235.0	232.9	2.0	233.0	48.0
529.0	523.6	5.7	523.3	7.2
3638.3	3207.6	118.4	3533.2	18.4

C-55续表

地区	收入合计			支出合计	本年救助人次数	
		财政补助收入	事业收入			从其他站转入的
全国	**94303.7**	**83542.4**	**2437.5**	**95685.5**	**1196305**	**129933**
北京	6275.5	5827.6	315.0	6312.5	142928	9244
天津	1150.7	971.4	136.0	1150.7	13684	4
河北	2239.8	2068.2	13.0	2129.3	21875	779
山西	1513.4	1248.9	55.5	1408.0	11052	761
内蒙古	1551.7	1461.9	2.6	1485.5	19228	1721
辽宁	4435.0	4259.5	11.5	4431.0	30103	1222
吉林	2530.7	2227.7	114.3	2531.1	21498	1610
黑龙江	5461.7	4968.7	56.0	5433.3	41618	4558
上海	6553.6	5587.2		7558.9	44842	12473
江苏	4845.2	4439.2	57.4	4761.8	52325	6535
浙江	5157.9	4749.5	126.7	5059.0	64469	655
安徽	1680.5	1545.0	97.9	1848.2	29571	3559
福建	1932.4	1641.6	26.2	1935.7	18190	1188
江西	1287.8	1154.8	38.8	1283.2	42966	6789
山东	2173.2	2049.4	13.7	2185.7	34652	3536
河南	3403.0	3068.7	38.3	3496.6	92768	4083
湖北	2058.8	1810.2	185.0	2088.7	55394	3156
湖南	3807.7	3155.7	238.0	3966.6	79637	7920
广东	20040.4	16888.8	377.0	20555.3	115786	15679
广西	2214.4	1610.0	31.5	2164.6	22754	5471
海南	656.0	560.2		502.8	8822	36
重庆	1544.6	1446.9	10.6	1545.8	24135	3117
四川	3832.6	3559.4	173.2	4094.3	79535	16225
贵州	1167.3	1020.3	134.7	1016.1	20045	5016
云南	1745.7	1645.1	73.2	1722.9	26884	3991
西藏	8.0	8.0		8.0		
陕西	1797.1	1605.2	4.5	1834.2	45784	2664
甘肃	1310.6	1206.8	4.5	1234.0	17182	3006
青海	229.4	228.9		229.4	4648	134
宁夏	290.8	274.1	16.7	290.8	1760	102
新疆	1408.2	1253.5	85.7	1421.5	12170	4699

单位：万元、人次

儿童	老年人	残疾人	女性	救治的危重病人、精神病人	自主返乡	跨省接送
120487	**124512**	**79935**	**209632**	**36239**	**405524**	**50185**
2112	7794	3961	54875	3317	5040	533
951	814	354	2328	143	3034	304
1801	3093	1645	3999	562	11913	375
1563	1651	900	1836	410	3925	816
1430	3007	1989	2232	908	9611	1350
1902	4501	2272	5833	1673	13809	1005
2084	3940	1213	3320	1067	6562	1588
2790	5014	3730	3720	807	6598	734
7824	6351	3261	10990	1135	12808	1217
8318	4780	1460	7477	1352	28475	3182
4440	5058	3714	7723	1500	26706	1245
3365	3420	2396	4068	490	11330	2213
1469	816	902	1830	197	7692	217
2439	2453	2364	2031	1216	15244	329
3893	5105	2978	8296	1952	11611	1188
8503	8319	5152	10388	1693	11345	1092
4465	6827	5148	6988	2096	11913	3563
9994	11449	10675	14132	2936	44974	2405
8422	9648	6656	16014	4035	76787	4434
3034	1028	1194	2625	704	9965	939
450	536	360	507	87	59	54
4328	3519	4277	5655	998	9005	1521
15887	8211	3254	14809	2820	21761	11402
2957	526	609	1601	116	3235	266
3821	3003	2326	3976	847	6150	1310
4171	7395	3158	6911	2112	25238	2751
1883	3843	2683	2699	433	6044	1167
416	501	125	383	165	451	227
165	479	307	223	48	666	94
5610	1431	872	2163	420	3573	2664

C-56 救助管

地区	单位数	年末职工人数	床位数	年末在站（场）人数	儿童
全国	**1079**	**14329**	**43754**	**33152**	**4204**
北京	20	453	2081	644	39
天津	9	183	1097	173	14
河北	20	371	685	129	25
山西	12	313	712	123	46
内蒙古	32	406	905	119	32
辽宁	43	725	2416	4078	23
吉林	48	702	1578	1925	175
黑龙江	74	770	1187	1203	99
上海	21	400	2011	524	145
江苏	43	537	1838	399	126
浙江	44	430	2154	138	27
安徽	34	356	1051	3290	383
福建	17	336	620	758	35
江西	39	367	1287	185	38
山东	21	337	1435	194	5
河南	31	732	1758	1100	269
湖北	38	460	1178	200	47
湖南	68	860	3233	953	193
广东	63	1871	5529	1073	169
广西	17	276	997	5747	327
海南	6	92	344	201	14
重庆	34	316	929	837	258
四川	85	802	1808	1638	340
贵州	15	208	872	217	56
云南	71	401	1325	644	88
西藏	3	22	330		
陕西	88	815	2197	4545	602
甘肃	33	366	643	1508	263
青海	9	55	147	55	7
宁夏	11	84	191	22	8
新疆	30	283	1216	530	351

理站

单位：个、人、张、万元

资产合计	固定资产原值	负债合计	净资产合计	事业基金
146728.9	**114227.4**	**13466.6**	**134653.9**	**15966.8**
3666.9	2791.4	627.0	2980.9	85.7
1626.9	1569.8	43.7	1583.2	
2544.1	1931.9	241.6	2192.0	110.3
1566.0	1050.3	226.1	1234.5	156.8
1804.3	1193.4	244.9	1493.2	101.5
5690.8	4071.4	1480.4	4206.4	35.8
3124.0	2581.0	266.0	2858.4	216.8
5819.9	5206.3	186.9	5604.6	138.9
9502.6	6598.6	253.7	10328.2	766.5
8867.3	6149.4	2043.6	6740.3	342.6
8770.3	6660.5	805.7	7877.9	1220.1
2698.5	1865.9	801.8	2060.7	130.9
4807.3	3925.3	400.9	4409.7	252.2
1474.1	1085.1	158.4	1311.1	225.8
4181.8	3308.4	327.9	3866.4	323.2
3726.7	2959.7	370.3	3450.0	161.4
2190.2	1852.4	363.3	1856.8	67.7
6044.8	4970.5	1346.7	4857.0	617.1
40981.1	31805.6	697.7	40798.2	9488.5
3222.0	2539.5	256.2	2916.0	208.2
1239.8	1046.5	11.1	1075.5	9.0
1897.9	1399.9	321.8	1577.3	109.2
5476.2	4559.7	640.7	5097.2	442.6
1466.7	996.5	184.4	1154.5	32.7
3834.7	3118.4	405.5	3406.4	272.5
897.4	892.0	5.4	892.0	
3028.3	2308.4	403.8	2661.6	288.9
2176.0	1825.5	225.0	1874.4	88.3
235.0	232.9	2.0	233.0	48.0
529.0	523.6	5.7	523.3	7.2
3638.3	3207.6	118.4	3533.2	18.4

C-56续表

地区	收入合计	财政补助收入	事业收入	支出合计	本年救助人次数	从其他站转入的
全国	**90114.8**	**80257.7**	**2281.4**	**91506.4**	**1178104**	**129054**
北京	5651.5	5204.6	314.0	5592.5	142107	9132
天津	1150.7	971.4	136.0	1150.7	13684	4
河北	2239.8	2068.2	13.0	2129.3	21875	779
山西	1513.4	1248.9	55.5	1408.0	11043	761
内蒙古	1551.7	1461.9	2.6	1485.5	19228	1721
辽宁	4400.1	4224.6	11.5	4396.1	29881	1177
吉林	2530.7	2227.7	114.3	2531.1	21498	1610
黑龙江	5461.7	4968.7	56.0	5433.3	41618	4558
上海	5561.0	4657.7		6640.3	44712	12473
江苏	4845.2	4439.2	57.4	4761.8	52325	6535
浙江	4888.3	4480.2	126.7	4801.6	63909	589
安徽	1678.4	1545.0	95.8	1842.4	29238	3308
福建	1932.4	1641.6	26.2	1935.7	18190	1188
江西	1287.8	1154.8	38.8	1283.2	42966	6789
山东	2173.2	2049.4	13.7	2185.7	34652	3536
河南	3403.0	3068.7	38.3	3496.6	92768	4083
湖北	1654.8	1436.2	155.0	1684.7	49074	3156
湖南	3629.4	2977.4	238.0	3788.3	76950	7917
广东	18575.3	16105.4	377.0	19090.1	113043	15461
广西	2135.9	1564.5	1.5	2086.1	21995	5445
海南	656.0	560.2		502.8	8822	36
重庆	1544.6	1446.9	10.6	1545.8	24135	3117
四川	3812.6	3539.4	173.2	4074.3	79117	16225
贵州	1047.5	993.5	41.7	919.7	16964	4942
云南	1745.7	1645.1	73.2	1722.9	26884	3991
西藏	8.0	8.0		8.0		
陕西	1797.1	1605.2	4.5	1834.2	45784	2664
甘肃	1310.6	1206.8	4.5	1234.0	17182	3006
青海	229.4	228.9		229.4	4648	134
宁夏	290.8	274.1	16.7	290.8	1760	102
新疆	1408.2	1253.5	85.7	1421.5	12052	4615

单位：万元、人次

儿童	老年人	残疾人	女性	救治的危重病人、精神病人	自主返乡	跨省接送
116129	**124068**	**79455**	**207253**	**36088**	**401127**	**48658**
1291	7794	3961	54875	3317	4928	167
951	814	354	2328	143	3034	304
1801	3093	1645	3999	562	11913	375
1563	1649	898	1836	409	3922	816
1430	3007	1989	2232	908	9611	1350
1900	4490	2268	5825	1667	13753	1002
2084	3940	1213	3320	1067	6562	1588
2790	5014	3730	3720	807	6598	734
7694	6351	3261	10990	1135	12808	1217
8318	4780	1460	7477	1352	28475	3182
3880	5058	3714	7588	1500	26699	1047
3032	3420	2324	3941	475	11330	2000
1469	816	902	1830	197	7692	217
2439	2453	2364	2031	1216	15244	329
3893	5105	2978	8296	1952	11611	1188
8503	8319	5152	10388	1693	11345	1092
4049	6563	4872	6607	2096	11913	3563
9744	11322	10566	13864	2853	42615	2391
8150	9648	6656	14736	4020	74934	3809
2336	1028	1194	2582	704	9965	883
450	536	360	507	87	59	54
4328	3519	4277	5655	998	9005	1521
15469	8211	3254	14809	2820	21761	11402
2577	526	609	1491	116	3235	249
3821	3003	2326	3976	847	6150	1310
4171	7395	3158	6911	2112	25238	2751
1883	3843	2683	2699	433	6044	1167
416	501	125	383	165	451	227
165	479	307	223	48	666	94
5532	1391	855	2134	389	3566	2629

C–57 流浪儿童救

地　区	单位数	年末职工人数	床位数	年末在站（场）人数	儿童
全　国	**40**	**382**	**1849**	**3526**	**599**
北　京	1	15	150	126	126
天　津					
河　北					
山　西					
内蒙古					
辽　宁	2	14	52	3010	120
吉　林					
黑龙江					
上　海	1	57	100	67	67
江　苏					
浙　江	1	21	296	63	63
安　徽	1	7	20	3	3
福　建					
江　西					
山　东					
河　南					
湖　北	4	76	200	23	6
湖　南	1	31	154	18	3
广　东	2	80	700	194	194
广　西	3	21	40	5	5
海　南					
重　庆					
四　川	18	13	10	5	5
贵　州	5	44	108		
云　南					
西　藏					
陕　西					
甘　肃					
青　海					
宁　夏					
新　疆	1	3	19	12	7

助保护中心

单位：个、人、张、万元

资产合计	固定资产原值	负债合计	净资产合计	事业基金
6167.5	**5501.2**	**499.7**	**5658.0**	**185.5**
198.0	140.0	2.0	292.0	153.0
14.8	14.8		14.8	
440.0	188.7	28.5	337.5	
934.7	764.5	137.6	784.9	10.3
72.0	72.0		75.7	
404.0	330.0	54.0	350.0	16.8
196.6	151.9	19.3	177.3	
2944.8	2905.6	230.3	2714.6	
736.6	736.6	28.0	708.6	
226.0	197.1		202.6	5.4

C-57续表

地　区	收入合计	财政补助收入	事业收入	支出合计	本年救助人次数	从其他站转入的
全　国	**4188.9**	**3284.7**	**156.1**	**4179.1**	**18201**	**879**
北　京	624.0	623.0	1.0	720.0	821	112
天　津						
河　北						
山　西					9	
内蒙古						
辽　宁	34.9	34.9		34.9	222	45
吉　林						
黑龙江						
上　海	992.6	929.5		918.6	130	
江　苏						
浙　江	269.6	269.3		257.4	560	66
安　徽	2.1		2.1	5.8	333	251
福　建						
江　西						
山　东						
河　南						
湖　北	404.0	374.0	30.0	404.0	6320	
湖　南	178.3	178.3		178.3	2687	3
广　东	1465.1	783.4		1465.2	2743	218
广　西	78.5	45.5	30.0	78.5	759	26
海　南						
重　庆						
四　川	20.0	20.0		20.0	418	
贵　州	119.8	26.8	93.0	96.4	3081	74
云　南						
西　藏						
陕　西						
甘　肃						
青　海						
宁　夏						
新　疆					118	84

单位：万元、人次

儿童	老年人	残疾人	女性	救治的危重病人、精神病人	自主返乡	跨省接送
4358	**444**	**480**	**2379**	**151**	**4397**	**1527**
821					112	366
	2	2		1	3	
2	11	4	8	6	56	3
130						
560			135		7	198
333		72	127	15		213
416	264	276	381			
250	127	109	268	83	2359	14
272			1278	15	1853	625
698			43			56
418						
380			110			17
78	40	17	29	31	7	35

C-58 殡葬类

地区	单位数	年末职工人数	资产合计	固定资产原值	负债合计	净资产合计	事业基金
全国	**3284**	**68588**	**2386413.8**	**1240621.0**	**828087.6**	**1558326.2**	**144670.9**
北京	39	1851	141462.2	72396.9	54829.0	86633.2	15483.3
天津	25	1003	33097.2	17861.1	6511.7	26585.5	1591.2
河北	185	3131	44695.8	36765.4	5293.8	39402.0	1601.3
山西	38	485	12280.6	9365.0	2157.8	10122.8	351.7
内蒙古	118	1633	26942.3	18686.5	9740.0	17202.3	920.6
辽宁	174	4078	131625.6	75582.3	58115.4	73510.2	5870.6
吉林	67	1607	27165.7	16763.7	8647.1	18518.6	2484.5
黑龙江	135	2991	87735.5	49705.9	34954.3	52781.2	4721.8
上海	75	3078	363144.8	101847.0	128807.6	234337.2	8773.1
江苏	230	3971	188700.6	97693.7	57689.7	131010.9	17244.4
浙江	195	3154	141769.1	70983.5	46189.1	95580.0	15492.3
安徽	155	2781	51513.9	31519.1	12256.8	39257.1	4574.9
福建	120	2400	76331.7	38381.0	33928.1	42403.6	4482.1
江西	100	1746	38306.6	25189.1	8510.7	29795.9	2793.1
山东	162	3403	92956.7	55218.7	27546.5	65410.2	6810.0
河南	220	5387	61622.1	50809.9	13233.4	48388.7	1959.6
湖北	131	3265	73710.3	46669.0	20321.8	53388.5	6773.8
湖南	86	1667	48722.2	29881.3	18504.9	30217.3	2657.7
广东	196	6252	327967.2	177003.9	117990.8	209976.4	21211.7
广西	56	1261	36248.7	23224.8	11593.0	24655.7	2107.5
海南	14	313	13735.7	8749.0	1538.4	12197.3	248.8
重庆	95	1646	83844.1	32575.2	37298.8	46545.3	1652.8
四川	222	3670	114799.2	75353.4	42579.2	72220.0	5599.1
贵州	83	3556	40869.7	21520.1	20727.0	20142.7	655.2
云南	83	985	56058.4	16080.4	28343.1	27715.3	2224.2
西藏	2	21	1481.2	1150.7	74.8	1406.4	13.0
陕西	80	1583	23826.9	14859.2	8490.4	15336.5	4595.2
甘肃	39	513	7350.9	4563.5	2871.4	4479.5	461.7
青海	21	85	2668.4	1330.4	614.0	2054.4	185.6
宁夏	30	151	5518.0	2851.0	1389.4	4128.6	380.2
新疆	108	921	30262.5	16040.3	7339.6	22922.9	749.9

单位总表

单位：个、人、万元

收入合计	财政补助收入	事业收入	支出合计	纳税总额	盈利总额	亏损总额
948060.9	**45140.6**	**616084.8**	**795124.2**	**11586.8**	**103250.2**	**17031.7**
61657.5	424.6	37786.4	58269.5	1486.4	2676.2	457.9
19452.0	463.6	13507.2	17283.8	31.6	1908.4	160.2
21991.9	4383.2	14075.8	18849.6	135.1	1802.0	289.6
6555.6	567.1	5789.1	6296.1	0.2	223.9	31.6
11984.4	787.2	10524.2	17836.9	4.0	733.1	303.6
62453.7	1878.7	42904.7	54409.8	897.2	5566.3	510.0
11208.8	1250.7	9520.6	11051.0	92.0	874.5	43.5
27364.7	1473.9	23960.0	23993.5	678.7	2666.9	1049.6
164805.9	101.1	66776.4	95178.3	420.9	27089.5	479.2
74303.9	713.0	63643.5	55324.0	4192.5	14496.3	1502.5
56861.3	4703.5	36032.0	50266.4	122.0	4513.2	897.0
28025.8	1186.4	22723.3	22988.8	153.3	3226.8	449.7
22464.2	917.2	11674.5	20718.9	207.4	3104.2	1051.0
14762.4	897.3	11208.1	14504.9	52.1	828.1	769.5
37141.7	2369.0	32340.0	32688.0	27.9	4620.4	169.1
25930.3	3153.5	18678.6	25444.5	80.5	1006.7	409.9
34399.8	1829.8	29270.8	29192.3	195.0	2194.7	444.7
17894.4	2742.1	13641.7	16061.0	129.3	577.3	447.1
117104.3	7817.0	64297.7	99870.1	1613.5	16159.9	2932.0
15448.1	503.0	11318.8	15346.2	46.2	634.7	810.3
2679.3	122.2	2557.1	3444.6	72.5	181.3	21.2
17093.9	1057.4	9999.4	16236.5	9.6	1636.8	988.7
36434.9	2079.4	22378.0	34154.6	76.0	2290.1	1244.8
15826.6	813.3	10740.1	15167.8	247.9	1283.9	652.7
12915.0	914.1	5227.4	11918.6	169.2	897.6	315.4
184.9	115.8	69.1	232.1		13.0	60.2
12258.5	582.3	9405.3	10898.4	44.6	1615.1	160.6
4516.5	478.7	4036.6	4324.1	3.5	119.6	125.2
797.1	13.1	705.8	641.4	6.6	158.4	
1944.0	119.3	1820.7	2109.7	14.8	50.1	199.2
11599.5	683.1	9471.9	10422.8	376.3	101.2	55.7

C−59 在编制部门登

地 区	单位数	年末职工人数	资产合计	固定资产原值	负债合计	净资产合计	事业基金
全 国	**2901**	**57090**	**1734651.2**	**1039797.8**	**526921.3**	**1207729.9**	**136405.2**
北 京	37	1787	140499.9	72166.0	54181.8	86318.1	15483.3
天 津	24	965	26535.2	14784.1	6511.7	20023.5	1591.2
河 北	184	3111	44645.8	36715.4	5293.8	39352.0	1601.3
山 西	38	485	12280.6	9365.0	2157.8	10122.8	351.7
内蒙古	100	1374	21969.0	14284.2	8050.8	13918.2	920.6
辽 宁	163	3696	114400.6	63199.3	47155.4	67245.2	5812.6
吉 林	66	1551	27165.7	16763.7	8647.1	18518.6	2484.5
黑龙江	133	2976	87585.5	49565.9	34824.3	52761.2	4721.8
上 海	25	834	71339.0	41861.6	38200.8	33138.2	3571.3
江 苏	203	3646	180224.3	91713.6	55628.9	124595.4	16968.9
浙 江	148	2451	99177.5	63316.5	13601.1	85576.4	13902.2
安 徽	137	2560	45599.9	28688.9	10032.2	35567.7	4469.9
福 建	97	1554	39646.6	23054.0	12294.9	27351.7	4477.1
江 西	100	1746	38306.6	25189.1	8510.7	29795.9	2793.1
山 东	151	3250	87867.7	51637.9	25259.1	62608.6	6267.0
河 南	213	5252	59587.1	49226.4	12674.9	46912.2	1959.6
湖 北	125	3212	69785.3	44421.4	19533.8	50251.5	6773.8
湖 南	83	1533	47845.3	29573.4	17947.5	29897.8	2649.1
广 东	176	5562	259472.0	151125.4	65580.6	193891.4	20787.6
广 西	52	1160	34218.7	22152.8	10655.0	23563.7	2107.5
海 南	13	271	10050.7	6172.0	795.4	9255.3	248.8
重 庆	61	929	32207.8	17335.6	11288.0	20919.8	1628.6
四 川	188	2866	86435.9	57846.7	28187.0	58248.9	5645.6
贵 州	51	873	15025.2	10656.9	4791.7	10233.5	716.3
云 南	81	724	26758.4	12900.4	9377.1	17381.3	2224.2
西 藏	2	21	1481.2	1150.7	74.8	1406.4	13.0
陕 西	74	1507	22443.2	14047.5	7992.2	14451.0	4523.6
甘 肃	37	489	6929.3	4375.6	2508.0	4421.3	459.5
青 海	16	42	1410.4	967.4	151.0	1259.4	161.4
宁 夏	27	120	3799.0	2170.0	628.4	3170.6	356.2
新 疆	96	543	19957.8	13370.4	4385.5	15572.3	733.9

记的殡葬类单位

单位：个、人、万元

收入合计	财政补助收入	事业收入	支出合计	纳税总额	盈利总额	亏损总额
725404.5	**44564.0**	**544475.0**	**644715.9**	**9311.1**	**73301.3**	**11520.6**
61489.5	424.6	37618.4	58105.9	1484.4	2640.2	421.9
18428.0	463.6	12483.2	16134.8	31.6	1908.4	35.2
21987.8	4383.2	14071.7	18845.5	135.1	1802.0	289.6
6555.6	567.1	5789.1	6296.1	0.2	223.9	31.6
9851.6	787.2	8411.4	15914.1	2.0	474.3	238.8
55624.2	1872.7	41323.2	50756.4	526.2	4645.2	308.0
11208.8	1250.7	9520.6	11051.0	92.0	874.5	43.5
27304.7	1473.9	23910.0	23933.5	678.7	2666.9	1049.6
29121.2	101.1	25930.1	23312.3	154.9	5379.5	
69291.6	713.0	62087.8	52049.7	4153.2	13576.4	1502.4
42474.2	4661.7	27222.4	36651.9	27.7	3225.3	371.0
24776.3	1186.4	22215.5	20374.0	64.6	2454.0	327.7
15834.1	611.9	11102.5	14681.1	56.3	2380.4	765.9
14762.4	897.3	11208.1	14504.9	52.1	828.1	769.5
35700.2	2369.0	31019.6	31358.9	3.1	4493.0	154.1
25274.3	3123.5	18574.6	24762.5	80.5	974.0	343.9
33746.8	1829.8	28617.8	28689.7	195.0	2049.3	444.7
17019.2	2715.1	13190.1	15403.3	92.9	508.7	447.1
103051.4	7701.0	63300.2	87081.0	1163.9	15032.6	1658.8
13881.1	503.0	11017.8	13811.2	25.2	584.7	744.3
2679.3	122.2	2557.1	2481.6	0.5	155.3	21.2
11732.7	1056.4	9009.7	10478.6	1.6	1363.9	226.2
29664.1	2064.4	20481.0	27211.3	53.2	1707.8	630.8
6440.0	778.8	4688.6	5732.0	9.7	601.5	131.5
8974.0	914.1	5227.4	7959.6	150.2	888.6	288.4
184.9	115.8	69.1	232.1		13.0	60.2
11905.1	582.3	9055.0	10555.8	44.6	1572.3	117.3
4299.9	478.7	3820.0	4089.8	3.5	119.6	85.5
335.4	13.1	310.8	290.4		45.0	
1641.0	119.3	1521.7	1628.7	3.8	12.1	0.2
10165.1	683.1	9120.5	10338.2	24.4	100.8	11.7

C-60 在工商部门登

地区	单位数	年末职工人数	资产合计	固定资产原值	负债合计	净资产合计	事业基金
全国	**313**	**10124**	**610934.9**	**182784.4**	**281910.9**	**329024.0**	**7493.3**
北京	1	19	146.8	87.9	35.7	111.1	
天津	1	38	6562.0	3077.0		6562.0	
河北							
山西							
内蒙古	10	150	2373.3	2082.3	1009.2	1364.1	
辽宁	8	312	16004.0	12380.0	9792.0	6212.0	58.0
吉林	1	56					
黑龙江	1	11	50.0	40.0	50.0		
上海	49	2220	289045.8	58880.4	88567.8	200478.0	5110.8
江苏	10	85	2652.1	1489.6	806.6	1845.5	266.5
浙江	46	688	42435.6	7589.8	32562.0	9873.6	1535.1
安徽	13	151	4702.5	2434.5	1605.5	3097.0	70.0
福建	21	824	36139.1	15127.0	21335.2	14803.9	5.0
江西							
山东	9	108	3468.0	2450.8	1203.4	2264.6	6.0
河南	7	135	2035.0	1583.5	558.5	1476.5	
湖北	6	53	3925.0	2247.6	788.0	3137.0	
湖南	3	134	876.9	307.9	557.4	319.5	8.6
广东	19	637	66593.8	25691.5	50725.3	15868.5	424.1
广西	3	83	1736.0	1024.0	667.0	1069.0	
海南	1	42	3685.0	2577.0	743.0	2942.0	
重庆	23	317	35067.7	10176.5	18410.1	16657.6	24.2
四川	28	706	25103.9	15734.3	13384.6	11719.3	-87.7
贵州	28	2567	24148.5	10093.2	15214.3	8934.2	-63.1
云南	2	261	29300.0	3180.0	18966.0	10334.0	
西藏							
陕西	5	61	1262.2	696.7	432.2	830.0	71.6
甘肃	1	21	376.0	149.0	320.0	56.0	
青海	5	43	1258.0	363.0	463.0	795.0	24.2
宁夏	3	31	1719.0	681.0	761.0	958.0	24.0
新疆	9	371	10268.7	2639.9	2953.1	7315.6	16.0

记的殡葬类单位

单位：个、人、万元

收入合计	财政补助收入	事业收入	支出合计	纳税总额	盈利总额	亏损总额
208025.7	**576.6**	**66818.2**	**138107.5**	**2218.1**	**27803.1**	**4873.8**
87.4		87.4	51.4		36.0	
1024.0		1024.0	1149.0			125.0
1703.1		1683.1	1510.8	1.9	190.3	
6625.2	6.0	1387.2	3483.2	371.0	887.0	202.0
10.0			10.0			
133645.7		38807.3	70680.0	266.0	20858.0	479.2
1247.0		1065.3	942.4	34.3	270.4	
14246.1	41.8	8670.1	13496.3	94.3	1275.8	526.0
2516.3		376.1	1941.7	60.1	711.8	92.0
6505.1	305.3	512.0	5919.8	151.1	716.8	285.1
917.8		796.7	805.4	24.8	127.4	15.0
656.0	30.0	104.0	682.0		32.7	66.0
653.0		653.0	502.6		145.4	
875.2	27.0	451.6	657.7	36.4	68.6	
13856.1	116.0	997.5	12502.5	449.6	1127.3	1183.4
1519.0		301.0	1490.0	21.0	50.0	25.0
			963.0	72.0	26.0	
1609.4	1.0	706.2	1915.3	8.0	27.5	484.5
5178.1	15.0	1721.4	5318.7	22.8	520.3	517.1
8504.1	34.5	5923.0	8695.3	217.2	530.4	521.2
3941.0			3959.0	19.0	9.0	27.0
305.4		302.3	296.4		41.0	43.3
205.0		205.0	222.0			39.0
461.7		395.0	351.0	6.6	113.4	
303.0		299.0	481.0	11.0	38.0	199.0
1431.0		350.0	81.0	351.0		44.0

C−61 在民政部门登记的和

地区	单位数	年末职工人数	资产合计	固定资产原值	负债合计	净资产合计	事业基金
全国	**70**	**1374**	**40827.7**	**18038.8**	**19255.4**	**21572.3**	**772.4**
北京	1	45	815.5	143.0	611.5	204.0	
天津							
河北	1	20	50.0	50.0		50.0	
山西							
内蒙古	8	109	2600.0	2320.0	680.0	1920.0	
辽宁	3	70	1221.0	3.0	1168.0	53.0	
吉林							
黑龙江	1	4	100.0	100.0	80.0	20.0	
上海	1	24	2760.0	1105.0	2039.0	721.0	91.0
江苏	17	240	5824.2	4490.5	1254.2	4570.0	9.0
浙江	1	15	156.0	77.2	26.0	130.0	55.0
安徽	5	70	1211.5	395.7	619.1	592.4	35.0
福建	2	22	546.0	200.0	298.0	248.0	
江西							
山东	2	45	1621.0	1130.0	1084.0	537.0	537.0
河南							
湖北							
湖南							
广东	1	53	1901.4	187.0	1684.9	216.5	
广西	1	18	294.0	48.0	271.0	23.0	
海南							
重庆	11	400	16568.6	5063.1	7600.7	8967.9	
四川	6	98	3259.4	1772.4	1007.6	2251.8	41.2
贵州	4	116	1696.0	770.0	721.0	975.0	2.0
云南							
西藏							
陕西	1	15	121.5	115.0	66.0	55.5	
甘肃	1	3	45.6	38.9	43.4	2.2	2.2
青海							
宁夏							
新疆	3	7	36.0	30.0	1.0	35.0	

未登记的殡葬类单位

单位：个、人、万元

收入合计	财政补助收入	事业收入	支出合计	纳税总额	盈利总额	亏损总额
14630.7		**4791.6**	**12300.8**	**57.6**	**2145.8**	**637.3**
80.6		80.6	112.2	2.0		36.0
4.1		4.1	4.1			
429.7		429.7	412.0	0.1	68.5	64.8
204.3		194.3	170.2		34.1	
50.0		50.0	50.0			
2039.0		2039.0	1186.0		852.0	
3765.3		490.4	2331.9	5.0	649.5	0.1
141.0		139.5	118.2		12.1	
733.2		131.7	673.1	28.6	61.0	30.0
125.0		60.0	118.0		7.0	
523.7		523.7	523.7			
196.8			286.6			89.8
48.0			45.0			41.0
3751.8		283.5	3842.6		245.4	278.0
1592.7		175.6	1624.6		62.0	96.9
882.5		128.5	740.5	21.0	152.0	
48.0		48.0	46.2		1.8	
11.6		11.6	12.3			0.7
3.4		1.4	3.6	0.9	0.4	

C-62 殡仪

地 区	单位数	年末职工人数	资产合计	固定资产原值	负债合计	净资产合计	事业基金
全 国	**1594**	**43803**	**1198145.8**	**823327.8**	**313741.2**	**884404.6**	**89292.1**
北 京	12	703	39812.6	29885.0	6984.5	32828.1	3552.0
天 津	11	587	12706.8	9966.0	2398.1	10308.7	1126.6
河 北	156	2665	34371.8	28722.1	4173.4	30198.4	1113.5
山 西	22	381	9949.8	8084.1	1192.6	8757.2	326.2
内蒙古	58	1108	20824.7	14011.4	7531.8	13292.9	694.5
辽 宁	73	2708	74477.8	49403.9	23896.3	50581.5	4720.1
吉 林	44	1425	23402.7	14977.2	7959.3	15443.4	1582.7
黑龙江	96	2466	60694.7	40253.3	25027.4	35667.3	1384.3
上 海	15	1164	63259.1	48661.7	28210.4	35048.7	3484.8
江 苏	98	2647	126023.7	76098.9	31572.5	94451.2	13559.3
浙 江	75	2152	80618.1	57813.6	12360.3	68257.8	7721.7
安 徽	69	1867	29157.5	20997.4	5661.1	23496.4	3255.9
福 建	50	1691	51096.0	28465.5	19699.8	31396.2	3727.1
江 西	80	1468	32527.4	21724.7	6003.1	26524.3	2609.8
山 东	126	3022	69464.1	45130.3	18534.6	50929.5	3740.5
河 南	113	3815	51072.9	43938.1	10075.6	40997.3	1535.8
湖 北	81	2668	50098.9	34745.5	12207.1	37891.8	5507.3
湖 南	42	1237	34941.9	19117.2	15157.5	19784.4	1547.0
广 东	88	4029	158721.7	113206.6	31731.5	126990.2	15286.6
广 西	25	692	21830.9	15937.4	3726.1	18104.8	1165.4
海 南	2	43	2735.0	1590.0	17.0	2718.0	
重 庆	33	871	34152.8	19272.3	10984.9	23167.9	1062.8
四 川	76	1873	53241.2	38156.0	14561.4	38679.8	3738.1
贵 州	21	687	11952.0	8287.3	4029.5	7922.5	631.8
云 南	34	414	14233.8	8850.7	1384.3	12849.5	1085.2
西 藏	2	21	1481.2	1150.7	74.8	1406.4	13.0
陕 西	35	717	10582.7	8843.3	2128.5	8454.2	4164.3
甘 肃	18	316	4633.7	3031.7	1603.7	3030.0	334.4
青 海	12	59	2111.4	1079.4	566.0	1545.4	175.6
宁 夏	3	33	1243.4	755.7	433.5	809.9	54.2
新 疆	24	274	16725.5	11170.8	3854.6	12870.9	391.6

馆

单位：个、人、万元

收入合计	财政补助收入	事业收入	支出合计	纳税总额	盈利总额	亏损总额
516776.4	**33417.5**	**384752.5**	**471163.9**	**3658.6**	**48802.5**	**8638.2**
18812.8	209.2	10293.9	18069.0	1414.5	210.6	48.0
9203.2	130.0	8545.0	9155.6	31.6	93.8	35.2
16923.6	4079.0	10765.3	15218.0	135.1	833.5	272.4
4865.0	419.8	4404.2	4753.2	0.1	89.3	30.1
8677.4	516.0	7507.8	14768.5	1.2	607.0	231.0
33138.4	770.4	25755.4	30873.3	72.3	2555.7	216.7
8041.9	1019.4	6669.4	7945.1	19.0	740.5	45.1
19733.6	1196.1	17602.3	17456.5	304.6	1547.1	920.6
39716.8	5.0	24609.7	30170.4	239.8	8965.2	
44604.4	451.2	39755.5	38594.5	35.9	5900.3	1005.0
35341.5	3323.5	21803.2	31153.5	27.8	2592.4	346.9
16553.5	1006.5	14534.8	14727.7	12.0	1394.9	256.1
16369.7	655.6	9608.8	15348.4	119.2	2138.9	932.1
13319.5	771.5	10445.6	12900.0	34.0	699.8	395.9
30532.7	2309.4	25925.1	27229.6	1.1	3447.8	144.7
19355.3	2221.5	15216.6	19266.2	54.8	691.7	285.3
21813.9	1575.6	17225.0	22282.4	14.6	795.6	427.8
12996.2	2350.6	9895.6	11431.2	36.7	423.1	131.2
80807.0	5213.3	53686.3	69012.5	700.3	10340.2	1277.2
7001.2	331.8	6126.8	7134.8	2.0	329.6	665.6
441.0	86.0	355.0	427.0		14.0	
8874.9	889.6	6055.2	8194.8	9.5	910.1	273.3
21229.5	1220.5	14698.3	18844.7	15.0	1541.1	360.1
5170.7	554.7	3715.4	4472.6	3.8	538.2	73.5
5129.9	670.2	3357.7	4498.2	8.0	522.6	16.0
184.9	115.8	69.1	232.1		13.0	60.2
5340.4	426.9	4503.2	4656.5	3.8	703.9	111.8
2926.0	358.2	2567.8	2870.2	3.3	33.8	76.3
540.6	9.0	498.1	457.9	6.6	93.7	
366.7	12.0	354.7	366.7	1.0	2.5	
8764.2	519.2	8201.7	8652.8	351.0	32.6	0.1

C-62续表

地　区	火化炉数	全年处理遗体数	国际运尸数	外国人	港澳台
全　国	**5037**	**4501777**	**549**	**302**	**238**
北　京	74	77156	146	132	12
天　津	49	60473	9	9	
河　北	334	326634			
山　西	48	20459			
内蒙古	123	59268			
辽　宁	253	268503			
吉　林	130	110796			
黑龙江	225	172631	3	3	
上　海	80	107185	113	95	16
江　苏	433	452755	4	2	2
浙　江	264	304532	8	8	
安　徽	188	243420	1		1
福　建	689	132310			
江　西	154	104973	2		2
山　东	390	540020			
河　南	298	360911			
湖　北	230	218371			
湖　南	90	47832	6	6	
广　东	295	421117	213	17	195
广　西	61	47097	9	5	4
海　南	4	1975	17	10	4
重　庆	100	86550	4	2	1
四　川	217	188971			
贵　州	48	35246			
云　南	68	28305	7	6	1
西　藏	5	637			
陕　西	70	37876			
甘　肃	31	13444			
青　海	33	7571			
宁　夏	2	2944			
新　疆	51	21815	7	7	

单位：万元、个、具

侨民	穴位数	本年销售穴位数	安葬数	本年安葬数
9	**1040944**	**66769**	**702485**	**74605**
2	4054	607	3661	607
	25545	1017	9247	940
	16674	966	13472	1003
	61	30	61	30
	31115	3148	23482	3014
	18298	1970	17387	1940
	20858	2010	15489	2630
	50424	5231	44574	5535
2				
	66078	3919	59007	3857
	53994	2709	30391	5065
	12685	1562	13301	3805
	28515	2426	18874	2385
	54026	6943	48089	7041
	29970	1587	15600	1398
	22868	1618	14684	4541
	45406	4689	31189	4808
	65583	4747	33106	4766
1	293440	3082	25008	2324
	4044	22	2851	17
3				
1	39438	5274	28568	4807
	21104	1115	14862	1358
	15190	1196	3118	1161
	42707	906	20525	967
	24692	1807	34975	2216
	2597	349	2575	257
	440	6	13	13
	51138	7833	178376	8120

C−63 公

地　区	单位数	年末职工人数	资产合计	固定资产原值	负债合计	净资产合计	事业基金	收入合计	财政补助收入
全　国	**1009**	**18391**	**1024300.9**	**337704.6**	**464298.9**	**560002.0**	**40137.6**	**384459.9**	**1846.7**
北　京	21	922	67989.7	22986.4	40795.4	27194.3	6354.9	35233.9	68.3
天　津	6	153	16053.0	6168.7	3212.6	12840.4	1.0	8327.8	8.0
河　北	14	298	6024.8	4739.0	694.1	5330.7	453.3	3580.9	196.7
山　西	5	31	1947.6	949.4	942.2	1005.4	18.0	1387.8	2.0
内蒙古	33	354	5768.2	4397.0	2181.7	3586.5	160.6	2898.9	24.0
辽　宁	50	919	47743.0	22127.0	31121.2	16621.8	962.5	25884.9	
吉　林	5	41	2223.0	1118.0	538.6	1684.4	420.4	1836.5	78.5
黑龙江	30	352	21303.6	7041.8	7424.0	13879.6	2942.7	6395.5	142.0
上　海	49	1857	280932.8	52336.0	85445.7	195487.1	4046.0	122359.0	
江　苏	105	1150	43019.4	17690.2	17468.5	25550.9	3264.0	27826.4	14.1
浙　江	80	761	53019.3	8752.0	32659.1	20360.2	5976.7	18841.6	38.4
安　徽	66	743	21278.4	9586.8	6578.2	14700.2	1316.2	10942.4	20.0
福　建	25	385	22032.7	8413.1	12941.1	9091.6	538.4	4012.7	18.3
江　西	9	149	4468.6	2296.0	2288.1	2180.5	137.8	930.9	23.0
山　东	31	349	21918.1	8974.2	8762.3	13155.8	2875.8	6276.8	22.6
河　南	33	625	9418.4	5959.9	3079.6	6338.8	404.4	5296.6	
湖　北	37	496	22130.0	11112.2	7784.4	14345.6	1241.5	12253.1	207.6
湖　南	18	216	10668.3	7848.4	2896.2	7772.1	832.2	4328.0	85.0
广　东	48	1323	147961.8	48648.7	84240.4	63721.4	3486.8	28504.4	380.0
广　西	17	412	12656.5	6013.7	7773.0	4883.5	583.1	7288.3	7.6
海　南	7	212	7168.2	4908.5	1493.7	5674.5	245.7	1799.4	3.0
重　庆	47	677	48597.6	12756.2	25894.0	22703.6	412.3	7439.3	
四　川	103	1468	58538.4	35754.4	26990.5	31547.9	1614.3	13409.0	271.6
贵　州	37	2665	25795.4	10423.3	15983.5	9811.9	-11.2	10099.8	49.5
云　南	31	486	41191.9	6787.2	26944.8	14247.1	1042.2	6936.6	29.4
西　藏									
陕　西	32	724	11134.8	5190.5	5825.2	5309.6	361.4	6173.2	16.0
甘　肃	13	135	2324.6	1302.4	1190.9	1133.7	78.3	1294.4	28.3
青　海	8	23	514.0	208.0	48.0	466.0	10.0	252.4	
宁　夏	12	65	3888.2	1747.1	913.4	2974.8	326.0	1498.3	41.5
新　疆	37	400	6590.6	1468.5	188.5	6402.1	42.3	1151.1	71.3

墓

单位：个、人、具、万元

事业收入	支出合计	纳税总额	盈利总额	亏损总额	穴位数	本年销售穴位数	安葬数	本年安葬数
207043.9	**280289.0**	**7757.9**	**51738.5**	**7430.3**	**6923613**	**454425**	**4344887**	**473844**
27460.3	32977.6	27.8	2463.9	222.0	412070	19252	319186	22397
3862.8	6183.8		1814.0	125.0	97780	8728	258257	10110
1947.0	2307.0		958.5	13.0	152287	5036	35148	6244
1384.8	1253.8		134.1	0.9	5115	1196	4514	841
2860.9	2665.6	2.8	124.5	71.2	124322	10090	99118	60639
14893.0	21025.0	823.9	2086.5	271.3	324266	32349	229453	38298
1758.0	1775.5	71.3	117.0	-4.0	9090	1944	8120	2121
5267.9	5341.8	374.1	880.4	129.0	66837	8141	52921	9633
39579.6	62620.4	181.1	18124.3	479.2	1509703	95317	855739	69927
23232.9	14682.3	4156.6	8568.2	68.0	767715	57176	599039	48781
13402.2	16733.4	94.1	1749.4	542.1	554027	39424	372731	39370
7819.5	7742.5	93.3	1831.9	193.6	132108	13955	111594	14346
1070.4	3793.9	68.2	585.3	75.6	37968	5438	32976	10203
438.7	1126.9	18.1	119.3	373.6	6097	1018	3112	1234
6119.7	5124.9	26.8	1169.9	20.4	119285	7362	72821	14007
3203.8	4922.4	25.7	315.0	114.6	97733	7621	59524	5935
11763.1	6576.6	180.4	1386.2	16.9	649025	39069	364107	13573
3542.4	4058.9	92.1	140.2	294.0	42713	3065	15323	3380
5825.7	23311.2	891.2	5396.4	1589.4	416979	20078	235156	34983
4235.8	7103.2	44.1	251.5	119.4	160492	7603	89979	6017
1796.4	2583.5	72.5	163.1	21.0	82946	1052	4014	345
3591.2	7350.0	0.1	635.7	715.4	195828	12218	106265	10999
6514.5	13473.1	56.0	718.0	809.3	449338	22114	188467	20754
6809.3	10153.9	239.8	721.1	579.2	71512	11340	40591	9979
1360.7	6577.5	161.2	362.8	299.4	174987	5830	46306	4639
4302.6	5684.6	40.7	722.6	48.8	117665	9438	88942	8392
1264.9	1155.3	0.1	85.2	39.8	90682	2403	12615	1924
207.7	179.4		64.7		4299	386	2884	167
1452.8	1664.2	13.8	47.6	199.2	20693	2468	17703	2031
75.3	140.8	2.1	1.2	3.0	30051	3314	18282	2575

C–64 殡葬管

地 区	单位数	年末职工人数	资产合计	固定资产原值	负债合计	净资产合计	事业基金
全 国	**681**	**6394**	**163967.1**	**79588.6**	**50047.5**	**113919.6**	**15241.2**
北 京	6	226	33659.9	19525.5	7049.1	26610.8	5576.4
天 津	8	263	4337.4	1726.4	901.0	3436.4	463.6
河 北	15	168	4299.2	3304.3	426.3	3872.9	34.5
山 西	11	73	383.2	331.5	23.0	360.2	7.5
内蒙古	27	171	349.4	278.1	26.5	322.9	65.5
辽 宁	51	451	9404.8	4051.4	3097.9	6306.9	188.0
吉 林	18	141	1540.0	668.5	149.2	1390.8	481.4
黑龙江	9	173	5737.2	2410.8	2502.9	3234.3	394.8
上 海	11	57	18952.9	849.3	15151.5	3801.4	1242.3
江 苏	27	174	19657.5	3904.6	8648.7	11008.8	421.1
浙 江	40	241	8131.7	4417.9	1169.7	6962.0	1793.9
安 徽	20	171	1078.0	934.9	17.5	1060.5	2.8
福 建	45	324	3203.0	1502.4	1287.2	1915.8	216.6
江 西	11	129	1310.6	1168.4	219.5	1091.1	45.5
山 东	5	32	1574.5	1114.2	249.6	1324.9	193.7
河 南	74	947	1130.8	911.9	78.2	1052.6	19.4
湖 北	13	101	1481.4	811.3	330.3	1151.1	25.0
湖 南	26	214	3112.0	2915.7	451.2	2660.8	278.5
广 东	60	900	21283.7	15148.6	2018.9	19264.8	2438.3
广 西	14	157	1761.3	1273.7	93.9	1667.4	359.0
海 南	5	58	3832.5	2250.5	27.7	3804.8	3.1
重 庆	15	98	1093.7	546.7	419.9	673.8	177.7
四 川	43	329	3019.6	1443.0	1027.3	1992.3	246.7
贵 州	25	204	3122.3	2809.5	714.0	2408.3	34.6
云 南	18	85	632.7	442.5	14.0	618.7	96.8
西 藏							
陕 西	13	142	2109.4	825.4	536.7	1572.7	69.5
甘 肃	8	62	392.6	229.4	76.8	315.8	49.0
青 海	1	3	43.0	43.0		43.0	
宁 夏	15	53	386.4	348.2	42.5	343.9	
新 疆	47	247	6946.4	3401.0	3296.5	3649.9	316.0

理单位

单位：个、人、万元

收入合计	财政补助收入	事业收入	支出合计	纳税总额	盈利总额	亏损总额
46824.6	**9876.4**	**24288.4**	**43671.3**	**170.3**	**2709.2**	**963.2**
7610.8	147.1	32.2	7222.9	44.1	1.7	187.9
1921.0	325.6	1099.4	1944.4		0.6	
1487.4	107.5	1363.5	1324.6		10.0	4.2
302.8	145.3	0.1	289.1	0.1	0.5	0.6
408.1	247.2	155.5	402.8		1.6	1.4
3430.4	1108.3	2256.3	2511.5	1.0	924.1	22.0
1330.4	152.8	1093.2	1330.4	1.7	17.0	2.4
1235.6	135.8	1089.8	1195.2		239.4	
2730.1	96.1	2587.1	2387.5			
1873.1	247.7	655.1	2047.2		27.8	429.5
2678.2	1341.6	826.6	2379.5	0.1	171.4	8.0
529.9	159.9	369.0	518.6	48.0		
2081.8	243.3	995.3	1576.6	20.0	380.0	43.3
512.0	102.8	323.8	478.0		9.0	
332.2	37.0	295.2	333.5		2.7	4.0
1278.4	932.0	258.2	1255.9			10.0
332.8	46.6	282.7	333.3		12.9	
570.2	306.5	203.7	570.9	0.5	14.0	21.9
7792.9	2223.7	4785.7	7546.4	22.0	423.3	65.4
1158.6	163.6	956.2	1108.2	0.1	53.6	25.3
438.9	33.2	405.7	434.1		4.2	0.2
779.7	167.8	353.0	691.7		91.0	
1796.4	587.3	1165.2	1836.8	5.0	31.0	75.4
556.1	209.1	215.4	541.3	4.3	24.6	
848.5	214.5	509.0	842.9		12.2	
744.9	139.4	599.5	557.3	0.1	188.6	
296.1	92.2	203.9	298.6	0.1	0.6	9.1
4.1	4.1		4.1			
79.0	65.8	13.2	78.8			
1684.2	92.6	1194.9	1629.2	23.2	67.4	52.6

C-65 老龄事

地 区	老龄工作机构（机关）					老龄直属机构	
	机构数	人员数	经费	1.财政补助收入	2.其他收入	机构数	人员数
全 国	**4001**	**13449**	**87912.1**	**78457.6**	**8011.9**	**6302**	**134428**
中央级	2	93	1582.5	1427.5	155.0		
北 京	330	152	3578.1	2666.6	911.5	5	7
天 津	19	97	383.5	374.8	8.7	12	39
河 北	154	484	613.1	598.9	7.3	288	733
山 西	174	795	474.7	294.2	54.4	466	3015
内蒙古	44	171	432.2	426.0	6.0	7	38
辽 宁	76	259	611.2	531.9	151.4	212	472
吉 林	68	311	446.0	232.5	37.8	7	19
黑龙江	125	446	1319.6	379.6	20.7	250	631
上 海	23	182	7944.4	3287.0	4657.4	8	57
江 苏	228	626	3885.1	3410.1	591.1	287	693
浙 江	168	660	4293.9	3804.0	286.0	408	805
安 徽	111	315	782.6	770.0	17.3	191	559
福 建	141	385	1103.3	981.6	62.7	105	312
江 西	110	367	426.8	407.7	18.0	149	5322
山 东	349	1432	2110.4	1845.5	249.7	273	838
河 南	159	406	458.9	438.1	8.9	403	62564
湖 北	123	385	842.5	777.5	32.2	78	131
湖 南	138	400	792.1	737.7	51.6	253	2442
广 东	156	453	2254.7	1959.6	214.1	364	845
广 西	122	280	685.7	659.8	25.9	12	27
海 南	23	44	97.1	97.1			
重 庆	42	143	505.4	469.5	32.3	189	384
四 川	326	1597	31598.6	31420.1	201.1	696	1858
贵 州	96	749	7046.4	6901.3	13.9	524	31665
云 南	146	458	1072.4	1016.8	44.7	396	907
西 藏	1	2					
陕 西	106	481	986.9	940.7	27.3	232	1070
甘 肃	99	421	479.4	489.1	0.5	232	18256
青 海	51	76	45.0	40.0	4.0	24	30
宁 夏	23	93	105.2	101.9	0.5	100	329
新 疆	268	686	10954.4	10970.5	119.9	131	380

业情况

单位：个、万元、件、人

老年维权					老年服务设施	
老年法律援助／救助案件数	由律师事务所提供案件数	由公证机关提供案件数	由法院提供案件数	老龄系统接待来信来访次数	活动站／中心／室数	家庭病床数
118180	**42545**	**26547**	**30912**	**395018**	**282449**	**389609**
795	447	85	231	27127	5502	9281
4906	550	3119	1118	4855	2570	2457
4626	2312	767	1437	3940	5321	14162
5010	725	542	730	9187	13078	27001
4940	3158	152	270	760	1285	1238
5440	1727	1510	2027	6366	2963	8295
4287	2772	511	933	6081	12634	13194
5538	2086	1377	1787	8480	8239	17441
1266	739	28	440	43676	5691	25524
8181	3242	2065	2571	20789	14055	23680
2328	1007	115	1021	24048	28921	3280
2242	924	501	746	9513	5370	3218
4669	1265	615	744	7657	11482	5289
2897	488	506	547	5519	9282	5152
9068	2715	2317	3522	9576	46268	58521
3272	1179	466	1025	13479	9721	31298
3249	1301	804	991	10854	22803	59881
6060	1722	995	1633	29870	15561	47981
5401	1133	678	286	15275	11191	5601
2522	1005	593	764	13396	7685	2044
268	139	21	84	906	232	39
4223	1390	653	1582	16202	4602	9275
15223	6466	5646	2807	23491	14582	8749
2405	707	567	598	10043	3386	1014
3439	1125	695	1238	11157	7736	1074
					1	
1535	416	245	564	6143	4452	1334
1050	352	188	249	2784	2292	1209
92	19	15	52	3410	650	16
487	195	100	189	15094	478	757
2761	1239	671	726	35340	4416	1604

C-65续表

地区	老年医疗保健机构/设施						老年社
	老年门诊数	老年医院数	老年康复医院数	老年临终关怀机构数	老年学术组织数	老年文教体组织数	老年人协会数
全国	**346562**	**2668**	**1355**	**1865**	**5276**	**110110**	**317537**
北京	50	15	32	5	13	5123	5584
天津	213	88	7	23	17	2436	3643
河北	895	146	49	50	114	2236	7736
山西	1824	157	115	68	173	1803	9463
内蒙古	249	51	43	7	51	194	1036
辽宁	936	53	39	49	73	3363	6219
吉林	13042	287	63	92	118	2308	55
黑龙江	460	75	40	48	662	1780	7361
上海	237	22	11	3	3	40815	1980
江苏	6198	178	113	133	196	4160	16275
浙江	30445	56	22	25	41	5397	27996
安徽	2104	96	36	133	117	936	10998
福建	281	33	9	22	234	2509	12376
江西	463	70	36	30	159	1866	615
山东	4876	195	129	52	1099	9263	67139
河南	1369	163	93	57	343	2659	17332
湖北	4725	178	88	94	205	3462	11613
湖南	73701	119	56	76	325	3916	20443
广东	150760	109	57	201	91	1189	13189
广西	17		4		41	2195	9960
海南	9				4	32	283
重庆	49069	98	137	55	282	3013	6324
四川	1390	161	44	44	450	2037	8657
贵州	146	62	37	3	191	1455	12326
云南	57	12	7	30	56	3334	13059
西藏							
陕西	541	74	27	210	98	1030	10559
甘肃	234	67	11	16	57	417	10134
青海	56		1			8	830
宁夏	36	7	4	11	11	144	1725
新疆	2179	96	45	328	52	1030	2627

单位：个、万元、人

会组织				老年教育			
老年基金会	事业投入	资金结余	其他	老年大学	老年大学在校人数	老年学校	老年学校在校人数
378	**15021.7**	**26502.5**	**1695**	**3317**	**1005594**	**42660**	**3307652**
						2417	219759
6	10.0	1116.9	1	66	31502	569	74003
5	248.1	0.6		292	60727	1029	77844
			10	445	137693	727	41615
	0.2			31	6226	43	4555
11	3.0	100.0	2	69	5397	1557	47903
1	23.2	321.6	5	88	13276	1484	89603
27	55.9	764.0		87	22642	677	32294
1	84.0	3742.0	6	29	53493	4476	224781
10	443.8	351.2	11	168	66078	4542	407348
13	1194.1	3823.1	5	329	124424	3043	272836
2	275.0		1	144	35449	2471	113752
1	280.0	450.0		76	33230	5143	369197
14	241.9	151.0	1	82	27583	1083	61556
5	2239.2	685.2	52	280	45090	4039	211851
62	1.0		3	61	27671	1224	150317
11	109.0	35.0		179	75630	1062	110014
48	1306.3	191.2	706	177	27122	948	76370
7	6894.0	9117.9	102	45	24746	800	132467
5	13.7	490.6	1	55	19180	853	60985
						1	146
6	141.4	178.9	395	69	24098	1165	113180
26	766.8	427.0	1	160	58103	1173	174651
4	51.3		376	132	20463	418	30562
75	202.7	1277.3	5	47	19840	740	131303
21	285.6	2561.2	4	45	18801	242	36339
10	23.0			42	5766	67	1668
				3	1260		
				25	1964	153	8301
7	128.5	717.8	8	91	18140	514	32452

C-66 福利彩票

地 区	单位数	年末职工人数	资产合计	
				固定资产原值
全 国	**1113**	**6169**	**1029689.6**	**281618.1**
中央级	1	103	166950.1	37996.7
北 京	19	125	52126.7	20829.7
天 津	6	42	5096.3	3578.8
河 北	19	126	28765.9	3642.8
山 西	33	199	15504.1	5225.9
内蒙古	13	103	14591.0	4926.9
辽 宁	31	279	33583.1	9511.7
吉 林	63	270	14854.0	6326.6
黑龙江	25	164	22856.3	8535.4
上 海	19	73	53923.5	17501.2
江 苏	80	418	45537.6	12453.3
浙 江	91	232	38245.1	6333.1
安 徽	53	207	21388.5	4309.5
福 建	20	124	16932.1	7753.7
江 西	54	174	10037.5	5990.8
山 东	19	446	121235.8	17667.7
河 南	78	554	33017.1	8568.8
湖 北	54	201	24174.0	8891.0
湖 南	94	418	29503.4	10881.6
广 东	80	505	94922.7	19054.9
广 西	91	482	40869.5	19583.9
海 南	1	23	1855.3	127.5
重 庆	1	94	19643.0	7774.0
四 川	19	77	16001.3	7063.3
贵 州	5	77	14228.2	3836.5
云 南	34	89	26709.3	2553.2
西 藏	1	15	802.5	471.4
陕 西	55	202	14715.0	6937.5
甘 肃	14	125	13442.0	4493.2
青 海	2	7	3727.2	1138.8
宁 夏	1	21	2716.2	1029.2
新 疆	37	194	31735.3	6629.5

发行单位

单位：个、人、万元

负债合计	净资产合计	收入合计	支出合计		本年资助福利项目
				发行费支出	
710090.9	**298958.0**	**499348.7**	**474509.9**	**404691.0**	**6185**
69559.7	97390.4	18419.4	14221.3	10922.4	
44018.2	4260.3	29530.7	25682.5	25592.6	109
6950.0	-1834.0	5739.9	5759.6	4581.5	
19329.4	7289.4	20834.1	18687.0	17865.0	32
11417.4	4012.9	8736.3	8662.5	7629.8	39
11584.0	2928.3	1993.3	1914.6	1787.4	146
28652.9	3980.6	9736.0	8786.4	8248.3	60
10319.6	4658.7	11716.6	11840.9	9674.5	37
17065.3	4310.9	32774.0	31293.9	30470.9	60
50130.4	3757.0	18397.6	18361.5	18264.9	82
35192.0	10241.5	7238.4	7134.3	5874.7	484
22593.7	15657.7	18036.7	18043.0	16445.8	448
13514.3	5260.2	13253.4	10639.4	9741.5	50
13267.7	3803.7	4467.8	4607.1	2627.7	38
5093.5	3274.1	6859.4	5189.5	5047.8	12
93504.9	25430.7	102905.0	100604.8	63318.7	512
22836.6	10194.3	6377.0	6390.8	5475.4	196
19877.0	4297.0	30854.0	30854.0	30854.0	105
22880.4	6028.1	11412.0	10817.1	9520.0	566
50184.6	41940.3	36295.4	33497.6	27231.7	398
30988.8	9995.1	21311.4	21425.8	20931.9	2397
2505.6		985.7	1636.0	1628.0	
13921.0	4998.0	9492.0	8768.0	8768.0	
15085.3	-167.6	14815.9	13732.3	13257.9	21
11668.8	3592.1	5448.3	6481.0	6415.8	
19116.2	5608.2	14311.5	12326.6	11353.6	10
385.5	417.0	552.8	552.8	552.8	
9327.3	4632.2	12510.4	11754.9	11376.1	124
10471.5	3481.9	4574.1	5085.5	1736.5	107
2724.0	1003.2	1086.9	1086.9	1086.9	
1686.2	1030.0	1916.9	1916.9	1916.9	
24239.1	7485.8	16765.8	16755.4	14492.0	152

C-67 其他民政

地区	单位数	编制人数	其他编制人数	年末职工实有人数	按行政		
					中央级	省级	地级
全国	**4111**	**35950**	**2663**	**35481**	**845**	**3696**	**7146**
中央级	27	1467		845	845		
北京	113	2262	10	1827		1109	
天津	27	303	39	270		102	4
河北	41	357	10	360			42
山西	229	1905	86	2019			706
内蒙古	62	497	27	519		32	120
辽宁	196	1546	104	1514		204	275
吉林	238	2087	855	2066		41	856
黑龙江	161	1501	31	1457		222	169
上海	63	844	58	1093		596	
江苏	68	631	71	629		37	36
浙江	283	1216	42	1166		31	222
安徽	126	718	48	669		52	107
福建	114	530	53	562		46	57
江西	228	2141	380	2251		144	239
山东	212	1510	29	1700		109	107
河南	214	2750	133	2916		378	795
湖北	239	1972	126	2253			404
湖南	133	1076	52	1067		48	205
广东	238	2951	162	2996		198	862
广西	87	449	2	452		96	114
海南	21	127	3	123		14	47
重庆	51	252	27	240			31
四川	298	2116	82	2026		73	458
贵州	88	481	20	438		39	38
云南	144	1719	81	1441		38	824
西藏	9	90		66		39	27
陕西	237	1488	30	1539			145
甘肃	52	280		299			30
青海	9	47	23	47		17	
宁夏	50	216	22	225		31	51
新疆	53	421	57	406			175

事业单位

单位：个；人

级别分	按年龄划分				按文化程度分	
县级	35岁及以下	36 45岁	46 55岁	56岁及以上	大学本科及以上	大学专科
23794	**14963**	**12829**	**6616**	**1073**	**6182**	**13877**
	289	290	220	46	503	249
718	581	644	518	84	477	574
164	99	87	71	13	74	122
318	151	136	48	25	54	146
1313	926	683	369	41	211	722
367	217	212	84	6	70	231
1035	516	569	358	71	395	767
1169	958	824	264	20	467	1097
1066	770	455	217	15	280	795
497	423	286	308	76	205	296
556	168	315	127	19	71	251
913	432	454	236	44	227	532
510	280	247	127	15	108	321
459	240	217	95	10	87	186
1868	933	850	402	66	209	762
1484	778	608	269	45	350	758
1743	1307	1025	515	69	451	1283
1849	914	806	440	93	404	951
814	513	359	166	29	218	362
1936	1480	874	555	87	252	640
242	195	166	81	10	81	181
62	46	21	17	39	14	33
209	116	89	31	4	71	106
1495	768	840	382	36	327	832
361	175	170	80	13	70	215
579	546	617	234	44	166	390
	25	35	6		3	6
1394	721	573	224	21	169	675
269	121	114	49	15	39	106
30	6	26	15		14	8
143	83	93	40	9	33	88
231	186	144	68	8	82	192

C-67续表

地区	按性别分		资产合计	固定资产原值	负债合计
	男性	女性			
全国	**20143**	**15338**	**586317.8**	**311430.5**	**173548.2**
中央级	479	366	128831.1	90275.6	52365.8
北京	974	853	71562.2	27302.6	21462.0
天津	156	114	4087.6	2721.5	906.9
河北	172	188	428.0	292.6	128.0
山西	1046	973	13833.6	9330.1	2158.0
内蒙古	320	199	3643.5	2209.7	644.5
辽宁	851	663	11603.5	5374.6	5256.0
吉林	1184	882	70756.7	13878.4	34767.5
黑龙江	829	628	13569.8	11272.9	5552.2
上海	552	541	54534.4	33037.5	6287.9
江苏	373	256	7726.0	4443.8	872.6
浙江	699	467	31669.2	11015.9	7616.9
安徽	406	263	6836.3	3145.7	1331.8
福建	349	213	8053.5	4716.4	1539.0
江西	1301	950	12548.9	7273.1	3123.1
山东	1089	611	13538.1	7821.8	3623.1
河南	1666	1250	16626.9	12378.1	3491.5
湖北	1264	989	15696.5	7730.8	3843.0
湖南	582	485	10120.1	5199.0	3582.0
广东	1688	1308	42713.8	25464.1	5779.6
广西	242	210	11192.0	2870.4	1470.0
海南	81	42	405.5	291.9	54.7
重庆	126	114	4636.4	1163.3	1286.1
四川	1163	863	11700.8	7543.0	3372.5
贵州	277	161	1869.9	1237.5	635.1
云南	800	641	4486.2	3115.2	259.9
西藏	47	19			
陕西	884	655	2214.2	1734.4	393.3
甘肃	187	112	1282.3	880.7	242.9
青海	33	14	825.2	469.4	389.7
宁夏	145	80	1927.2	1826.2	
新疆	178	228	7398.4	5414.3	1112.6

单位：万元、人

净资产合计	事业基金	收入合计	财政补助收入	事业(其他)收入	支出合计
384135.8	**62618.3**	**315450.9**	**165111.0**	**150339.9**	**286817.1**
64250.8	6637.0	30248.4	6637.0	23611.4	18033.9
40624.0	6149.0	51115.0	9662.3	41452.7	41638.8
3185.5	188.1	1633.4	967.9	665.5	1638.2
303.8	37.2	4330.7	4233.7	97.0	4334.5
11204.8	469.4	8762.0	6430.7	2331.3	8291.2
2903.6	143.3	3262.4	2596.7	665.7	3167.0
6450.7	110.6	9388.0	7976.6	1411.4	9491.2
35008.5	21141.4	17434.4	7499.5	9934.9	16453.7
7918.3	16.2	4717.2	4431.9	285.3	4617.9
44037.2	6212.1	44844.2	19352.4	25491.8	40634.9
6866.7	1057.3	7472.6	4893.1	2579.5	7485.9
24264.1	5148.4	17660.1	12783.4	4876.7	17871.9
5523.5	1490.0	4015.3	2998.2	1017.1	4034.3
6266.6	515.0	5034.0	3463.3	1570.7	4786.1
9487.7	1744.4	8008.8	6442.0	1566.8	8070.7
9720.8	1921.6	7734.3	4127.4	3606.9	7540.1
13918.7	872.4	11046.2	8360.4	2685.8	11829.5
11837.0	154.2	12257.5	6787.9	5469.6	12241.0
6107.7	1813.3	12023.0	8913.5	3109.5	11592.6
37260.4	3524.2	28303.9	16034.4	12269.5	28630.1
8852.2	1693.2	4032.7	1865.2	2167.5	3162.9
353.5	59.6	507.8	446.3	61.5	510.5
3158.7	226.4	4008.0	3247.6	760.4	3816.4
8338.8	348.0	6594.6	5312.5	1282.1	6605.1
1229.3	65.8	2633.4	2372.9	260.5	2627.9
4138.7	564.2	1379.9	918.3	461.6	1292.3
1833.1	20.1	1177.2	941.3	235.9	1189.4
908.1	66.0	733.1	723.4	9.7	601.8
199.9		415.8	415.8		180.2
1658.0		358.6	350.6	8.0	89.4
6325.1	229.9	4318.4	3924.8	393.6	4357.7

分省基本建设统计资料

D-1 民政事业基

地　区	计划总投资	本年计划投资	自开始建设至本年底累计完成投资	本年完成投资	国家投资
全　国	**952288.8**	**337714.3**	**626662.4**	**315700.3**	**91102.1**
中央级	31405.0	2871.0	25146.5	453.2	453.2
北　京	55581.1	31878.2	33753.8	26246.9	15583.3
天　津	11628.0	8422.0	10309.2	7347.0	4707.0
河　北	27023.4	9450.5	19606.6	9242.6	3217.5
山　西	16103.8	6512.5	14892.5	10092.3	453.0
内蒙古	3256.1	1977.0	2935.0	2252.0	338.0
辽　宁	33135.4	12187.8	24151.3	10452.8	2018.5
吉　林	6115.0	6115.0	5745.0	5477.0	1420.0
黑龙江	20142.5	6873.0	22249.3	13901.3	577.0
上　海	41702.6	17899.8	14755.8	6491.8	4388.8
江　苏	47007.0	20806.0	37510.8	23555.2	10432.5
浙　江	108824.8	24333.3	57922.5	25176.1	6277.7
安　徽	14283.3	4952.1	6755.8	6366.5	2926.0
福　建	22330.7	3722.9	15116.4	9885.0	980.8
江　西	7502.0	3001.5	5889.8	4082.3	1027.5
山　东	73886.0	23437.0	50350.1	23130.8	3599.0
河　南	53247.6	15586.1	34141.4	17424.5	3694.3
湖　北	31576.1	9789.6	23777.7	9747.1	2510.0
湖　南	74202.3	18018.4	42942.5	17898.2	4734.0
广　东	100534.7	25252.9	65893.0	14420.6	4474.2
广　西	55398.2	37269.7	37598.9	23496.3	3052.2
海　南	762.0	180.0	278.0	176.9	116.9
重　庆	41025.0	16716.0	25148.5	15885.0	2750.0
四　川	8084.7	2309.0	4627.3	2601.5	574.3
贵　州	9409.4	5318.7	6288.9	5124.9	1731.3
云　南	12827.7	3717.8	6696.9	3864.8	2081.5
西　藏	8873.3	3621.0	6100.3	870.0	870.0
陕　西	8218.0	2112.0	6953.8	4334.9	1250.0
甘　肃	4769.6	682.5	3554.6	1437.4	502.0
青　海	3431.0	3216.0	3296.0	3326.0	2660.0
宁　夏	5199.5	1266.4	3985.4	2703.2	70.0
新　疆	14803.0	8218.6	8288.8	8236.2	1631.6

本建设投资情况

单位：万元、个、平方米

国内贷款	自筹		其他	本年施工项目个数	本年施工房屋建筑面积	本年新增固定资产
		福利彩票公益金				
10164.7	**179248.9**	**58479.7**	**35184.6**	**4249**	**3339161.0**	**156773.8**
				2	9894.0	77.6
7.0	7836.0	436.0	2820.6	51	125298.0	1243.4
	1040.0	230.0	1600.0	106	47652.0	3007.0
	5858.7	855.7	166.4	53	87822.0	1724.4
	9619.3	1312.9	20.0	19	53204.0	6702.0
470.0	855.5	15.0	588.5	17	17832.0	947.5
1593.3	5297.0	1089.0	1544.0	70	34029.0	7616.3
	4002.0	1230.0	55.0	5	28760.0	55.0
60.0	13152.3	3323.0	112.0	27	36817.0	3576.0
	2103.0	39.0		5	27071.0	
112.0	7627.1	907.0	5383.6	193	303155.0	18761.8
1104.4	13996.0	3490.0	3798.0	91	265297.0	15516.9
90.0	2738.5	120.4	612.0	40	267094.0	2932.7
886.0	7942.2	6205.8	76.0	20	21262.0	1992.1
260.0	2676.8	69.5	118.0	47	78605.0	1283.3
	14317.4	5303.3	5214.4	148	314744.0	17771.0
2016.5	9783.7	6152.3	1930.0	55	128577.0	10722.8
113.0	6255.1	1939.1	869.0	152	128535.0	9150.4
1420.0	9806.6	1260.0	1937.6	91	144137.0	6350.2
20.0	7919.1	3733.6	2007.3	104	186428.0	3064.6
66.0	19545.7	12454.2	832.4	2458	533095.0	20534.5
	60.0	60.0		9		
370.5	8503.5	2999.3	4261.0	140	158336.0	10825.3
	2015.8	68.0	11.4	17	12247.0	546.1
1186.0	1882.6	515.4	325.0	81	133666.0	3341.0
50.0	1577.4	322.0	155.9	33	16335.0	1702.4
				24	2110.0	823.3
	2960.9	1815.2	124.0	32	36173.0	679.0
10.0	904.4	236.5	21.0	42	16448.0	1474.5
	666.0			25	30002.0	1366.0
300.0	2333.2	1008.4		8	23706.0	228.0
30.0	5973.1	1289.1	601.5	84	70830.0	2758.7

D-2 优抚安置单位

地　区	计划总投资	本年计划投资	自开始建设至本年底累计完成投资	本年完成投资	国家投资
全　国	**104375.6**	**35626.3**	**65231.3**	**31072.4**	**12764.9**
北　京					
天　津	5697.0	3432.0	4429.2	3354.0	1754.0
河　北	11834.5	3548.2	7316.7	3535.3	1518.7
山　西	1901.5	502.5	1692.5	981.5	178.0
内蒙古	100.0	60.0	100.0	60.0	
辽　宁	1770.0	514.0	1540.0	488.0	268.0
吉　林	5365.0	5365.0	4613.0	4345.0	1000.0
黑龙江	450.0	91.0	538.0	91.0	
上　海	1900.0	900.0	1900.0	900.0	900.0
江　苏	7065.0	1640.0	6521.0	1632.8	812.8
浙　江	3955.0	910.0	2338.7	890.9	650.1
安　徽	4482.6	452.6	546.8	456.8	165.0
福　建	4100.0	370.0	980.0	305.0	5.0
江　西	64.0	64.0	64.0	64.0	41.0
山　东	7006.0	2456.0	6252.8	2743.8	868.0
河　南	5100.6	531.2	2939.6	432.2	165.0
湖　北	4020.0	1440.0	2130.0	2388.5	1135.0
湖　南	8642.6	1166.6	3507.6	964.6	135.0
广　东	10348.0	440.6	9064.1	1110.6	587.0
广　西	9456.6	8475.4	2665.1	2093.3	248.9
海　南		50.0		46.9	46.9
重　庆	6061.0	1904.0	1718.0	1738.0	473.0
四　川	104.0		104.0	104.0	104.0
贵　州	1059.0	734.0	628.0	625.0	511.0
云　南	144.2	124.2	294.2	194.2	73.5
西　藏					
陕　西	1898.0		1898.0	980.0	775.0
甘　肃	1601.0	275.0	1410.0	337.0	200.0
青　海					
宁　夏					
新　疆	250.0	180.0	40.0	210.0	150.0

基本建设投资情况

单位：万元、个、平方米

国内贷款	自筹	福利彩票公益金	其他	本年施工项目个数	本年施工房屋建筑面积	本年新增固定资产
346.0	**15269.6**	**3205.4**	**2691.9**	**187**	**228277.0**	**10973.0**
	200.0		1400.0	5	14406.0	507.0
	1913.4	400.0	103.2	11	33174.0	603.0
	803.5			7	13314.0	
			60.0		1000.0	60.0
	220.0	12.0		6	696.0	150.0
	3290.0	1000.0	55.0	2	18000.0	55.0
	91.0	91.0		1		531.0
				1	2200.0	
	315.0	66.0	505.0	8	10370.0	865.0
	240.8	30.0		8	6260.0	817.7
	291.8			6	6700.0	
300.0				3	5200.0	530.0
			23.0	7	2453.0	
	1815.8	250.0	60.0	25	30486.0	1921.0
	217.2	50.0	50.0	7	12038.0	1511.4
	1253.5	153.5		11	14500.0	1258.5
	679.6	165.0	150.0	12	15661.0	745.6
	523.6	400.0		3	3675.0	143.5
	1774.4	364.4	70.0	35	18225.0	478.3
				8		
	1085.0		180.0	2	2000.0	
				1	1004.0	104.0
16.0	98.0			6	2775.0	407.0
	95.0		25.7	5	2320.0	
	205.0	205.0		1	8344.0	
	127.0	8.5	10.0	3	1776.0	245.0
30.0	30.0	10.0		3	1700.0	40.0

D-3 社区服务单位

地　区	计划总投资	本年计划投资	自开始建设至本年底累计完成投资	本年完成投资	国家投资
全　国	**84821.5**	**34236.9**	**58474.9**	**34216.4**	**11127.6**
北　京	1640.0	1503.0	1709.0	1658.1	689.3
天　津	2500.0	2500.0	2500.0	2500.0	2500.0
河　北	3500.0	1742.7	2874.7	1742.7	745.0
山　西	3507.0	1100.0	1370.0	1083.0	
内蒙古					
辽　宁	12692.0	6492.0	10643.0	5343.0	150.0
吉　林					
黑龙江	1035.0	490.0	805.0	290.0	72.0
上　海					
江　苏	1045.0	780.0	765.0	765.0	175.0
浙　江	3249.5	2507.5	3238.9	2928.7	1000.0
安　徽	1835.0	575.0	1805.0	1780.0	890.0
福　建	900.0	400.0	400.0	400.0	200.0
江　西	800.0	50.0	690.0	100.0	50.0
山　东	13404.0	3671.0	5917.4	3617.0	1265.0
河　南	550.0	265.0	391.0	365.0	200.0
湖　北	2025.0	1010.6	1678.0	848.6	144.0
湖　南	1500.0	345.0	545.0	345.0	120.0
广　东	11136.1	3041.2	7377.7	2364.8	444.0
广　西	2061.8	839.5	2182.0	1357.3	353.0
海　南					
重　庆	6947.0	1536.0	4083.3	1387.0	593.0
四　川					
贵　州	690.0	160.0	180.0	180.7	0.7
云　南					
西　藏	5280.0	2630.8	3372.2	745.0	745.0
陕　西	4319.0	1361.0	3416.1	2776.9	255.0
甘　肃	2316.1	360.0	1332.1	666.0	277.0
青　海	75.0	70.0	70.0	70.0	
宁　夏					
新　疆	1814.0	806.6	1129.5	902.6	259.6

基本建设投资情况

单位：万元、个、平方米

国内贷款	自筹	福利彩票公益金	其他	本年施工项目个数	本年施工房屋建筑面积	本年新增固定资产
696.0	**17706.6**	**5619.6**	**4686.2**	**510**	**254968.0**	**19013.0**
	255.0		713.8	19	3029.0	691.4
				97	13183.0	2500.0
	997.7			23	7202.0	
	1083.0	210.0		4	12200.0	
	4000.0		1193.0	57	24602.0	4000.0
60.0	158.0	73.0		5	4181.0	250.0
			590.0	7	7160.0	265.0
500.0	575.7	50.0	853.0	16	7062.0	1900.7
40.0	850.0			3	6958.0	
	200.0			1	5922.0	
50.0						
	1760.0	422.7	592.0	24	44048.0	3481.0
	165.0	40.0		3	4500.0	300.0
	204.6	114.6	500.0	16	12424.0	848.6
	225.0	155.0		9	4000.0	125.0
	1855.9	1595.7	64.9	20	12098.0	210.6
46.0	892.8	514.0	65.5	54	15848.0	1206.5
	784.0	440.0	10.0	46	19487.0	1227.3
	105.0	24.4	75.0	5	3000.0	
				21	1910.0	773.3
	2521.9	1566.2		20	17911.0	406.0
	378.0	228.0	11.0	32	10124.0	432.0
	70.0			2	875.0	70.0
	625.0	186.0	18.0	26	17244.0	325.6

D–4 收养性单位

地　区	计划总投资	本年计划投资	自开始建设至本年底累计完成投资	本年完成投资	国家投资
全　国	**287707.6**	**103061.9**	**189508.8**	**110045.2**	**25777.0**
北　京	6907.4	1957.4	2675.9	718.2	218.2
天　津	2751.0	1810.0	2700.0	813.0	73.0
河　北	2971.0	1711.2	2251.0	1681.2	71.0
山　西	350.0	30.0	330.0	60.0	25.0
内蒙古	1619.6	423.6	1396.6	783.6	83.0
辽　宁	6637.0	1750.0	3520.0	1410.0	300.0
吉　林	250.0	250.0	250.0	250.0	20.0
黑龙江	2265.0	1495.0	2132.0	1748.0	405.0
上　海	8518.6	3246.8	3313.8	2176.8	1137.8
江　苏	31336.2	13782.2	23406.4	15788.2	7903.7
浙　江	69095.3	14026.0	34983.7	16301.8	3188.3
安　徽	1520.7	505.4	458.7	425.4	
福　建	6649.5	309.5	6876.5	6439.5	161.5
江　西	3160.0	910.0	2380.0	1960.0	310.0
山　东	31507.0	11926.0	22540.2	11410.0	300.0
河　南	7774.0	1714.0	5135.0	1714.0	1015.0
湖　北	12638.0	2827.0	9653.7	3448.0	1079.0
湖　南	15810.7	6235.8	10441.7	6994.4	2200.0
广　东	17308.9	5120.3	11913.1	4943.8	1411.3
广　西	24870.9	16380.1	20767.3	14891.3	1365.9
海　南					
重　庆	18251.0	8210.0	11085.0	7994.0	1344.0
四　川	2727.7	533.0	1237.3	531.5	400.3
贵　州	3935.0	2382.5	3707.0	2367.0	749.0
云　南	1524.7	504.7	1170.8	456.1	100.0
西　藏					
陕　西	943.0	457.0	724.0	434.0	210.0
甘　肃	70.0	15.0	30.0	15.0	5.0
青　海	1186.0	1186.0	1186.0	1186.0	740.0
宁　夏	1258.4	1196.4	1136.4	1138.4	20.0
新　疆	3871.0	2167.0	2106.7	1966.0	941.0

基本建设投资情况

单位：万元、个、平方米

国内贷款	自筹	福利彩票公益金	其他	本年施工项目个数	本年施工房屋建筑面积	本年新增固定资产
1748.5	**67297.0**	**34503.9**	**15222.7**	**2758**	**1696153.0**	**65801.5**
7.0	493.0	436.0		23	8230.0	542.0
	740.0	230.0		2	14683.0	
	1610.2	20.7		7	19000.0	589.0
	35.0	5.0		2	3598.0	30.0
	229.0	15.0	471.6	11	11203.0	445.6
	1030.0	1030.0	80.0	2	2000.0	1470.0
	230.0	230.0		1	6000.0	
	1231.0	644.0	112.0	8	14739.0	1063.0
	1039.0	39.0		3	17033.0	
112.0	5785.5	665.0	1987.0	150	246217.0	11706.1
600.0	9568.5	3274.8	2945.0	44	205172.0	6550.0
	415.4	120.4	10.0	14	14230.0	53.4
	6272.0	6205.8	6.0	4	5363.0	365.9
	1610.0	35.5	40.0	19	37754.0	530.0
	6892.6	3805.6	4217.4	75	167657.0	8533.0
	679.0	269.0	20.0	12	14797.0	4517.0
69.0	2061.0	1254.0	239.0	92	50509.0	2791.0
420.0	4167.8	755.0	206.6	51	96190.0	3690.4
	1734.1	496.7	1798.4	48	87210.0	762.5
	12856.1	10016.1	669.3	2009	433607.0	13068.9
70.5	4315.5	2559.3	2264.0	82	81249.0	4286.0
	128.8	65.0	2.4	4	3631.0	31.1
460.0	1138.0	353.5	20.0	44	79481.0	1556.5
	356.1	233.1		3	3166.0	401.1
	100.0		124.0	6	8160.0	193.0
10.0				2	230.0	15.0
	446.0			14	26890.0	1186.0
	1118.4	1008.4		4	8106.0	228.0
	1015.0	737.0	10.0	22	30048.0	1197.0

注：“福利彩票公益金”在表头中为“自筹”下的子栏目。

D-5 殡仪服务单位

地　区	计划总投资	本年计划投资	自开始建设至本年底累计完成投资	本年完成投资	
					国家投资
全　国	**262850.1**	**93045.5**	**166096.6**	**73201.3**	**26399.3**
北　京	16396.0	15772.0	15542.0	15418.0	13550.0
天　津	680.0	680.0	680.0	680.0	380.0
河　北	8052.9	2068.4	6523.2	1903.4	882.8
山　西	60.0	60.0	58.0		
内蒙古	1146.5	1126.5	1141.5	1141.5	145.0
辽　宁	10358.4	2396.8	6870.3	2176.8	352.5
吉　林					
黑龙江	12015.5	3079.0	10057.3	10057.3	100.0
上　海	31284.0	13753.0	9542.0	3415.0	2351.0
江　苏	2737.4	1510.4	2516.0	1505.8	330.0
浙　江	17440.0	1882.0	12920.9	1844.4	620.9
安　徽	5691.0	3025.1	3381.3	3310.3	1831.0
福　建	10681.2	2643.4	6859.9	2740.5	614.3
江　西	1660.0	380.0	988.8	365.8	
山　东	5358.0	752.0	2735.7	792.0	
河　南	14095.0	2192.7	11550.2	3369.1	1371.8
湖　北	10923.1	3582.0	7426.0	2132.0	152.0
湖　南	35499.0	5206.0	23503.2	4529.2	1098.0
广　东	36663.7	13382.8	18774.3	3606.8	1032.0
广　西	11121.0	9391.0	7897.4	2550.6	46.0
海　南					
重　庆	3966.0	1366.0	2462.2	1066.0	40.0
四　川	4340.0	1240.0	3210.0	1570.0	
贵　州	2735.0	1447.0	1257.0	1357.0	152.0
云　南	8824.8	2259.9	3233.9	2054.5	1250.0
西　藏					
陕　西	300.0	250.0	160.0	100.0	10.0
甘　肃	619.5	4.5	619.5	316.4	
青　海					
宁　夏	3941.1	70.0	2849.0	1564.8	50.0
新　疆	6261.0	3525.0	3337.0	3634.1	40.0

基本建设投资情况

单位：万元、个、平方米

国内贷款	自筹	福利彩票公益金	其他	本年施工项目个数	本年施工房屋建筑面积	本年新增固定资产
4993.3	**37797.3**	**2510.1**	**4011.4**	**286**	**531067.0**	**30777.8**
	1868.0			1	3000.0	
	100.0		200.0	2	5380.0	
	957.4	435.0	63.2	11	28446.0	152.4
				2	225.0	58.0
470.0	526.5			3	2845.0	145.0
1593.3			231.0	3	4180.0	1593.3
	9957.3	800.0		5	2000.0	700.0
	1064.0			1	7838.0	
	1175.8	76.0		15	8635.0	1829.4
	1223.5			11	16744.0	4362.6
50.0	896.3		533.0	13	233196.0	2675.3
586.0	1470.2		70.0	12	4777.0	1096.2
50.0	315.8			6	1200.0	290.8
	647.0		145.0	8	18281.0	842.0
	1707.3	154.0	290.0	19	46616.0	3809.4
44.0	1806.0	127.0	130.0	21	27602.0	3322.3
1000.0	1085.2		1346.0	12	18067.0	1389.2
20.0	2414.8	20.0	140.0	26	43292.0	1420.0
20.0	2484.6	637.1		61	17801.0	3927.1
100.0	786.0		140.0	8	7250.0	412.0
	1570.0			4	2800.0	410.0
710.0	265.0	90.0	230.0	12	5840.0	1167.0
50.0	722.3	52.9	32.2	14	2930.0	348.3
	90.0			1	543.0	80.0
	316.4			3	2466.0	619.5
300.0	1214.8			4	15600.0	
	3133.1	118.1	461.0	8	3513.0	128.0

D-6 其他基本

地　区	计划总投资	本年计划投资	自开始建设至本年底累计完成投资	本年完成投资	国家投资
全　国	**212534.0**	**71743.7**	**147350.8**	**67165.0**	**15033.3**
中央级	31405.0	2871.0	25146.5	453.2	453.2
北　京	30637.7	12645.8	13826.9	8452.6	1125.8
天　津					
河　北	665.0	380.0	641.0	380.0	
山　西	10285.3	4820.0	11442.0	7967.8	250.0
内蒙古	390.0	366.9	296.9	266.9	110.0
辽　宁	1678.0	1035.0	1578.0	1035.0	948.0
吉　林	500.0	500.0	882.0	882.0	400.0
黑龙江	4377.0	1718.0	8717.0	1715.0	
上　海					
江　苏	4823.4	3093.4	4302.4	3863.4	1211.0
浙　江	15085.0	5007.8	4440.3	3210.3	818.4
安　徽	754.0	394.0	564.0	394.0	40.0
福　建					
江　西	1818.0	1597.5	1767.0	1592.5	626.5
山　东	16611.0	4632.0	12904.0	4568.0	1166.0
河　南	25728.0	10883.2	14125.6	11544.2	942.5
湖　北	1970.0	930.0	2890.0	930.0	
湖　南	12750.0	5065.0	4945.0	5065.0	1181.0
广　东	25078.0	3268.0	18763.8	2394.6	999.9
广　西	7887.9	2183.7	4087.1	2603.8	1038.4
海　南	762.0	130.0	278.0	130.0	70.0
重　庆	5800.0	3700.0	5800.0	3700.0	300.0
四　川	913.0	536.0	76.0	396.0	70.0
贵　州	990.4	595.2	516.9	595.2	318.6
云　南	2334.0	829.0	1998.0	1160.0	658.0
西　藏	3593.3	990.2	2728.1	125.0	125.0
陕　西	758.0	44.0	755.7	44.0	
甘　肃	163.0	28.0	163.0	103.0	20.0
青　海	2170.0	1960.0	2040.0	2070.0	1920.0
宁　夏					
新　疆	2607.0	1540.0	1675.6	1523.5	241.0

建设投资情况

单位：万元、个、平方米

国内贷款	自筹	福利彩票公益金	其他	本年施工项目个数	本年施工房屋建筑面积	本年新增固定资产
2380.9	**41178.4**	**12640.7**	**8572.4**	**508**	**628696.0**	**30208.5**
				2	9894.0	77.6
	5220.0		2106.8	8	111039.0	10.0
	380.0			1		380.0
	7697.8	1097.9	20.0	4	23867.0	6614.0
	100.0		56.9	3	2784.0	296.9
	47.0	47.0	40.0	2	2551.0	403.0
	482.0			2	4760.0	
	1715.0	1715.0		8	15897.0	1032.0
	350.8	100.0	2301.6	13	30773.0	4096.3
4.4	2387.5	135.2		12	30059.0	1885.9
	285.0		69.0	4	6010.0	204.0
160.0	751.0	34.0	55.0	15	37198.0	462.5
	3202.0	825.0	200.0	16	54272.0	2994.0
2016.5	7015.2	5639.3	1570.0	14	50626.0	585.0
	930.0	290.0		12	23500.0	930.0
	3649.0	185.0	235.0	7	10219.0	400.0
	1390.7	1221.2	4.0	7	40153.0	528.0
	1537.8	922.6	27.6	299	47614.0	1853.7
	60.0	60.0		1		
200.0	1533.0		1667.0	2	48350.0	4900.0
	317.0	3.0	9.0	8	4812.0	1.0
	276.6	47.5		14	42570.0	210.5
	404.0	36.0	98.0	11	7919.0	953.0
				3	200.0	50.0
	44.0	44.0		4	1215.0	
	83.0			2	1852.0	163.0
	150.0			9	2237.0	110.0
	1170.0	238.0	112.5	25	18325.0	1068.1

分省财务统计资料

E-1 历年民政事业费支出情况

单位：亿元

年　份	民政事业费支出	占财政支出%	年　份	民政事业费支出	占财政支出%
1950	1.32	1.94	1979	18.33	1.48
			1980	17.48	1.44
1951	1.37	1.12	**“六五”时期**	**113.85**	**1.65**
1952	2.83	1.61	1981	19.23	1.72
1953	3.55	1.61	1982	19.19	1.70
1954	6.04	2.15	1983	21.61	1.69
1955	4.98	1.05	1984	24.24	1.59
“一五”时期	**25.57**	**1.90**	1985	29.58	1.64
1956	5.69	1.06	**“七五”时期**	**208.49**	**1.52**
1957	5.31	1.75	1986	34.41	1.51
1958	3.27	0.80	1987	35.93	1.49
1959	4.48	0.81	1988	39.56	1.50
1960	7.24	1.11	1989	46.65	1.57
“二五”时期	**32.33**	**1.41**	1990	51.94	1.54
1961	9.89	2.69	**“八五”时期**	**386.59**	**1.50**
1962	7.45	2.44	1991	62.54	1.67
1963	8.75	2.58	1992	63.71	1.42
1964	16.15	4.05	1993	69.87	1.40
1965	10.79	2.31	1994	87.02	1.50
“三五”时期	**35.83**	**1.42**	1995	103.45	1.52
1966	8.81	1.63	**“九五”时期**	**840.90**	**1.52**
1967	8.21	1.86	1996	121.15	1.53
1968	5.61	1.56	1997	133.52	1.44
1969	6.67	1.27	1998	161.84	1.50
1970	6.53	1.01	1999	194.70	1.49
“四五”时期	**46.70**	**1.19**	2000	229.69	1.50
1971	6.83	0.93	**“十五”时期**	**2471.74**	**1.90**
1972	8.15	1.06	2001	284.75	1.53
1973	9.97	1.23	2002	392.27	1.78
1974	9.04	1.14	2003	498.92	2.03
1975	12.71	1.55	2004	577.39	2.04
“五五”时期	**84.22**	**1.62**	2005	718.41	2.13
1976	16.17	2.01	1950-2005累计	4287.43	1.94
1977	18.53	2.20	1978-2005累计	4071.09	1.75
1978	13.71	1.25	1950-2005平均年增长(%)		12.10

E-2 历年各省、自治区、直辖市民政事业费支出情况

单位：万元

地 区	1952年	1953年	1954年	1955年	1956年	1957年	1958年	1959年	1960年
全 国	**28265**	**35484**	**60390**	**49842**	**56906**	**53119**	**32693**	**44786**	**72444**
中央级	6	443	20619	8736	270	85	82	192	262
北 京	198	237	276	247	584	302	376	751	824
天 津	208	315	131	157	217	240	194		
河 北	2849	4558	4764	4526	9681	6640	2494	4148	5070
山 西	1253	1398	1531	1373	2096	1953	2279	1656	2659
内蒙古	912	370	306	364	625	417	505	873	525
辽 宁	611	1434	1392	1298	1638	1339	1098	1249	4475
吉 林	346	595	880	856	1331	1610	1126	764	1055
黑龙江	640	831	912	952	1442	1336	948	782	991
上 海	550	306	411	729	1121	1073	464	475	471
江 苏	1980	1993	2051	3003	4052	5051	2617	2956	4843
浙 江	398	426	505	757	1430	988	672	874	857
安 徽	2051	4061	3382	3453	4748	4306	1642	3169	3161
福 建	828	732	789	933	1473	866	823	4141	2823
江 西	1519	1040	1368	2253	1889	1802	1717	1691	2179
山 东	2624	3993	5082	3975	3664	5261	3795	4494	8141
河 南	1440	2745	2307	2494	4360	5539	2990	2672	10271
湖 北	2719	1058	2765	2664	1306	1505	1210	2466	4428
湖 南	1255	1089	3381	2205	2259	2177	1344	967	1690
广 东	1762	1454	1270	1407	2725	2729	1223	2982	4608
广 西	516	645	735	700	1414	1589	582	903	997
海 南									
四 川	1583	2035	2052	2646	3570	2606	1982	2583	6315
贵 州	368	686	633	567	618	494	331	613	750
云 南	630	695	875	740	908	599	514	675	880
西 藏			43	207	91		2	1	25
陕 西	519	1023	984	1135	1794	1250	588	1109	1113
甘 肃	390	1074	675	1171	1083	871	539	681	1778
青 海	52	134	140	154	281	237	164	447	576
宁 夏							92	239	428
新 疆	58	114	131	140	236	254	300	233	249

E-2续表1

单位：万元

地区	1961年	1962年	1963年	1964年	1965年	1966年	1967年	1968年	1969年	1970年
全国	**98912**	**74475**	**87533**	**161510**	**107869**	**88112**	**81887**	**56154**	**66683**	**65349**
中央级	39			31	2325	454	534	308	11	
北京	658	542	638	816	1047	914	939	868	820	895
天津							473	439	572	405
河北	10807	5780	15681	31433	18545	12395	6983	4443	5333	2054
山西	2896	2556	2640	2361	2899	4447	2692	2478	2579	4777
内蒙古	785	1468	1124	1360	1440	2182	2401	1194	842	891
辽宁	4392	3933	3467	3382	2942	2572	2781	2473	3542	2867
吉林	1271	1660	2138	2235	1798	1704	1745	1579	1890	1837
黑龙江	1485	2151	2362	2796	2611	2548	2169	1775	2355	2247
上海	422	539	874	1074	1220	1472	1654	1410	1359	1442
江苏	4107	4873	7282	11070	5506	7298	5400	3756	3839	4191
浙江	1414	1597	1166	1152	1351	1142	1366	1486	1481	1496
安徽	4704	3530	5431	10567	3347	4119	6861	4025	4246	5547
福建	2798	1493	1687	1394	1463	1673	1738	1727	1922	1463
江西	3224	3168	2273	3081	1989	2145	2318	1637	1924	2047
山东	11332	6963	7201	11079	15807	9458	9844	5878	7622	6442
河南	11417	8107	10099	48554	17841	9303	8611	4105	6983	4947
湖北	4569	3767	3468	3319	2790	2579	3177	2651	3509	4197
湖南	4299	2697	2834	4522	2482	2141	2562	1848	2019	1668
广东	3475	2830	3146	3056	2664	2454	2644	2046	2639	2734
广西	2687	1505	2125	4006	1983	1997	2541	1641	1607	1555
海南										
四川	9758	5918	4227	4495	5179	4774	4067	3374	3439	3678
贵州	2390	1429	1792	1808	1726	1730	1926	1224	1314	1646
云南	1692	773	1250	1494	1596	1772	1412	807	1018	2460
西藏	48	117		133	192	374			96	100
陕西	1530	1422	1640	1918	3137	3623	1874	1477	1733	1778
甘肃	4522	2464	2988	2310	1611	1161	1963	671	989	952
青海	1028	1005		465	695	409	185	190	246	207
宁夏	303	365		378	284	272	287	200	238	242
新疆	860	1823		1212	1399	1000	740	444	516	584

E-2续表2

单位：万元

地区	1971年	1972年	1973年	1974年	1975年	1976年	1977年	1978年
全　国	**68269**	**81549**	**99675**	**90406**	**127082**	**161690**	**185288**	**137135**
中央级		8	10					11
北　京	974	1192	1506	1284	1461	1742	3068	1990
天　津	407	546	762	937	881	933	13670	1061
河　北	3591	5482	8727	5925	5960	7041	36568	11605
山　西	4563	4025	4696	3587	3420	4111	4813	5437
内蒙古	649	1020	1914	1575	1559	2502	1873	2040
辽　宁	3922	4574	5590	3902	18731	14705	7427	6103
吉　林	1968	1753	2174	2500	2448	2834	3677	3869
黑龙江	2317	2768	3701	3884	3701	4176	5463	5545
上　海	1554	1676	1885	2088	2263	2469	2581	2777
江　苏	4969	7368	6988	7258	8001	7719	8031	9208
浙　江	1517	2399	2103	1973	1984	2424	2641	2853
安　徽	3365	4639	4625	3981	5828	15690	6300	6756
福　建	1481	1721	2142	2150	1991	2432	2826	2730
江　西	2357	2357	4039	3220	2964	3606	3981	3953
山　东	9034	8801	8110	8601	10417	9746	10599	12292
河　南	4699	4799	5474	4190	24152	40056	21437	14140
湖　北	3116	3462	4747	3487	4471	5463	5160	6149
湖　南	1602	2272	3321	2580	2942	3442	3550	4380
广　东	2410	2800	4041	5051	3836	4884	5546	5435
广　西	1827	1713	1597	1669	1653	1963	2355	2073
海　南								
四　川	4518	5615	6780	5936	6061	9037	12602	8511
贵　州	1535	2116	3574	1955	2352	2748	3296	2740
云　南	1454	1746	1509	2245	2242	3428	3783	2948
西　藏	104	173	228	195	206	289	270	379
陕　西	2099	2415	3435	2986	2579	3174	4575	4834
甘　肃	968	2206	3421	4183	2603	2240	5485	4030
青　海	291	366	311	342	521	407	514	696
宁　夏	354	810	1369	1813	600	1150	1780	1090
新　疆	651	727	896	909	1255	1279	1417	1500

E-2续表3

单位：万元

地区	1979年	1980年	1981年	1982年	1983年	1984年	1985年	1986年	1987年
全国	**183279**	**174769**	**192267**	**191874**	**216116**	**242371**	**295841**	**344064**	**359278**
中央级	44	103	138	78	163	286	443	2526	2742
北京	2238	2802	3167	3416	4063	4904	5719	7287	8906
天津	1482	1474	1670	1669	2194	3101	3583	4113	4531
河北	9140	11165	13597	10179	9692	12427	16654	16581	20578
山西	8154	6749	7893	7854	7015	7924	10683	10193	11833
内蒙古	5922	5714	6218	5135	7379	7909	9030	11684	10867
辽宁	5607	6671	8073	10591	11727	11741	18341	22112	18104
吉林	3477	4482	4970	4951	6300	5952	8391	13570	14016
黑龙江	5149	5370	6562	8005	9546	8782	10119	13791	13686
上海	3290	3375	3381	3215	3170	3540	4467	5503	5603
江苏	10019	11269	12914	11991	14750	16403	16254	20586	21208
浙江	3475	3703	3897	4070	4808	6480	8174	10211	12353
安徽	13263	9385	9550	7521	12093	14059	14340	13524	12942
福建	3272	3625	4268	4773	5506	5601	8298	7657	9238
江西	8610	6289	5309	6183	7093	8360	8364	9768	11546
山东	15169	16327	14126	18998	17811	17413	22757	22496	29017
河南	19495	12007	10921	12862	15216	13710	18456	20939	2260
湖北	9597	9265	12458	7956	10798	10760	11860	14581	14846
湖南	6747	7026	8924	7546	10428	10373	12357	15013	15167
广东	8146	8337	7767	9550	9035	12337	14516	15526	17076
广西	4019	3213	3674	3897	4779	6382	9438	9634	9054
海南									
四川	12722	12063	15429	14542	13943	17823	20667	24973	25524
贵州	4767	4123	4718	4354	5211	5833	9182	8657	9092
云南	3478	4172	4599	4231	5251	7025	10137	13752	12712
西藏	1366	1704	1208	1151	1357	1821	1391	1789	1828
陕西	5780	5390	8198	6271	5820	6313	7545	8586	9299
甘肃	5204	4801	4338	5778	4902	8983	6541	7655	7238
青海	853	862	915	1068	1270	1674	1918	2134	1837
宁夏	1040	1385	1118	1819	2329	1497	1826	1990	1780
新疆	1754	1918	2267	2220	2467	2958	4395	4768	4896

E-2续表4

单位：万元

地　区	1988年	1989年	1990年	1991年	1992年	1993年	1994年	1995年	1996年
全　国	**395646**	**466492**	**519383**	**625359**	**637097**	**698708**	**870194**	**1034502**	**1211500**
中央级	1297	1185	1517	1792	3217	3108	4077	3703	6371
北　京	11355	12805	14738	16249	19073	26105	36146	44073	54012
天　津	5209	5861	6585	7176	8173	9218	11970	15023	17254
河　北	24272	26484	32162	30785	33344	38161	48303	58804	74364
山　西	13977	15845	15976	17378	19264	19515	22995	31008	37882
内蒙古	11254	10975	13510	13449	14250	15314	18378	20470	26012
辽　宁	19595	22233	26318	26380	29561	32903	44239	60067	59580
吉　林	10692	11439	14155	14619	16553	18461	24648	30876	31416
黑龙江	14205	15127	15982	18411	19734	19377	26195	28798	30459
上　海	3965	4741	5364	6270	7742	10368	15557	19773	23984
江　苏	23816	27647	33150	50604	48290	47590	59349	69907	80163
浙　江	16113	18710	21111	22094	22124	26924	40044	43610	50852
安　徽	14854	16444	19755	80611	39002	26982	26883	37348	43979
福　建	10332	11213	13935	15070	18423	20141	25502	31904	34498
江　西	13240	15076	15791	16915	21249	21410	23815	30354	33883
山　东	31890	39382	44965	46744	52525	62616	71995	76826	88009
河　南	21784	26566	24275	27675	31304	34498	44163	52458	59353
湖　北	17804	20704	21092	23318	23677	28918	39148	40291	50385
湖　南	19110	22384	24981	23436	24712	29096	35093	42680	53778
广　东	16675	20206	21863	25022	29602	43983	53653	64806	75354
广　西	9757	11955	11313	12728	14317	16760	30480	28730	36280
海　南	2338	3659	3366	3843	4270	4630	6163	7210	8828
重　庆									
四　川	28123	32186	36228	39004	42563	49037	59629	70257	77059
贵　州	9408	11568	12079	11043	11761	15154	15641	20528	26419
云　南	14934	31640	33901	38725	41026	30502	31529	36916	46048
西　藏	1795	2116	2909	3499	2647	2598	5304	4466	5228
陕　西	10602	12277	13688	13412	16805	20107	20404	26336	32108
甘　肃	8346	7681	8813	9124	11256	12186	13897	17748	21484
青　海	1750	1802	2086	2036	2387	2965	3454	4342	6473
宁　夏	2609	1805	2000	2206	2456	2464	3244	3458	4279
新　疆	4549	4776	5775	5741	5790	7617	8297	11732	15706

E-2续表5

单位：万元

地　区	1997年	1998年	1999年	2000年	2001年	2002年	2003年	2004年	2005年
全　国	**1335202**	**1618445**	**1946843**	**2296954**	**2847548**	**3922695**	**4989172**	**5773907**	**7184146**
中央级	5954	50783	11856	29338	13965	18467	18027	39290	37423
北　京	61184	74406	97748	150746	196540	233429	303795	327957	370918
天　津	19738	20952	20611	30547	41580	58202	62682	71091	92462
河　北	71151	79064	88202	113381	125698	153525	185641	216770	283480
山　西	37150	39519	45466	56815	71776	105897	124003	147570	192257
内蒙古	26773	35484	35659	44674	55328	70606	99368	126237	141727
辽　宁	65370	74946	85394	131675	180547	227704	279737	304551	368476
吉　林	33928	52337	53311	51153	76026	118392	166702	182133	218688
黑龙江	33020	55977	60566	61753	80658	177852	167487	193823	222865
上　海	30860	37336	54151	87021	121538	167719	222540	228764	282196
江　苏	93383	108862	121349	159691	170800	205763	256063	309196	419996
浙　江	60657	65733	88269	97755	124023	159432	189645	294720	354320
安　徽	50559	56473	72895	72568	89476	138918	208606	195412	250782
福　建	46134	49421	50996	67797	68897	85353	94061	139539	157015
江　西	35962	47177	45334	49521	57966	92013	149217	176372	225667
山　东	101613	112960	131746	159315	180470	233918	283989	311522	408419
河　南	64155	68311	80338	102698	117574	159157	221713	251439	337872
湖　北	58511	85285	75622	113381	122382	167653	229234	270653	345556
湖　南	48234	54533	73272	80343	104818	158443	210815	252892	326694
广　东	88748	96993	112133	144461	198362	278022	341821	386221	483430
广　西	28944	30995	31950	35135	49819	82929	109901	113723	156841
海　南	8274	9472	10818	13568	15372	18032	24304	27950	38103
重　庆	25048	35054	51123	55934	70571	117114	125112	145713	174682
四　川	63016	72283	89492	105249	139493	194774	244374	302566	376043
贵　州	27866	27126	30834	36085	51264	67973	82094	102697	151257
云　南	52043	53384	63169	78944	98782	115945	150814	183855	202346
西　藏	6987	11749	6824	9920	14979	15358	17913	23200	22574
陕　西	31702	25791	43230	54365	72136	103474	147039	149120	186935
甘　肃	20366	20554	26371	35251	42851	58315	75346	91876	111530
青　海	8088	8669	23784	16159	19790	24812	36616	39139	47402
宁　夏	4397	5442	8651	13775	21289	28724	30448	34071	35346
新　疆	25387	22690	55676	56940	52768	104762	130065	133844	160847

E-3 民政事业费按用向性质分类情况

单位：万元

项　目	2004年	2005年	占全部%	比上年增长额	比上年增长%
总　计	**5773907**	**7184146**	**100.00**	**1410239**	**24.42**
一、优抚支出	1187248	1657509	23.07	470261	39.61
（一）抚恤支出	444578	684443	9.53	239865	53.95
1.一次抚恤费	19592	29589	0.41	9997	51.03
2.定期抚恤费	114924	140188	1.95	25264	21.98
3.伤残抚恤费	158372	334807	4.66	176435	111.41
4.义务兵优待金	151690	179859	2.50	28169	18.57
（二）优抚对象补助支出	593820	800379	11.14	206559	34.78
1.复员退伍军人补助费	447432	578697	8.06	131265	29.34
2.退伍军人安置费	146388	221682	3.09	75294	51.43
（三）优抚事业单位经费	102629	116977	1.63	14348	13.98
1.民政部门主办	101706	115550	1.61	13844	13.61
2.集体举办经费补助	923	1427	0.02	504	54.60
（四）烈士纪念建筑物管理、维修费	46221	55710	0.78	9489	20.53
二、离休、退休、退职费	594917	667178	9.29	72261	12.15
三、社会救济支出	2777102	3343682	46.54	566580	20.40
（一）生活救济支出	2524925	3019834	42.03	494909	19.60
1.农村救济支出	355537	578612	8.05	223075	62.74
2.城镇救济支出	43800	50063	0.70	6263	14.30
3.最低生活保障支出	1727392	1919279	26.72	191887	11.11
4.精减退职老职工救济支出	39553	45101	0.63	5548	14.03
5.其他人员救济支出	37742	51457	0.72	13715	36.34
6.灾民生活救济支出	320901	375322	5.22	54421	16.96
（二）流浪乞讨人员救助支出	62012	73371	1.02	11359	18.32
（三）紧急抢救转移安置灾民	151571	209420	2.92	57849	38.17
（四）救灾储备	38594	41057	0.57	2463	6.38
四、福利事业支出	364349	434516	6.05	70167	19.26
其中：（一）福利事业单位经费	358455	430311	5.99	71856	20.05
1.民政部门举办	215196	255412	3.56	40216	18.69
2.集体举办经费补助	143259	174899	2.43	31640	22.09
（二）假肢事业支出	5894	4205	0.06	-1689	-28.66
五、殡葬事业支出	94273	121015	1.68	26742	28.37
六、其他民政事业支出	486566	605407	8.43	118841	24.42
其中：民政机关事业编制人员、车辆经费	73785	87309	1.22	13524	18.33
七、地方离退休经费	139027	136820	1.90	-2207	-1.59
八、其他款项用于民政支出	130425	218019	3.03	87594	67.16
其中：军供站支出	16196	20937	0.29	4741	29.27

E-4 民政事业费按支出形式分类支出情况

单位：万元

项　目	2004年	2005年	占全部%	比上年增长额	比上年增长%
总　计	**5773907**	**7184146**	**100.00**	**1410239**	**24.42**
一、直接发放	4161982	5227906	72.77	1065924	25.61
(一) 按标准发放和报销	3420763	4240274	59.02	819511	23.96
1.发放数	3296976	4111461	57.23	814485	24.70
(1) 定期发放	3270965	4052929	56.41	781964	23.91
其中：a 军队干部离休金	110493	120284	1.67	9791	8.86
b 军队干部退休金	186895	220142	3.06	33247	17.79
c 军队无军籍退休金	87176	92638	1.29	5462	6.27
d 地方干部、人员退休金、退职金	127789	112183	1.56	-15606	-12.21
离休、退休、退职金小计	512353	545247	7.59	32894	6.42
e 烈属和牺牲病故定期抚恤金	114924	140188	1.95	25264	21.98
f 伤残抚恤金	138608	308851	4.30	170243	122.82
其中：在职	26119	108915	1.52	82796	317.00
在乡	112489	199936	2.78	87447	77.74
g 在乡退伍红军老战士生活费	19176	26417	0.37	7241	37.76
h 复员退伍军人定期定量补助费	382676	494831	6.89	112155	29.31
抚恤、补助费小计	655384	970287	13.51	314903	48.05
i 军队离休干部遗属、退休人员遗属定期定量补助费	3162	3915	0.05	753	23.81
j 农村五保户贫困户定期定量救济费	93568	190509	2.65	96941	103.60
k 农村最低生活保障救济费	162318	253189	3.52	90871	55.98
l 城镇孤老残幼贫定期定量救济费	5811	5393	0.08	-418	-7.19
n 城镇最低生活保障救济费	1727392	1919280	26.72	191888	11.11
m 精减退职老弱病残职工原工资40%救济费	18774	20372	0.28	1598	8.51
o 精减退职老职工定期定量救济费	18651	22538	0.31	3887	20.84
p 其他由民政部门发放生活费	56443	92986	1.29	36543	64.74
定期定量救济费小计	2086119	2508182	34.91	422063	20.23
q 在乡特、一等伤残军人护理费	5472	6433	0.09	961	17.56
r 军队离休、退休人员护理费	11637	22780	0.32	11143	95.75

E-4续表1

单位：万元

项　目	2004年	2005年	占全部%	比上年增长额	比上年增长%
（2）非定期发放	26011	58532	0.81	32521	125.03
其中：a烈士和牺牲病故人员	19592	29589	0.41	9997	51.03
b企事业退休人员一次性抚恤金	3235	3744	0.05	509	15.73
c离休、退休干部死亡丧葬补助费	3184	25199	0.35	22015	691.43
2.报销数	123787	128813	1.79	5026	4.06
（1）伤残补助费	14293	19524	0.27	5231	36.60
（2）离休、退休干部其他费用	109494	109289	1.52	-205	-0.19
（二）临时性发放	741222	987632	13.75	246410	33.24
（1）烈军属复员退伍军人临时补助费	144219	288675	4.02	144456	100.16
（2）退伍军人建房补助费	3344	3528	0.05	184	5.50
（3）义务兵优待金	151690	179859	2.50	28169	18.57
优抚对象临时补助费小计	299253	472062	6.57	172809	57.75
（3）农村五保户贫困户临时救济费	48001	47075	0.66	-926	-1.93
（4）农村其他人员临时救济费	23267	33720	0.47	10453	44.93
（5）城镇孤老残幼贫临时救济费	33197	39525	0.55	6328	19.06
（6）其他人员临时救济费	14476	17737	0.25	3261	22.53
（7）精减退职老职工临时救济费	2127	2191	0.03	64	3.01
临时社会救济费小计	121068	140248	1.95	19180	15.84
（8）灾民生活救济费	320901	375322	5.22	54421	16.96
二、单位拨款	923256	1125479	15.67	202223	21.90
（一）民政部门举办事业单位经费	569813	679856	9.46	110043	19.31
1.优抚事业单位	123251	143767	2.00	20516	16.65
（1）伤残军人修养院	20587	21667	0.30	1080	5.25
（2）复员军人慢性病疗养院	15279	15424	0.21	145	0.95
（3）复员退伍军人精神病院	26134	31771	0.44	5637	21.57
（4）光荣院	30913	37893	0.53	6980	22.58
（5）烈士纪念建筑物管理机构	30338	37012	0.52	6674	22.00

E-4续表2

单位：万元

项 目	2004年	2005年	占全部%	比上年增长额	比上年增长%
2.社会福利事业单位	270587	322691	4.49	52104	19.26
（1）社会福利院	124584	149073	2.08	24489	19.66
（2）儿童福利院	32814	42780	0.60	9966	30.37
（3）精神病人福利院	51177	57467	0.80	6290	12.29
（4）流浪乞讨人员救助站	62012	73371	1.02	11359	18.32
3.军队离退休干部管理机构	81702	92383	1.29	10681	13.07
4.殡葬事业单位	94273	121015	1.68	26742	28.37
（1）火葬场	40184	74679	1.04	34495	85.84
（2）其他殡葬事业单位	54089	46336	0.64	-7753	-14.33
（二）集体办事业单位补贴	152976	185121	2.58	32145	21.01
1.优抚事业单位	9717	10222	0.14	505	5.20
2.社会福利事业单位	143259	174899	2.43	31640	22.09
（三）生产单位拨款	10302	10025	0.14	-277	-2.69
1.假肢厂、站	3681	3933	0.05	252	6.85
2.安置农场	6621	6092	0.08	-529	-7.99
（四）灾民紧急抢救、转移、安置费	151571	209420	2.92	57849	38.17
（五）救灾储备	38594	41057	0.57	2463	6.38
三、民政机关事业支出	688669	830761	11.56	142092	20.63
1.退伍军人安置接待支出	16196	18368	0.26	2172	13.41
2.无管理机构的烈士纪念建筑物	15884	18698	0.26	2814	17.72
3.假肢事业支出	2213	272	0.00	-1941	-87.71
4.职工训练费	5448	6871	0.10	1423	26.12
5.业务费	219294	280313	3.90	61019	27.83
6.老龄委经费	23141	30204	0.42	7063	30.52
7.事业编制民政干部、车辆经费	73785	87309	1.22	13524	18.33
8.其他支出	332708	388726	5.41	56018	16.84

E-5 民政事业费支出效果

单位：人、户、个

项　目	2004年	2005年	比上年增长额	比上年增长%
一、固定对象人数	39237572	44682424	5444852	13.88
（一）供养人数	38811052	44325490	5514438	14.21
1.离退休人员	250052	247994	-2058	-0.82
其中：a 军队离休干部	32717	31622	-1095	-3.35
b 军队退休干部、职工	69142	78512	9370	13.55
c 军队无军籍职工	61262	60047	-1215	-1.98
d 地方离休人员	5155	4584	-571	-11.08
f 地方退休、退职人员	81776	73229	-8547	-10.45
2.在乡伤残人员	465518	526504	60986	13.10
3.在乡退伍红军老战士	4075	3817	-258	-6.33
4.定期抚恤烈属牺牲病故人员家属	474649	476995	2346	0.49
5.定期定量补助人数	3096921	3025572	-71349	-2.30
6.定期定量救济人数	34519837	40044608	5524771	16.00
其中：a 农村五保户、贫困户	6366624	8628871	2262247	35.53
b 农村最低生活保障	4548738	7753049	3204311	70.44
c 城镇孤老残幼贫	149526	100707	-48819	-32.65
d 城镇最低生活保障	21909380	21997901	88521	0.40
e 享受原工资40%救济精减老弱残	199782	196708	-3074	-1.54
f 精减退职老职工	228126	227704	-422	-0.18
g 其他发生活救济费人员	1117661	1139668	22007	1.97
（二）非供养人员	426520	356934	-69586	-16.31
1.在职革命伤残人员	384673	313984	-70689	-18.38

E-5续表

单位：人、户、个

项 目	2004年	2005年	比上年增长额	比上年增长%
2.发护理费人员	41847	42950	1103	2.64
其中：a 特一等伤残人员	14891	14698	-193	-1.30
b 离休、退休人员护理	26956	28252	1296	4.81
二、非固定对象	49406719	51880772	2474053	5.01
（一）退伍军人建房补助人数	8998	8225	-773	-8.59
（二）义务兵优待金	849133	901803	52670	6.20
（三）灾民救济人数	48548588	50970744	2422156	4.99
三、民政部门办事业单位收养人数	189408	217894	28486	15.04
（一）优抚事业单位	44268	45547	1279	2.89
1.伤残军人休养院	2265	1972	-293	-12.94
2.复员军人慢性病疗养院	4801	6458	1657	34.51
3.复退军人精神病院	10108	11215	1107	10.95
4.光荣院	27094	25902	-1192	-4.40
（二）社会福利事业单位	145140	172347	27207	18.75
1.社会福利院	107527	130693	23166	21.54
2.儿童福利院	24680	27361	2681	10.86
3.精神病人福利院	12933	14293	1360	10.52
四、其他				
1.离退休干部管理机构数	1906	1800	-106	-5.56
住所离退休干部人数	68858	110771	41913	60.87
2.补贴假肢厂、站数	38	35	-3	-7.89
3.补贴火葬场火化尸体数	2095546	2187043	91497	4.37
4.发丧葬补助数	1786	1874	88	4.93
5.转移灾民人数	4920426	6235903	1315477	26.74

E-6 民政事业费预算指标地方安排情况

单位：万元

地区	预算指标			地方预算安排预算指标			地方安排抚恤和社会救济预算		
	2004年	2005年	增长%	2004年	2005年	增长%	2004年	2005年	增长%
合　计	**5826765**	**7287382**	**25.07**	**3225705**	**3905105**	**21.06**	**3068655**	**3715248**	**21.07**
中央级	63207	52916	-16.28						
北　京	264184	304446	15.24	211402	244635	15.72	210467	243652	15.77
天　津	73353	86396	17.78	44522	50337	13.06	44218	50099	13.30
河　北	225892	294185	30.23	106506	126038	18.34	102037	120981	18.57
山　西	163473	209502	28.16	76576	95305	24.46	74666	93681	25.47
内蒙古	131997	150561	14.06	51880	65794	26.82	44420	60047	35.18
辽　宁	312755	380370	21.62	150208	169268	12.69	148844	163890	10.11
吉　林	199843	226121	13.15	89389	85687	-4.14	79785	82365	3.23
黑龙江	212925	250253	17.53	94609	99057	4.70	93018	96448	3.69
上　海	175452	228899	30.46	159283	203888	28.00	159283	202127	26.90
江　苏	309102	425076	37.52	242405	327054	34.92	235136	320679	36.38
浙　江	304163	359709	18.26	265925	301804	13.49	256298	291351	13.68
安　徽	221033	276638	25.16	107201	125452	17.03	102828	119136	15.86
福　建	149400	167479	12.10	106928	112289	5.01	104564	107949	3.24
江　西	180733	260747	44.27	83419	121843	46.06	79536	98261	23.54
山　东	317425	421729	32.86	190936	236665	23.95	186164	230755	23.95
河　南	257889	349656	35.58	116275	159778	37.41	101652	145609	43.24
湖　北	259153	324198	25.10	109769	136295	24.17	105538	130321	23.48
湖　南	249587	324066	29.84	117079	145356	24.15	114805	141463	23.22
广　东	320888	408489	27.30	271219	333881	23.10	265555	312918	17.84
广　西	137657	180647	31.23	59956	70038	16.82	56388	60924	8.04
海　南	35679	50698	42.10	14990	16159	7.80	14585	15687	7.55
重　庆	154425	186216	20.59	76091	90064	18.36	75331	88791	17.87
四　川	309593	384895	24.32	145460	171980	18.23	135950	163082	19.96
贵　州	113854	160824	41.25	54428	89412	64.28	47904	81025	69.14
云　南	198722	215028	8.21	92504	112105	21.19	66733	95318	42.84
西　藏	23200	22574	-2.70	11643	10508	-9.75	7623	9434	23.77
陕　西	162798	215230	32.21	65070	79649	22.41	60046	76946	28.14
甘　肃	99828	123196	23.41	28810	40364	40.10	23942	36490	52.41
青　海	41520	48509	16.83	14580	17287	18.57	13962	16534	18.42
宁　夏	37040	39819	7.50	15473	10581	-31.62	12720	9542	-24.99
新　疆	119999	158314	31.93	51171	56532	10.48	44661	49743	11.38

E–7 中央专项

省份 \ 文号	合计	财社 28号	财社 174号	财社 80号	财社 186号	财社 68号	财社 69号	财社 125号	财社 127号	财社 128号
合　计	**3083197**	**745572**	**4250**	**3000**	**9874**	**479034**	**37008**	**3000**	**924**	**9647**
北　京	130590	5766	50	60	79	64682	5009	67	4	1483
天　津	34292	3730	50		88	10655	853	80	20	140
河　北	153019	61603	330	210	608	23813	1531	222	36	419
山　西	99779	28561	230	150	339	10458	759	93	12	203
内蒙古	76756	11406	90	210	217	6870	710	50	16	106
辽　宁	195539	24910	110		284	48576	3673	363	68	730
#大连	25388	4076			66	17075	1390	104		217
吉　林	126989	21965	130	150	274	10769	953	100	16	299
黑龙江	135499	20998	120	210	294	9473	869	62	40	176
上　海	25011	3193			50	14869	1250	103	4	255
江　苏	84755	41183	120	180	441	23655	1867	237	60	428
浙　江	45623	14345		180	215	11766	980	63	12	209
#宁波	6451	1916		60	44	2744	220	16		60
安　徽	122554	32450	120	210	397	7242	490	72	52	152
福　建	53134	11851	120	60	216	9872	939	84	16	77
#厦门	2621	301			21	1802	155	10		16
江　西	123264	29556	340	90	369	5524	397	41	32	145
山　东	177725	96364	370	290	904	47083	3352	307	112	471
#青岛	23777	6420		60	94	13746	994	100		151
河　南	179646	54156	240	280	621	17210	1507	156	104	325
湖　北	184991	44318	260	90	530	22625	1514	68	28	428
湖　南	168002	45221	230		571	11315	661	83	56	351
广　东	61008	19022	180	120	246	20160	1979	75	20	459
#深圳	2165	362			11	828	105	6		5
广　西	86896	15385	140	90	287	5856	611	65		121
海　南	27903	4612	90	90	153	2959	202	17		139
重　庆	87937	16727	90	150	266	7164	529	57	28	129
四　川	200636	61848	190		748	21629	1871	167	60	465
贵　州	67227	15367	50	90	295	4162	388	24	16	91
云　南	97127	15645	90		251	19075	1287	94	44	495
西　藏	12066	1227	40		143	2607	6		4	139
陕　西	119075	26207	160	90	361	19987	1571	166	36	387
甘　肃	73984	9558	100		216	6995	539	25	20	285
青　海	29337	2232	30		141	2077	90	9	4	128
宁　夏	24019	1694	80		126	1076	116	7		21
新　疆	78814	4472	100		144	8830	505	43	4	391

另：新疆兵团全年预算为19891万元，其中：低保支出13900万元，救灾支出3500万元。

拨款对账单

单位：万元

财社135号	财社141号	财社143号	财社166号	财社81号	财社66号	财社61号	财社142号	财社3号	财社78号	救灾支出	其它
15000	**2399**	**83966**	**500**	**30000**	**29410**	**3200**	**91515**	**503050**	**603050**	**427800**	**998**
1224	8		62		100	20	50478			700	798
275	6	524	22		120	20	1831	6900	8100	878	
854	214	4155		1560	1160	140	1464	20050	23950	10700	
	93	4930		1273	1180	80	818	18250	22250	10100	
419	71	1591		1381	1100	100	179	18350	21950	11940	
898	17	3645			1150	120	5128	42850	51250	11767	
							2060			400	
	78	3547		1185	1510	100	963	31300	38100	15550	
557	134	4621		1239	1700	100	772	38100	45600	10434	
	4		126		140	20	3997			1000	
516	41	4376	29		260	140	3322			7900	
192	24	1764	83		120	140	830			14700	
192							199			1000	
594	157	2512		1508	1380	180	575	25250	30250	18963	
247	10	1149	6		540	180	767	1000	1000	25000	
98							218			0	
	103	3183		1470	1400	180	234	23350	27950	28900	
2593	189	6360	91		1010	140	2689	2500	2500	10400	
488			65				1059			600	
1232	242	6910		1670	1710	160	1040	33950	40650	17483	
613	152	4590		1509	1600	160	1629	39900	47700	17277	
811	137	4697		1864	1600	140	809	34450	41250	23756	
642	7		81		280	140	6297			11300	
							848			0	
	59	1190		1457	980	140	622	16250	19450	24093	100
190	11	702		496	610	20	412	3350	4050	9800	
206	75	2566		1323	960	60	689	19850	23750	13318	
462	190	4304		1979	1790	160	1423	35150	42050	26150	
173	64	1061		1675	920	100	201	13100	15700	13750	
574	62	1516		2026	910	140	818	15700	19100	19200	100
	6	130		504	650		10	1050	1250	4300	
1270	109	5844		1677	1170	60	2041	19000	23200	15739	
458	59	2756		1375	1030	80	488	16550	19850	13600	
	18	504		995	720	60	77	6650	7950	7652	
	15	571		781	660	20	102	5000	6000	7750	
	44	4268		1053	950	100	810	15200	18200	23700	

E-8 民政事业费

地　区	本年预算指标合计	上年结转预算指标	本级财政安排预算指标	本年上级下达预算指标
全　国	**7287381.8**	**344409.7**	**7036936.6**	**9251229.1**
中央级	52915.7	23916.9	3131831.8	
北　京	304446.0	533.9	244635.4	223742.5
天　津	86395.7	1766.3	50337.4	60978.7
河　北	294184.6	15383.1	126037.5	479206.5
山　西	209501.5	14417.9	95304.6	362150.6
内蒙古	150560.9	7106.3	65794.2	259690.1
辽　宁	380370.4	12014.6	169268.4	619582.7
吉　林	226120.6	13476.1	85686.8	385076.0
黑龙江	250252.7	15696.3	99057.4	395497.7
上　海	228899.3		203888.3	25011.0
江　苏	425075.8	13264.7	327054.3	347178.6
浙　江	359708.9	12281.9	301804.0	122250.3
安　徽	276637.5	28631.8	125451.7	279435.2
福　建	167479.4	12573.0	112289.1	210202.3
江　西	260747.3	15640.5	121842.8	436840.0
山　东	421729.4	7339.6	236664.8	534151.5
河　南	349655.5	10231.6	159777.9	571740.9
湖　北	324197.9	2911.6	136295.3	389952.0
湖　南	324065.7	10720.1	145355.5	536792.7
广　东	408488.8	13599.6	333881.2	296789.8
广　西	180646.6	23712.8	70037.8	269062.8
海　南	50698.4	6636.2	16159.2	57528.7
重　庆	186215.5	8214.7	90063.8	184501.0
四　川	384894.7	12278.8	171979.9	648151.7
贵　州	160824.3	4185.1	89412.2	266941.2
云　南	215028.2	22342.3	112104.8	364843.9
西　藏	22573.6		10507.6	12066.0
陕　西	215229.8	16505.7	79649.1	374885.0
甘　肃	123196.3	8848.7	40363.6	160725.5
青　海	48508.5	1884.7	17286.8	67202.1
宁　夏	39818.8	5218.8	10581.0	50271.4
新　疆	158313.5	3076.1	56532.4	258780.7

预算执行情况

单位：万元

本年下达所属地方预算指标	本年抚恤、离退休、福利救济费指标	上年结转预算指标	本级财政安排预算指标	本年上级下达预算指标	本年下达所属地方预算指标
9345193.6	**6551849.6**	**238557.7**	**6403194.3**	**7959937.6**	**8049840.0**
3102833.0	28404.2	11862.9	2687948.3		2671407.0
164465.8	302397.5	168.9	243651.9	221592.5	163015.8
26686.7	84905.5	1392.3	50099.2	59500.7	26086.7
326442.5	275710.8	12666.2	120980.6	443338.5	301274.5
262371.6	192341.6	8981.8	93680.8	333865.6	244186.6
182029.7	129291.5	3769.1	60047.0	216270.6	150795.2
420495.3	360686.6	9052.6	163890.4	581665.7	393922.1
258118.3	203935.8	7734.5	82364.6	338323.9	224487.2
259998.7	236514.4	15001.3	96448.1	364238.9	239173.9
	226012.0		202127.0	23885.0	
262421.8	406917.5	9312.0	320679.1	314830.2	237903.8
76627.3	331290.7	9016.4	291351.3	88990.3	58067.3
156881.2	246721.2	23994.5	119135.7	234727.7	131136.7
167585.0	135836.1	7528.2	107948.6	138895.9	118536.6
313576.0	201217.6	8592.4	98261.2	333645.5	239281.5
356426.5	401294.7	3215.0	230754.7	499603.3	332278.3
392094.9	316214.6	8442.8	145609.2	502679.4	340516.8
204961.0	298646.1	2248.4	130320.6	351995.1	185918.0
368802.6	294730.0	8166.4	141462.5	465206.2	320105.1
235781.8	373213.8	10587.7	312918.1	242609.1	192901.1
182166.8	138356.9	14629.9	60924.0	189945.6	127142.6
29625.7	38626.8	4836.9	15686.9	37898.7	19795.7
96564.0	168849.3	5438.9	88791.4	158545.0	83926.0
447515.7	347852.6	10284.6	163082.0	560739.0	386253.0
199714.2	138028.6	3526.2	81025.4	220086.7	166609.7
284262.8	171296.3	15255.0	95317.6	277604.5	216880.8
	17200.2		9434.2	7766.0	
255810.0	193538.9	13257.4	76945.5	327842.5	224506.5
86741.5	100383.9	3509.5	36490.4	131685.1	71301.1
37865.1	40018.3	1799.8	16533.5	59338.1	37653.1
26252.4	28111.8	2229.8	9542.0	35167.4	18827.4
160075.7	123303.8	2056.3	49742.5	197454.9	125949.9

E-8续表

地　区	本年自然灾害生活救助预算指标	上年结转预算指标	本级财政安排预算指标	本年上级下达预算指标	本年下达所属地方预算指标
全　国	**735532.2**	**105852.0**	**633742.3**	**1291291.5**	**1295353.6**
中央级	24511.5	12054.0	443883.5		431426.0
北　京	2048.5	365.0	983.5	2150.0	1450.0
天　津	1490.2	374.0	238.2	1478.0	600.0
河　北	18473.8	2716.9	5056.9	35868.0	25168.0
山　西	17159.9	5436.1	1623.8	28285.0	18185.0
内蒙古	21269.4	3337.2	5747.2	43419.5	31234.5
辽　宁	19683.8	2962.0	5378.0	37917.0	26573.2
吉　林	22184.8	5741.6	3322.2	46752.1	33631.1
黑龙江	13738.3	695.0	2609.3	31258.8	20824.8
上　海	2887.3		1761.3	1126.0	
江　苏	18158.3	3952.7	6375.2	32348.4	24518.0
浙　江	28418.2	3265.5	10452.7	33260.0	18560.0
安　徽	29916.3	4637.3	6316.0	44707.5	25744.5
福　建	31643.3	5044.8	4340.5	71306.4	49048.4
江　西	59529.7	7048.1	23581.6	103194.5	74294.5
山　东	20434.7	4124.6	5910.1	34548.2	24148.2
河　南	33440.9	1788.8	14168.7	69061.5	51578.1
湖　北	25551.8	663.2	5974.7	37956.9	19043.0
湖　南	29335.7	2553.7	3893.0	71586.5	48697.5
广　东	35275.0	3011.9	20963.1	54180.7	42880.7
广　西	42289.7	9082.9	9113.8	79117.2	55024.2
海　南	12071.6	1799.3	472.3	19630.0	9830.0
重　庆	17366.2	2775.8	1272.4	25956.0	12638.0
四　川	37042.1	1994.2	8897.9	87412.7	61262.7
贵　州	22795.7	658.9	8386.8	46854.5	33104.5
云　南	43731.9	7087.3	16787.2	87239.4	67382.0
西　藏	5373.4		1073.4	4300.0	
陕　西	21690.9	3248.3	2703.6	47042.5	31303.5
甘　肃	22812.4	5339.2	3873.2	29040.4	15440.4
青　海	8490.2	84.9	753.3	7864.0	212.0
宁　夏	11707.0	2989.0	1039.0	15104.0	7425.0
新　疆	35009.7	1019.8	6789.9	61325.8	34125.8

单位：万元

年末结余预算指标	抚恤、离退休、福利救济费	自然灾害生活救助	本年财政拨款	抚恤、离退休、福利救济费	自然灾害生活救助
481098.5	**363899.7**	**117198.8**	**6806283.3**	**6187949.9**	**618333.4**
15492.9	15492.9		37422.8	12911.3	24511.5
3326.0	3241.0	85.0	301120.0	299156.5	1963.5
4267.1	4036.1	231.0	82128.6	80869.4	1259.2
16123.6	12899.3	3224.3	278061.0	262811.5	15249.5
18057.2	11787.7	6269.5	191444.3	180553.9	10890.4
6873.1	3912.6	2960.5	143687.8	125378.9	18308.9
24503.9	20178.0	4325.9	355866.5	340508.6	15357.9
15655.1	11198.0	4457.1	210465.5	192737.8	17727.7
32423.5	30730.1	1693.4	217829.2	205784.3	12044.9
4067.0	4067.0		224832.3	221945.0	2887.3
17037.7	14031.6	3006.1	408038.1	392885.9	15152.2
16003.3	12479.3	3524.0	343705.6	318811.4	24894.2
29699.5	26046.8	3652.7	246938.0	220674.4	26263.6
13593.4	8155.2	5438.2	153886.0	127680.9	26205.1
41041.7	9227.3	31814.4	219705.6	191990.3	27715.3
13702.5	10693.9	3008.6	408026.9	390600.8	17426.1
21301.9	19335.7	1966.2	328353.6	296878.9	31474.7
7438.3	6457.9	980.4	316759.6	292188.2	24571.4
10922.0	9501.9	1420.1	313143.7	285228.1	27915.6
17341.8	16064.1	1277.7	391147.0	357149.7	33997.3
31610.3	21418.8	10191.5	149036.3	116938.1	32098.2
11754.5	7537.9	4216.6	38943.9	31088.9	7855.0
11256.5	8695.9	2560.6	174959.0	160153.4	14805.6
17208.8	13815.0	3393.8	367685.9	334037.6	33648.3
5015.3	4298.6	716.7	155809.0	133730.0	22079.0
15825.0	11636.6	4188.4	199203.2	159659.7	39543.5
			22573.6	17200.2	5373.4
31970.7	28369.3	3601.4	183259.1	165169.6	18089.5
13088.7	7713.4	5375.3	110107.6	92670.5	17437.1
1421.0	1337.1	83.9	47087.5	38681.2	8406.3
5698.3	3355.5	2342.8	34120.5	24756.3	9364.2
7377.9	6185.2	1192.7	150935.6	117118.6	33817.0

E–9 民政事业费当年

地区	全国预算安排合计	中央安排合计	全省安排合计	省级	市级	县级
全国	**7036936.6**	**3131831.8**	**3905104.8**	**876992.5**	**684797.1**	**2162077.4**
中央级	28998.8	28998.8				
北京	375225.4	130590.0	244635.4	88986.3		141393.9
天津	84629.4	34292.0	50337.4	16616.0		33721.4
河北	278801.5	152764.0	126037.5	21298.3	39435.5	65303.7
山西	195083.6	99779.0	95304.6	39567.1	19099.0	36638.5
内蒙古	142550.2	76756.0	65794.2	16516.4	15488.0	33789.8
辽宁	364807.4	195539.0	169268.4	41629.1	42463.9	85150.9
吉林	212675.8	126989.0	85686.8	17816.5	10620.2	56313.5
黑龙江	234556.4	135499.0	99057.4	27228.8	23587.1	48079.4
上海	228899.3	25011.0	203888.3	32190.7		165302.1
江苏	411809.3	84755.0	327054.3	57523.5	59742.9	170178.7
浙江	347427.0	45623.0	301804.0	28095.6	37300.2	191059.2
安徽	248005.7	122554.0	125451.7	18365.9	21763.0	82719.9
福建	165423.1	53134.0	112289.1	43590.7	16784.6	51323.3
江西	245106.8	123264.0	121842.8	55250.7	14259.3	51954.9
山东	414389.8	177725.0	236664.8	25837.0	50783.4	140342.1
河南	339423.9	179646.0	159777.9	30627.0	34796.9	88615.4
湖北	321286.3	184991.0	136295.3	29060.0	24492.2	82374.7
湖南	313357.5	168002.0	145355.5	23887.4	33208.3	88198.1
广东	394889.2	61008.0	333881.2	68911.2	81236.2	159132.7
广西	156933.8	86896.0	70037.8	13690.0	15933.1	40414.7
海南	44062.2	27903.0	16159.2	4176.8	8370.0	3612.4
重庆	178000.8	87937.0	90063.8	15788.7		57173.7
四川	372615.9	200636.0	171979.9	36853.7	25040.1	107649.2
贵州	156639.2	67227.0	89412.2	34781.8	19101.5	34884.8
云南	209231.8	97127.0	112104.8	39530.0	38654.0	33842.8
西藏	22573.6	12066.0	10507.6	747.4	5603.7	4156.5
陕西	198724.1	119075.0	79649.1	21280.0	27269.1	31060.6
甘肃	114347.6	73984.0	40363.6	17059.2	8395.0	14753.2
青海	46623.8	29337.0	17286.8	1096.3	1715.7	14474.8
宁夏	34600.0	24019.0	10581.0	3899.6	1075.2	5599.9
新疆	155237.4	98705.0	56532.4	5090.8	8579.0	42862.6

预算安排情况表

单位：万元

镇级	抚恤	中央安排合计	全省安排合计	省级	市级	县级	镇级
181237.8	**1463422.2**	**763830.0**	**699592.2**	**111771.0**	**64747.4**	**467230.9**	**55842.9**
14255.2	38194.9	5955.0	32239.9	6578.3		24630.2	1031.4
	12750.8	3868.0	8882.8	2539.5		6343.3	
	97970.0	62751.0	35219.0	8213.6	5605.5	21399.9	
	51837.4	29280.0	22557.4	5163.2	5113.2	12281.0	
	19932.5	11923.0	8009.5	884.3	1121.6	6003.6	
24.5	52269.9	25241.0	27028.9	3091.6	4811.5	19104.6	21.2
936.6	33309.3	22519.0	10790.3	80.0	842.0	9259.7	608.6
162.1	39110.5	21622.0	17488.5	3876.9	1627.4	11980.0	4.2
6395.5	38344.4	3243.0	35101.4	5735.3		27844.4	1521.7
39609.2	105610.9	41924.0	63686.9	10608.7	3545.3	35803.6	13729.3
45349.0	74204.8	14740.0	59464.8	4322.0	2218.8	41358.4	11565.6
2602.9	62488.1	33177.0	29311.1	2445.5	2007.9	23759.0	1098.7
590.5	32175.4	12247.0	19928.4	6551.8	3344.0	10032.6	
377.9	44746.3	30355.0	14391.3	1843.0	1033.3	11344.9	170.1
19702.3	168875.4	97928.0	70947.4	6474.0	9696.1	44113.4	10663.9
5738.6	92120.4	55297.0	36823.4	4007.4	2944.5	27060.5	2811.0
368.4	66457.4	45198.0	21259.4	5267.8	1877.0	13903.7	210.9
61.7	68441.9	46022.0	22419.9	2165.0	2712.0	17542.9	
24601.1	78182.9	19568.0	58614.9	16781.0	6826.8	30498.8	4508.3
	30058.7	16002.0	14056.7	3044.9	694.9	10316.9	
	8235.4	4945.0	3290.4	386.2	1694.6	1209.6	
17101.4	33102.2	17233.0	15869.2	837.5		8595.9	6435.8
2436.9	90610.2	62786.0	27824.2	3920.3	1665.9	21143.4	1094.6
644.1	27293.0	15802.0	11491.0	2009.7	1212.9	8116.6	151.8
78.0	26072.9	16086.0	9986.9	2700.4	636.8	6609.7	40.0
	1646.4	1410.0	236.4	12.9	133.2	90.3	
39.4	38452.6	26818.0	11634.6	761.1	2264.6	8573.1	35.8
156.2	15590.2	9874.0	5716.2	971.1	524.8	4080.3	140.0
	3367.2	2403.0	964.2	39.0	16.5	908.7	
6.3	2733.1	1900.0	833.1	17.0	247.1	569.0	
	9237.1	5713.0	3524.1	442.0	329.2	2752.9	

E-9续表1

地区	安置	中央安排合计	全省安排合计	省级	市级	县级
全国	**1010986.0**	**650227.0**	**360759.0**	**85023.8**	**92646.6**	**174729.0**
北京	128759.8	72477.0	56282.8	47261.2		8684.7
天津	18305.0	14384.0	3921.0	1574.4		2346.6
河北	47324.7	30989.0	16335.7	230.0	8968.4	7137.3
山西	20115.9	16548.0	3567.9	583.2	1361.3	1623.4
内蒙古	12009.6	9933.0	2076.6	356.0	714.7	1005.9
辽宁	73000.8	63161.0	9839.8	45.0	3903.9	5890.9
吉林	18261.8	16825.0	1436.8	47.0	149.2	1240.6
黑龙江	21245.8	16804.0	4441.8	1520.9	2119.3	801.6
上海	34998.1	20482.0	14516.1	574.2		13728.4
江苏	73565.8	31180.0	42385.8	270.0	13578.7	23928.2
浙江	40740.6	15010.0	25730.6	50.0	3299.9	21588.8
安徽	25498.5	12026.0	13472.5	2799.0	5209.2	5404.4
福建	19918.2	13341.0	6577.2	350.8	1443.1	4783.3
江西	16665.9	9425.0	7240.9	1739.0	2268.4	3233.5
山东	83119.0	60467.0	22652.0	305.0	11055.2	11239.6
河南	37160.6	27686.0	9474.6	3200.0	3637.5	2427.9
湖北	46575.9	31807.0	14768.9	2449.0	4691.3	7628.6
湖南	30845.9	18111.0	12734.9	84.0	4895.5	7743.4
广东	50495.4	23342.0	27153.4	6548.0	6099.0	13034.2
广西	14684.8	7902.0	6782.8	60.1	3744.0	2978.7
海南	7158.1	4652.0	2506.1	222.3	1801.9	481.9
重庆	17551.7	11443.0	6108.7	76.0		5672.4
四川	46775.9	29148.0	17627.9	1285.0	2616.1	13628.2
贵州	10359.8	5979.0	4380.8	320.0	1687.9	2237.9
云南	34770.4	23147.0	11623.4	148.7	7855.9	3610.8
西藏	3167.8	2902.0	265.8		170.8	95.0
陕西	42524.6	29370.0	13154.6	11894.1	239.0	1020.5
甘肃	13357.5	11625.0	1732.5	474.0	698.4	560.1
青海	3175.0	2830.0	345.0	179.6	80.4	85.0
宁夏	2396.3	1928.0	468.3	279.3	101.0	88.0
新疆	16456.8	15303.0	1153.8	98.0	256.6	799.2

单位：万元

镇级	城市居民最低生活保障	中央安排合计	全省安排合计	省级	市级	县级	镇级
8359.6	**1955560.6**	**1121510.0**	**834050.6**	**200336.4**	**109020.3**	**511977.4**	**12716.5**
336.9	44488.4		44488.4			40206.3	4282.1
	26904.9	15000.0	11904.9	2839.0		9065.9	
	61958.7	44000.0	17958.7	7300.0	4442.1	6216.6	
	70656.1	40500.0	30156.1	19100.0	3941.0	7115.1	
	67898.7	40300.0	27598.7	9000.0	5424.2	13174.5	
	137169.0	94100.0	43069.0	15000.0	8791.2	19277.8	
	108792.8	70910.0	37882.8	6917.4		30637.4	328.0
	128901.7	83700.0	45201.7	10000.0	10105.4	24980.9	115.4
213.5	69761.2		69761.2			68417.1	1344.1
4608.9	44110.5		44110.5	8365.0	5207.9	29229.8	1307.8
791.9	25069.7		25069.7	7490.0	1694.7	14389.5	1495.5
59.9	80808.6	55500.0	25308.6	5037.0	4564.4	15611.9	95.3
	13348.4	2000.0	11348.4	4000.0	614.1	6624.8	109.5
	73482.5	51300.0	22182.5	5780.0	2813.4	13589.1	
52.2	53388.2	5000.0	48388.2	8200.0	4567.1	35618.7	2.4
209.2	96967.6	74600.0	22367.6	9000.0	4375.1	8819.5	173.0
	125062.1	87600.0	37462.1	6164.0	9479.7	21818.4	
12.0	114289.1	75700.0	38589.1	9000.0	9578.5	20000.9	9.7
1472.2	39595.8		39595.8	8000.0	4435.2	24939.1	2221.5
	44310.1	35700.0	8610.1	3000.0	1418.7	4191.4	
	10168.5	7400.0	2768.5	1000.0	1688.0	80.5	
360.3	76301.2	43600.0	32701.2	7000.0		24844.4	856.8
98.6	111063.0	77200.0	33863.0	10000.0	4488.1	19308.9	66.0
135.0	41872.7	28800.0	13072.7	6000.0	2910.0	3853.3	309.4
8.0	59571.6	34800.0	24771.6	15000.0	3540.7	6230.9	
	5142.4	2300.0	2842.4		1224.1	1618.3	
1.0	68498.5	42200.0	26298.5	7639.0	10789.2	7870.3	
	53221.4	36400.0	16821.4	9500.0	2067.0	5254.4	
	23410.8	14600.0	8810.8	5.0	800.5	8005.3	
	12986.7	11000.0	1986.7			1986.7	
	66359.7	47300.0	19059.7		60.0	18999.7	

E-9续表2

地 区	农村及其他社会救济	中央安排合计	全省安排合计	省级	市级	县级
全 国	**724958.7**	**2823.0**	**722135.7**	**187625.5**	**71653.9**	**406929.0**
北 京	17005.4		17005.4	3313.5		13547.4
天 津	3587.4		3587.4			3587.4
河 北	14033.8		14033.8	970.0	5146.4	7917.4
山 西	20923.0		20923.0	11820.2	2373.7	6729.1
内蒙古	7280.4		7280.4	12.0	1207.9	6060.5
辽 宁	35483.7		35483.7	12106.0	5139.2	18237.1
吉 林	8112.6		8112.6		276.9	7835.7
黑龙江	5324.2		5324.2		821.9	4502.3
上 海	30433.2		30433.2	4447.8		23474.6
江 苏	79633.6		79633.6	25008.0	5623.0	36699.2
浙 江	64904.4		64904.4	5582.4	2781.6	41157.2
安 徽	25106.2		25106.2	890.0	755.7	22216.2
福 建	39341.1		39341.1	26056.9	2055.7	10903.6
江 西	33933.6		33933.6	21470.0	1187.2	11119.8
山 东	27885.6		27885.6	3000.0	4424.9	16592.1
河 南	41891.9		41891.9	2132.0	8450.9	28971.0
湖 北	30304.7		30304.7	10232.0	2226.6	17778.9
湖 南	27373.0		27373.0	804.0	2851.9	23677.1
广 东	75884.4		75884.4	20035.8	9942.0	35752.1
广 西	11611.8		11611.8	380.0	723.0	10508.8
海 南	3968.2		3968.2	1630.3	1742.2	595.7
重 庆	15733.9		15733.9	525.2		8763.3
四 川	44369.0		44369.0	11115.6	4569.6	27778.2
贵 州	28516.2		28516.2	19697.0	2342.8	6450.1
云 南	9121.8		9121.8	3010.0	1436.4	4665.4
西 藏	613.4		613.4		450.5	162.9
陕 西	9286.0		9286.0	189.8	3621.6	5474.6
甘 肃	5259.8		5259.8	2774.0	771.5	1711.7
青 海	1955.8		1955.8	20.0	78.0	1857.8
宁 夏	909.1		909.1		200.7	708.4
新 疆	5171.5	2823.0	2348.5	403.0	452.1	1493.4

单位：万元

镇级	社会福利	中央安排合计	全省安排合计	省级	市级	县级	镇级
55927.3	**348023.8**	**259.0**	**347764.8**	**69621.0**	**146546.8**	**112198.9**	**19398.1**
144.5	21215.2		21215.2	15104.4		5810.8	300.0
	6613.4		6613.4	5721.2		892.2	
	9105.4		9105.4	252.0	4056.6	4796.8	
	4420.2		4420.2	221.5	3310.4	888.3	
	6367.1		6367.1	738.7	4377.6	1250.8	
1.4	15311.9		15311.9	895.0	9365.9	5051.0	
	5079.3		5079.3		3918.4	1160.9	
	11538.5		11538.5	4366.0	6552.1	620.4	
2510.8	22884.5		22884.5	14268.5		8529.7	86.3
12303.4	35885.1		35885.1	5019.0	18740.9	9411.4	2713.8
15383.2	43868.6		43868.6	4170.4	9726.9	19972.0	9999.3
1244.3	7321.6		7321.6	251.9	4112.1	2954.0	3.6
324.9	9102.9		9102.9	833.1	5268.0	2845.7	156.1
156.6	8149.6		8149.6	1667.7	2966.1	3506.4	9.4
3868.6	15993.0		15993.0	445.0	7305.5	5171.9	3070.6
2338.0	9594.9		9594.9	480.0	6128.5	2985.5	0.9
67.2	6465.9		6465.9	236.9	1742.0	4456.0	31.0
40.0	7678.6		7678.6	780.0	3670.2	3228.4	
10154.5	42450.5		42450.5	1169.0	26910.9	12206.3	2164.3
	6428.8		6428.8	902.1	4248.1	1278.6	
	450.0		450.0	6.2	441.0	2.8	
6445.4	8092.4		8092.4	4743.0		2559.6	789.8
905.6	11607.2		11607.2	1084.9	5948.2	4501.1	73.0
26.3	7684.6		7684.6	271.0	5595.5	1818.1	
10.0	3442.8		3442.8	549.0	1176.6	1717.2	
	734.2		734.2	362.2	226.5	145.5	
	5439.0		5439.0	96.0	3738.6	1604.4	
2.6	3189.4		3189.4	120.0	2700.1	369.3	
	892.9		892.9	91.1	444.0	357.8	
	3145.1		3145.1	3006.2	97.5	41.4	
	7871.2	259.0	7612.2	1769.0	3778.6	2064.6	

E-9续表3

地　区	其他民政	中央安排合计	全省安排合计	省级	市级	县级
全　国	**460093.0**	**7342.1**	**452750.9**	**77416.8**	**107097.2**	**254063.6**
中央级	7335.1	7335.1				
北　京	32815.1		32815.1	11312.6		18261.7
天　津	9079.6		9079.6	1750.5		7329.1
河　北	20950.9		20950.9	1892.1	8087.4	10971.4
山　西	8518.6		8518.6	1866.0	2044.9	4607.7
内蒙古	5642.8		5642.8	1025.4	1592.8	3024.6
辽　宁	16100.0		16100.0	835.0	7150.8	8112.3
吉　林	15792.5		15792.5	7848.1	4400.7	3543.7
黑龙江	9952.9		9952.9	4724.0	1684.4	3504.0
上　海	19333.8		19333.8	6148.0		12583.3
江　苏	31723.6		31723.6	2786.4	8523.1	18646.7
浙　江	41492.0		41492.0	2993.5	8386.0	26429.9
安　徽	13492.5		13492.5	2185.5	3557.4	7729.7
福　建	10139.6		10139.6	3451.0	2106.9	4581.7
江　西	5706.3		5706.3	773.0	930.6	3965.9
山　东	31856.7		31856.7	3107.0	8241.6	19675.5
河　南	16882.9		16882.9	1401.6	3933.0	11493.0
湖　北	10716.9		10716.9	1718.6	1946.5	7051.8
湖　南	19927.4		19927.4	6500.0	5005.4	8422.0
广　东	41755.1		41755.1	2301.0	15403.3	21358.6
广　西	9691.4		9691.4	2133.7	2021.1	5536.6
海　南	1410.2		1410.2	531.8	204.3	674.1
重　庆	6872.9		6872.9	1133.4		4659.4
四　川	19451.1		19451.1	3728.7	2645.9	12967.7
贵　州	10232.8		10232.8	722.4	3060.7	6449.7
云　南	12408.0		12408.0	1379.6	5096.1	5929.3
西　藏	4742.0		4742.0	366.0	2931.6	1444.4
陕　西	8201.4		8201.4	200.0	4804.7	3194.1
甘　肃	2288.3		2288.3	821.0	654.3	813.0
青　海	1982.8		1982.8	578.0	201.9	1202.9
宁　夏	1784.6		1784.6	597.1	225.1	956.1
新　疆	11813.2	7.0	11806.2	605.8	2256.7	8943.7

单位：万元

镇级	自然灾害生活救助	中央安排合计	全省安排合计	省级	市级	县级	镇级
14173.3	**633742.3**	**443883.5**	**189858.8**	**97009.3**	**25957.2**	**63058.9**	**3833.4**
	12457.5	12457.5					
3240.8	1683.5	700.0	983.5	750.0		233.5	
	1116.2	878.0	238.2	110.0		128.2	
	15756.9	10700.0	5056.9	2370.6	1060.0	1626.3	
	11723.8	10100.0	1623.8	614.0	349.3	660.5	
	17687.2	11940.0	5747.2	4000.0	640.5	1106.7	
1.9	17145.0	11767.0	5378.0	3380.5	940.7	1056.8	
	18872.2	15550.0	3322.2	2924.0		398.2	
40.5	13043.3	10434.0	2609.3	1202.0	150.0	1255.3	2.0
602.5	2887.3	1126.0	1761.3	282.3		1479.0	
1767.4	14275.2	7900.0	6375.2	3549.1	676.0	1791.3	358.8
3682.6	25152.7	14700.0	10452.7	1490.0	1481.6	6238.8	1242.3
19.9	25279.0	18963.0	6316.0	4700.0	225.0	1376.0	15.0
	29340.5	25000.0	4340.5	1680.0	1105.2	1555.3	
36.8	52481.6	28900.0	23581.6	20703.0	1550.8	1327.8	
832.6	16310.1	10400.0	5910.1	1400.0	1382.8	2785.8	341.5
55.3	31651.7	17483.0	14168.7	7030.0	4027.0	3026.0	85.7
	23251.7	17277.0	5974.7	2543.0	583.0	2848.7	
	27649.0	23756.0	3893.0	2032.0	148.0	1713.0	
2692.2	32263.1	11300.0	20963.1	9552.3	2130.4	8557.6	722.8
	33206.8	24093.0	9113.8	2722.0	1428.9	4962.9	
	10272.3	9800.0	472.3	400.0	49.0	23.3	
1080.1	14590.4	13318.0	1272.4	20.0		253.9	998.5
108.8	35047.9	26150.0	8897.9	4815.0	1066.9	2991.2	24.8
	22136.8	13750.0	8386.8	2509.0	1702.7	4153.7	21.4
3.0	35987.2	19200.0	16787.2	12297.2	2625.7	1854.3	10.0
	5373.4	4300.0	1073.4	6.3	467.0	600.1	
2.6	18442.6	15739.0	2703.6	500.0	974.4	1229.2	
	17473.2	13600.0	3873.2	2080.0	666.5	1116.1	10.6
	8405.3	7652.0	753.3	66.0	52.0	635.3	
6.3	8789.0	7750.0	1039.0		75.0	964.0	
	33989.9	27200.0	6789.9	1281.0	398.8	5110.1	

E–9续表4

地　区	地方离退休人员经费	中央安排合计	全省安排合计	省级	市级	县级
全　国	**133708.3**		**133708.3**	**2985.5**	**13662.8**	**109466.5**
中央级						
北　京	30972.1		30972.1	466.7		25585.9
天　津	3819.1		3819.1			3819.1
河　北	5122.7		5122.7		501.0	4621.7
山　西	2530.2		2530.2		144.9	2385.3
内蒙古	1594.6		1594.6			1594.6
辽　宁	6295.5		6295.5		905.7	5389.8
吉　林	1001.9		1001.9		74.0	927.9
黑龙江	56.9		56.9			56.9
上　海	1022.3		1022.3			974.5
江　苏	14105.9		14105.9		1780.5	10559.6
浙　江	8563.0		8563.0		730.4	7438.0
安　徽	3900.2		3900.2		761.8	3084.5
福　建	8762.2		8762.2	604.1	115.0	8043.1
江　西	3669.2		3669.2		573.7	3090.5
山　东	3930.2		3930.2		119.5	3737.1
河　南	2903.6		2903.6		345.3	2510.8
湖　北	5704.4		5704.4		1182.4	4462.7
湖　南	4357.7		4357.7	814.0	438.7	3105.0
广　东	10763.2		10763.2		3519.8	7205.5
广　西	1140.7		1140.7	410.5	439.6	290.6
海　南	160.0		160.0		142.0	18.0
重　庆	1033.3		1033.3			904.2
四　川	3759.6		3759.6		593.8	3116.3
贵　州	825.5		825.5			825.5
云　南	2544.5		2544.5	39.1	179.3	2319.1
西　藏						
陕　西	1508.6		1508.6		105.1	1403.5
甘　肃	1140.4		1140.4	259.1	162.6	715.7
青　海	280.5		280.5		5.3	275.2
宁　夏	279.4		279.4		126.8	152.6
新　疆	1960.9		1960.9	392.0	715.6	853.3

单位：万元

镇级	其他款项用于民政支出	中央安排合计	全省安排合计	省级	市级	县级	镇级
7593.5	**306441.7**	**141957.2**	**164484.5**	**45203.2**	**53464.9**	**62423.2**	**3393.2**
	9206.2	9206.2					
4919.5	60091.0	51458.0	8633.0	4199.6		4433.4	
	2453.0	162.0	2291.0	2081.4		209.6	
	6578.4	4324.0	2254.4	70.0	1568.1	616.3	
	4358.4	3351.0	1007.4	199.0	460.3	348.1	
	4137.3	2660.0	1477.3	500.0	408.7	568.6	
	12031.6	1270.0	10761.6	6276.0	1455.0	3030.6	
	3453.4	1185.0	2268.4		959.0	1309.4	
	5382.6	2939.0	2443.6	1539.0	526.6	378.0	
47.8	9234.5	160.0	9074.5	734.6		8271.1	68.8
1765.8	12898.7	3751.0	9147.7	1917.3	2067.5	4108.9	1054.0
394.6	23431.2	1173.0	22258.2	1997.3	6980.3	12486.6	794.0
53.9	4111.0	2888.0	1223.0	57.0	569.5	584.2	12.3
	3294.8	546.0	2748.8	63.0	732.6	1953.2	
5.0	6271.8	3284.0	2987.8	1275.0	935.8	777.0	
73.6	13031.6	3930.0	9101.6	2906.0	3990.7	1408.0	796.9
47.5	10250.3	4580.0	5670.3	3376.0	955.1	1321.2	18.0
59.3	6747.3	3109.0	3638.3	448.7	763.7	2425.9	
	12794.9	4413.0	8381.9	1708.4	3908.1	2765.4	
37.9	23498.8	6798.0	16700.8	4524.1	5968.8	5580.5	627.4
	5800.7	3199.0	2601.7	1036.7	1214.8	350.2	
	2239.5	1106.0	1133.5		607.0	526.5	
129.1	4722.8	2343.0	2379.8	1453.6		920.6	5.6
49.5	9932.0	5352.0	4580.0	904.2	1445.6	2214.2	16.0
	7717.8	2896.0	4821.8	3252.7	589.0	979.9	0.2
7.0	25312.6	3894.0	21418.6	4406.0	16106.5	906.1	
	1154.0	1154.0					
	6370.8	4948.0	1422.8		731.9	690.9	
3.0	2827.4	2485.0	342.4	60.0	149.8	132.6	
	3153.5	1852.0	1301.5	117.6	37.1	1146.8	
	1576.7	1441.0	135.7		2.0	133.7	
	2377.1	100.0	2277.1	100.0	331.4	1845.7	

E-10 民政事业资

地区	收入合计	上年结余	经营亏损	专项资金结余	抚恤、离退休、福利救济费	自然灾害生活救助	本年收入合计
全国	**8123502.4**	**339771.2**	**4425.2**	**344196.4**	**253065.7**	**50559.6**	**7783731.2**
中央级	93497.9	27392.1		27392.1	15337.5	12054.6	66105.8
北京	433519.4	30306.1	1601.6	31907.7	30907.8	53.8	403213.3
天津	99499.7	3248.2		3248.2	3235.3	12.9	96251.5
河北	297033.5	3026.6		3026.6	1902.7	599.1	294006.9
山西	206293.4	7819.4		7819.4	5926.5	1137.9	198474.0
内蒙古	157210.4	5727.4	4.1	5731.5	4234.4	1330.0	151483.0
辽宁	419045.6	3449.5	107.7	3557.2	1203.4	137.0	415596.1
吉林	233456.9	7483.2	180.6	7663.8	5509.9	1446.4	225973.7
黑龙江	240860.4	3245.1		3245.1	2067.2	897.9	237615.3
上海	337847.5	32103.9	1988.4	34092.3	27883.2	5780.2	305743.6
江苏	472859.5	8478.2		8478.2	6497.5	279.9	464381.3
浙江	436594.2	15973.9	595.4	16569.3	13192.5	1325.5	420620.3
安徽	265223.9	2410.3		2410.3	1972.0	261.0	262813.6
福建	173438.0	6657.9		6657.9	5508.7	792.2	166780.1
江西	231562.2	3259.8	57.0	3316.8	1186.0	1784.2	228302.4
山东	476056.1	7776.4	17.3	7793.7	5883.4	107.6	468279.7
河南	354805.9	5763.5		5763.5	5224.2	495.1	349042.4
湖北	359886.7	1189.6		1189.6	1091.8	96.4	358697.1
湖南	355648.0	15229.4	225.5	15454.9	14480.4	395.4	340418.6
广东	588890.4	39438.2	-610.7	38827.5	22614.7	953.2	549452.2
广西	242248.3	31500.9		31500.9	16973.7	5635.4	210747.4
海南	48900.4	9423.0		9423.0	7003.2	2419.8	39477.4
重庆	189200.9	797.5		797.5	692.8	65.6	188403.4
四川	405043.9	8090.4		8090.4	6840.4	965.6	396953.5
贵州	184362.7	20216.8		20216.8	13943.9	4172.0	164145.9
云南	222268.2	19514.8	26.3	19541.1	13941.0	5094.8	202753.4
西藏	22573.6						22573.6
陕西	196269.3	783.3	175.3	958.6	777.2	125.9	195486.0
甘肃	119592.8	5106.4	56.7	5163.1	3935.7	1183.1	114486.4
青海	49082.9	1938.3		1938.3	1394.6	543.4	47144.6
宁夏	38653.5	2527.9		2527.9	2199.2	207.9	36125.6
新疆	172076.3	9893.2		9893.2	9504.9	205.8	162183.1

金支出情况

单位：万元

财政拨款	上级补助收入	事业收入	预算外资金收入	附属单位缴款	经营收入	其他收入
6806283.3	**82487.6**	**617848.2**	**378743.8**	**3060.1**	**69426.6**	**204625.4**
37422.8		25201.8	23610.4	1391.9	445.6	1643.7
301120.0		67911.1	55831.9		13069.8	21112.4
82128.6		11522.6	4196.0		1213.1	1387.2
278061.0	1166.1	12333.3	9127.5		145.4	2301.1
191444.3	247.7	5311.4	4595.5	4.4		1466.2
143687.8	365.6	6232.6	4081.8		711.7	485.3
355866.5	1088.8	44930.3	27062.8	48.7	12912.4	749.4
210465.5	2791.6	7909.9	2268.1		2992.7	1814.0
217829.2	3591.9	8360.4	7608.4			7833.8
224832.3	1597.6	9084.3	5548.9	538.9	2638.2	67052.3
408038.1	3120.5	42743.4	28143.4	258.4	2784.5	7436.4
343705.6	5597.9	43322.9	31714.1	413.0	4562.9	23018.0
246938.0	3310.6	4129.5	2122.6	16.0	4303.4	4116.1
153886.0	5264.7	5541.2	3261.9		110.0	1978.2
219705.6	501.5	5428.7	3182.9	10.0	358.0	2298.6
408026.9	680.0	44029.5	19219.1	22.0	2886.9	12634.4
328353.6	13313.7	6623.3	4163.8	53.8	261.6	436.4
316759.6	4908.7	28385.4	20508.0	205.0	1532.2	6906.2
313143.7	4626.4	13611.9	2486.9		744.6	8292.0
391147.0	9590.4	123674.9	66062.2		9849.2	15190.7
149036.3	8606.1	46434.8	23439.5		1716.0	4954.2
38943.9	229.5	80.3	2.3			223.7
174959.0	63.9	10536.7	6441.3		1332.3	1511.5
367685.9	3214.2	21216.6	11551.0	13.0	1544.9	3278.9
155809.0	298.2	6367.2	950.5			1671.5
199203.2	979.4	419.4	177.1		1082.2	1069.2
22573.6						
183259.1	4799.0	4876.7	858.0	85.0	1328.2	1138.0
110107.6	1222.6	2751.9	2283.1		309.0	95.3
47087.5		48.4	48.4		2.1	6.6
34120.5	1299.4	379.6	69.2		10.2	315.9
150935.6	11.6	8448.2	8127.2		579.5	2208.2

E-10续表1

地区	本年实际支出	事业支出	抚恤、离退休、福利救济费	自然灾害生活救助	上缴上级支出	对附属单位补助支出	经营支出
全　国	**7664223.2**	**7490865.2**	**6558347.8**	**625797.7**	**3787.9**	**11176.3**	**64242.5**
中央级	50661.1	49032.6	12911.3	24511.5	921.3		300.0
北　京	394227.5	374855.1	368965.1	1952.5			13265.0
天　津	95592.5	94629.4	91292.0	1170.0			963.1
河　北	289415.7	285105.4	267913.3	15567.0		207.0	158.0
山　西	197231.5	196029.4	180986.1	11270.5		542.0	
内蒙古	148540.0	145208.7	123790.0	17937.0		45.3	715.8
辽　宁	411112.3	396002.1	351684.7	16791.6			11392.5
吉　林	223007.2	219846.9	199338.8	19349.1	36.0		2812.1
黑龙江	236467.5	225464.5	209801.9	13062.9		5700.0	
上　海	298843.2	286958.9	277419.4	4776.5	563.2	442.2	2609.5
江　苏	459024.0	449109.3	404996.4	14999.1	1479.7	566.3	2131.1
浙　江	411333.6	403484.1	327862.5	26457.3	198.2	33.3	3962.7
安　徽	259327.7	252889.1	224625.2	26156.8		513.5	3258.1
福　建	163810.8	160945.1	130717.5	26297.7	63.3	271.6	69.0
江　西	227244.8	225666.6	197975.6	27691.0		361.2	383.0
山　东	464506.9	447621.1	391064.4	17354.6		460.0	2604.2
河　南	348094.4	343614.3	306021.8	31849.8		447.4	261.6
湖　北	355173.0	350884.3	320035.3	25520.4	68.8	74.3	1389.2
湖　南	335964.8	331487.5	298522.8	28171.5		145.0	831.5
广　东	538685.9	516171.7	448171.9	35257.9			9626.7
广　西	201990.9	200056.8	125941.6	30898.9		235.3	1681.0
海　南	38102.9	38102.9	29814.3	8288.6			
重　庆	187367.0	185277.6	159880.5	14801.8	452.0		1314.6
四　川	393479.1	387020.0	342570.3	33472.6	4.6	1080.8	1487.9
贵　州	158449.4	158033.7	131036.9	20220.2			
云　南	203483.4	202347.2	162783.2	39562.7			1127.7
西　藏	22573.6	22573.6	17200.2	5373.4			
陕　西	191456.6	187322.4	168821.3	18113.4		51.1	1058.1
甘　肃	114432.0	111530.0	93434.5	18095.5	0.8		309.0
青　海	47444.2	47402.0	38721.0	8681.0			2.1
宁　夏	35461.7	35346.1	27069.1	8277.0			10.2
新　疆	161718.0	160846.8	126978.9	33867.9			518.8

单位：万元

结转自筹基建	其他	收支结余	事业结余	抚恤、离退休、福利救济费	自然灾害生活救助	经营结余
25942.3	**68209.0**	**459279.2**	**458520.3**	**346822.5**	**43419.8**	**758.9**
407.2		42836.8	42691.2	42691.2		145.6
4000.0	2107.4	39291.9	41088.7	26022.9	64.8	-1796.8
		3907.2	3657.2	3558.4	75.0	250.0
3470.9	474.4	7617.8	7630.4	5538.0	437.6	-12.6
	660.1	9061.9	9061.9	7029.0	763.7	
	2570.2	8670.4	8678.6	6316.9	1859.9	-8.2
	3717.7	7933.3	6521.1	1448.5	151.0	1412.2
	312.2	10449.7	10449.7	8545.7	1006.8	
274.0	5029.0	4392.9	4392.9	4137.9	193.0	
	8269.4	39004.3	40964.0	31281.3	5143.5	-1959.7
2050.1	3687.5	13835.5	13182.1	8220.9	380.3	653.4
1898.3	1757.0	25260.6	25255.8	23740.9	1514.9	4.8
120.0	2547.0	5896.2	4850.9	3509.7	382.0	1045.3
	2461.8	9627.2	9586.2	7162.6	1737.6	41.0
	834.0	4317.4	4399.4	1922.5	404.7	-82.0
8980.8	4840.8	11549.2	11283.8	5419.8	179.1	265.4
	3771.1	6711.5	6711.5	5911.3	293.1	
65.0	2691.4	4713.7	4570.7	1592.2	60.0	143.0
1984.9	1515.9	19683.2	19995.6	16416.2	1437.4	-312.4
385.9	12501.6	50204.5	49371.3	40127.7	1766.6	833.2
	17.8	40257.4	40222.4	30953.6	7470.3	35.0
		10797.5	10797.5	8173.4	2511.4	
310.0	12.8	1833.9	1816.2	845.5	103.7	17.7
1197.0	2688.8	11564.8	11507.8	9444.7	1369.9	57.0
	415.7	25913.3	25913.3	16599.4	6030.8	
	8.5	18784.8	18856.6	11781.2	5829.0	-71.8
152.5	2872.5	4812.7	4717.9	4607.6	65.7	94.8
325.7	2266.5	5160.8	5217.5	4624.9	552.8	-56.7
	40.1	1638.7	1638.7	1352.7	91.4	
3.0	102.4	3191.8	3191.8	1796.7	1335.1	
317.0	35.4	10358.3	10297.6	6049.2	208.7	60.7

E−10续表2

地　区	用事业基金弥补收支差额	结余分配	转入事业基金	抚恤、离退休、福利救济费	自然灾害生活救助
全　国	**20537.5**	**94290.9**	**82005.7**	**55359.7**	**1255.9**
中央级	506.7	835.2	771.6	771.6	
北　京	4419.6	15601.1	15583.9	15203.8	
天　津	733.2	820.6	736.3	736.3	
河　北	801.1	1689.2	1683.9	1054.8	61.8
山　西	481.6	972.4	972.2	491.3	
内蒙古	59.0	1133.2	907.3	727.2	
辽　宁	62.7	3797.3	2470.0	766.0	
吉　林	1490.8	6329.0	6329.0	3019.6	220.8
黑龙江		1938.0	1938.0	1876.0	
上　海	828.6	2466.1	2131.4	1550.2	
江　苏	764.1	5331.8	3640.3	2676.6	
浙　江	1177.4	6703.8	4870.4	4664.1	206.3
安　徽	149.0	4451.3	2613.4	2395.8	122.1
福　建	220.7	2843.0	2568.8	1884.2	45.2
江　西	4.0	1120.8	1115.8	931.4	182.2
山　东	3733.7	7179.8	6843.0	4537.7	
河　南	468.7	3371.6	3371.6	3057.6	92.1
湖　北		3090.5	2993.9	159.7	
湖　南	198.2	3789.0	3789.0	620.8	
广　东	938.9	10597.6	7812.3	557.5	19.1
广　西	843.7	5886.9	5836.0	5744.2	91.8
海　南					
重　庆	31.9	705.1	440.7		
四　川	769.8	598.0	533.2	283.8	
贵　州	638.0	30.9	30.9	21.5	
云　南	876.6	1014.5	1014.5	723.5	214.5
西　藏					
陕　西	29.8	1539.7	605.0	563.9	
甘　肃	50.0	323.0	317.2	317.2	
青　海					
宁　夏					
新　疆	259.7	131.5	86.1	23.4	

单位：万元

其他	年末净结余	经营亏损	专项资金结余	抚恤、离退休、福利救济费	自然灾害生活救助
12285.2	**385534.0**	**5038.9**	**390572.9**	**313953.5**	**42891.7**
63.6	42508.3		42508.3	42508.3	
17.2	28110.4	1876.0	29986.4	25574.9	64.8
84.3	3819.8		3819.8	3744.8	75.0
5.3	6729.7	12.6	6742.3	5305.4	269.3
0.2	8571.1		8571.1	7062.9	766.8
225.9	7604.4		7604.4	5752.6	1779.7
1327.3	4198.7	-688.6	3510.1	1435.5	151.0
	5611.5		5611.5	4399.4	833.9
	2454.9		2454.9	2256.9	193.0
334.7	37366.8	1959.7	39326.5	33874.2	5143.5
1691.5	9267.8		9267.8	6788.2	380.3
1833.4	19734.2	748.9	20483.1	18766.8	1716.3
1837.9	1593.9		1593.9	1241.3	271.1
274.2	7004.9		7004.9	5265.1	1692.4
5.0	3200.6	82.0	3282.6	2860.1	422.5
336.8	8103.1	73.7	8176.8	1549.1	179.1
	3808.6		3808.6	3400.8	244.1
96.6	1623.2	13.8	1637.0	1577.0	60.0
	16092.4	312.4	16404.8	12636.5	1436.7
2785.3	40545.8	466.7	41012.5	34321.4	1747.5
50.9	35214.2	9.3	35223.5	24827.9	7798.8
	10797.5		10797.5	8205.7	2479.1
264.4	1160.7	6.9	1167.6	877.4	103.7
64.8	11736.6		11736.6	9869.4	1369.9
	26520.4		26520.4	16592.6	6030.8
	18646.9	42.8	18689.7	11988.7	5601.7
934.7	3302.8	61.1	3363.9	3243.6	75.7
5.8	4887.8	61.6	4949.4	4348.8	560.8
	1638.7		1638.7	1372.7	71.4
	3191.8		3191.8	1896.7	1295.1
45.4	10486.5		10486.5	10408.8	77.7

E-11 民政事业费支

地 区	民政事业费实际支出	抚恤事业费	牺牲病故抚恤费		
				一次性抚恤金	定期定量抚恤费
全 国	**7184145.5**	**1435827.2**	**169777.6**	**29589.4**	**140188.2**
中央级	37422.8				
北 京	370917.6	31467.0	6260.1	4417.0	1843.1
天 津	92462.0	12879.0	1304.8	656.9	647.9
河 北	283480.3	100368.7	13056.0	1728.5	11327.5
山 西	192256.6	51422.4	5136.4	742.1	4394.3
内蒙古	141727.0	18902.9	1505.4	251.1	1254.3
辽 宁	368476.3	51383.1	4687.3	2043.4	2643.9
吉 林	218687.9	31309.2	3768.7	567.6	3201.1
黑龙江	222864.8	35575.5	3301.4	509.9	2791.5
上 海	282195.9	36991.1	2386.5	824.9	1561.6
江 苏	419995.5	103882.0	14865.8	2278.4	12587.4
浙 江	354319.8	73753.6	4267.5	950.3	3317.2
安 徽	250782.0	60170.2	5401.0	642.4	4758.6
福 建	157015.2	29092.0	5243.4	548.7	4694.7
江 西	225666.6	46181.6	7521.2	617.9	6903.3
山 东	408419.0	169317.9	21352.4	1872.3	19480.1
河 南	337871.6	86311.8	10406.8	1417.3	8989.5
湖 北	345555.7	69481.8	12442.3	878.3	11564.0
湖 南	326694.3	68560.9	8266.2	1223.1	7043.1
广 东	483429.8	82689.6	7275.3	1653.3	5622.0
广 西	156840.5	26834.0	2093.7	289.2	1804.5
海 南	38102.9	6810.3	1829.6	95.0	1734.6
重 庆	174682.3	32763.3	2961.9	560.3	2401.6
四 川	376042.9	88375.6	10192.0	1314.2	8877.8
贵 州	151257.1	25634.0	1868.3	394.1	1474.2
云 南	202345.9	24307.7	3134.6	918.6	2216.0
西 藏	22573.6	1646.4	993.3	361.5	631.8
陕 西	186934.7	38427.4	4988.2	734.1	4254.1
甘 肃	111530.0	15539.7	1644.7	497.1	1147.6
青 海	47402.0	3342.8	484.5	126.6	357.9
宁 夏	35346.1	2385.2	358.6	178.7	179.9
新 疆	160846.8	10020.5	779.7	296.6	483.1

出明细和基本数字

单位：万元

伤残抚恤费	伤残抚恤金	在乡伤残抚恤金	在职保健金	伤残补助费	回乡安置特一等护理费
334806.9	**308850.6**	**199936.0**	**108914.6**	**25956.3**	**6432.5**
4434.4	3657.0	1614.0	2043.0	777.4	48.4
2879.7	2741.0	1067.4	1673.6	138.7	92.2
26832.6	25754.1	25754.1		1078.5	344.3
13822.3	12962.4	8045.8	4916.6	859.9	270.2
5284.6	4973.2	1819.4	3153.8	311.4	42.4
13521.2	11422.9	4221.7	7201.2	2098.3	159.8
10793.3	10062.8	5653.8	4409.0	730.5	227.7
8160.7	7913.9	4747.8	3166.1	246.8	39.4
8639.7	8158.9		8158.9	480.8	66.0
25989.9	23325.3	16231.9	7093.4	2664.6	757.9
10659.4	9666.5	5241.5	4425.0	992.9	250.7
15855.3	15067.3	8531.1	6536.2	788.0	308.8
3533.0	3374.1	2204.3	1169.8	158.9	42.3
7192.9	6438.3		6438.3	754.6	122.3
49616.3	45162.8	32316.7	12846.1	4453.5	1141.0
24943.5	23364.6	15220.3	8144.3	1578.9	403.4
13007.5	12157.2	9396.0	2761.2	850.3	286.1
16022.6	14506.6	11342.8	3163.8	1516.0	339.7
8850.5	7573.8	5022.9	2550.9	1276.7	252.6
3887.4	3742.6	2093.5	1649.1	144.8	44.5
1017.0	937.7	612.5	325.2	79.3	11.4
8296.6	7921.8	7921.8		374.8	204.5
22056.7	20978.8	15115.7	5863.1	1077.9	564.5
5565.3	5195.3	5195.3		370.0	96.3
6796.5	5991.9	2860.2	3131.7	804.6	127.1
195.3	194.2	96.9	97.3	1.1	1.1
8370.5	8047.6	4053.8	3993.8	322.9	116.8
4050.2	3930.8	2103.4	1827.4	119.4	46.7
1493.7	898.2	360.5	537.7	595.5	6.2
790.7	765.3	306.2	459.1	25.4	10.9
2247.6	1963.7	784.7	1179.0	283.9	7.3

E-11续表1

地　区	烈军属、复员退伍军人生活补助	在乡复退军人定期定量补助费	在乡红军老战士定期定量补助费	红军失散人员定期定量补助费	义务兵优待金	优抚事业单位
全　国	**578696.8**	**494830.7**	**4130.6**	**22286.1**	**179858.6**	**172687.3**
北　京	11267.3	6591.9	5.8		5611.9	3893.3
天　津	3703.0	3196.4	3.5		529.0	4462.5
河　北	34892.2	33503.1	29.9		8753.6	16834.3
山　西	14996.2	14053.1	108.2	3.2	3724.9	13742.6
内蒙古	8181.7	7594.3	23.7	2.5	1034.2	2897.0
辽　宁	21728.8	15242.3	1.0	2.4	4739.5	6706.3
吉　林	11849.5	10510.5	2.5	10.5	1128.8	3768.9
黑龙江	18454.4	17907.5	28.9	19.7	3082.4	2576.6
上　海	4687.6	3120.1			15021.0	6256.3
江　苏	40916.5	35546.6	14.4	2.5	11142.9	10966.9
浙　江	30787.1	24145.1		178.2	23512.3	4527.3
安　徽	25321.4	22216.1	28.5	1897.9	8597.4	4995.1
福　建	12152.7	9185.9	13.0	1584.1	5673.0	2489.9
江　西	20518.9	13149.0	103.2	6231.4	5360.4	5588.2
山　东	63138.5	58014.2	47.9	58.7	18172.4	17038.3
河　南	35448.0	32015.1	80.7	1794.0	6857.2	8656.3
湖　北	28854.2	24465.4	54.2	2503.3	5674.1	9503.7
湖　南	29007.0	26009.7	25.8	1549.9	4637.0	10628.1
广　东	29872.5	24464.5		1024.4	20178.6	16512.7
广　西	13889.7	12492.8	0.3	385.1	4224.3	2738.9
海　南	3298.1	2726.1		248.2	257.6	408.0
重　庆	17435.6	16168.6	13.9	19.2	3152.4	916.8
四　川	44230.4	36408.3	1228.7	3611.3	6370.7	5525.8
贵　州	13150.3	12682.5	3.4	61.8	3598.1	1452.0
云　南	10867.3	8860.6		12.4	2102.0	1407.3
西　藏	107.7	77.2	0.3		109.2	240.9
陕　西	17938.5	13865.8	1891.4	976.5	2830.6	4299.6
甘　肃	6149.2	5519.4	367.9	95.6	2417.5	1278.1
青　海	922.2	767.3	30.8	8.6	43.9	398.5
宁　夏	956.0	857.3	11.3	3.7	202.9	77.0
新　疆	3974.3	3474.0	11.4	1.0	1118.8	1900.1

单位：万元

烈士纪念建筑物管理维修经费	烈士纪念建筑物管理单位经费	伤残军人休养院经费	复员退伍军人慢性病疗养院经费	复员退伍军人精神病院经费	光荣院经费	其他优抚事业单位经费	集体办优抚事业单位补助费
55710.2	**37012.3**	**21666.9**	**15424.1**	**31771.4**	**37892.7**	**8795.0**	**1427.0**
1150.6	139.4				1725.2	1017.5	
1103.8	736.7			1387.0	1441.8	529.9	
3298.5	3144.5	870.1	3763.7	2136.4	6761.6		4.0
2922.3	1172.2	1839.7	584.0	3941.0	3819.7	595.9	40.0
674.9	353.9	259.7	49.7	467.5	1359.7	66.5	19.0
2493.6	1584.3	781.3		1046.0	2362.4	23.0	
927.0	549.7			95.0	699.6	2047.3	
1296.5	454.3			185.0	729.5	360.6	5.0
4875.3	4836.8	434.1		57.0		889.9	
6972.1	4390.0	933.0	571.9	1688.3	459.5	242.0	100.1
2385.1	1700.1	833.3	326.5		952.4	17.0	13.0
1961.4	1267.2	784.1	7.0	1265.1	914.5	43.0	20.0
1134.3	578.0	242.0		13.6	1061.4	25.4	13.2
1072.2	421.4		104.6	1425.0	2438.5	107.2	440.7
4349.7	3617.2	3637.6	3766.4	4980.7	303.9		
3054.5	2448.8	462.0	2243.0	1436.0	1125.4	166.6	168.8
1611.0	961.9	1113.6		4099.3	2451.6	228.2	
724.0	459.6	2230.7	168.8	1442.4	4311.0	1312.2	439.0
4960.5	3382.4	2717.5	3023.5	3158.5	1908.6	604.9	139.2
1177.0	421.7	362.1		614.3	555.3	30.2	
172.9	59.7				189.8	45.3	
360.6	185.7	264.5			291.7		
1646.7	769.0	1637.1	26.0	1152.6	873.6	189.8	
828.2	351.9	568.8			55.0		
846.7	335.4	336.0	57.0	61.7		80.9	25.0
240.9	70.3						
1401.9	881.2	929.7	729.0	908.9	329.3	0.8	
581.5	405.8	22.0		185.1	450.8	38.7	
366.9	276.3					31.6	
41.8	21.8				35.2		
1077.8	1035.1	408.0	3.0	25.0	285.7	100.6	

E-11续表2

地区	安置事业费	退伍军人安置	一次性建房补助费	退役士兵自谋职业金	军队移交地方安置的离退休人员经费	军队离休干部离休金	军队退休干部退休金
全国	**888860.8**	**221682.2**	**3528.1**	**199786.4**	**574795.3**	**120283.8**	**220142.4**
北京	115282.8	3935.2	14.7	2916.1	99301.3	9948.3	36406.9
天津	15491.4	2524.0	5.0	2347.5	11246.6	2305.7	5409.3
河北	47486.1	8284.6	122.2	7139.8	33396.1	9251.1	13199.7
山西	15316.8	2408.6	21.7	2157.0	11216.1	3347.2	3611.9
内蒙古	10074.5	1668.4	61.3	1297.2	6413.8	2252.9	2242.2
辽宁	65893.9	6208.2	132.6	5488.8	52268.1	12224.4	22860.0
吉林	12396.6	1804.0	424.0	1276.8	8984.7	2575.7	3826.4
黑龙江	17387.2	5868.0	41.4	5487.5	9109.5	2464.9	3730.8
上海	30086.0	6994.4	43.7	6731.3	19247.5	1948.8	6551.1
江苏	71866.8	28472.4	240.2	27125.1	36447.7	7315.0	11568.0
浙江	39676.4	23158.5	45.5	22902.5	14116.0	2962.2	3764.0
安徽	23765.8	11280.7	97.4	10848.0	9530.1	2621.0	3338.1
福建	17107.6	5701.5	36.5	5391.2	9877.3	2829.8	5058.0
江西	13710.4	6418.8	180.5	4887.1	6962.4	1827.7	2661.3
山东	72283.8	13009.5	180.9	11485.5	53332.3	19559.8	15317.0
河南	26076.1	4743.1	134.6	3657.0	18122.3	5112.9	6968.2
湖北	42193.8	14748.5	167.7	14036.8	21911.7	5741.6	10362.8
湖南	30724.7	9559.0	339.2	6819.8	15751.1	2715.3	6633.5
广东	50048.0	20002.8	364.5	18070.9	26468.8	4035.3	12635.7
广西	13176.1	4260.2		4104.9	6901.3	1183.8	2954.4
海南	4695.8	1491.2	106.5	1305.9	2831.5	427.7	872.4
重庆	15767.0	6221.0	18.8	5971.7	8105.6	886.4	4077.0
四川	43514.5	17729.4	285.1	17102.4	22520.8	3661.2	11284.5
贵州	9233.1	3547.4	96.8	2442.2	5152.1	1110.1	1750.4
云南	30261.9	5494.3	82.1	4605.3	22305.4	4279.1	9686.8
西藏	3167.8				2872.8		36.6
陕西	24540.4	535.0	27.0	290.9	20123.9	3932.8	7442.5
甘肃	10417.7	1527.4	61.5	1373.4	8174.6	1591.2	1414.3
青海	3242.2	1047.0	79.0	235.8	2096.2	558.3	550.8
宁夏	1467.9	228.0		228.0	1088.6	410.5	416.5
新疆	12507.7	2811.1	117.7	2060.0	8919.1	1203.1	3511.3

单位：万元

军队无军籍职工退休金	军队离退休人员其他费用	死亡丧葬费	护理费	遗属生活困难补助费	定期定量补助费	其他费用	离退休干部管理机构经费
92638.3	**141730.8**	**4306.6**	**22779.6**	**5355.5**	**3915.4**	**109289.1**	**92383.3**
16838.5	36107.6	628.7	2791.1	427.9	176.8	32259.9	12046.3
1152.6	2379.0	138.3	550.9	72.5	62.8	1617.3	1720.8
4204.3	6741.0	324.3	1711.5	534.1	426.4	4171.1	5805.4
2289.7	1967.3	124.2	642.6	226.4	196.7	974.1	1692.1
982.0	936.7	29.6	115.2	79.0	46.8	712.9	1992.3
7177.8	10005.9	614.9	3063.1	556.7	380.0	5771.2	7417.6
2095.8	486.8		37.3	68.7	51.0	380.8	1607.9
1798.1	1115.7	66.2	316.7	109.5	95.2	623.3	2409.7
2730.6	8017.0	198.0	668.2	113.2	108.6	7037.6	3844.1
5431.5	12133.2	237.8	1388.1	338.8	287.1	10168.5	6946.7
2269.3	5120.5	130.3	740.8	137.0	101.0	4112.4	2401.9
1418.6	2152.4	48.3	275.3	137.4	98.8	1691.4	2955.0
652.4	1337.1	99.9	105.8	128.4	101.8	1003.0	1528.8
1317.4	1156.0	30.7	170.9	65.6	41.8	888.8	329.2
5415.1	13040.4	267.6	4653.7	552.8	494.8	7566.3	5942.0
2715.9	3325.3	191.9	977.5	354.8	297.1	1801.1	3210.7
2798.3	3009.0	249.0	1175.9	118.7	62.1	1465.4	5533.6
3228.7	3173.6	138.0	212.4	238.1	151.2	2585.1	5414.6
3269.9	6527.9	109.6	501.7	105.2	39.6	5811.4	3576.4
1248.9	1514.2	47.3	235.9	67.3	30.1	1163.7	2014.6
952.2	579.2	25.9	44.1	21.6	16.6	487.6	373.1
1140.1	2002.1	24.3	143.1	84.5	78.3	1750.2	1440.4
3256.5	4318.6	184.1	396.0	270.2	156.0	3468.3	3264.3
941.4	1350.2	66.9	129.2	44.7	35.6	1109.4	533.6
4409.7	3929.8	85.7	430.6	104.4	79.2	3309.1	2462.2
2836.2							295.0
3388.8	5359.8	144.5	1027.1	162.3	131.9	4025.9	3881.5
2882.4	2286.7	27.8	60.9	92.8	83.3	2105.2	715.7
792.4	194.7	1.8		7.0	3.1	185.9	99.0
165.4	96.2	8.0	23.3	10.0	6.9	54.9	151.3
2837.8	1366.9	63.0	190.7	125.9	74.8	987.3	777.5

E-11续表3

地 区	城镇居民最低生活保障	农村及其他社会救济	农村社会救济	农村定期定量救济费
全 国	**1919279.3**	**798604.1**	**612332.1**	**278348.8**
北 京	44371.4	17102.7	7244.4	
天 津	26680.2	4779.5	2093.8	
河 北	62140.7	14428.8	9367.1	2815.3
山 西	69313.5	24615.4	21416.7	14330.2
内蒙古	67625.7	8540.0	5358.2	1757.8
辽 宁	139989.8	35330.0	23092.0	2458.1
吉 林	106942.0	13865.0	9087.6	1185.8
黑龙江	116650.2	8453.9	5574.5	3973.8
上 海	70673.4	30804.0	13421.0	785.4
江 苏	44381.2	81336.0	61609.0	16779.7
浙 江	16092.1	72403.7	56487.3	1761.1
安 徽	76012.5	30643.5	23298.2	17171.3
福 建	13384.8	37712.2	34489.1	934.8
江 西	72122.2	35528.3	29812.3	27993.4
山 东	53036.3	26698.0	20115.8	4697.0
河 南	94586.3	59295.7	54012.2	43954.7
湖 北	123019.0	34379.9	28952.7	24916.8
湖 南	107505.5	36487.0	30566.5	20000.7
广 东	39206.0	83453.4	65433.7	18167.3
广 西	40386.9	11677.9	9510.0	7614.8
海 南	8098.4	5051.6	4446.8	1167.1
重 庆	75436.3	16138.4	12328.3	11248.3
四 川	112183.3	41901.3	34008.1	21810.5
贵 州	43526.5	27815.1	25792.5	23045.4
云 南	62123.2	12751.0	6152.8	2842.2
西 藏	5142.4	613.4	613.4	131.3
陕 西	68563.8	14259.6	11108.7	1941.9
甘 肃	54008.1	3471.4	1819.8	924.1
青 海	23166.0	2436.3	1735.1	1492.8
宁 夏	15997.5	1324.4	1004.1	777.5
新 疆	66914.1	5306.7	2380.4	1669.7

单位：万元

五保户	临时救济费	农村最低生活保障线救济费	五保户	农村其他人员救济费
190508.6	**47075.0**	**253188.7**	**33236.9**	**33719.6**
	1130.3	5477.5	497.2	636.6
	681.2	1338.4		74.2
1946.1	1498.1	4711.9	275.0	341.8
9424.3	1135.1	4587.5	570.7	1363.9
761.9	249.8	1894.8	419.1	1455.8
483.0	5537.0	14875.0	1801.1	221.9
137.2	577.5	6395.1	136.1	929.2
1170.6	700.6	26.4	2.2	873.7
499.2	2251.4	8449.5	214.9	1934.7
11324.0	5079.6	34855.6	2675.6	4894.1
581.5	9901.1	40089.6	6898.4	4735.5
13093.3	1115.3	3594.9	616.1	1416.7
49.4	987.0	31728.0	8211.9	839.3
16102.1	761.4			1057.5
2794.8	1809.2	12002.4	1419.9	1607.2
33335.6	1509.2	8034.6	441.7	513.7
17205.5	616.6	2381.8	853.0	1037.5
15823.3	995.5	8647.5	3489.3	922.8
16652.0	3245.1	42049.1	2638.4	1972.2
6874.4	689.0	768.4	272.6	437.8
947.6	619.9	1649.4	385.6	1010.4
9312.3	432.7	316.1	1.3	331.2
19632.4	2032.9	8035.0	289.8	2129.7
5990.3	790.7	1764.2	317.0	192.2
1297.9	1176.6	644.3		1489.7
128.7	455.5	26.6	21.8	
1379.4	461.7	8288.1	665.8	417.0
644.3	102.2	170.9	18.4	622.6
1348.4	180.0			62.3
180.7	93.4	87.2	1.0	46.0
1388.4	259.4	298.9	103.0	152.4

E-11续表4

地区	精简退职老弱残职工救济	享受原工资40%救济费	其他精简退职老职工救济费	定期定量救济费
全国	**45101.2**	**20371.7**	**24729.5**	**22538.2**
北京	1101.4	519.3	582.1	456.2
天津	696.3	360.8	335.5	287.1
河北	1309.5	1229.5	80.0	51.2
山西	1145.4	1080.0	65.4	57.2
内蒙古	461.8	248.8	213.0	204.3
辽宁	844.3	520.7	323.6	253.1
吉林	472.2	315.7	156.5	117.3
黑龙江	759.6	557.0	202.6	162.1
上海	630.2	96.1	534.1	510.9
江苏	8621.7	2537.5	6084.2	5545.2
浙江	6031.8	1344.6	4687.2	4379.7
安徽	3366.3	1364.0	2002.3	1866.0
福建	944.8	808.8	136.0	116.2
江西	2950.1	548.8	2401.3	2347.0
山东	2149.3	2078.4	70.9	0.7
河南	1373.5	913.5	460.0	411.6
湖北	1774.9	1311.6	463.3	412.1
湖南	1685.0	662.5	1022.5	949.9
广东	1003.0	578.9	424.1	368.0
广西	357.6	251.6	106.0	79.4
海南	59.0	36.1	22.9	21.2
重庆	1172.4	460.2	712.2	627.3
四川	2483.2	980.1	1503.1	1354.8
贵州	575.3	268.9	306.4	292.0
云南	1680.2	318.3	1361.9	1249.9
西藏				
陕西	171.5	149.3	22.2	20.2
甘肃	431.5	274.3	157.2	151.3
青海	222.3	171.7	50.6	41.8
宁夏	61.4	29.6	31.8	31.8
新疆	565.7	355.1	210.6	172.7

单位：万元

其他社会救济费	城镇定期定量救济费	孤老残幼	城镇临时救济费	城镇其他人员救济费	流浪乞讨人员救助
67799.8	**10537.8**	**5392.5**	**39525.2**	**17736.8**	**73371.0**
4489.4	95.7	38.9	3173.1	1220.6	4267.5
848.1	127.5	66.6	662.1	58.5	1141.3
2035.3	25.9	3.6	1656.3	353.1	1716.9
700.3	87.0	49.4	253.0	360.3	1353.0
1392.1	164.6	94.6	510.0	717.5	1327.9
7070.3	404.0	83.5	5147.7	1518.6	4323.4
2209.4	153.2	39.6	404.9	1651.3	2095.8
580.9	134.5	26.5	354.6	91.8	1538.9
10281.0	921.2	586.1	6409.6	2950.2	6471.8
6184.9	1258.0	403.3	3804.6	1122.3	4920.4
5391.0	369.8	268.6	3746.7	1274.5	4493.6
2877.2	1423.8	782.1	967.0	486.4	1101.8
932.7	306.3	207.9	296.9	329.5	1345.6
1928.1	447.2	312.1	609.4	871.5	837.8
2370.2			2257.9	112.3	2062.7
789.5	84.5	59.1	629.9	75.1	3120.5
2588.7	1244.4	809.2	905.8	438.5	1063.6
1794.6	444.1	403.0	906.0	444.5	2440.9
5295.0	1560.1	419.5	1812.0	1922.9	11721.7
429.6	80.8	23.7	173.5	175.3	1380.7
261.8	66.9	14.9	67.7	127.2	284.0
1235.3	309.5	273.2	755.2	170.6	1402.4
1599.4	346.8	195.2	814.9	437.7	3810.6
510.7	105.6	93.1	283.1	122.0	936.6
714.0	172.6	34.7	389.0	152.4	4204.0
1453.9	23.2	9.1	1281.8	148.9	1525.5
264.6	68.4	38.1	100.7	95.5	955.5
123.7	17.8	13.8	37.9	68.0	355.2
107.5	25.3	19.4	71.9	10.3	151.4
1340.6	69.1	23.7	1042.0	229.5	1020.0

E-11续表5

地区	社会福利	殡葬	补贴火化场经费	补贴其他殡葬事业单位经费	假肢	假肢厂(站)专项拨款	其他经费
全国	**555530.1**	**121014.6**	**74678.7**	**46335.9**	**4205.1**	**3933.1**	**272.0**
北京	82911.4	24786.0	23637.8	1148.2	55.0	55.0	
天津	15716.1	1004.8	656.3	348.5			
河北	11621.0	5075.0	4327.0	748.0	195.2	195.2	
山西	5400.0	1356.4	899.6	456.8	298.6	298.6	
内蒙古	5139.0	840.0	482.2	357.8	40.0	40.0	
辽宁	22981.5	8874.3	2098.1	6776.2	120.2	89.0	31.2
吉林	12001.3	1664.0	1366.3	297.7	360.5	283.0	77.5
黑龙江	15187.6	916.8	728.9	187.9	300.6	300.6	
上海	28430.3	945.5		945.5			
江苏	43817.8	2548.1	1904.1	644.0	249.9	242.9	7.0
浙江	45196.6	13124.8	8055.3	5069.5	180.0	180.0	
安徽	8589.1	3084.2	1597.8	1486.4	73.2	60.0	13.2
福建	9367.0	1424.7	420.1	1004.6	60.0	60.0	
江西	7348.1	1679.1	623.4	1055.7	23.2	23.0	0.2
山东	19301.6	2346.3	2309.3	37.0	280.0	280.0	
河南	8664.2	3153.5	2221.5	932.0	57.1	57.1	
湖北	24982.0	7588.2	1474.3	6113.9	188.7	188.3	0.4
湖南	16014.5	2789.6	1538.8	1250.8	131.3	123.4	7.9
广东	78738.9	16984.9	9838.3	7146.6	100.0	100.0	
广西	17355.7	2468.0	2361.4	106.6	102.0	100.0	2.0
海南	1158.1	210.8	115.2	95.6			
重庆	8331.0	1199.7	876.1	323.6	191.9	178.3	13.6
四川	20403.9	4556.8	2968.5	1588.3	480.9	474.9	6.0
贵州	8575.2	870.2	544.7	325.5	336.5	271.0	65.5
云南	8861.4	3081.5	2367.2	714.3	130.8	128.3	2.5
西藏	734.2	74.8		74.8			
陕西	7333.8	870.8	607.0	263.8			
甘肃	3807.2	935.3	607.7	327.6	120.0	120.0	
青海	753.5	53.3	41.7	11.6	21.1	21.1	
宁夏	1948.1	107.2	9.1	98.1	31.4	31.4	
新疆	14860.0	6400.0	1.0	6399.0	77.0	32.0	45.0

单位：万元

社会福利事业单位	社会福利院经费	儿童福利院经费	精神病人福利院经费	补贴安置农场经费	其他
430310.4	**149073.3**	**42780.0**	**57466.7**	**6091.9**	**174898.5**
58070.4	10445.2	7851.2	3625.4		36148.6
14711.3	908.8	1606.7	1731.4	61.3	10403.1
6350.8	3623.4			30.8	2696.6
3745.0	2072.4	29.2	305.2		1338.2
4259.0	2319.2	400.0	816.2		723.6
13987.0	9455.4	971.2	377.7		3182.7
9976.8	3078.5	966.0	4048.3	159.0	1725.0
13970.2	3714.1	2372.9	1788.0	691.0	5404.2
27484.8	11258.6	4557.8	6123.7		5544.7
41019.8	13735.5	4211.1	11398.1	650.0	11025.1
31891.8	9039.1	2254.9	948.3	187.0	19462.5
5431.7	2108.0	2209.9	1.5	172.5	939.8
7882.3	3065.9	559.0	3157.5	182.0	917.9
5645.8	3619.2	173.8	516.3		1336.5
16675.3	5386.2	673.8	2253.7		8361.6
5453.6	2444.4	322.2	508.1	224.4	1954.5
17205.1	7710.6	1560.6			7933.9
13093.6	9620.6	778.0	520.7	109.5	2064.8
61654.0	22239.1	2770.9	4636.8	324.8	31682.4
14785.7	4778.4	1263.3	1982.6	231.4	6530.0
947.3	584.9	82.0		15.2	265.2
6939.4	2119.2	507.7	1028.9		3283.6
15366.2	5296.7	975.3	4917.4	539.9	3636.9
7368.5	1573.0	553.4	1602.4	2008.8	1630.9
5649.1	1141.9	1152.3	1691.3	342.7	1320.9
659.4	129.9	248.3			281.2
6463.0	2857.6	1159.6	755.7	25.9	1664.2
2751.9	1067.4	449.2	350.1	135.7	749.5
679.1	316.4	233.0			129.7
1809.5	981.1	461.6			366.8
8383.0	2382.6	1425.1	2381.4		2193.9

E-11续表6

地区	其他民政	干部训练	老龄机构	拥军优属慰问
全国	**605406.5**	**6871.2**	**30203.8**	**69908.9**
中央级	7335.1	1107.4	608.3	150.0
北京	36540.7	354.3	1605.2	4129.2
天津	9259.1	16.6	361.7	527.9
河北	21422.7	198.4	666.0	1926.1
山西	10160.3	167.0	204.9	1129.2
内蒙古	6726.5	94.2	571.4	948.9
辽宁	20404.5	125.0	625.6	2238.0
吉林	15808.0	56.1	164.2	778.4
黑龙江	11861.8	221.9	417.1	1218.5
上海	65014.1	745.9	6781.8	2475.9
江苏	35150.8	508.8	2753.2	5278.4
浙江	44311.2	116.4	2599.2	5711.2
安徽	16570.4	242.3	615.2	1846.3
福建	12503.4	96.4	571.6	2556.1
江西	12109.5	99.8	181.8	802.0
山东	37532.7	293.4	919.2	4975.8
河南	20595.8	460.0	546.1	3353.4
湖北	11943.6	176.8	380.3	1459.0
湖南	23642.1	318.6	936.4	1698.4
广东	83697.4	355.3	2368.6	13367.8
广西	11378.9	221.0	335.6	2290.3
海南	3636.2	30.8	46.5	951.1
重庆	7141.1	89.6	327.7	1327.6
四川	22076.4	218.9	1519.5	2361.3
贵州	10525.7	108.5	583.7	1359.3
云南	14453.0	100.6	1284.9	2188.1
西藏	4742.0	29.6	37.5	147.6
陕西	9201.8	97.7	997.5	556.4
甘肃	2487.8	33.3	206.1	477.0
青海	3547.2	38.5	91.1	223.1
宁夏	2553.4	24.3	95.0	245.5
新疆	11073.3	123.8	800.9	1211.1

单位：万元

民间组织管理	行政区划和地名管理	其他民政事业	专项业务费	民政机关事业编制经费（含车辆）	其他支出
9440.8	**24380.0**	**464601.8**	**176583.4**	**87308.8**	**200709.6**
196.1	160.0	5113.3	5113.3		
1394.0	1278.4	27779.6	10736.8	8084.4	8958.4
311.2	46.8	7994.9	4122.4	461.7	3410.8
184.1	1192.2	17255.9	5835.1	4824.6	6596.2
67.8	389.8	8201.6	4466.4	1131.3	2603.9
64.6	258.0	4789.4	1681.8	1321.9	1785.7
138.6	1143.9	16133.4	6910.7	2330.3	6892.4
120.9	462.3	14226.1	7821.0	1505.1	4900.0
135.8	429.8	9438.7	1271.4	2152.6	6014.7
223.4	230.6	54556.5	24593.8	2784.3	27178.4
706.6	1012.6	24891.2	6548.0	6138.3	12204.9
652.8	3113.3	32118.3	19091.2	5717.4	7309.7
200.4	840.4	12825.8	3186.0	4565.1	5074.7
149.2	779.5	8350.6	3727.7	1845.4	2777.5
288.0	510.2	10227.7	2160.3	2173.3	5894.1
589.7	1096.1	29658.5	10465.8	6049.4	13143.3
476.1	1365.2	14395.0	4366.6	4521.2	5507.2
242.4	448.0	9237.1	3648.3	2239.4	3349.4
388.6	892.3	19407.8	9245.7	5339.6	4822.5
1307.3	2652.7	63645.7	20158.4	8731.3	34756.0
179.6	630.8	7721.6	3455.7	973.1	3292.8
485.6	363.4	1758.8	532.7	371.1	855.0
84.4	241.7	5070.1	1701.1	1141.6	2227.4
340.3	1295.5	16340.9	4564.2	4092.7	7684.0
78.0	233.0	8163.2	2179.0	3312.7	2671.5
100.1	1694.7	9084.6	2429.2	1938.9	4716.5
18.0	28.0	4481.3	6.2	8.6	4466.5
107.6	503.7	6938.9	2145.5	1446.9	3346.5
70.7	116.6	1584.1	467.7	126.2	990.2
25.5	184.3	2984.7	631.4	272.4	2080.9
16.4	120.0	2052.2	1446.2	232.7	373.3
97.0	666.2	8174.3	1873.8	1475.3	4825.2

E-11续表7

地　区	自然灾害生活救助	生活救济费	紧急抢救、安置、转移灾民支出	救灾储备	灾民倒房重建	地方离退休人员经费	离休人员离休金
全　国	**625797.7**	**375321.5**	**49638.4**	**41056.6**	**159781.2**	**136819.5**	**10563.4**
中央级	24511.5			24511.5			
北　京	1952.5	1902.5			50.0	30903.4	754.4
天　津	1170.0	1032.2		137.8		3821.0	109.8
河　北	15567.0	13926.8	545.8	727.4	367.0	5617.9	612.8
山　西	11270.5	10689.0	147.0	135.6	298.9	2798.7	363.3
内蒙古	17937.0	14484.6	717.2	222.5	2512.7	1734.2	350.5
辽　宁	16791.6	8087.3	197.6	1565.3	6941.4	6579.2	693.3
吉　林	19349.1	15234.1	1393.2	232.5	2489.3	978.0	78.3
黑龙江	13062.9	11209.3	447.1	436.0	970.5	159.6	10.3
上　海	4776.5	3028.5	1284.4		463.6	1102.7	
江　苏	14999.1	13523.3	426.1		1049.7	14280.0	1975.2
浙　江	26457.3	19599.4	1391.2	267.2	5199.5	8736.1	150.2
安　徽	26156.8	15381.7	799.5	274.0	9701.6	3770.1	1143.5
福　建	26297.7	10340.4	3771.4	869.1	11316.8	9945.3	239.4
江　西	27691.0	19329.0	3585.7	197.6	4578.7	3898.2	263.5
山　东	17354.6	15855.8	215.0	96.0	1187.8	3520.8	103.0
河　南	31849.8	18972.3	792.4	515.2	11569.9	3063.8	575.5
湖　北	25520.4	15068.2	2443.5	738.0	7270.7	5861.9	549.9
湖　南	28171.5	20393.3	1993.3	1315.8	4469.1	3989.6	270.2
广　东	35257.9	13122.9	5241.6	1778.8	15114.6	10819.4	779.4
广　西	30898.9	13137.1	3416.2	724.2	13621.4	1085.0	22.3
海　南	8288.6	5795.4	465.6	63.3	1964.3	162.8	19.8
重　庆	14801.8	9126.5	2530.1	617.1	2528.1	1000.7	53.5
四　川	33472.6	20268.6	3207.8	143.8	9852.4	4167.7	255.9
贵　州	20220.2	15366.2	1126.1	143.8	3584.1	875.8	29.6
云　南	39562.7	18092.9	4715.7	1343.8	15410.3	2603.4	177.1
西　藏	5373.4	4415.1	73.9	278.8	605.6		
陕　西	18113.4	12377.3	1952.8	500.3	3283.0	1641.5	365.5
甘　肃	18095.5	14258.8	1126.3	112.4	2598.0	1175.0	189.1
青　海	8681.0	2482.3	3727.1	735.0	1736.6	326.4	71.6
宁　夏	8277.0	5489.9	254.7	146.5	2385.9	335.9	110.0
新　疆	33867.9	13330.8	1650.1	2227.3	16659.7	1865.4	246.5

单位：万元

退休人员退休金	退职人员退职金	离退休人员其他费用	一次性抚恤金	其他款项用于民政支出	军队供应站经费	农村医疗救助	资助参加合作医疗	大病医疗救助
100471.1	**1148.2**	**24636.8**	**3744.2**	**218023.3**	**20937.0**	**78201.2**	**9508.4**	**48140.3**
				5576.2				
23197.2	193.5	6758.3	775.1	10385.7	1414.9	60.1	36.1	24.0
2440.5	46.2	1224.5	201.5	2665.7	101.4	219.7		24.4
4256.3	50.3	698.5	76.8	4827.4	1016.8	3235.2	108.6	2190.7
2050.5	12.3	372.6	68.3	1959.0	377.2	1163.7	75.3	989.4
1197.4	44.3	142.0	25.2	5047.2	225.3	3357.2	246.9	2622.2
4910.1	9.8	966.0	301.2	9122.7	999.6	797.9		1646.9
864.4	10.9	24.4	5.7	6038.7	647.0	2155.3	127.7	1387.3
105.8	8.8	34.7	2.2	4526.1	776.4	3172.7	284.8	1670.0
722.2	0.9	379.6	20.9	14317.8	732.6	12371.7		7096.8
9306.6	183.1	2815.1	482.1	10281.8	419.1	1802.6	856.4	1451.7
5548.6	82.8	2954.5	212.1	27692.8	1067.2	7151.7	1755.3	3243.0
2091.0	23.1	512.5	126.5	5103.6	390.2	1741.0	245.0	1366.9
8637.4	154.0	914.5	275.5	1605.2	227.4	71.9	25.6	11.0
3236.9	37.8	360.0	68.9	7077.3	701.1	3056.7	219.5	2446.6
2107.0	5.0	1305.8	114.6	9373.3	1084.4	790.4	182.5	419.7
1983.9	29.6	474.8	106.4	7428.1	1441.9	3118.3	998.5	751.8
4485.1	48.7	778.2	262.0	8173.3	784.4	3935.2	403.7	3503.4
3295.3	41.2	382.9	96.6	11598.5	665.4	5868.6	188.8	5741.2
7979.4	6.6	2054.0	128.6	19519.2	3707.8	1888.4	601.6	381.4
925.3	6.2	131.2	26.3	4047.1	712.7	883.8	248.5	310.7
139.9		3.1	1.0	201.1	119.2	26.6	5.2	1.9
818.0	10.4	118.8	19.4	3302.7	263.7	1406.2	235.4	984.0
3338.8	47.6	525.4	119.7	9947.6	946.9	5874.0	495.6	2505.9
734.7	7.7	103.8	32.2	4851.5	510.1	1984.3	124.0	1860.3
2311.7	5.7	108.9	49.6	7421.6	624.9	2217.4	398.3	663.7
				1154.0		500.2	0.2	3.6
1095.2	32.6	148.2	29.9	4853.0	257.4	3054.2	246.8	1524.4
880.1	20.2	85.6	61.4	2527.6	235.4	2052.5	427.6	806.9
208.3	2.5	44.0	22.0	1906.6	204.2	1315.4	225.2	1049.7
205.4	3.9	16.6	8.8	1056.7	99.5	740.1	65.9	731.5
1398.1	22.5	198.3	23.7	4434.2	182.9	2188.2	679.4	729.3

E-11续表8

地区	发放一次性抚恤金累计人数	发放定期定量抚恤金平均人数	发在乡伤残抚恤金平均人数	发在职伤残保健金平均人数	发回乡特一等伤残军人护理费人数
全国	**13468**	**476995**	**526504**	**313984**	**14698**
北京	1311	2217	3849	6662	63
天津	202	1227	2053	5173	117
河北	741	39599	74515		916
山西	361	16446	21030	14995	612
内蒙古	130	3954	5368	9959	105
辽宁	666	8164	11002	22633	375
吉林	357	11005	14223	13666	519
黑龙江	328	8995	13944	10762	123
上海	214	1697		7371	81
江苏	896	28091	36060	19151	1551
浙江	381	6049	7448	13650	228
安徽	345	15643	19595	18515	718
福建	160	12406	4724	3634	105
江西	370	33424		20947	215
山东	691	64326	90290	35597	3184
河南	988	31561	40754	22592	1232
湖北	354	41845	27365	8721	578
湖南	672	35032	31222	9564	765
广东	822	16034	10988	9908	330
广西	144	7049	5510	5075	145
海南	86	8160	1279	1272	34
重庆	319	7025	20541		335
四川	751	32294	40903	17238	1080
贵州	249	5387	15044		261
云南	617	8782	7310	11032	560
西藏	268	2908	331	399	2
陕西	563	18921	11468	11153	293
甘肃	240	4849	5357	5330	123
青海	52	1183	1492	1644	14
宁夏	56	763	887	1422	21
新疆	134	1959	1952	5919	13

单位：人、个

发在乡复退军人定期定量补助费平均人数	发在乡红军老战士定期定量补助费平均人数	发红军失散人员定期定量补助费平均人数	发义务兵优待金平均人数	烈士纪念建筑物管理单位数	住休养院伤残军人平均人数	住疗养院复退军人平均人数
3025572	**3817**	**74896**	**901803**	**997**	**1972**	**6458**
10300	2		6683	4		
11669	2		4069	10		
175178	20		64693	90	127	1149
86567	74	9	22434	46	337	140
49797	21	8	5175	8	28	23
66831	1	8	19495	22	79	
61002	4	25	3901	23		
79622	27	33	12534	15		
5297			8420	14	12	
150421	8	3	46725	81	58	266
71642		480	51920	32	27	36
223329	24	6320	55672	41	121	20
36199	6	3485	19181	30	50	
83553	90	21430	53509	37		74
300294	46	203	91494	59	305	689
209822	78	5963	52197	89	53	295
211423	52	8586	51874	45	134	
283480	19	6748	42282	26	38	3100
92147		3321	54995	61	60	163
65733	1	1332	32011	17	22	
16803		562	4154	7		
109895	13	54	33418	17	50	
308564	1078	11914	68270	75	235	25
83925	4	266	24829	22	50	
71395		47	20274	37	53	36
481	1		780	3		
97721	1776	3750	29100	38	90	441
36736	409	323	15760	24	22	
5356	31	4	418	7		
4750	22	19	1232	7		
15640	8	3	4304	10	21	1

E-11续表9

地　区	住精神病院复退军人平均人数	住光荣院优抚对象平均人数	其他优抚事业单位住院平均人数	集体办优抚事业单位得补助院数	集体办优抚事业单位得补助院平均收养人数
全　国	**11215**	**25902**	**12358**	**343**	**11898**
北　京		364	35		
天　津	108	390	236		
河　北	671	4981		9	115
山　西	636	1501	521	2	5010
内蒙古	78	996	49	2	13
辽　宁	200	1138	27		
吉　林	124	413	28		
黑龙江	44	260	570	1	46
上　海	64		1		
江　苏	466	277	1565	17	377
浙　江		283	12	1	3
安　徽	458	1450	283	40	1566
福　建	225	724	210	21	136
江　西	420	2425	211	150	3543
山　东	1425	186			
河　南	805	1394	774	41	440
湖　北	2029	2943	283		
湖　南	549	3318	1145	31	447
广　东	1382	1050	5058	26	41
广　西	618	483	61		
海　南		98	28		
重　庆		193			
四　川	336	521	140		
贵　州		15			
云　南	42		40	2	161
西　藏					
陕　西	471	249	1		
甘　肃	42	35	796		
青　海			53		
宁　夏		57			
新　疆	22	158	231		

单位：人、个

发退转军人建房费累计人数	发退役士兵自谋职业金累计人数	发军队离休干部离休金平均人数	发军队退休干部退休金平均人数	发军队无军籍职工退休金平均人数	发军队离退休人员丧葬费累计人数	发军队离退休人员护理费平均人数
8225	**114453**	**31622**	**78512**	**60047**	**1874**	**28252**
18	1352	2742	11610	9770	311	4173
6	914	619	1515	819	45	607
29	3552	2304	4777	2873	95	2189
52	2495	806	1191	1289	38	743
207	850	559	788	630	10	188
129	3960	3217	7881	5403	235	3555
245	1642	608	1478	1809		74
69	8604	663	1522	1366	28	341
91	2024	858	2511	1823	77	738
1016	11101	1997	5088	3084	87	1752
65	10293	993	1636	1410	50	902
363	5189	799	1494	907	21	384
101	3214	613	1574	370	38	141
255	3533	407	2514	931	10	220
493	5475	4539	5292	3014	177	4955
258	2846	1402	2363	1981	95	1425
403	7938	1354	3252	2220	97	1222
1054	3695	698	2576	2083	45	405
446	9866	868	3961	1976	54	524
	2679	294	1096	727	18	343
139	1168	117	355	676	8	76
48	4096	284	1605	1243	25	190
1250	11891	965	4122	2759	76	619
429	1197	249	607	539	30	211
389	1835	1449	2849	2887	46	527
			18	868		
86	187	1301	3013	2424	75	1263
49	1050	435	600	1621	32	201
182	125	143	191	455	7	
	86	93	152	120	5	27
353	1596	246	881	1970	39	257

E-11续表10

地　区	得军队遗属生活困难定期定量补助平均人数	离退休干部管理机构数	住干休所平均人数	得城镇居民最低保障费平均人数	发农村定期定量救济平均人数
全　国	**9449**	**1800**	**110771**	**22036901**	**8628871**
北　京	295	63	14423	156140	
天　津	142	20		147991	
河　北	920	143	26397	817540	76059
山　西	368	82	1735	853772	402766
内蒙古	75	20	1313	706442	66046
辽　宁	1029	92	10032	1388894	65964
吉　林	115	28	1714	1360440	37118
黑龙江	286	49	1937	1506416	449752
上　海	314	31	21	265939	4154
江　苏	653	126	6126	421413	132812
浙　江	176	71	2052	88045	12013
安　徽	257	52	2237	973677	499992
福　建	268	58	1567	176306	7986
江　西	109	15	478	1000819	1210990
山　东	884	158	10333	622443	202428
河　南	673	112	3299	1382890	1315707
湖　北	172	97	4523	1470933	822268
湖　南	448	101	2773	1351534	742546
广　东	99	76	3140	390232	158824
广　西	120	34	891	574629	165879
海　南	39	11	548	150840	17250
重　庆	321	43	1635	756921	349623
四　川	442	116	4279	1578400	301452
贵　州	77	13	667	485780	966149
云　南	342	76	3537	695221	89207
西　藏		1	1	43917	5531
陕　西	364	67	3156	791080	146284
甘　肃	239	19	863	680142	80223
青　海	9	3	131	204448	136383
宁　夏	26	7	81	212797	92993
新　疆	187	16	882	780860	70472

单位：人、个

发农村定期定量五保户救济平均人数	农村得最低保障费平均人数	发农村最低生活保障五保户救济平均人数	农村其他人员得救济平均人数	享受原工资40%平均救济人数	精简退职老职工定期定量平均救济人数
2681249	**7753049**	**448191**	**1139668**	**196708**	**227704**
	71596	3005	987	2179	3039
	29063		3653	2456	2533
23125	339278	21921	14047	16064	1103
96499	190502	10230	76242	7668	763
24144	60161	8669	23388	5395	6545
12003	384961	36636	17380	5597	3628
1773	308111	4771	28563	7180	1525
36040	463	13	59115	8364	2567
3118	90571	664	16829	171	1253
82150	868260	23162	104127	9378	21177
4593	519770	36639	34845	2573	11588
279984	204634	19428	112795	14269	20068
1346	659939	80094	22669	5660	737
214495			100654	4439	28579
52913	356622	26331	59350	10705	8
421205	532756	13190	41545	15400	12058
180593	89539	10625	18452	14932	6576
316218	316426	48674	33084	13208	28685
133483	1045916	24330	60714	5942	4655
150600	33344	5880	16566	2848	1393
11841	88414	11894	7032	648	664
110460	12884	32	2184	5286	11450
252517	614348	15156	89019	13218	23484
88018	69739	7501	13538	6682	11309
43628	25136		145300	7582	18039
5419	1651	1447			
32719	784753	24965	14872	2263	575
30540	6173	113	14509	3018	1781
18563			693	2159	980
2741	6131	6	1924	63	90
50521	41908	12815	5592	1361	852

E-11续表11

地　区	发城镇定期定量救济平均人数	发城镇定期定量孤、老、残、幼救济平均人数	城镇其他人员救济平均人数	救助流浪乞讨人员平均人数	补贴火化尸体累计数
全　国	**100707**	**46361**	**338024**	**704532**	**2187043**
北　京	244	86	2625	20638	48193
天　津	571	282	601	4601	13711
河　北	274	43	3729	669	254606
山　西	464	317	19322	10813	19264
内蒙古	2649	1738	13965	244	23450
辽　宁	2901	599	32850	5569	69494
吉　林	1539	429	20731	36769	112483
黑龙江	1589	679	8125	19367	120938
上　海	2503	1502	7111	3750	
江　苏	16513	2404	19341	31379	165132
浙　江	1651	1152	8922	51963	180832
安　徽	16358	7424	27801	30247	100322
福　建	2200	1159	23493	27181	19734
江　西	4134	2939	41150	32770	33567
山　东			1223	4680	142328
河　南	928	734	1643	32344	213704
湖　北	13534	8547	22499	41092	106258
湖　南	6611	5947	11193	67655	25009
广　东	8863	2346	31497	65583	287396
广　西	1292	438	3340	11304	33988
海　南	2112	186	3205	4380	1779
重　庆	2597	2196	960	646	46085
四　川	3572	1894	7273	84773	109337
贵　州	1296	1062	1421	21918	17706
云　南	3643	748	4623	42049	19323
西　藏					
陕　西	577	193	7735	27236	10831
甘　肃	805	399	4376	11695	11268
青　海	166	55	663	2185	235
宁　夏	609	708	1299	2076	65
新　疆	512	155	5308	8956	5

单位：人、个

补贴其他殡葬单位数	得补贴假肢厂(站)数	住社会福利院“三无”对象平均人数	住儿童福利院“三无”对象平均人数	住精神病人福利院“三无”对象平均人数	补贴安置农场数
1234	**35**	**130693**	**27361**	**14293**	**41**
4	1	674	1498	260	
7		458	607	287	1
10	2	2508			1
14	1	2359	74	50	
28	1	1973	369	362	
52	2	5185	766	189	
27	1	3056	633	2186	1
8	3	3110	1286	1955	1
37		723	1782	313	
42	3	15570	1593	1744	1
253	1	3762	966	132	3
23	1	3578	1884	3	3
237	1	2227	379	1460	4
44	1	9291	295	203	
3	1	2259	400	314	
66	2	2790	953	29	2
48	2	27550	1000		
44	1	5180	1340	269	4
94	1	11473	1769	707	3
12	1	6360	468	244	2
3		499	74		1
19	2	2136	542	368	
54	1	8791	2459	1443	3
12	1	1082	565	335	6
25	1	1139	863	311	2
1		1066	476		
18		3261	1080	405	1
8	1	875	284	103	2
3	1	257	108		
9	1	237	300		
29	1	1264	2548	621	

E-11 续表 12

地　区	老龄机构数	发自然灾害生活救济费累计人数	紧急抢救、安置、转移灾民累计人数	救灾物资储备中心数	灾民倒房重建建房累计数	发地方离休金平均人数
全　国	**2596**	**50970744**	**6235903**	**571**	**1504956**	**4584**
中央级	1			1		
北　京	21	158527			369	166
天　津	16	146793		2		32
河　北	127	2225936	90798	10	4130	332
山　西	41	1467629	23030	38	5611	170
内蒙古	37	1602218	49752	4	10355	174
辽　宁	79	716607	80862	10	17880	428
吉　林	19	1830262	86541	8	15486	49
黑龙江	124	1354315	29972	1	5768	7
上　海	24	14092	228213		4199	
江　苏	135	1324257	21355		9357	715
浙　江	91	860651	143751	46	19803	53
安　徽	113	2967980	190114	5	109966	467
福　建	50	1268216	739825	27	125986	102
江　西	104	2070167	683589	24	47235	138
山　东	85	1695793	18915	3	10791	78
河　南	139	3906346	132398	13	47161	362
湖　北	69	1066497	447346	48	94486	243
湖　南	145	1959197	285551	75	91585	125
广　东	161	1877149	506887	37	39080	212
广　西	46	2953244	677034	12	115835	8
海　南	11	535064	21821	3	12772	8
重　庆	30	1367700	57031	7	44656	24
四　川	203	3231363	521070	14	155218	119
贵　州	83	2717289	75034	7	34879	11
云　南	194	3541809	537325	46	260070	76
西　藏	4	265439	3084	10	1927	
陕　西	88	1546891	355385	42	104052	223
甘　肃	52	3944912	34422	5	37411	64
青　海	51	244458	14920	3	4790	21
宁　夏	16	659039	26274	14	31045	78
新　疆	237	1450904	153604	56	43053	99

单位：人、个

发地方退休金平均人数	发地方退职金平均人数	发离退休人员一次性抚恤金累计人数	军队供应站机构数	发医疗救助平均人数	资助参加合作医疗人数	大病医疗救助人数
71996	**1233**	**3101**	**256**	**5729232**	**4635690**	**731414**
12864	181	580	1	21476	10815	28
2088	51	167	1	219		37
3741	56	101	8	80725	53146	23578
1854	11	66	6	66916	42193	25720
887	46	24	5	116724	75920	36691
4574	7	284	10	10086		5761
729	12	5	8	90851	59619	34435
108	10	2	11	104604	97579	19172
514	1	15	1	16972		60092
5892	185	306	10	257459	266457	16925
3259	55	154	8	580755	596652	11976
1358	47	88	16	262879	222378	21825
5902	176	233	8	16994	17214	71
3043	44	70	11	217098	118006	74754
2035	12	122	19	119470	72524	11949
1846	29	125	21	566765	316465	13963
3921	54	224	8	232231	172770	62946
3326	50	90	12	121606	145822	38436
4964	9	119	14	188297	211707	8235
528	9	23	11	220661	257155	9224
142		1	1	1113	548	62
707	14	20	4	258721	243753	14917
3089	57	81	14	543266	430631	62581
515	11	29	9	168736	123998	44738
1401	4	50	16	567568	387418	16272
				1197	242	102
1027	34	29	6	145863	74806	31397
514	27	55	8	157367	162901	13017
119	6	9	4	232884	225208	16871
221	5	7	1	67349	38812	19098
828	30	22	4	292380	210951	36541

E-12 民政事业费

地区	一次性抚恤金	定期定量抚恤费	在乡伤残抚恤金	在职保健金	回乡安置特一等护理费	在乡复退军人定期定量补助费	在乡红军老战士定期定量补助费
全国	**21970.2**	**2939.0**	**3797.4**	**3468.8**	**4376.4**	**1635.5**	**10821.6**
北京	33691.8	8313.5	4193.3	3066.6	7682.5	6399.9	29000.0
天津	32519.8	5280.4	5199.2	3235.3	7880.3	2739.2	17500.0
河北	23326.6	2860.6	3456.2		3758.7	1912.5	14950.0
山西	20556.8	2672.0	3825.9	3278.8	4415.0	1623.4	14621.6
内蒙古	19315.4	3172.2	3389.3	3166.8	4038.1	1525.1	11285.7
辽宁	30681.7	3238.5	3837.2	3181.7	4261.3	2280.7	10000.0
吉林	15899.2	2908.8	3975.1	3226.3	4387.3	1723.0	6250.0
黑龙江	15545.7	3103.4	3404.9	2941.9	3203.3	2249.1	10703.7
上海	38546.7	9202.1		11068.9	8148.1	5890.3	
江苏	25428.6	4480.9	4501.4	3703.9	4886.5	2363.1	18000.0
浙江	24942.3	5483.9	7037.5	3241.8	10995.6	3370.2	
安徽	18620.3	3042.0	4353.7	3530.2	4300.8	994.8	11875.0
福建	34293.8	3784.2	4666.2	3219.0	4028.6	2537.6	21666.7
江西	16700.0	2065.4		3073.6	5688.4	1573.7	11466.7
山东	27095.5	3028.3	3579.2	3608.8	3583.5	1931.9	10413.0
河南	14345.1	2848.3	3734.7	3604.9	3274.4	1525.8	10346.2
湖北	24810.7	2763.5	3433.6	3166.2	4949.8	1157.2	10423.1
湖南	18200.9	2010.5	3633.0	3308.0	4440.5	917.5	13578.9
广东	20113.1	3506.3	4571.3	2574.6	7654.5	2654.9	
广西	20083.3	2559.9	3799.5	3249.5	3069.0	1900.5	3000.0
海南	11046.5	2125.7	4788.9	2556.6	3352.9	1622.4	
重庆	17564.3	3418.6	3856.6		6104.5	1471.3	10692.3
四川	17499.3	2749.1	3695.5	3401.3	5226.9	1179.9	11398.0
贵州	15827.3	2736.6	3453.4		3689.7	1511.2	8500.0
云南	14888.2	2523.3	3912.7	2838.7	2269.6	1241.1	
西藏	13488.8	2172.6	2927.5	2438.6	5500.0	1605.0	3000.0
陕西	13039.1	2248.3	3534.9	3580.9	3986.3	1418.9	10649.8
甘肃	20712.5	2366.7	3926.5	3428.5	3796.7	1502.4	8995.1
青海	24346.2	3025.4	2416.2	3270.7	4428.6	1432.6	9935.5
宁夏	31910.7	2357.8	3452.1	3228.6	5190.5	1804.8	5136.4
新疆	22134.3	2466.1	4020.0	1991.9	5615.4	2221.2	14250.0

平均支出水平

单位：元

红军失散人员定期定量补助费	义务兵优待金	烈士纪念建筑物管理单位经费	伤残军人休养院经费	复员退伍军人慢性病疗养院经费	复员退伍军人精神病院经费	光荣院经费	其他优抚事业单位经费
2975.6	**1994.4**	**371236.7**	**109872.7**	**23883.7**	**28329.4**	**14629.3**	**7116.8**
	8397.3	348500.0				47395.6	290714.3
	1300.1	736700.0			128425.9	36969.2	22453.4
	1353.1	349388.9	68511.8	32756.3	31839.0	13574.8	
3555.6	1660.4	254826.1	54590.5	41714.3	61965.4	25447.7	11437.6
3125.0	1998.5	442375.0	92750.0	21608.7	59935.9	13651.6	13571.4
3000.0	2431.1	720136.4	98898.7		52300.0	20759.2	8518.5
4200.0	2893.6	239000.0			7661.3	16939.5	731178.6
5969.7	2459.2	302866.7			42045.5	28057.7	6326.3
	17839.7	3454857.1	361750.0		8906.3		8899000.0
8333.3	2384.8	541975.3	160862.1	21500.0	36229.6	16588.4	1546.3
3712.5	4528.6	531281.3	308629.6	90694.4		33653.7	14166.7
3003.0	1544.3	309073.2	64801.7	3500.0	27622.3	6306.9	1519.4
4545.5	2957.6	192666.7	48400.0		604.4	14660.2	1209.5
2907.8	1001.8	113891.9		14135.1	33928.6	10055.7	5080.6
2891.6	1986.2	613084.7	119265.6	54664.7	34952.3	16338.7	
3008.6	1313.7	275146.1	87169.8	76033.9	17838.5	8073.2	2152.5
2915.6	1093.8	213755.6	83104.5		20203.5	8330.3	8063.6
2296.8	1096.7	176769.2	587026.3	544.5	26273.2	12992.8	11460.3
3084.6	3669.2	554491.8	452916.7	185490.8	22854.6	18177.1	1195.9
2891.1	1319.6	248058.8	164590.9		9940.1	11496.9	4950.8
4416.4	620.1	85285.7				19367.3	16178.6
3555.6	943.3	109235.3	52900.0			15114.0	
3031.1	933.2	102533.3	69663.8	10400.0	34303.6	16767.8	13557.1
2323.3	1449.2	159954.5	113760.0			36666.7	
2638.3	1036.8	90648.6	63396.2	15833.3	14690.5		20225.0
	1400.0	234333.3					
2604.0	972.7	231894.7	103300.0	16530.6	19297.2	13224.9	8000.0
2959.8	1533.9	169083.3	10000.0		44071.4	128800.0	486.2
21500.0	1050.2	394714.3					5962.3
1947.4	1646.9	31142.9				6175.4	
3333.3	2599.4	1035100.0	194285.7	30000.0	11363.6	18082.3	4355.0

E-12续表1

地　区	集体办优抚事业单位补助费	一次性建房补助费	退役士兵自谋职业金	军队离休干部离休金	军队退休干部退休金	军队无军籍职工退休金	死亡丧葬费	护理费
全　国	**41603.5**	**4289.5**	**17455.8**	**38038.0**	**28039.3**	**15427.6**	**22980.8**	**8063.0**
北　京		8166.7	21568.8	36281.2	31358.2	17234.9	20215.4	6688.5
天　津		8333.3	25683.8	37248.8	35705.0	14073.3	30733.3	9075.8
河　北	4444.4	42137.9	20100.8	40152.3	27631.8	14633.8	34136.8	7818.6
山　西	200000.0	4173.1	8645.3	41528.5	30326.6	17763.4	32684.2	8648.7
内蒙古	95000.0	2961.4	15261.2	40302.3	28454.3	15587.3	29600.0	6127.7
辽　宁		10279.1	13860.6	37999.4	29006.5	13284.8	26166.0	8616.3
吉　林		17306.1	7775.9	42363.5	25889.0	11585.4		5040.5
黑龙江	50000.0	6000.0	6377.8	37178.0	24512.5	13163.3	23642.9	9287.4
上　海		4802.2	33257.4	22713.3	26089.6	14978.6	25714.3	9054.2
江　苏	58882.4	2364.2	24434.8	36629.9	22735.8	17611.9	27333.3	7922.9
浙　江	130000.0	7000.0	22250.6	29830.8	23007.3	16094.3	26060.0	8212.9
安　徽	5000.0	2683.2	20905.8	32803.5	22343.4	15640.6	23000.0	7169.3
福　建	6285.7	3613.9	16774.1	46163.1	32134.7	17632.4	26289.5	7503.5
江　西	29380.0	7078.4	13832.7	44906.6	10585.9	14150.4	30700.0	7768.2
山　东		3669.4	20978.1	43092.8	28943.7	17966.5	15118.6	9391.9
河　南	41170.7	5217.1	12849.6	36468.6	29488.8	13709.7	20200.0	6859.6
湖　北		4161.3	17683.0	42404.7	31865.9	12605.0	25670.1	9622.7
湖　南	141612.9	3218.2	18456.8	38901.1	25751.2	15500.2	30666.7	5244.4
广　东	53538.5	8172.6	18316.3	46489.6	31900.3	16548.1	20296.3	9574.4
广　西			15322.5	40265.3	26956.2	17178.8	26277.8	6877.6
海　南		7661.9	11180.7	36555.6	24574.6	14085.8	32375.0	5802.6
重　庆		3916.7	14579.3	31211.3	25401.9	9172.2	9720.0	7531.6
四　川		2280.8	14382.6	37939.9	27376.3	11803.2	24223.7	6397.4
贵　州		2256.4	20402.7	44582.3	28836.9	17465.7	22300.0	6123.2
云　南	125000.0	2110.5	25097.0	29531.4	34000.7	15274.3	18630.4	8170.8
西　藏					20333.3	32675.1		
陕　西		3139.5	15556.1	30229.1	24701.3	13980.2	19266.7	8132.2
甘　肃		12551.0	13080.0	36579.3	23571.7	17781.6	8687.5	3029.9
青　海		4340.7	18864.0	39042.0	28837.7	17415.4	2571.4	
宁　夏			26511.6	44139.8	27401.3	13783.3	16000.0	8629.6
新　疆		3334.3	12907.3	48906.5	39855.8	14405.1	16153.8	7420.2

单位：元

定期定量补助费	离退休干部管理机构经费	城镇居民最低生活保障	农村定期定量救济费	农村定期定量救济五保户	农村最低生活保障线救济费	农村最低生活保障线救济费五保户	农村其他人员救济费
4143.7	**513240.6**	**870.9**	**322.6**	**710.5**	**326.6**	**741.6**	**295.9**
5993.2	1912111.1	2841.8			765.1	1654.6	6449.8
4422.5	860400.0	1802.8			460.5		203.1
4634.8	405972.0	760.1	370.1	841.6	138.9	125.5	243.3
5345.1	206353.7	811.9	355.8	976.6	240.8	557.9	178.9
6240.0	996150.0	957.3	266.1	315.6	315.0	483.4	622.5
3692.9	806260.9	1007.9	372.6	402.4	386.4	491.6	127.7
4434.8	574250.0	786.1	319.5	773.8	207.6	285.3	325.3
3328.7	491775.5	774.4	88.4	324.8	570.2	1692.3	147.8
3458.6	1240032.3	2657.5	1890.7	1601.0	932.9	3236.4	1149.6
4396.6	551325.4	1053.2	1263.4	1378.5	401.4	1155.2	470.0
5738.6	338295.8	1827.7	1466.0	1266.1	771.3	1882.8	1359.0
3844.4	568269.2	780.7	343.4	467.6	175.7	317.1	125.6
3798.5	263586.2	759.2	1170.5	367.0	480.8	1025.3	370.2
3834.9	219466.7	720.6	231.2	750.7			105.1
5597.3	376075.9	852.1	232.0	528.2	336.6	539.3	270.8
4414.6	286669.6	684.0	334.1	791.4	150.8	334.9	123.6
3610.5	570474.2	836.3	303.0	952.7	266.0	802.8	562.3
3375.0	536099.0	795.4	269.4	500.4	273.3	716.9	278.9
4000.0	470578.9	1004.7	1143.9	1247.5	402.0	1084.4	324.8
2508.3	592529.4	702.8	459.1	456.5	230.4	463.6	264.3
4256.4	339181.8	536.9	676.6	800.3	186.6	324.2	1436.9
2439.3	334976.7	996.6	321.7	843.0	245.3	406.3	1516.5
3529.4	281405.2	710.7	723.5	777.5	130.8	191.2	239.2
4623.4	410461.5	896.0	238.5	680.6	253.0	422.6	142.0
2315.8	323973.7	893.6	318.6	297.5	256.3		102.5
	2950000.0	1170.9	237.4	237.5	161.1	150.7	
3623.6	579328.4	866.7	132.7	421.6	105.6	266.7	280.4
3485.4	376684.2	794.1	115.2	211.0	276.9	1628.3	429.1
3444.4	330000.0	1133.1	109.5	726.4			899.0
2653.8	216142.9	751.8	83.6	659.2	142.2	1666.7	239.1
4000.0	485937.5	856.9	236.9	274.8	71.3	80.4	272.5

E-12续表2

地　区	享受原工资40%救济费	定期定量救济费	城镇定期定量救济费	孤老残幼	城镇其他人员救济费	流浪乞讨人员救助	补贴火化场经费
全　国	**1035.6**	**989.8**	**1046.4**	**1163.2**	**524.7**	**1041.4**	**341.5**
北　京	2383.2	1501.2	3922.1	4523.3	4649.9	2067.8	4904.8
天　津	1469.1	1133.4	2232.9	2361.7	973.4	2480.5	478.7
河　北	765.4	464.2	945.3	837.2	946.9	25663.7	169.9
山　西	1408.5	749.7	1875.0	1558.4	186.5	1251.3	467.0
内蒙古	461.2	312.1	621.4	544.3	513.8	54422.1	205.6
辽　宁	930.3	697.6	1392.6	1394.0	462.3	7763.3	301.9
吉　林	439.7	769.2	995.5	923.1	796.5	570.0	121.5
黑龙江	665.9	631.5	846.4	390.3	113.0	794.6	60.3
上　海	5619.9	4077.4	3680.4	3902.1	4148.8	17258.1	
江　苏	2705.8	2618.5	761.8	1677.6	580.3	1568.1	115.3
浙　江	5225.8	3779.5	2239.9	2331.6	1428.5	864.8	445.5
安　徽	955.9	929.8	870.4	1053.5	175.0	364.3	159.3
福　建	1429.0	1576.7	1392.3	1793.8	140.3	495.1	212.9
江　西	1236.3	821.2	1081.8	1061.9	211.8	255.7	185.7
山　东	1941.5	875.0			918.2	4407.5	162.3
河　南	593.2	341.4	910.6	805.2	457.1	964.8	104.0
湖　北	878.4	626.7	919.5	946.8	194.9	258.8	138.7
湖　南	501.6	331.1	671.8	677.7	397.1	360.8	615.3
广　东	974.3	790.5	1760.2	1788.2	610.5	1787.3	342.3
广　西	883.4	570.0	625.4	541.1	524.9	1221.4	694.8
海　南	557.1	319.3	316.8	801.1	396.9	648.4	647.6
重　庆	870.6	547.9	1191.8	1244.1	1777.1	21709.0	190.1
四　川	741.5	576.9	970.9	1030.6	601.8	449.5	271.5
贵　州	402.4	258.2	814.8	876.6	858.6	427.3	307.6
云　南	419.8	692.9	473.8	463.9	329.7	999.8	1225.1
西　藏							
陕　西	659.7	351.3	402.1	471.5	192.5	560.1	560.4
甘　肃	908.9	849.5	849.7	954.9	218.2	817.0	539.3
青　海	795.3	426.5	1072.3	2509.1	1025.6	1625.6	1774.5
宁　夏	4698.4	3533.3	415.4	274.0	79.3	729.3	1400.0
新　疆	2609.1	2027.0	1349.6	1529.0	432.4	1138.9	2000.0

单位：元

补贴其他殡葬事业单位经费	假肢厂(站)专项拨款	社会福利院经费	儿童福利院经费	精神病人福利院经费	补贴安置农场经费	老龄机构	生活救济费
375493.5	**1123742.9**	**11406.4**	**15635.4**	**40206.2**	**1485829.3**	**116347.5**	**73.6**
						6083000.0	
2870500.0	550000.0	154973.3	52411.2	139438.5		764381.0	120.0
497857.1		19842.8	26469.5	60327.5	613000.0	226062.5	70.3
748000.0	976000.0	14447.4			308000.0	52440.9	62.6
326285.7	2986000.0	8785.1	3945.9	61040.0		49975.6	72.8
127785.7	400000.0	11754.7	10840.1	22547.0		154432.4	90.4
1303115.4	445000.0	18236.1	12678.9	19984.1		79189.9	112.9
110259.3	2830000.0	10073.6	15260.7	18519.2	1590000.0	86421.1	83.2
234875.0	1002000.0	11942.4	18451.8	9145.8	6910000.0	33637.1	82.8
255540.5		155720.6	25576.9	195645.4		2825750.0	2149.1
153333.3	809666.7	8821.8	26435.0	65356.1	6500000.0	203940.7	102.1
200375.5	1800000.0	24027.4	23342.7	71840.9	623333.3	285626.4	227.7
646260.9	600000.0	5891.6	11729.8	5000.0	575000.0	54442.5	51.8
42388.2	600000.0	13767.0	14749.3	21626.7	455000.0	114320.0	81.5
239931.8	230000.0	3895.4	5891.5	25433.5		17480.8	93.4
123333.3	2800000.0	23843.3	16845.0	71773.9		108141.2	93.5
141212.1	285500.0	8761.3	3380.9	175206.9	1122000.0	39287.8	48.6
1273729.2	941500.0	2798.8	15606.0			55115.9	141.3
284272.7	1234000.0	18572.6	5806.0	19356.9	273750.0	64579.3	104.1
760276.6	1000000.0	19383.9	15663.7	65584.2	1082666.7	147118.0	69.9
88833.3	1000000.0	7513.2	26993.6	81254.1	1157000.0	72956.5	44.5
318666.7		11721.4	11081.1		152000.0	42272.7	108.3
170315.8	891500.0	9921.3	9367.2	27959.2		109233.3	66.7
294129.6	4749000.0	6025.1	3966.2	34077.6	1799666.7	74852.2	62.7
271250.0	2710000.0	14537.9	9794.7	47832.8	3348000.0	70325.3	56.5
285720.0	1283000.0	10025.5	13352.3	54382.6	1713500.0	66232.0	51.1
748000.0		1218.6	5216.4			93750.0	166.3
146555.6		8763.0	10737.0	18659.3	259000.0	113352.3	80.0
409500.0	1200000.0	12198.9	15816.9	33990.3	678500.0	39634.6	36.1
38666.7	211000.0	12311.3	21574.1			17862.7	101.5
109000.0	314000.0	41396.6	15386.7			59375.0	83.3
2206551.7	320000.0	18849.7	5593.0	38347.8		33793.2	91.9

E-12续表3

地　区	紧急抢救、安置、转移灾民支出	救灾储备	灾民倒房重建	离休人员离休金	退休人员退休金
全　国	**79.6**	**719029.8**	**1061.7**	**23044.1**	**13955.1**
中央级		245115000.0			
北　京			1355.0	45445.8	18032.6
天　津		689000.0		34312.5	11688.2
河　北	60.1	727400.0	888.6	18457.8	11377.4
山　西	63.8	35684.2	532.7	21370.6	11059.9
内蒙古	144.2	556250.0	2426.6	20143.7	13499.4
辽　宁	24.4	1565300.0	3882.2	16198.6	10734.8
吉　林	161.0	290625.0	1607.5	15979.6	11857.3
黑龙江	149.2	4360000.0	1682.6	14714.3	9796.3
上　海	56.3		1104.1		14050.6
江　苏	199.5		1121.8	27625.2	15795.3
浙　江	96.8	58087.0	2625.6	28339.6	17025.5
安　徽	42.1	548000.0	882.2	24486.1	15397.6
福　建	51.0	321888.9	898.3	23470.6	14634.7
江　西	52.5	82333.3	969.3	19094.2	10637.2
山　东	113.7	320000.0	1100.7	13205.1	10353.8
河　南	59.8	396307.7	2453.3	15897.8	10747.0
湖　北	54.6	153750.0	769.5	22629.6	11438.7
湖　南	69.8	175440.0	488.0	21616.0	9907.7
广　东	103.4	480756.8	3867.6	36764.2	16074.5
广　西	50.5	603500.0	1175.9	27875.0	17524.6
海　南	213.4	211000.0	1538.0	24750.0	9852.1
重　庆	443.6	881571.4	566.1	22291.7	11570.0
四　川	61.6	102714.3	634.7	21504.2	10808.7
贵　州	150.1	205428.6	1027.6	26909.1	14266.0
云　南	87.8	292130.4	592.5	23302.6	16500.4
西　藏	239.6	278800.0	3142.7		
陕　西	54.9	119119.0	315.5	16390.1	10664.1
甘　肃	327.2	224800.0	694.4	29546.9	17122.6
青　海	2498.1	2450000.0	3625.5	34095.2	17504.2
宁　夏	96.9	104642.9	768.5	14102.6	9294.1
新　疆	107.4	397732.1	3869.6	24899.0	16885.3

单位：元

退职人员退职金	一次性抚恤金	军队供应站经费	农村医疗救助	资助参加合作医疗	大病医疗救助
9312.2	**12074.2**	**817851.6**	**136.5**	**20.5**	**658.2**
10690.6	13363.8	14149000.0	28.0	33.4	8571.4
9058.8	12065.9	1014000.0	10032.0		6594.6
8982.1	7604.0	1271000.0	400.8	20.4	929.1
11181.8	10348.5	628666.7	173.9	17.8	384.7
9630.4	10500.0	450600.0	287.6	32.5	714.7
14000.0	10605.6	999600.0	791.1		2858.7
9083.3	11400.0	808750.0	237.2	21.4	402.9
8800.0	11000.0	705818.2	303.3	29.2	871.1
9000.0	13933.3	7326000.0	7289.5		1181.0
9897.3	15754.9	419100.0	70.0	32.1	857.7
15054.5	13772.7	1334000.0	123.1	29.4	2707.9
4914.9	14375.0	243875.0	66.2	11.0	626.3
8750.0	11824.0	284250.0	42.3	14.9	1549.3
8590.9	9842.9	637363.6	140.8	18.6	327.3
4166.7	9393.4	570736.8	66.2	25.2	351.2
10206.9	8512.0	686619.0	55.0	31.6	538.4
9018.5	11696.4	980500.0	169.5	23.4	556.6
8240.0	10733.3	554500.0	482.6	12.9	1493.7
7333.3	10806.7	2648428.6	100.3	28.4	463.1
6888.9	11434.8	647909.1	40.1	9.7	336.8
	10000.0	1192000.0	239.0	94.9	306.5
7428.6	9700.0	659250.0	54.4	9.7	659.7
8350.9	14777.8	676357.1	108.1	11.5	400.4
7000.0	11103.4	566777.8	117.6	10.0	415.8
14250.0	9920.0	390562.5	39.1	10.3	407.9
			4178.8	8.3	352.9
9588.2	10310.3	429000.0	209.4	33.0	485.5
7481.5	11163.6	294250.0	130.4	26.2	619.9
4166.7	24444.4	510500.0	56.5	10.0	622.2
7800.0	12571.4	995000.0	109.9	17.0	383.0
7500.0	10772.7	457250.0	74.8	32.2	199.6

E-13 民政部门其他

地区	公益金情况			
	上年结余	本年本级提取公益金	上级下拨公益金	本年支出公益金
全国	**327944.6**	**554886.7**	**140557.2**	**589171.5**
中央级	34094.2	19305.7		34094.2
北京	24398.5	39295.5		19407.7
天津	6259.7	14085.3		9953.3
河北	2130.6	10329.2	4937.7	13408.5
山西	5396.8	7663.3	1232.8	7170.3
内蒙古	7050.2	8270.3	1329.8	6422.5
辽宁	25603.7	31370.3	4153.4	26815.1
吉林	5304.4	17080.6	89.8	10256.3
黑龙江	2991.9	40711.6	3914.6	39098.5
上海	10048.9	18196.7		15345.7
江苏	25336.0	13713.0	2533.1	9657.8
浙江	9996.0	12259.6	7102.3	19361.8
安徽	7770.2	33020.7		28848.6
福建	6841.7	5005.6	2044.3	3870.9
江西	2813.4	1661.1	966.1	3335.0
山东	36101.6	80964.7	31219.9	87479.9
河南	5683.6	10470.9	7468.5	16768.9
湖北	3755.2	24908.5	6615.0	24663.8
湖南	7119.3	8893.4	6056.1	13248.2
广东	40096.5	58655.7	3197.6	55264.8
广西	16796.8	20429.9	34641.2	59286.6
海南	703.9	2072.5		811.1
重庆	4440.5	9416.8	1661.7	9623.7
四川	6202.4	8416.3	1840.8	7701.3
贵州	5428.3	5714.9	10249.2	12702.8
云南	9208.5	16095.4	2006.4	18359.2
西藏	370.4	1517.1		1887.4
陕西	6698.5	10212.1	601.1	6925.5
甘肃	4866.1	6583.0	90.0	5556.2
青海	1591.0	5619.2		7210.2
宁夏	1162.2	2809.1	126.3	3060.0
新疆	1683.6	10138.7	6479.5	11575.7

资金收支情况

单位：万元

		发行费情况			
下拨上级公益金	年末结余	上年结余	本年本级提取	本年本级支出发行费	年末结余
66157.0	**434217.0**	**34761.6**	**436741.3**	**386126.5**	**85376.4**
	19305.7	-182.8	16506.0	14040.6	2282.6
	44286.3	3603.3	29176.0	28206.5	4572.8
8431.7	10391.7	-1795.8	5653.6	4493.5	-635.7
1422.8	3989.0	3357.0	20431.9	18433.5	5355.4
86.7	7122.6	140.4	8468.3	7984.1	624.6
776.0	10227.8	217.7	7711.5	7411.0	518.2
2270.4	34312.3	4060.1	13090.5	8677.3	8473.3
7.1	12218.5	314.8	11945.3	10070.2	2189.9
2655.6	8519.6	600.1	9643.4	8419.8	1823.7
316.9	12899.9	416.9	18380.3	18550.5	246.7
425.5	31924.3	4095.8	9371.9	6529.6	6938.1
2201.5	9996.1	214.5	17056.5	16493.8	777.2
218.7	11942.3	340.2	13112.6	10733.0	2719.8
59.3	10020.7	-673.6	2313.8	2304.0	-663.8
331.1	2105.6	-43.2	7133.1	5452.0	1637.9
11048.2	60806.3	6857.3	75671.3	63318.7	19209.9
3202.9	6854.1	898.5	8290.9	5475.4	3714.0
997.0	10614.9	3363.8	16478.0	8066.1	11775.7
1586.8	8820.6	331.5	9280.6	8819.7	792.4
2276.3	46685.0	7177.7	54379.1	52397.0	9159.8
16038.9	12581.3	-65.7	18984.7	17131.3	1787.7
	1965.3	14.3	1765.9	1775.3	4.9
233.0	5895.3	571.3	8756.5	8756.5	571.3
637.6	8758.2	-1455.6	14360.1	13273.6	-369.1
7812.9	8689.6	1391.8	5469.5	6482.2	379.1
85.1	8951.1	756.3	14001.6	14753.1	4.8
	0.1	189.5	650.2	839.7	
407.3	10586.2	-138.3	12468.2	11737.1	592.8
533.0	5982.9	-3.2	1749.8	1741.2	5.4
			1086.9	1086.9	
72.3	1037.6	81.3	590.0	571.0	100.3
2022.4	6726.1	125.7	2763.3	2102.3	786.7

E-13续表

地　区	本年销售奖券数		国内外		
		电脑彩票	上年结余	本年本级捐赠收入	本年本级支出
全　国	**4218677.0**	**3959240.8**	**114644.0**	**256955.0**	**193873.4**
中央级			458.0	456.0	454.0
北　京	207187.6	207185.3	8929.4	16926.3	7343.6
天　津	40189.6	40151.0	816.0	628.0	615.6
河　北	176551.2	163095.0	1160.5	3227.8	3260.0
山　西	141658.6	128674.8	1580.0	1691.8	2054.1
内蒙古	55135.9	54936.3	926.1	880.0	997.7
辽　宁	266384.6	259252.6	3124.1	8803.3	8689.4
吉　林	96076.6	94391.0	2611.4	8553.0	9058.2
黑龙江	302898.6	302898.6	3335.7	5129.3	5172.4
上　海	123528.4	120370.7	4421.1	6450.4	5763.9
江　苏	136055.9	130993.4	19283.4	27056.6	9767.1
浙　江	160436.8	159933.3	17712.4	23109.1	12880.3
安　徽	100080.0	100080.0	1396.4	3990.0	3659.1
福　建	46911.7	31367.6	4867.6	7628.7	4811.2
江　西	2936.6	2936.6	2866.3	4684.1	3965.0
山　东	539028.3	531356.6	19236.5	41673.4	32027.5
河　南	250754.1	86477.3	514.7	3588.8	3278.9
湖　北	278119.8	272480.9	3976.1	3478.2	3287.5
湖　南	118343.6	114219.0	1493.2	4511.6	3336.4
广　东	391174.0	389007.2	4382.5	56728.0	50284.3
广　西	136366.3	134352.7	1528.9	5239.3	5111.8
海　南	13857.3	13857.3	13.0	4766.9	3476.6
重　庆	62666.5	62328.6	696.0	2188.3	1480.8
四　川	111007.4	107083.0	700.7	4306.8	3453.0
贵　州	39722.0	38099.0	1688.2	2115.6	1405.7
云　南	106861.3	106063.5	510.4	2485.4	2463.8
西　藏	4300.0	4300.0	358.5	456.6	672.2
陕　西	104695.5	99381.8	5644.9	1979.9	1672.3
甘　肃	43373.0	41826.1	176.6	1484.5	1399.9
青　海	16063.2	16043.2	37.8	192.5	220.4
宁　夏	18687.9	18570.2	168.8	1150.9	578.6
新　疆	127624.7	127528.2	28.8	1393.9	1232.1

单位：万元

捐赠情况	民政系统行政事业性收费情况					
年末结余	合计	社会团体登记收费	婚姻登记收费	收养登记费	殡葬收费	民办非企业登记收费
177725.6	**299515.3**	**411.8**	**10817.2**	**1407.4**	**286127.0**	**751.9**
460.0	6.9	6.9				
18512.1	28003.9		110.4	11.3	27882.2	
828.4	5088.5	0.2	66.7	1.1	5020.5	
1128.3	8846.5	42.8	526.2	75.2	8197.4	4.9
1217.7	1474.8	9.7	257.7	6.7	1194.5	6.2
808.4	6799.3	8.2	172.6	3.6	6611.3	3.6
3238.0	29678.4	12.0	541.9	43.2	29075.7	5.6
2106.2	8509.5	2.4	199.1	51.2	8255.7	1.1
3292.6	13647.0	5.4	227.5	2.1	13405.4	6.6
5107.6	4037.5	8.3	127.1	21.3	3873.2	7.6
36572.9	26623.9	25.6	566.5	97.8	25908.9	25.1
27941.2	20859.6	12.3	522.9	112.9	20197.5	14.0
1727.3	12722.5	13.4	650.2	61.8	11990.3	6.8
7685.1	5843.9	12.1	243.4	30.2	5551.8	6.4
3585.4	3705.5	14.6	710.7	94.0	2351.5	534.7
28882.4	16842.3	23.2	614.5	104.0	16072.9	27.7
824.6	8012.8	14.4	647.4	35.5	7312.6	2.9
4166.8	19274.1	26.3	361.9	41.1	18830.7	14.1
2668.4	4076.6	51.4	779.0	229.9	2998.2	18.1
10826.2	43214.8	26.8	482.6	139.9	42543.6	21.9
1656.4	4895.8	15.7	596.7	56.5	4220.5	6.4
1303.3	710.0	0.7	28.0	4.9	674.0	2.4
1403.5	2783.2	7.9	305.7	52.5	2414.4	2.7
1554.5	8162.5	21.6	655.2	34.3	7441.6	9.8
2398.1	1121.1	9.3	277.6	17.6	814.7	1.9
532.0	1430.3	5.8	384.3	28.0	1002.0	10.2
142.9	54.3	0.7	6.6		47.0	
5952.5	1318.0	5.2	143.8	9.3	1158.0	1.7
261.2	2751.5	7.4	130.0	18.7	2594.5	0.9
9.9	48.6	2.6	32.1	0.7	12.8	0.4
741.1	1524.6	5.5	45.5	4.9	1468.1	0.6
190.6	7447.1	13.4	403.4	17.2	7005.5	7.6

财务统计资料简要说明及主要指标解释

简要说明

财务统计报表系根据各级民政部门报送同级民政事业费决算逐级汇总而成，是2005年民政部门使用的民政事业预算执行情况及其使用效果。不包括例入抚恤和社会福利救济类预算科目支出其他部门使用的各项事业费，故与财政部门汇总的同类预算科目的数字有差异。其中民政事业费支出明细系根据《民政事业费使用管理办法》的使用范围分类设计的，以区分属于社会保障和其他性质的支出。

2005年预算指标合计728.7亿元，比上年增长25.1%，实际支出数718.4亿元，比上年增长24.4%。

指标解释

地方安排 根据现行财政体制，属于地方包干支出范围的"抚恤和社会福利救济费"列入地方预算的支出专项控制数。

中央下达 指中央预算拨款的民政事业费。包括1985年至2004年的拨款在2005年重拨的中央专项拨款。

抚恤和社会福利救济费 指预算支出科目中的抚恤事业费、退休费、退休退职费、社会福利救济事业费和其他民政事业费。

定补 指定期定量补助费。

定救 指定期定量救济费。

生活救济费 指发给灾民的吃、穿、住、治救济费。

事业编制 指各级民政机关中由民政事业费列支的工作人员经费和车辆(包括购置油料、维修等)费用。

民政事业费支出基本数字表 住院平均人数仅指由国家集中供养的优抚、救济对象。

离退休管理机构经费 其他民政事业费中离退休管理机构经费系指军队离退休干部管理机构的开办费、车辆购置和工作人员经费等。

平均支出水平 指按人或单位平均的民政事业费各项经费支出数。

附录

2005年县级及以上行政区划变更情况

内蒙古自治区

乌拉特后旗人民政府驻地由赛乌素镇迁至巴音宝力格镇。

(民函[2005]158号)

上海市

将宝山区的长兴乡、横沙乡划入崇明县管辖。

(国函[2005]40号)

江苏省

将铜山县大黄山镇和大庙镇划归徐州市鼓楼区管辖。

(国函[2005]41号)

浙江省

嘉兴市秀城区更名为南湖区。

(民函[2005]103号)

安徽省

一、将安庆市郊区的老峰镇、龙狮桥乡、长风乡、新洲乡划归安庆市迎江区管辖。

二、将安庆市郊区的十里铺乡(不含眉山、象山、苏岗、砂桥、罗冲5个村)和怀宁县的海口镇、山口乡划归安庆市大观区管辖。

三、安庆市郊区更名为安庆市宜秀区,将怀宁县的大龙山镇、五横乡和桐城市的罗岭镇划归宜秀区管辖。宜秀区人民政府驻地由迎江区青少年宫路迁至大龙山镇。

(国函(2005)38号)

四、撤销芜湖市新芜区、镜湖区,设立新的芜湖市镜湖区。将原新芜区、镜湖区的行政区域和鸠江区的荆山街道以及湾里镇的广福、莲塘2个居委会划归镜湖区管辖。镜湖区人民政府驻北京东路。

五、设立芜湖市三山区,将原马塘区的三山、保定2个街道和繁昌县的峨桥镇划归三山区管辖。三山区人民政府驻三华路。

六、马塘区更名为弋江区。将芜湖县火龙岗镇划归弋江区管辖。弋江区人民政府驻利民路。

(国函(2005)77号)

河南省

一、将开封市郊区的北郊乡、柳园口乡、水稻乡划归开封市龙亭区管辖,将郊区的土柏岗乡、东郊乡划归开封市顺河回族区管辖。

二、将开封市南关区的五一街道、郊区南郊乡的浅河、牛墩、刘寺、杨砦、杨寺庄、蔡屯、小王屯、南柴屯、丰收岗9个村和开封县的仙人庄乡划归开封市鼓楼区管辖。

三、开封市南关区更名为开封市禹王台区。将郊区的汪屯乡、南郊乡(不包括浅河、牛墩、刘寺、杨砦、杨寺庄、蔡屯、小王屯、南柴屯、丰收岗9个村)划归禹王台区管辖。

四、开封市郊更名为开封市金明区。将龙亭区的梁苑街道、鼓楼区的城西街道和开封县的杏花营镇划归金明区管辖。

(国函[2005]44号)

五、郑州市惠济区人民政府驻地由金水区南阳路迁移至惠济区开元路。

(民函[2005]182号)

湖南省

一、永州市芝山区更名为零陵区。

(民函[2005]138号)

二、湘潭市人民政府驻地由湘潭市雨湖区雨湖路迁移至湘潭市岳塘区芙蓉路。

(国函[2005]72号)

广东省

一、撤销广州市东山区、芳村区，设立广州市南沙区，萝岗区。

二、将原东山区的行政区域，白云区的矿泉街道，天河区的登峰街道、天河南街道的杨箕和中山一一2个居委会、沙东街道部分区域划归越秀区管辖。越秀区人民政府驻越华路。

三、将原芳村区的行政区域划归荔湾区管辖。荔湾区人民政府驻中山七路。

四、将番禺区的南沙街道和万顷沙镇、横沥镇、黄阁镇，灵山镇的庙南村，七一村和庙青村的部分区域，东涌镇的庆盛村、沙公堡村、石牌村的各一部分区域划归南沙区管辖。南沙区人民政府驻黄阁镇凤凰大道。

五、将白云区的萝岗街道，钟落潭镇的九佛、穗北2个居委会和红卫、凤尾、埔心、蟹庄、枫下、佛朗、燕塘、莲塘、山龙、重岗、黄田、何棠下、迳下、长庚14个村，黄埔区的夏港街道、荔联街道的笔岗居委会、穗东街道的东基和西基2个自然村，天河区新塘街道的玉树村，增城市中新镇的镇龙居委会和镇龙，迳头、九楼、大坦、麦村、金坑、均和、福洞、福山、大涵、汤村、旺村、洋田、新田14个村，新塘镇的贤江、新庄、永岗、禾丰4个村划归萝岗区管辖。萝岗区人民政府驻志城大道。

（国函{2005}35号）

重庆市

重庆市万州区人民政府驻地由太白岩街道迁至陈家坝街道。

（国函[2005]55号）

四川省

一、将自贡市大安区的红旗乡，自贡市沿滩区的仲权镇、舒坪镇、高峰乡、农团乡、漆树乡和自贡市贡井区的荣边镇划归自贡市自流井区管辖。

二、将自贡市荣县的龙潭镇、桥头镇、五宝镇、莲花镇、成佳镇、白庙镇、章佳乡、牛尾乡划归贡井区管辖。

三、将自贡市富顺县的庙坝镇、牛佛镇、回龙镇划归大安区管辖。

四、将自贡市富顺县的仙市镇、瓦市镇划归沿滩区管辖。

（国函[2005]52号）

贵州省

剑河县人民政府驻地由柳川镇迁至革东镇。

（民函[2005]181号）

西藏自治区

林芝县人民政府驻地由林芝镇迁至八一镇。

（民函[2005]268号）

陕西省

一、吴旗县更名为吴起县。

（民函[2005]278号）

二、西安市碑林区人民政府驻地由书院门迁至南二环西段。

（民函[2005]285号）

2005年县级以下行政区划变更情况

北京市

一、朝阳区

撤消大屯地区办事处(乡)设立大屯街道办事处。

二、海淀区

1.将双榆树街道办事处全部辖区及学院路街道办事处所辖东升园地区并入中关村街道办事处。

2.将万柳地区办事处万泉庄地区划归海淀街道办事处管辖。

3.将海淀街道办事处北三环西路、长春桥路以南地区划归紫竹桥街道办事处管辖；水磨、成府地区划归青龙桥街道办事处管辖；大石桥地区划归清华园街道办事处管辖；

4.将东升地区办事处京包铁路以西、荷清路以北地区划归清华园街道办事处管辖。

5.将万柳地区办事处树村地区和西北旺镇中关村软件园地区划归上地街道办事处管辖。

6.将西北旺镇百草园地区、百旺新城地区划归马连洼街道办事处管辖。

三、房山区

1.在良乡地区北部新增设拱辰街道办事处。

2.在良乡地区西北部新增设西潞街道办事处。

四、大兴区

在亦庄、黄村、旧宫三镇分别新增设地区办事处。

五、密云县

1.在密云县新增设鼓楼街道办事处。

2.在密云县新增设果园街道办事处。

3.在檀营满族蒙族乡新增设檀营地区办事处。

天津市

一、汉沽区

撤销天化街道办事处,8个居委会转入其它街道办事处。

二、和平区

撤销耀德、华联2个居委会。

三、南开区

向阳路街道办事处新建龙富园社区居委会；体育中心街道办事处新建仁爱濠景社区居委会；华苑街道办事处新建久华里社区居委会。

四、塘沽区

新村街道办事处撤销福建里、福安里、宁波里、新港大街、上海道、永顺里、大梁子、新卫里、南地9个居委会；解放路街道办事处撤销新华园、吉祥里、居仁里、金泰新村4个居委会,新建华云园居委会；三槐路街道办事处撤销团结楼、抗震里、信阳里、胜利楼、永安街、庆丰里、三槐里7个居委会,新建馨苑居委会；新港街办事处撤销临开里、广开里、新风里、三百吨、南北一处、和睦里、前卫里7个居委会；向阳街道办事处撤销津塘道南、西村、河北路、道北、吉安里4个居委会,新建欧美小镇居委会；杭州道街道办事处撤销徐州里、承德里、兴华里、中心北里、治国里、防震里6个居委会,新河街道办事处撤销珠江里、桂江里、长江里、五车地、北河地、漓江里6个居委会；大沽街道办事处撤销西盐街、安阳里、天华里、福申、三岔、德源、盐一场7个居委会,新建远景庄园居委会；北塘街道办事处撤销东前街、创建里2个居委会；胡家园街道办事处撤销三爱里居委会；新村街道办事处新建龙都居委会。

五、北辰区

果园新村街道办事处新建东升里第三、都旺新城2个社区居委会；普东街道办事处新建国宜里、普康里、都市桃源、普祥里、安悦里、国宜北里、富宜里、强宜里、宜白北里9个社区居委会；天穆镇新建方舟、桃香园第一、第二、第三、第四5个社区居委会；双街镇新建双街新家园、万源新城2个社区居委会。

六、宁河县

芦台镇新建大安、福康2个社区居委会。

七、静海县

西翟庄镇庞庄子村委会转到大邱庄镇；静海镇新建韩新里、胜丰里、欣苑里、红星南里、春元里、瀛海北里、瀛海南里、梦香花园、东方家园、东升南里、名门世家、颖华里、益农里、九通家园、金海园、春华园、顺驰17个居委会。

河北省

一、承德市

平泉县

撤销南五十家子蒙古族满族乡设立南五十家子镇。

二、唐山市

撤销黄昏峪山、岩口乡划归火石营镇管辖。撤销新庄子乡划归任各庄镇管辖。撤销燕子河乡划归白官屯镇管辖。撤销三女河乡划归石各庄镇。

三、保定市

雄县

撤销龙湾乡设立龙湾镇。

四、沧州市

撤销任丘辛中驿乡设立辛中驿镇。

五、邢台市

1.邢台县

撤销宋家庄乡设立宋家庄镇。

2.内丘县

撤销柳林乡设立柳林镇。

3.临城县

撤销郝庄乡设立郝庄镇。

山西省

一、运城市

万荣县增加里望乡。

内蒙古自治区

一、呼和浩特市

和林格尔县

樊家夭乡并入城关镇。公喇嘛乡、西沟门乡、巧什营乡并入盛乐镇。黑老夭乡并入新店子乡。三道营乡并入大红城乡。董家营乡并入舍必崖乡。

二、包头市

固阳县

撤销九份子乡、忽鸡沟乡，将2乡原管辖的行政区域整建制和西斗铺镇的2个村（四分子、彦天成）并入金山镇。撤销银号乡、大庙乡、卜塔亥乡，将银号乡、大庙乡原管辖的行政区域整建制和卜塔亥乡的3个村（团结、圪臭脑包、西营子）合并设立银号镇。撤销红泥井乡，将红泥井乡的5个村（三分子、前海子、存柱壕、红花脑包、十四份子）并入西斗铺镇。撤销兴顺西乡，将其乡原管辖的行政区域整建制和红泥井乡的5个村（李四壕、河楞、五分子、公合当、北头分子）合并设立兴顺西镇。撤销百灵淖乡，将其乡原管辖的行政区域整建制和卜塔亥乡的12个村（卜塔亥、二约地、兴圣公、后公中、牛场湾、小号子、周喜财、阳湾、壕口、四份子、西号、朝力干）合并设立怀朔镇。撤销下湿壕乡、新建乡，将2乡原管辖的行政区域整建制合。并设立下湿壕镇。

三、乌海市

1.海勃湾区

撤销新地乡、千里山街道办事处，设立千里山镇；撤销五一乡、下海勃湾镇，设立滨河街道办事处。

2.乌达区

撤销乌兰乡、桥西镇，设乌兰淖尔镇。

3.海南区

撤销东风乡和巴音陶亥乡，设巴音陶亥镇。老石旦镇和拉僧庙镇合并。

四、赤峰市

1.红山区

撤销城郊乡，将其原管辖的行政区域整建制并入文钟镇。撤销桥北镇，将其原管辖的行政区域整建制并入红庙子镇。

2.元宝山区

撤销山前镇、马蹄营子乡，将2乡镇原管辖的行政区域整建制和古山镇的部分村并入平庄镇。撤销建昌营镇、马林镇，将2镇原管辖的行政区域整建制并入元宝山镇。撤销小五家子回族乡，将其原管辖的行政区域整建制和古山镇的部分村并入美丽河镇。

3.松山区

撤销五三镇，将其管辖的行政区域整建制并入穆家营子镇。撤销姜家营子乡，将其管辖的行政区域整建制并入老府镇。撤销孤山子乡，将其管辖的行政区域整建制并入初头朗镇。撤销王家店乡、水地乡，将2乡原管辖的行政区域整建制合并设立夏家店乡。撤销猴头沟乡、碾坊乡，将2乡原管辖的行政区域整建制并入城子乡。撤销大碾坊子乡、东山乡，将2乡原管辖的行政区域整建制并入大夫营子乡。撤销大六份乡，将其管辖的行政区域整建制并入岗子乡。撤销红花沟镇，将其原管辖的行政区域整建制并入王府镇。撤销太平地乡、牛营子乡、河南营子乡，将3乡原管辖的行政区域整建制合并设立设立太平地镇。撤销当铺地镇、关家营满族乡、木头沟乡，将3乡镇原管辖的行政区域整建制合并设立当铺地满族乡。

4. 宁城县

撤销城关镇，将其管辖的行政区域整建制和大明镇、榆树林子乡、忙农镇的部分村并入天义镇。撤销二龙镇，将其管辖的行政区域整建制并入汐子镇。撤销热水镇，将其管辖的行政区域整建制并入八里罕镇。撤销马架子乡，将其原管辖的行政区域整建制并入大城子镇。撤销八肯中乡，将其管辖的行政区域整建制和大明镇的部分村合并。撤销布日嘎苏台乡，将其原管辖的行政区域整建制并入小城子镇。撤销西泉乡，将其管辖的行政区域整建制并入黑里河镇。撤销甸子乡、头道营子镇，将2乡镇原管辖的行政区域整建制合并设立甸子镇。榆树林子乡部分村与忙农镇部分村合并设立忙农镇。撤销大双庙乡、一肯中乡，将2乡原管辖的行政区域合并设立大双庙镇。撤销存金沟乡，将其管辖的行政区域整建制并入三座店乡。撤销石佛乡，将其管辖的行政区域整建制并入必斯营子乡。撤销山头乡，将其管辖的行政区域整建制并入五化乡。

5. 林西县

撤销十二吐乡，将其原管辖的行政区域整建制并入林西镇。撤销老房身乡、兴隆庄乡，将2乡原管辖的行政区域整建制并入五十家子镇。撤销双井店乡、下场乡，将2乡原管辖的行政区域整建制并入新城子镇。撤销板石房子乡，将其原管辖的行政区域整建制并入统部镇。撤销大川乡、隆平乡，将2乡原管辖的行政区域整建制并入大井镇。

6.巴林左旗

撤销哈达英格乡、白音沟乡，将2乡原管辖的行政区域整建制并入林东镇。撤销毛宝力格乡、白音敖包乡，将2乡原乡的行政区域整建制并入隆昌镇。撤销杨家营子镇，将其管辖的行政区域整建制并入碧流台镇。撤销白音勿拉苏木，将其管辖的行政区域整建制并入白音诺尔镇。撤销花加拉嘎乡、丰水山镇、十三敖包乡，将3乡镇原管辖的行政区域整建制合并设立十三敖包镇。撤销野猪沟乡，将其原管辖的行政区域整建制并入查干哈达苏木。撤销三山乡，将其原管辖的行政区域整建制并入乌兰达坝苏木。撤销浩尔吐乡，设立富河镇。撤销哈拉哈达乡，设立哈拉哈达镇。

7.克什克腾旗

撤销三义乡、新庙乡、浩来呼热乡，将3乡原管辖的行政区域整建制并入经棚镇。撤销书声乡，将其管辖的行政区域整建制并入土城子镇。撤销南店镇、广兴源镇，将2镇原管辖地行政区域整建制并入芝瑞镇。撤销新井乡，将其管辖地行政区域整建制并入万合永镇。撤销乌兰布统乡，将其原管辖的行政区域整建制并入红山子乡。撤销巴彦高勒苏木，将其原管辖的行政区域整建制并入巴彦查干苏木。

8.翁牛特旗

撤销山咀子乡、塔拉苏木、朝格温都苏木、布力彦苏木，将4苏木乡原管辖的行政区域整建制和头分地镇的部分村并入乌丹镇。撤销杜家地乡，将其原管辖的行政区域整建制并入桥头镇。撤销东庄头营子乡，将其原管辖的行政区域整建制并入梧桐花镇。撤销高家梁乡，将其乡原管辖的行政区域整建制并入广德公镇。撤销毛山东乡，将其原管辖的行政区域整建制和头分地镇的村部分并入五分地镇。撤销玉田皋乡，将其原管辖的行政区域整建制并入乌敦套海镇。撤销格日僧苏木，将其原管辖的行政区域整建制并入海拉苏镇。撤销头段地乡，杨树沟门乡，将2乡原管辖的行政区域整建制并入亿合公乡。撤销大兴乡，将其原管辖的行政区域整建制并入白音他拉苏木。撤销高日罕苏木，将原苏木管辖的行政区域建制并入白音套海苏木。

9.喀喇沁旗

撤销龙山镇，将其原管辖的行政区域整建制并入锦山镇。撤销永丰乡，将其原管辖的行政区域整建制并入牛家营子镇。撤销昌盛远乡，将其原管辖的行政区域整建制并入乃林镇。撤销美林乡、旺业甸镇，将2乡镇原管辖的行政区域整建制合并设立美林镇。撤销四十家子乡，将其管辖的行政区域整建制并入王爷府镇。撤销小牛群乡、南台子乡、大牛群乡，将3乡原管辖的行政区域整建制合并设立小牛群镇。撤销楼子店乡，将其管辖的行政区域整建制并入十家满族乡。撤销西桥乡、马鞍山乡，将2乡原管辖的行政区域整建制合并设立西桥镇。

五、通辽市

开鲁县

撤销新华镇、坤都岭镇，将2镇原管辖的行政区域整建制和北兴镇部分村并入开鲁镇。撤销义和塔拉苏木、和平镇，将2苏木镇原管辖的行政区域整建制合并设立义和塔拉镇。撤销北清河乡，将其原管辖的行政区域整建制并入建华镇。撤销兴安乡、三棵树乡，将2乡镇原管辖的行政区域整建制并入小街基镇。撤销道德镇，将其原管辖的行政区域整建制并入东风镇。撤销保安镇，将其原管辖的行政区域整建制并入吉日嘎郎图镇。撤销双河镇，将其原管辖的行政区域整建制和北兴镇的部分村并入东来镇。

六、呼伦贝尔市

阿荣旗

撤销红花梁子镇、三道沟镇，将2镇原管辖的行政区域整建制合并设立向阳峪镇。撤销那克塔镇、复兴镇，将2镇原管辖的行政区域整建制并入霍尔奇镇。撤销太平庄镇、三岔河镇，将2镇原管辖的行政区域整建制并入亚东镇。撤销孤山镇，将其原管辖的行政区域整建制并入六合镇。

七、鄂尔多斯市

1.东胜区

撤销万利镇、铜川镇，将2镇原管辖的行政区域整建制合并设立塔拉壕镇。撤销柴登镇，将其原管辖的行政区域整建制并入泊尔江海子镇。撤销布日都镇，其原管辖的行政区域整建制并入罕台镇。撤销哈巴格希乡，改设哈巴格希街道办事处。

2.达拉特旗

撤销大树湾镇、树林召乡、耳字壕镇，将3乡镇原管辖的行政区域整建制并入树林召镇。撤销德胜泰乡、榆林子乡，将德胜泰乡原管辖的行政区域整建制和榆林子乡的5个村委会（巴彦淖尔、三份子、榆林子、宋五营子、杨家营子）并入王爱召镇。撤销敖包梁乡、盐店乡，将2乡原管辖的行政区域整建制和榆林乡的1个村委会（唐公营子）并入白泥井镇。撤销马场壕乡，将其原管辖的行政区域整建制并入吉格斯太镇。撤销昭君坟乡、高头窑镇，将2乡镇原管辖的行政区域整建制和展旦召苏木的3个嘎查（巴音色古楞、门肯、柴登）合并设立昭君镇。撤销乌兰乡、宿亥图乡，将乌兰乡原管辖的行政区域整建制和宿亥图乡的15个村（牛场梁、武大仓、茶窑沟、元宝湾、伙房圪台、黄母哈日、呼斯图、补录梁、哈拉亥图、敖楞陶勒盖、南布日嘎斯太、耳子沟、黑赖、查干沟、官德新）合并设立恩格贝镇。撤销原青达门乡、解放滩镇，将2乡镇原管辖的行政区域整建制并入展旦召苏木。将宿亥图乡的4个村（万太兴、北布日嘎斯太、牧业、官井）并入中和西镇。

3.准格尔旗

撤销蓿亥图乡，将其原管辖的行政区域整建制并入十二连城乡。撤销准格尔召乡、神山镇，将2乡镇原管辖的行政区域整建制合并设立准格尔召镇。撤销窑沟乡、海子塔镇、长滩乡、哈岱高勒乡、东孔兑镇，将海子塔、窑沟乡、哈岱高勒乡3乡原管辖的行政区域整建制和东孔兑镇的3个村（邦朗太、王青塔、阿岱沟）、长滩乡的6个村（哈拉敖包、业林沟、长滩、河会、碾子湾、周兆元）并入薛家湾镇。撤销大路乡，将其原管辖的行政区域整建制和东孔兑镇的6个村（东孔兑、榆树湾、何家塔、前房子、房子滩、阿拉不拉沟）合并设立大路镇。撤销西营子镇、纳林镇，将纳林镇原管辖的行政区域整建制和西营子镇的11个村（西营子、打麻梁、神山、大院、布尔洞沟、布尔洞梁、四道包、石窑沟、张家圪堵、乌素沟社、哈拉沟），长滩乡的2个村（官地壕、庙壕）并入沙圪堵镇。撤销川掌镇、羊市塔镇，将两镇原管辖的行政区域整建制合并设立纳日松镇。撤销马栅镇、魏家峁镇，将2镇原管辖的行政区域整建制和长滩乡的1个村（台子梁）合并设立龙口镇。撤销布尔陶亥乡，设立布尔陶亥苏木。撤销暖水镇，将其原管辖的行政区域整建制和西营子镇的1个村（昌汉素）合并设立暖水乡。

4.鄂托克前旗

撤销三段地镇，将其原管辖的行政区域整建制并入敖勒召其镇。撤销布拉格苏木，将其原管辖的行政区域整建制并入上海庙镇。撤销毛盖图苏木，将其原管辖的行政区域整建制并入昂素镇。撤销珠和苏木、二道川乡，将2苏木乡原管辖的行政区域整建制并入城川镇。

5.鄂托克旗

撤销察汗淖尔镇、包乐浩晓镇，将2镇原管辖的行政区域整建制并入乌兰镇。撤销公其日嘎乡、阿尔巴斯苏木，将公其日嘎乡的5个村（深井、百眼井、阿如其日嘎、什勒凯、苏米图）和阿尔巴斯苏木的5个嘎查（乌仁都喜、伊克达赖、楚鲁拜、额尔和图、呼吉）并入棋盘井镇。公其日嘎乡的1个村（其劳图）和阿尔巴斯苏木的3个嘎查（伊克布拉格、巴音温都尔、苏亥图）并入蒙西镇。撤销新召苏木、查布苏木，将2苏木原管辖的行政区域整建制合并设立阿尔巴斯苏木。撤销沙井镇、木凯淖尔乡，将2乡镇原管辖的行政区域整建制合并设立木凯淖尔镇。

6.杭锦旗

撤销四十里梁镇、阿门其日格乡、浩绕柴达木苏木，将四十里梁镇、阿门其日格乡原行政区域整建制和浩绕柴达木苏木的7个嘎查（浩绕召、柴达木、赛音台格、道劳呼都格、沙日都呼木、达尔布亥、天斯图）并入锡尼镇。撤销巴音乌素镇，将巴音乌素镇的1个嘎查（赛音布拉格）划入吉日嘎朗图镇。巴音乌素镇的1个嘎查（包日温都尔）划入独贵塔拉镇。撤销塔然高勒乡，将其原管辖的行政区域整建制和巴音乌素镇的6个嘎查（道劳乌素、乌兰额日格、图古日格、敖楞乌素、阿拉腾图布希、巴音布拉格）并入杭锦淖尔乡。撤销伊和乌素镇，将其原管辖的行政区域整建制和巴音乌素镇的3个嘎查（宝日呼舒、巴音淖尔、巴音温都尔）和浩绕柴达木苏木的5个嘎查（阿塔木、脑高岱、敖楞布拉、巴音、阿日善）合并，设立伊和乌素苏木。

7.乌审旗

撤销达布察克镇、嘎鲁图苏木，将2苏木镇原管辖的行政区域整建制合并设立嘎鲁图镇。撤销河南乡、纳林河镇，将2乡镇原管辖的行政区域整建制合并设立无定河镇。撤销浩勒报吉乡，将其原管辖的行政区域整建制并入乌审召镇。撤销黄陶勒盖乡，将其原管辖的行政区域整建制并入乌兰陶勒盖镇。撤销乌兰沙巴尔台乡、大牛地乡，将2乡原管辖的行政区域整建制并入图克镇。撤销沙尔利格镇、陶利镇，将2镇原管辖的行政区域整建制合设立苏力德苏木。

8.伊金霍洛旗

撤销布连乡、布尔台格乡，将2乡原管辖的行政区域整建制并入乌兰木伦镇。撤销公尼召乡、伊金霍洛苏木，将2苏木乡原管辖的行政区域整建制合并设立伊金霍洛镇。撤销新街镇、台格苏木，将2苏木镇原管辖的行政区域整建制合并设立札萨克镇。撤销新庙镇，将其原管辖的行政区域整建制并入纳林陶亥镇。撤销纳林希里镇，将其原管辖的行政区域整建制并入红庆河镇。撤销苏布尔嘎苏木、台吉召镇、合同庙乡，将3苏木乡镇原管辖的行政区域整建制合并设立苏布尔嘎镇。

八、乌兰察布市

凉城县

撤销城关镇，三苏木乡、厢黄地乡，将城关镇、三苏木乡原管辖的行政区域整建制和厢黄地乡的10个村（马坊滩、安子山、西厢、弓沟沿、杏树贝、井沟子、九股泉、小召、圪臭沟、白营）合并设立岱海镇。撤销六苏木乡、双古城乡、十九号乡，将六苏木、双古城乡原管辖的行政区域整建制和十九号乡的3个村（新窨子、拉贵沟、庙卜子）合并设立六苏木镇。撤销崞县夭乡、城家营乡，将2乡原管辖的行政区域整建制和厢黄地乡的4个村（小坝滩、坝底、东十号、沙乎）合并设立蛮汉镇。撤销后营乡，将其原管辖的行政区域整建制和十九号乡的1个村（十五号）并入天成乡。撤销厂汉营乡，将其原管辖的行政区域整建制和十九号乡的3个村（十七号、十九号、大洼）并入曹碾满族乡。

九、巴彦淖尔市

1.临河区

撤销黄羊木头镇、乌兰淖尔乡，将2乡镇原管辖的行政区域整建制并入干召庙镇。撤销丹达木头乡，将其原管辖的行政区域整建制并入白脑包镇。撤销隆胜镇、八一乡，将2乡镇原管辖的行政区域整建制并入。

2. 五原县

撤销和胜乡、向阳乡、美林乡，将和胜乡原管辖的行政区域整建制和向阳乡的1个村（宏伟）、美林乡的5个村（同联、五星、联乐、和丰、光明）并入隆兴昌镇。撤销海子堰乡，将海子堰乡的4个村（海丰、蛇林、继光、先锋）并入塔尔湖镇。撤销银定图乡，将其原管辖的行政区域整建制和海子堰乡的2个村（胜利、兴旺）合并设立银定图镇。撤销什巴圪图乡，将其原管辖的行政区域整建制和向阳乡的1个村（团结）、美林乡的2个村（新福，新永）并入新公中镇。撤销复兴镇，将其原管辖的行政区域整建制和向阳乡的4个村（响导、永生、向阳、红赛）并入巴音套海镇。撤销城南乡，将其原管辖的行政区域整建制并入胜丰镇。

3. 磴口县

撤销公地乡、协成镇，将2乡镇原管辖的行政区域整建制并入隆盛合镇。撤销哈腾套海苏木，将其原管辖的行政区域整建制并入沙金套海苏木。撤销补隆淖尔镇，将其原管辖的行政区域整建制并入巴彦高勒镇。撤销渡口乡，设立渡口镇。

4. 乌拉特前旗

撤销北圪堵乡，将其原管辖的行政区域整建制并入西小召镇。撤销树林子乡、长胜乡，将2乡原管辖的行政区域整建制并入新安镇。撤销苏独仑乡，将其原管辖的行政区域整建制并入大佘太镇。撤销朝阳镇、明安乡，将2乡镇原管辖的行政区域整建制合并设立明安镇。撤销沙德格苏木，将其原管辖的行政区域整建制并入额尔登布拉格苏木。撤销巴音花镇、呼和布拉格镇，将白音花镇原管辖的行政区域整建制和呼和布拉格镇的9个嘎查村（新建、石拉敖来、点布斯格、查干哈达、乌兰布拉格、太思格、呼和布拉格、查干布拉格、哈日布拉格）合并设立白彦花镇。撤销先锋乡、黑柳子镇、公庙子镇。将先锋乡、黑柳子镇原管辖的行政区域整建制和公庙子镇的6个村（新民、公庙子、大田、新华、新胜、新荣）合并设立先锋镇。撤销西山咀镇，将其原管辖的行政区域整建制和呼和布拉格镇的6个居委会、公庙子镇的7个村（沙脑包、民生、蓿亥、联光、杨水、桥南、三胡）合并设立乌拉山镇。撤销小佘太乡，设立小佘太镇。

5. 乌拉特中旗

撤销桑根达来苏木、巴音苏木、乌兰苏木，将3苏木原管辖的行政区域整建制合并设立巴音乌兰苏木。撤销巴音杭盖苏木，将其原管辖的行政区域整建制并入川井苏木。撤销巴音哈太苏木，将其原管辖的行政区域整建制并入新忽热苏木。撤销温更镇，将其原管辖的行政区域整建制并入海流图镇。撤销石兰计乡、宏丰乡，将2乡原管辖的行政区域整建制并入乌加河镇。撤销乌梁素太乡，将其原管辖的行政区域整建制并入德岭山镇。

6. 乌拉特后旗

撤销乌根高勒苏木，将其原管辖的行政区域整建制并入巴音宝力格镇。撤销那仁宝力格苏木，将其原管辖的行政区域整建制并入呼和温都尔镇。撤销乌力吉苏木、赛乌素镇，将2苏木镇原管辖的行政区域整整建制合并设立潮格温都尔镇。撤销巴音戈壁苏木、巴音温都尔苏木，将2苏木原管辖的行政区域整建制和巴音宝力格镇的2个嘎查（沙如拉嘎查、珠斯木尔嘎查的第三乌素组）合并设立获各琦苏木。撤销宝音图苏木，将其原管辖的行政区域整建制并入巴音前达门苏木。

7. 杭锦后旗

撤销太阳庙乡、召庙镇，将2乡镇原管辖的行政区域整建制合并设立双庙镇。撤销四支乡、沙海乡、南渠乡，将四支乡原管辖的行政区域整建制和南渠乡的4个村（新乐、南园、中心、前进）、沙海乡的6个村（五星、小沙沟、五四、河林、新红、沙海）合并设立沙海镇。南渠乡的3个村（胜利、长庆、长胜）和沙海乡的2个村（乌兰、红建）并入三道桥镇。撤销红旗乡，将红旗乡原管辖的3个村（帐房、赤峰、光明）和南渠乡的3个村（交通、冲锋、沙湾）并入陕坝镇。撤销查干乡，将查干乡的3个村（永红、挪一、挪二）并入头道桥镇。撤销南小召乡，将南小召乡原管辖的行政区域整建制和查干乡的6个村（甲一、甲二、永乐、永和、繁荣、幸福）并入二道桥镇。撤销联合乡，将联合乡原管辖的5个村（赛丰、竞丰、联合、十八顷地、双建村的2、3、4、5、6村民小组）并入团结镇。撤销红星乡，将红星乡原管辖的行政区域整建制和红旗乡的4个村（红旗、新堂、星火、公益渠）、联合乡的2个村（富强、双建村的1、7、8村民小组）并入蛮会镇。

8. 乌兰图克镇

撤销小召镇，将其原管辖的行政区域整建制并入狼山镇。撤销古城镇，将其原管辖的行政区域整建制并入新华镇。

十、兴安盟

扎赉特旗

撤销小城子乡、五家户乡、绰勒镇，将原小城子、五家户2乡原管辖的行政区域整建制和绰勒镇的9个村（前进、全吉、茂力格尔、鲜光、新立、兴华、红旗、查干、林场）并入音德尔镇。绰勒镇的5个村（玛尔吐、阿拉坦花、其格吐、巴彦扎拉嘎、巴彦花）并入巴达尔胡镇。撤销二龙山乡，将其原管辖的行政区域整建制并入巴彦高勒镇。撤销阿拉达尔吐苏木、宝力根花苏木，将2苏木原管辖的行政区域整建制并入胡尔勒镇。撤销罕达罕乡，将其原管辖的行政区域整建制并入新林镇。撤销巴彦扎拉嘎乡，将其原管辖的行政区域整建制并入阿尔本格勒镇。撤销巴岱乡、努文木仁乡，将2乡原管辖的行政区域整建制并入好力保乡。

十一、锡林郭勒盟

1.锡林浩特市

撤销巴彦宝拉格苏木，将其原管辖的行政区域整建制并入阿尔善宝拉格镇。撤销达布希勒图苏木、伊利勒特苏木，将达布希勒图苏木的3个嘎查（巴彦得力格尔、萨如拉塔拉、额尔敦塔拉的一部分）和伊利勒特苏木的3个嘎查（巴彦温都尔、巴彦淖尔、乌力吉得力格尔的一部分）合并设立宝力根苏木。撤销巴彦希勒镇，设立巴彦希勒街道办事处。

2.阿巴嘎旗

撤销巴彦查干镇、宝格达乌拉苏木，将2苏木镇原管辖的行政区域整建制合并设立别力古台镇。撤销巴彦德力格尔苏木、查干淖尔苏木，将2苏木原管辖的行政区域整建制合并设立查干淖尔镇。撤销洪格尔高勒苏木、德力格尔苏木，将2苏木原管辖的行政区域整建制合并设立洪格尔高勒镇。撤销青格勒宝拉格苏木，将其原管辖的行政区域整建制并入那仁宝拉格苏木。撤销巴彦图嘎苏木，将其原管辖的行政区域整建制并入吉尔嘎朗图苏木。撤销额尔敦高毕苏木，将其原管辖的行政区域整建制并入伊和高勒苏木。

3.苏尼特左旗

撤销贝勒镇，将其原管辖的行政区域整建制并入满都拉图镇。撤销查干敖包苏木、洪格尔苏木，将2苏木原管辖的行政区域整建制合并设立查干敖包镇。撤销巴彦淖尔苏木、白日乌拉苏木、德力格尔罕苏木，将3苏木原管辖的行政区域整建制合并设立巴彦淖尔镇。撤销达日罕乌拉苏木，将其原管辖的行政区域整建制并入赛罕高毕苏木。撤销达来苏木，将其原管辖的行政区域整建制并入巴彦乌拉苏木。

4.苏尼特右旗

撤销都呼木苏木、布图木吉苏木，将都呼木苏木原管辖的行政区域整建制和布图木吉苏木的3个嘎查（巴润宝拉格、巴彦杭盖、巴彦高毕）并入赛汉塔拉镇。撤销新民镇、都仁乌力吉苏木，将2苏木镇原管辖的行政区域整建制并入朱日和镇。撤销乌日根塔拉苏木、巴彦舒图镇、阿其图乌拉苏木，将3苏木镇原管辖的行政区域整建制合并设立乌日根塔拉镇。撤销吉呼郎图苏木，将其原管辖的行政区域整建制并入额仁淖尔苏木。布图木吉苏木的3个嘎查（查干乌拉、巴彦淖尔、巴彦车勒）并入桑宝拉格苏木。

5.东乌珠穆沁旗

撤销额吉淖尔苏木，将额吉淖尔苏木的1个嘎查（巴彦图门）并入乌里雅斯太镇。撤销乌拉盖苏木、宝拉格苏木，将2苏木原管辖的行政区域整建制并入道特淖尔镇。撤销满都胡宝拉格苏木、额仁高毕苏木，将2苏木原管辖的行政区域整建制合并设立满都胡宝拉格镇。撤销额和宝拉格苏木、阿拉坦合力苏木，将额和宝拉格苏木原管辖的行政区域整建制和额吉淖尔苏木的3个嘎查（额尔敦达来、布勒呼木德勒、哈日阿图）、阿拉坦合力苏木的2个嘎查（巴达拉呼、巴彦杭盖）合并设立额吉淖尔镇。阿拉坦合力苏木的2个嘎查（阿拉坦合力、布力彦）和萨麦苏木的1个嘎查（汗乌拉）并入嘎达布其镇。撤销巴彦霍布尔苏木，将其原管辖的行政区域整建制并入萨麦苏木。撤销翁根苏木，将其原管辖的行政区域整建制并入呼热图淖尔苏木。

6. 西乌珠穆沁旗

撤销巴彦乌拉镇、乌兰哈拉嘎苏木，将2苏木镇原管辖的行政区域整建制和巴拉嘎尔苏木的8个嘎查（哈日阿图、温都来、呼日勒图、疏图、巴彦额日格图、巴彦温达尔胡、巴彦胡舒、脑干哈达）合并设立巴拉嘎尔高勒镇。撤销宝日格斯台苏木、罕乌拉苏木、巴彦花苏木，哈日根台镇，将4苏木镇原管辖的行政区域整建制合并设立白巴彦花镇。撤销巴棋苏木，将其原管辖的行政区域整建制和巴拉嘎尔苏木的3个嘎查（柴达木、萨如拉脑塔嘎、赛汉淖尔）并入巴彦胡舒苏木。撤销巴彦高勒苏木、杰仁苏木，将2苏木原管辖的行政区域整建制并入吉仁高勒镇。撤销达青宝拉格苏木、阿拉坦高勒苏木、浩勒图高勒苏木，将3苏木原管辖的行政区域整建制合并设立浩勒图高勒镇。设立高日罕镇。

7.正蓝旗

撤销卓伦高勒苏木、宝日浩特镇，将2苏木镇原管辖的行政区域整建制并入上都镇。撤销伊和海日罕苏木，将其原管辖的行政区域整建制并入宝绍代苏木。撤销扎格斯台苏木、乌日图塔拉苏木，将扎格斯台苏木原管辖的行政区域整建制和乌日图塔拉木的4个嘎查(古日图塔拉、乌兰、呼和淖尔、乌日图塔拉）并入那日图苏木。撤销贺日斯台苏木，将其原管辖的行政区域整建制和乌日图塔拉苏木的3个嘎查(宝日胡吉尔、蒙古勒金、巴彦查干）并入赛音胡都嘎苏木。

8.太仆寺旗

撤销头支箭镇、五面井乡、永丰镇，将头支箭镇的8个村（后方子、前房子、水泉沟、四合庄、头支箭、三道沟、小河套、车道沟)、五面井乡的9个村（五福、友谊、向阳、团结、胜利、五井、复兴、曙光、繁茂)、永丰镇的11个村（三永、上皮坊、下皮坊、河西、田兴元、五间房、光林山、馒头沟、山岔口、幸福、元山）并入宝昌镇。撤销兴盛乡，将兴盛乡的13个村（大圪洞、西大井、德胜沟、查布淖、太平沟、东圪梁、旧营盘、后店、常胜、三结、民众、东滩、毕家沟）和永丰镇的8个村（马坊子、水井子、边墙、平川、邻滩、兴隆沟、乡马沟、建国）并入千斤沟镇。撤销红旗乡、沙沟乡，将2乡原管辖的行政区域整建制和头支箭镇的10个村（爱国、新中、新建、建中、和平、矿山、东沟、平地、马连沟、北尖庙)、五面井乡的10个村（庆丰、三胜、双胜、宏胜、东光、红井、恒荣、跃进、民主、丰胜）合并设立红旗镇。撤销骆驼山乡、中河乡，将2乡原管辖的行政区域整建制合并设立骆驼山镇。兴盛乡的4个村（红革、淖沿、小营盘、南地房子）并入幸福乡。

9. 镶黄旗

撤销宝格达音高勒苏木，将其原管辖的行政区域整建制并入新宝拉格镇。撤销巴彦塔拉苏木，设立巴彦塔拉镇查布苏木。

10.正镶白旗

撤销宝拉根陶海苏木，将其原管辖的行政区域整建制并入明安图镇。撤销学堂地乡，将其原管辖的行政区域整建制并入星耀镇。撤销善达苏木，将其原管辖的行政区域整建制并入伊和淖尔苏木。撤销布日都苏木，将其原管辖的行政区域整建制并入乌兰。

11.多伦县

撤销黑山嘴镇，将黑山嘴镇的5个村（团结、双井子、新民、胜利、黑山嘴）和大河口乡的1个村（二道洼）并入多伦淖尔镇。 撤销十五号乡、西干沟乡，将2乡原管辖的行政区域整建制并入大北沟镇。黑山嘴镇的3个村（三道沟、黄羊沟、榆树林）并入大河口乡。撤销上都河乡，将其原管辖的行政区域整建制并入蔡木山乡。

十二、阿拉善盟

1.阿拉善左旗

通古淖尔苏木和木仁高勒苏木并入巴彦浩特镇。巴彦诺日公苏木和毫斯布尔都苏木合并。宗别立镇和古拉本敖包镇合并。吉兰泰镇、锡林高勒镇、巴彦洪格日苏木合并。嘉尔嘎勒赛汉镇和超格图呼热苏木合并。额尔克哈什哈苏木和查干布拉格苏木合并。乌力吉苏木和银根苏木合并。敖伦布拉格镇和图克木苏木合并。

2.阿拉善右旗

撤销额日布盖苏木，整建制并入额肯呼都格镇。撤销塔木素格布拉格镇，整建制并入阿拉腾敖包苏木，设阿拉腾敖包镇。撤销曼德拉苏木，整建制并入孟根布拉格苏木。撤销努日盖苏木，整建制并入阿拉腾朝克苏木。

3.额济纳旗

温图高勒苏木并入达来呼布镇。撤销古日乃苏木和巴彦宝格德苏木设立东风镇。

辽宁省

一、沈阳市

将辽中县养士堡乡小帮牛村、城郊乡敖司牛村、孙家万子村划入辽中镇。

二、本溪市

撤销桓仁满族自治县四平乡、二棚甸子镇，合并设立二棚甸子镇，镇政府驻地东风社区，区域面积314平方公里，辖6个社区居委会，8个村民委员会。

三、大连市

1. 旅顺口区

撤销三涧堡、龙头、长城、双岛湾、北海5镇，设立若干街道办事处；辖村的，实行街道管村体制。

2. 金州区

撤销三十里堡、石河、二十里堡、登沙河、亮甲店5镇，设立若干街道办事处；辖村的，实行街道管村体制。

3.瓦房店市

撤销太阳升乡，设立太阳街办事处，其行政区域不变。撤销瓦房店市长兴岛镇，设立长兴岛街道办事处，其所辖行政区域不变，实行街道管村体制。

吉林省

一、长春市

1.南关区

净月街道办事处管辖的红星村、靠山村、乐东村划归二道区英俊镇管辖。

2.二道区

英俊镇管辖的宏声村、宏明村、宏丰村划归南关区净月街道办事处管辖。

3.德惠市

米沙子镇、万宝镇所辖行政区域划归长春市宽城区管辖。撤销升阳街道办事处,将其所辖行政区域划归布海镇管辖。撤销和平乡,将其所辖行政区域划归同太乡管辖。撤销杨树镇,将其所辖行政区域划归大房身镇管辖。撤销夏家店镇,设立夏家店街道办事处,将夏家店镇所辖行政区域划归夏家店街道办事处管辖。

4.九台市

卡伦湖镇、东湖镇所辖行政区域划归长春市二道区管辖。龙嘉镇所辖行政区域划归长春市二道区管辖。将农安县合隆镇所辖行政区域划归宽城区管辖。龙家堡镇更名为龙嘉镇。

5.榆树市

撤销大岗乡,将其所辖行政区域划归八号镇管辖。撤销谢家乡,将其所辖行政区域划归黑林镇管辖。撤销光明乡,将其所辖行政区域划归土桥镇管辖。撤销怀家镇,将其所辖行政区域划归大岭镇管辖。撤销于家乡,将其所辖行政区域划归向阳镇管辖。撤销福安乡,将其所辖行政区域划归环城乡管辖。将环城乡所辖的立新、欢洞、新民、南岗、东沟、王家勒家、兴隆8个村分别划归城区4个街道办事处管辖。对城区城郊、华昌、培英、正阳4个街道办事处管辖范围进行重新调整划分:城郊街道办事处辖北门、立新、欢洞3个村和昌盛、中兴、健康3个社区;培英街道办事处辖东北、东沟、王家3个村和永安、和平、署光3个社区;正阳街道办事处辖榆树、靳家、兴隆3个村和城东、城北、站前3个社区。

6.农安县

撤销鲍家镇,将其所辖行政区域划归前岗乡管辖。撤销新阳乡,将其所辖行政区域划归伏龙泉镇管辖。撤销滨河乡,将其所辖行政区域划归农安镇管辖。撤销柴岗镇,将其所辖行政区域划归哈拉海镇管辖。

二、白城市

1.洮北区

撤销永胜乡、洮东乡,设立东胜乡,将原永胜乡、洮东乡所辖行政区域划归东胜乡管辖;将保平乡所辖的代家村、二龙村划归三合乡管辖。撤销洮北区保平乡,将原保平乡所辖的乘风、保胜、向阳、东兴、长青、三跃、保平等7个村行政区域划归东风乡管辖;将于家、二龙、纯阳、代家、朝阳等5个村行政区域划归三合乡管辖。

2.大安市

撤销大榆树乡,将其所辖行政区域划归海坨乡管辖,乡政府驻原大榆树乡政府驻地;撤销来福乡,将其所辖行政区域划归烧锅镇乡管辖;撤销古城乡,将其所辖行政区域划归乐胜乡管辖;撤销西大洼乡,将其所辖行政区域划归四棵树乡管辖。

3.洮南市

撤销煤窑乡,将其所辖行政区域划归万宝镇管辖;撤销兴业乡、幸福乡,将其所辖行政区域划归福顺乡管辖;撤销洮府乡,设立洮府街道办事处,将原洮府乡所辖行政区域划归洮府街道办事处管辖;撤销向阳乡,设立向阳街道办事处,将原向阳乡所辖行政区域划归向阳街道办事处管辖。

4.镇赉县

撤销胜利乡,将胜利乡所辖的太平山、西艾力、架其营子3个村,划归镇赉镇管辖,将满汉营子、郭家、八格歹、乌拉、麻子、二井子6个村划归到保镇管辖;撤销英华乡,将其所辖行政区域划归建平乡管辖,将建平乡管辖的六合、洋营子、新立、二龙4个村划归镇赉镇管辖。撤销丹岱乡,将其所辖行政区域划归嘎什根乡管辖。撤销保民乡,将其所辖行政区域划归坦途镇管辖。将黑鱼泡镇所辖的哈拉本召村划归镇赉镇管辖。将到保镇及所辖的到保、高平、车力、双龙、复兴、太平、一棵树等7个村划归洮北区管辖。将到保镇所辖的满汉营子、郭家、八格歹、乌拉、麻子、二井子等6个村划归镇赉县镇赉镇管辖。

5.通榆县

撤销四井子镇、西艾力蒙古族乡,将其所辖行政区域划归向海蒙古族乡管辖；撤销羊井乡、七井子乡，将其所辖行政区域划归开通镇管辖。

三、松原市

1.宁江区

撤销新民乡，将其所辖行政区域划归伯都乡管辖。撤销凤华镇、朝阳乡，将其所辖行政区域划归大洼镇管辖。

2.扶余县

撤销二龙山乡，将其所辖行政区域划归三井子镇管辖。撤销拉林乡，将其所辖行政区域划归弓棚子镇管辖。撤销榆树沟乡，将其所辖行政区域划归肖家乡管辖。撤销石桥乡，将其所辖行政区域划归长春岭镇管辖。撤销徐家店乡，将其所辖行政区域划归伊家店乡管辖。撤销三义乡，将其所辖行政区域划归四马架乡管辖，将四马架满族蒙古族锡伯族乡更名为三骏满族蒙古族锡伯族乡。

3.长岭县

撤销永升乡，将其行政区域划归大兴镇管辖。撤销十家户乡，将其所辖行政区域划归前七号镇管辖。撤销双龙乡，将其所辖行政区域划归流水镇管辖。撤销二里界乡，将其所辖行政区域划归新安镇管辖。撤销龙凤乡、东六号乡，将这2个乡所辖行政区域划归长岭镇管辖。

4.乾安县

撤销鳞字乡，将其所辖行政区域划归乾安镇管辖。撤销兰字乡，将其所辖行政区域划归大布苏镇管辖。撤销仙字乡，将其所辖行政区域划归所字镇管辖。撤销暑字乡，将其所辖行政区域划归余字乡管辖。

5.前郭县

撤销穆家乡，将其所辖行政区域划归八郎镇管辖。撤销新庙镇，将其所辖行政区域划归长山镇管辖。撤销重新乡，将其所辖行政区域划归蒙古屯乡管辖。撤销才字乡，将其所辖行政区域划归道字乡管辖。

四、吉林市

1.龙潭区

撤销龙潭乡，设立龙潭街道办事处，将原龙潭乡所辖行政区域划归龙潭街道办事处管辖。

2.蛟河市

撤销池水乡，设立河北街道办事处，将原池水乡所辖行政区域划归河北街道办事处管辖。撤销青背乡，将其所辖行政区域划归漂河镇管辖。撤销新农乡，设立新农街道办事处，将原新农乡所辖行政区域划归新农街道办事处管辖。撤销拉法镇，设立拉法街道办事处，将原拉法镇所辖行政区域划归拉法街道办事处管辖。撤销南岗子乡，将其所辖行政区域划归乌林朝鲜族乡管辖。

3.桦甸市

撤销榆木桥子镇，将其所辖行政区域划归八道河子镇管辖；撤销北台子乡，将其所辖行政区域划归桦郊乡管辖；撤销白山镇，将其所辖行政区域划归红石砬子镇管辖。撤销老金厂镇，将其所辖行政区域划归夹皮沟镇管辖；撤销桦南乡，将其所辖行政区域划归公吉乡管辖。撤销船营区太平乡，将其所辖行政区域划归搜登站镇管辖。撤销龙潭区杨木乡，将其所辖行政区域划归缸窑镇管辖。撤销丰满区丰满乡，将其所辖行政区域划归小白山乡管辖。

4.舒兰市

撤销庆丰乡，将其所辖行政区域划归天德乡管辖，天德乡政府迁至原庆丰乡政府驻地；撤销二道河乡，将其所辖行政区域划归吉舒街道办事处管辖。撤销青松乡，将其所辖行政区域划归开原镇管辖。撤销舒郊乡，将其所辖行政区域划归环城街道办事处管辖。

5.永吉县

撤销官厅乡，将其所辖行政区域划归万昌镇管辖，撤销大岗子乡，将其所辖行政区域划归西阳镇管辖。撤销三家子乡，将其所辖行政区域划归一拉溪镇管辖。撤销春登乡，将其所辖行政区域划归口前镇管辖。

五、四平市

1.双辽市

撤销向阳乡，将其所辖行政区域划归服先镇管辖。撤销红旗镇，设立红旗街道办事处，将原红旗镇所辖行政区域划归红旗街道办事处管辖。

2.公主岭市

撤销刘房子镇、南崴子镇、环岭乡，分别设立刘房子街道办事处、南崴子街道办事处、环岭街道办事处，将原刘房子镇、南崴子镇、环岭乡所辖行政区域分别划归刘房子街道办事处、南崴子街道办事处、环岭街道办事处管辖。撤销双榆树乡、和气乡，将其所辖行政区域划归怀德镇管辖。撤销育林乡、莲花山乡，将其所辖行政区域划归双城堡镇管辖。撤销柳杨乡，将其所辖行政区域划归黑林子镇管辖。

3.梨树县

石岭镇、叶赫满族镇划归铁东区管辖；将梨树县十家堡镇的九间房村、团山子村，梨树镇的任家村、西八大村、东八大村、孤榆树村、獾子洞村，大房身乡的海青村、条子河村划归铁西区平西乡管辖。撤销董家堡乡，将其所辖行政区域划归榆树台镇管辖。撤销梨树乡，将其所辖行政区域划归梨树镇管辖，撤销大房身乡，将其所辖行政区域划归梨树镇管辖。撤销太平镇，将其所辖行政区域划归万发镇管辖。

六、辽源市

1.东辽县

撤销宴平乡，将其所辖行政区域划归辽河源镇管辖，镇政府迁至原宴平乡政府驻地；将东辽县的寿山镇划归龙山区管辖，寿山镇与山湾乡合并为寿山镇，镇政府驻原山湾乡政府驻地。东辽县建安镇的太河、成山、建国、谦和、正风、龙背、沐雨、大房、古洞、碾山10个村和白泉镇的金河、全康、英华3个村划归西安区灯塔乡管辖。

2.东丰县

撤销仁合乡，将其所辖行政区域划归东丰镇管辖；撤销五道岗乡，将其行政区域划归三合满族朝鲜族乡管辖；撤销红石乡，将其所辖行政区域划归南屯基镇管辖；撤销永合乡，将其所辖行政区域划归二龙山乡管辖；撤销影壁山乡，将其所辖行政区域划归大阳镇管辖。将三合满族朝鲜族乡政府驻地迁至原五道岗乡政府驻地。

七、通化市

1.梅河口市

撤销野猪河镇、双泉乡，将其所辖行政区域划归牛心顶镇管辖；撤销义民乡，将其所辖行政区域划归杏岭乡管辖。撤销姜家街乡，将其所辖行政区域划归小杨满族朝鲜族乡管辖。撤销大湾镇，将其所辖行政区域划归山城镇管辖(享受民族乡待遇)。

2.通化县

撤销大都岭乡，将其所辖行政区域划归快大茂镇管辖；撤销干沟乡，将其所辖行政区域划归二密镇管辖；撤销葫芦套乡，将其所辖行政区域划归马当镇管辖；撤销七道沟镇，将其所辖行政区域划归石湖镇管辖；撤销东来乡，将其所辖行政区域划归果松镇管辖。撤销马当镇，将其所辖行政区域划归二密镇管辖。撤销大川乡，将其所辖行政区域划归大泉源满族朝鲜族乡管辖。将石湖镇所辖的七道沟、东明2个村行政区域划归果松镇管辖。恢复原东来乡建制。

3.辉南县

撤销蛟河口乡，将其所辖行政区域划归辉发城镇管辖；撤销中央堡乡，将其所辖行政区域划归庆阳镇管辖；撤销板石河镇，将其所辖行政区域划归杉松岗管辖；撤销高集岗镇、平安川镇，将其所辖行政区域划归楼街朝鲜族乡管辖；撤销大椅山镇，将其所辖行政区域划归样子哨镇管辖。将杉松岗镇所辖的苗家街、胜利、板石河、前进、新荣5个村划归楼街朝鲜族乡管辖。将楼街朝鲜族乡郭船口、金山、团结、长胜、新胜、平安、兴德、向阳、红旗、永胜、日光、林家沟、高集岗、马家岭、武家屯、王家屯、长青17个村划归朝阳镇管辖。

4.柳河县

撤销砬门子乡，将其所辖行政区域划归柳河镇管辖；撤销二道沟乡，将其所辖行政区域划归三源浦朝鲜族镇管辖；撤销兰山乡，将其所辖行政区域划归红石镇管辖。 撤销城关乡、新发乡，将这2个乡所辖行政区域划归柳河镇管辖。撤销太平川乡，将其所辖行政区域划归圣水河子镇管辖。撤销全胜乡，将其所辖行政区域划归孤山子镇管辖。将红石镇所辖的兰山、兴隆、六盘、八宝、大野猪沟等5个村行政区域划归三源浦朝鲜族镇管辖。

八、白山市

1.八道江区

撤销河口乡，将其所辖行政区域划归板石镇管辖；撤销大镜沟乡，将其所辖行政区域划归红土崖镇管辖；撤销太安乡，将其所辖行政区域划归六道江镇管辖。撤销八道江区市郊乡，将市郊乡管辖的七道江村、群生村、团结村、鲜明村划归板石镇管辖；将民华村划归新建街道办事处管辖；将向阳村划归城南街道办事处管辖；将东山村划归东兴街道办事处管辖；将东岗村划归江北街道办事处管辖；将车道岭村划归通沟街道办事处管辖。将板石镇所辖的河口村、上甸子村、朝阳村、长岗村、翁泉村、里岔沟村划归东兴街道办事处管辖。将板石镇更名为七道江镇，镇政府驻地不变。

2.临江市

撤销大栗子镇，设立大栗子街道办事处，将原大栗子镇所辖行政区域划归大栗子街道办事处管辖。撤销贾家营乡，将其所辖行政区域划归蚂蚁河乡管辖。撤销宝山镇，将其所辖行政区域划归六道沟镇管辖。撤销东北岔乡，将东北岔乡所辖的元宝顶子、吴家营、东北岔3个村划归四道沟镇管辖；将东小山、五人把、柳树河子3个村划归桦树镇管辖。

3.抚松县

撤销西岗乡，将其所辖行政区域划归仙人桥镇管辖。撤销松江乡，将其所辖行政区域划归兴隆乡管辖。撤销松郊乡，将其所辖行政区域划归抚松镇管辖。撤销榆树镇，将其所辖行政区域划归兴参镇管辖。

4.靖宇县

撤销榆树川乡，将其所辖行政区域划归花园口镇管辖；撤销西南岔镇，将其所辖行政区域划归景山镇管辖。撤销燕平乡，将其所辖行政区域划归三道湖镇管辖。

5.长白县

撤销十三道沟乡，将其所辖行政区域划归十二道沟乡管辖。

九、延边州

汪清县

撤销汪清县蛤蟆塘乡，将其所辖行政区域划归大兴沟镇管辖。乡镇合并后，镇人民政府驻地不变。

黑龙江

一、大庆市

杜尔伯特蒙古自治县

他拉哈镇布拉和村委会并入六家子镇；九家子村委会并入康平村委会；治平村委会并入兴平村委会。

二、鸡西市

梨树区

梨树乡撤掉，下面的村委会合并到梨树区街里街道办事处；麻山乡撤掉，下面的村放在麻山街道办事处。

三、大兴安岭地区

呼中镇向阳社区并入北秀社区，呼中镇迎宾社区、田园社区并入向阳社区。碧水镇碧北社区、碧南社区合成碧兴社区。呼源镇源南社区、源北社区、苍山社区、雄关社区合成呼源社区。

上海市

一、宝山区

长兴乡、横沙乡整建制划入崇明县。

二、浦东新区

撤销机场镇、川沙镇建制，建立川沙新镇。

三、金山区

撤销枫泾镇、兴塔镇建制，建立新的枫泾镇；撤销朱泾镇、新农镇建制，建立新的朱泾镇；撤销亭林镇、松隐镇、朱行镇建制，建立新的亭林镇；撤销吕巷镇、干巷镇建制，建立新的吕巷镇。

江苏省

一、南京市

1.栖霞区

撤销八卦洲镇，以其原辖区域设立八卦洲街道办事处；撤销靖安镇，以其原辖区域设立靖安街道办事处。

2.江宁区

撤销江宁镇，以其原辖区域设立江宁街道办事处；撤销汤山镇，以其原辖区域设立汤山街道办事处。

3.高淳县

撤销定埠镇，将原定埠镇所辖新墙、胥河、镇东、韩桥、花义、镇南6个村委会划归桠溪镇管辖，将原定埠镇所辖新闸、银杏、河南、青桂、枫园5个村委会划归东坝镇管辖。

二、徐州市

将铜山县的大黄山镇、大庙镇划归徐州市鼓楼区管辖。

三、连云港市

1.新浦区

将猴嘴街道办事处划归连云区管辖。

2.灌云县

将宁海乡划归新浦区管辖。鲁河乡与四队镇合并设立新的四队镇，镇政府驻四队。

3.灌南县

将新安乡、大圈乡与新安镇合并设立新的新安镇，镇政府驻乔庄；将小窑乡与百禄镇合并设立新的百禄镇，镇政府驻百禄；将六塘乡与李集乡合并设立新的李集乡，乡政府驻李集。

四、盐城市

将盐都区潘黄镇管辖的娱乐、福才、刘朋、南港、玉新、万胜、兴民、东进、民富、野丁、新伙、福利、伍康、伍冈、益丰等15个居委会从潘黄镇划出，设立新都街道办事处。

五、扬州市

1.宝应县

将沿河镇与安宜镇合并设立新的安宜镇，镇政府驻安宜。

2.江都市

将双沟镇与江都镇合并设立仙女镇，镇政府驻江都市城区；将花荡镇、嘶马镇与大桥镇合并设立新的大桥镇，镇政府驻大桥；将塘头镇与郭村镇合并设立新的郭村镇，镇政府驻周楼；将高徐镇、吴堡镇与小纪镇合并设立新的小纪镇，镇政府驻小纪；将周西镇与武坚镇合并设立新的武坚镇，镇政府驻武坚；将永安镇与樊川镇合并设立新的樊川镇，镇政府驻樊川；将麾村镇与丁沟镇合并设立新的丁沟镇，镇政府驻丁沟；将昭关镇与邵伯镇合并设立新的邵伯镇，镇政府驻邵伯。

六、泰州市

1.姜堰市

将良种繁育场、棉花原种繁育场、水产养殖场及淤溪镇南舍村划归海陵区泰东镇管辖。

2.海陵区

将东郊乡与城东街道办事处合并设立新的城东街道办事处；将西郊乡与城西街道办事处合并设立新的城西街道办事处；撤销塘湾镇，以其原辖区域设立凤凰路街道办事处；撤销泰东镇，以其原辖区域设立京泰路街道办事处。

3.高港区

撤销口岸镇，以其原辖区域设立口岸街道办事处；撤销刁铺镇，以原刁铺镇所辖的关桥、通泰、环溪3个居委会和刁铺、观五、官河、万庄、大丰、界牌、屠桥、二桥8个村委会设立刁铺街道办事处；以原刁铺镇所辖的三星居委会和官沟、周梓、老庄、唐家、三旗营、马厂、许庄、曹官营8个村委会设立许庄街道办事处。

4.靖江市

将靖城镇与八圩镇合并设立新的靖城镇，镇政府驻靖城；将孤山镇与团结镇合并设立新的孤山镇，镇政府驻园山街66号。

七、南通市

1.港闸区

撤销天生港镇和闸西乡，以原两乡镇所辖区域设立天生港镇街道办事处；撤销唐闸镇和闸东乡，以原两乡镇所辖区域设立唐闸镇街道办事处；撤销秦灶镇，以其原辖区域设立秦灶街道办事处。

2.如皋市

将皋南镇与如城镇合并设立新的如城镇，镇政府驻如城；将黄市镇与江安镇合并设立新的江安镇，镇政府驻东庄；将夏堡镇与搬经镇合并设立新的搬经镇，镇政府驻搬经。

八、镇江市

1.丹徒区

将大路镇划归京口区管辖；将丹徒区姚桥镇划归京口区管辖。

2.京口区

将象山乡与丹徒镇合并设立象山镇，镇政府驻学府路128号；撤销大港镇，以其原辖区域设立大港街道办事处。

3.润州区

将官塘桥镇与蒋乔镇合并设立新的蒋乔镇，镇政府驻官塘桥；撤销七里甸镇，以其原辖区域设立七里甸街道办事处。

4.丹徒区

将上党镇与上会镇合并设立新的上党镇，镇政府驻上党；将宝堰镇与荣炳镇合并设立新的宝堰镇，镇政府驻宝堰；将辛丰镇与黄墟镇合并设立新的辛丰镇，镇政府驻辛丰；将高桥镇与江心镇合并设立新的高桥镇，镇政府驻高桥。

5.丹阳市

将云阳镇与横塘镇合并设立新的云阳镇，镇政府驻云阳；将司徒镇、河阳镇与全州镇合并设立新的司徒镇，镇政府驻司徒；将延陵镇、行宫镇与麦溪镇合并设立新的延陵镇，镇政府驻延陵；将导墅镇与里庄镇合并设立新的导墅镇，镇政府驻导墅；将皇塘镇与蒋墅镇合并设立新的皇塘镇，镇政府驻皇塘；将吕城镇与运河镇合并设立新的吕城镇，镇政府驻吕城；将陵口镇与折柳镇合并设立新的陵口镇，镇政府驻陵口；将访仙镇与窦庄镇合并设立新的访仙镇，镇政府驻访仙。

6.扬中市

将三茅镇与兴隆镇合并设立新的三茅镇，镇政府驻三茅。

7.句容市

将袁巷镇与天王镇合并设立新的天王镇，镇政府驻天王；将葛村镇与郭庄镇合并设立新的郭庄镇，镇政府驻郭庄；将春城镇与茅山镇合并设立新的茅山镇，镇政府驻茅山；将二圣镇与后白镇合并设立新的后白镇，镇政府驻后白；将行香镇与白兔镇合并设立新的白兔镇，镇政府驻白兔；将大卓镇与黄梅镇合并设立新的黄梅镇，镇政府驻黄梅。

九、苏州市

1.将苏州市唯亭镇与跨塘镇合并设立新的唯亭镇，镇政府驻蠡塘路。

2.常熟市

撤销练塘镇，将原练塘镇所辖张家桥、张桥2个居委会和东旺、张家桥、嘉菱、旺倪桥、平墅、谢家塘、卫家塘7个村委会划归辛庄镇管辖，镇政府驻辛庄；将原练塘镇所辖练塘居委会和常兴、鸳鸯桥、吉桥、练南、罗墩、建华、颜巷、翁家庄8个村委会划归王庄镇管辖，并将王庄镇更名为尚湖镇，镇政府驻冶塘。

十、宿迁市

1.沭阳县

将十字镇、七雄镇、章集镇与沭城镇合并设立新的沭城镇，镇政府驻沭城。

2.泗阳县

将城厢镇、来安乡与众兴镇合并设立新的众兴镇，镇政府驻众兴；将临河镇大兴居委会划归众兴镇管辖。

3.泗洪县

将大楼乡、重岗乡与青阳镇合并设立新的青阳镇，镇政府驻青阳；将五里江农场划入青阳镇行政区域。

浙江省

一、杭州市

建德市

撤销上马乡建制，与大同镇合并。调整后的大同镇辖58个行政村、3个居民区，镇政府驻地不变。撤销石屏乡建制，与航头镇合并。调整后的航头镇辖42个行政村、2个居民区，镇政府驻地不变。撤销童家乡建制，与寿昌镇合并（过浴山村除外）。调整后的寿昌镇辖49个行政村、1个社区、4个居民区，镇政府驻地不变。撤销马目乡建制，与下涯镇合并。调整后的下涯镇辖26个行政村、2个居民区，镇政府驻地不变。撤销三河乡、麻车乡建制，与大洋镇合并。调整后的大洋镇辖38个行政村、3个居民区，镇政府驻地不变。撤销洋尾乡建制，与梅城镇合并。调整后的梅城镇辖27个行政村、5个社区、1个居民区，镇政府驻地不变。撤销下包乡、姚村乡建制，与乾潭镇合并。调整后的乾潭镇辖71个行政村、6个居民区，镇政府驻地不变。撤销凤凰乡建制，与三都镇合并。调整后的三都镇辖50个行政村、2个居民区，镇政府驻地不变。原童家乡过浴山村划归更楼街道。调整后的更楼街道辖1个社区、1个居民区、28个行政村，办事处驻地不变。调整后，建德市设新安江、洋溪、更楼3个街道，杨村桥、莲花、李家、大慈岩、寿昌、航头、大同、下涯、梅城、乾潭、三都、大洋等12个镇和钦堂乡。

二、宁波市

余姚市

东北街道办事处更名为凤山街道办事处。西北街道办事处更名为阳明街道办事处。东南街道办事处更名为梨洲街道办事处。西南街道办事处更名为兰江街道办事处。

三、绍兴市

诸暨市

撤销陈蔡镇、斯宅乡建制，合并设立东白湖镇。东白湖镇辖51个行政村，镇政府驻下蔡村（原陈蔡镇政府驻地）。

四、衢州市

1.柯城区

撤销柯城乡、汪村乡、花园乡建制，除原花园乡横路、上厅、响春底、桥头4个行政村外，其行政区域连同姜家山乡过溪畈、双塘岭、回龙、压潮4个行政村、万田乡河边埂行政村改由柯城区人民政府直辖。调整石室乡行政区域。原花园乡横路等4个行政村划归石室乡。调整后，石室乡辖18个行政村，乡政府驻地不变（石三村）。调整姜家山乡行政区域。划出过溪畈等4个行政村后，姜家山乡辖17个行政村，乡政府驻地不变（方家塘山1号）。调整万田乡行政区域。划出河边埂行政村后，万田乡辖26个行政村，乡政府驻地不变（白塔山）。府山街道：原上街街道与原下街街道的天皇巷、县学街、钟楼3个社区及北门社区斗潭河以南部分组成，共8个社区，驻蛟池街68号。荷花街道：双水桥社区划入双港街道，共7个社区、1个行政村，驻花鸟市场南17号。花园街道：原花园乡除横路等4个行政村外行政区域与衢化街道组成，共4个社区、20个行政村，驻衢化路横街1号。信安街道：原柯城乡衢江以东行政区域与原下街街道斗潭社区（原北门社区斗潭河以北部分并入斗潭社区）组成，共4个社区、5个行政村，驻北门街外3－132号。白云街道：原柯城乡衢江以西行政区域与姜家山乡过溪畈等4个行政村、万田乡河边埂行政村组成，共1个社区、13个行政村，驻花园大道18号。双港街道：原汪村乡行政区域与荷花街道双水桥社区组成，共2个社区、16个行政村，驻双港路164号。

2.衢江区

撤销樟潭镇、下张乡、浮石乡建制，其行政区域改由衢江区人民政府直辖。撤销安仁镇建制，其行政区域与高家镇合并。调整后，高家镇辖46个行政村，镇政府驻地不变（大桥南路7号）。撤销坑口乡、长柱乡建制，合并设立黄坛口乡。黄坛口乡辖12个行政村，乡政府定址黄坛口村。撤销岭头乡、洋口乡建制，合并设立岭洋乡。岭洋乡辖21个行政村，乡政府驻抱珠垄村（原岭头乡政府驻地）。撤销庙前乡建制，其行政区域与杜泽镇合并。调整后，杜泽镇辖43个行政村，镇政府驻地不变（铜山溪西路38号）。

3. 江山市

撤销吴村镇建制，与贺村镇合并。调整后，贺村镇辖42个行政村，镇政府驻地不变（贺康路62号）。撤销大峦口乡建制，与峡口镇合并。调整后，峡口镇辖47个行政村，镇政府驻地不变（迎福路117号）。撤销塘岭乡建制，与上余镇合并。调整后，上余镇辖35个行政村，镇政府驻地不变（洞塘山59号）。撤销卅二都乡、茅坂乡建制，与凤林镇合并。调整后，凤林镇辖48个行政村，镇政府定址大悲山村，暂驻兴达街27号（原茅坂乡政府驻地）。撤销江郎乡建制，与石门镇合并。调整后，石门镇辖33个行政村，镇政府驻地不变（溪底新街56号）。撤销须江镇、何家山乡建制，在此区域内调整设立虎山、双塔2个街道办事处。虎山街道办事处：管理原须江镇部分行政区域（市心、西门、东门、江东、南门、安泰、城南7个社区，溪东、陈家安、孝子、平棋、达道5个行政村）和原何家山乡行政区域，共7个社区、14个行政村，办事处驻通达路1号。双塔街道办事处：管理原须江镇其余行政区域，共3个社区、29个行政村，办事处驻江滨路54号（原须江镇政府驻地）。此次行政区划调整后，江山市辖上余、四都、贺村、清湖、坛石、大桥、淤头、新塘边、凤林、峡口、廿八都、长台、石门13个镇，碗窑、大陈、保安、塘源口、张村、双溪口6个乡，城区设虎山、双塔2街道。

4.常山县

撤销钳口乡建制，将其行政区域与天马镇合并。调整后，天马镇辖59个行政村、7个社区，镇政府驻地不变（胜利街40号）。撤销东鲁乡建制，将其行政区域与宋畈乡合并。调整后，宋畈乡辖26个行政村，乡政府驻地不变（上宋畈79号）。撤销五里乡建制，将其行政区域与招贤镇合并。调整后，招贤镇辖29个行政村，镇政府驻地不变（集贤路4号）。撤销阁底乡建制，将其行政区域与青石镇合并。调整后，青石镇辖31个行政村，镇政府驻地不变（清溪路2号）。撤销金源乡建制，将其行政区域与东案乡合并。调整后，东案乡辖19个行政村，乡政府驻地不变（东安街9号）。撤销芙蓉乡建制，将其部分行政区域（古溪、金川、岭上埂、修书埂、修书5个行政村）划归芳村镇。调整后，芳村镇辖24个行政村、1个社区，镇政府驻地不变（芳鑫北路2号）。调整新昌乡行政区域，将原芙蓉乡部分行政区域（对坞、安坑、半源、西岭脚4个行政村）划归新昌乡。调整后，新昌乡辖24个行政村，乡政府驻地不变（新创路101号）。调整新桥乡行政区域，将原芙蓉乡芙蓉水库区域划归新桥乡。调整后，新桥乡辖13个行政村，乡政府驻地不变（新桥11号）。撤销龙绕乡建制，将其行政区域与球川镇合并。调整后，球川镇辖45个行政村、1个社区，镇政府驻红旗岗红旗路59号。此次行政区划调整后，常山县辖天马、辉埠、招贤、青石、芳村、白石、球川7个镇，何家、宋畈、东案、大桥头、新昌、新桥、同弓7个乡。

5.开化县

撤销霞山乡建制，将其行政区域与马金镇合并。调整后，马金镇辖53个行政村，镇政府驻地不变（天童东路11 号）。撤销芳林乡建制，将其行政区域与村头镇合并。调整后，村头镇辖30个行政村，镇政府驻地不变（云山南路78号）。撤销黄谷乡建制，将其行政区域与大溪边乡合并。调整后，大溪边乡辖24个行政村，乡政府驻墩上村。撤销底本乡建制，将其行政区域与音坑乡合并。调整后，音坑乡辖37个行政村，乡政府驻地不变（下音坑64号）。撤销星口乡建制，将其行政区域与池淮镇合并。调整后，池淮镇辖36个行政村，镇政府驻星口51号。华埠镇部分行政区域（下溪、独山、新下、新建、皂角等5个行政村）划归城关镇。调整后，城关镇辖42个行政村、5个社区，镇政府驻开元路。撤销封家镇、青阳乡建制，将其行政区域与华埠镇（不含下溪等5个行政村）合并。调整后，华埠镇辖43个行政村、3个社区，镇政府驻地不变（兴华街200号）。撤销菖蒲乡建制，将其部分行政区域（东坞、菖蒲、霞村、姜坞、夏川等5个行政村）划归林山乡。调整后，林山乡辖26个行政村，乡政府驻地不变（溪口5号）。原菖蒲乡其余行政区域（宋村、胡坑、同丰等3个行政村）划归金村乡。调整后，金村乡辖11个行政村，乡政府驻地不变（金村）。此次行政区划调整后，开化县辖城关、华埠、马金、村头、池淮、桐村、杨林、苏庄、齐溪9个镇，林山、音坑、中村、长虹、张湾、何田、塘坞、大溪边、金村9个乡。

6.龙游县

撤销灵山乡建制，将其行政区域与溪口镇合并。调整后，溪口镇辖25个行政村、1个居民区，镇政府驻地不变（曙光路157号）。撤销士元乡、兰塘乡建制，将其行政区域与模环乡合并。调整后，模环乡辖42个行政村，乡政府驻龙游经济开发区金星大道。撤销志棠镇建制，将其行政区域与横山镇合并。调整后，横山镇辖39个行政村，镇政府驻地不变（塔山南路6号）。撤销泽随镇建制，将其行政区域与塔石镇合并。调整后，塔石镇辖49个行政村，镇政府驻地不变（塔兴路3号）。撤销梧村乡建制，将其行政区域与沐尘畲族乡合并。调整后，沐尘畲族乡辖23个行政村，乡政府驻地不变（木城村）。撤销龙游镇、官潭乡建制，其行政区域由龙游县人民政府直辖。在此区域内调整设立若干街道办事处事宜，由衢州市参照有关法律规定办理。设立东华、龙洲2个街道办事处。东华街道办事处管理原龙游镇灵山江以东行政区域，下辖东华、灵江2个社区和鸡鸣、桥下等22个行政村，办事处驻开发大道（城南工业区内）。龙洲街道办事处管理原龙游镇灵山江以西行政区域和原官潭乡行政区域，下辖兴龙、清廉等5社区和西门、北门等24个行政村，办事处驻清廉路26号。

五、温州市

苍南县

马站镇政府驻地由山边村迁至闸桥头村。炎亭镇政府驻地由东沙村迁至振兴村。

安徽省

一、合肥市

1.肥西县

撤销新仓镇、长岗乡、大柏乡、江夏店乡、金桥乡、聚星乡、金牛乡、孙集乡、董岗乡、刘河乡、洪桥乡、四合乡、袁店乡。将原桃花镇的田埠村并入上派镇。将原严店乡的九联村、建设村并入三河镇。将原刘河乡整建制并入严店乡。乡政府驻严店。五、将原长岗乡的长岗居委会和岗北、焦湖、贾郢、南仓、南庄5个村委会并入高刘镇。将原大柏乡整建制和原长岗乡的新民、将军、段冲、马岗、袁中5个村委会并入小庙镇。镇政府驻五十里小庙。将原金牛乡、洪桥乡整建制并入山南镇。镇政府驻山南馆。将原江夏店乡、金桥乡整建制并入官亭镇。镇政府驻官亭。将原孙集乡、董岗乡、四合乡整建制并入花岗镇。镇政府驻花岗。将原新仓镇整建制并入丰乐镇。镇政府驻丰乐河。将南分路乡更名为铭传乡，并将原聚星乡整建制并入。乡政府驻南分路。将原袁店乡整建制并入柿树岗乡。乡政府驻柿树岗。将农兴镇更名为紫蓬镇。保留南岗镇、高店乡、烟墩乡。

2.瑶海区

撤销合肥市瑶海区七里塘镇，设立七里塘街道办事处，为瑶海区人民政府的派出机构。七里塘街道办事处驻秋浦河路28号。

二、阜阳市

颍上县

撤销城关镇、颍河乡。以城关镇、颍河乡和夏桥镇的沙北、朱岗、杨台、江岗4个村的区域设立慎城镇。镇政府驻管仲大道。

三、安庆市

1.桐城市

将白马乡和高桥镇的大王村整建制并入南演街道

办事处。将新渡镇的祝桥村整建制并入老梅镇。

2.枞阳县

将石矶镇整建制并入枞阳镇。将仪山乡整建制并入汤沟镇。将老湾乡整建制并入老洲镇。将后方乡整建制并入横埠镇。将杨湾乡整建制并入义津镇。保留官埠桥、凵山、陈瑶湖、周潭、钱桥、麒麟、项铺、浮山8个镇和金社、白湖、雨坛、会宫、钱铺、白梅、铁铜、凤仪、长沙9个乡。

3.岳西县

将西坪乡、冶溪镇整建制合并，设立冶溪镇。镇政府驻大凸嘴。将茅山乡、五河镇整建制合并，设立五河镇。镇政府驻下五河。将岩河乡、菖蒲镇整建制合并，设立菖蒲镇。镇政府驻菖蒲潭。将前河乡、店前镇整建制合并，设立店前镇。镇政府驻店前街。保留天堂镇、温泉镇、响肠镇、头陀镇、河图镇、主簿镇、来榜镇、黄尾镇、白帽镇、古坊乡、包家乡、毛尖山乡、巍岭乡、青天乡、田头乡、中关乡、石关乡、姚河乡、莲云乡、和平乡。

4.宜秀区

白泽湖乡政府驻地由许祠迁至午公坝。

四、六安市

舒城县

将马河口镇整建制并入城关镇。将平田乡、查湾乡整建制并入晓天镇。将燕春乡整建制并入山七镇。将城冲乡整建制并入汤池镇。将西　乡整建制并入南港镇。将高峰乡、五桥乡整建制合并，设立新的高峰乡。乡政府驻胡家河。将龙河镇更名为万佛湖镇。保留杭埠、干汊河、张母桥、舒茶、千人桥、百神庙、桃溪、五显、河棚9个镇和庐镇、柏林、阙店、棠树、春秋5个乡。

五、巢湖市

1. 居巢区

将沐集镇整建制并入槐林镇。将中庙镇临湖居委会和元觉、张岗、玉华、河东4个村委会并入黄麓镇。赵柳镇整建制并入栏杆集镇。将司集镇整建制并入苏湾镇。将西峰乡整建制并入夏阁镇。以中庙镇的中庙居委会和胜利、古塘、河西、龙桥、旭东5个村委会的区域设立中庙街道办事处，为居巢区人民政府的派出机构。街道办事处驻中庙。保留散兵、银屏、柘皋、坝镇、烔、中　6个镇和庙岗乡。

2.庐江县

将罗埠乡整建制并入庐城镇。将石山乡整建制并入冶父山镇。将戴桥乡的钱渡村、白河村并入石头镇。将戴桥乡的戴桥居委会、马鞍村、李墩村、金墩村、五爱村、朱井村、站岗村并入白山镇。将新渡乡整建制并入同大镇。将福元乡整建制并入郭河镇。将许桥乡整建制并入盛桥镇。将杨柳乡整建制并入白湖镇。将砖桥乡整建制并入矾山镇。将陈埠乡整建制并入柯坦镇。将沙溪乡整建制和缺口镇的同心村并入泥河镇。将缺口镇更名为龙桥镇，并将黄屯乡整建制并入。保留汤池、万山、罗河、乐桥、金牛5个镇。

3.无为县

将仓头镇整建制并入无城镇。将三汊河乡整建制并入汤沟镇。将凤凰桥乡整建制并入陡沟镇。将黑沙洲乡整建制并入白茆镇。将太平乡整建制并入石涧镇。将百胜镇整建制并入蜀山镇。将土桥镇整建制并入牛埠镇。将六店乡的六店居委会和竹山、独山、南闸、西都、保胜、石山、六峰、新胜、河山、孙桥、六店、瓜棚、毛公、高王14个村委会并入开城镇。将六店乡的尚礼居委会和大泉、湖塘、沿河、赵魏、象山、福泉、坳口7个村委会并入严桥镇。保留二坝镇、襄安镇、高沟镇、姚沟镇、红庙镇、赫店镇、泉塘镇、福渡镇、刘渡镇、泥汊镇、昆山乡、洪巷乡、十里墩乡、鹤毛乡等14个乡镇。

4.含山县

将东关镇整建制并入林头镇。将河刘镇整建制并入仙踪镇。撤销昭关乡，以昭关乡的行政区域设立昭关镇，镇政府驻谢集。保留环峰、运漕、铜闸、陶厂、清溪5个镇。

5.和县

将城南乡整建制并入历阳镇。将雍镇乡整建制和五显集镇的黄山寺、五显集2个居委会及孙庄、宝圩、民安、大葛、丁陈、大蒋6个村委会并入沈巷镇。将五显集镇的兴隆村委会并入白桥镇。将西埠镇的新建、工农、孙堡3个村委会并入香泉镇。将腰埠乡整建制并入西埠镇。将绰庙乡整建制并入石杨镇。保留姥桥、功桥、乌江、善厚4个镇。

六、池州市

青阳县

撤销陵阳、木镇、沙济、五溪4个镇和南阳、竹阳2个乡。将五溪镇整建制并入蓉城镇。将竹阳乡、木镇镇整建制合并，设立新的木镇镇，镇政府驻木镇（原木镇镇政府驻地）。将沙济镇、南阳乡、陵阳镇整建制合并，设立新的陵阳镇，镇政府驻陵阳（原陵阳镇政府驻地）。保留庙前、杨田、新河、丁桥、朱备、九华6个镇和乔木、酉华、杜村、九华4个乡。

七、宣城市

1.广德县

撤销流洞镇、下寺乡、花鼓乡、凤桥乡、月湾乡、祠山岗乡、赵村乡。将邱村镇的和平、佛堂、高湖、白洋、白桥、塘口6个村委会和祠山岗乡的富家村、祠山岗、界牌3个村委会划入桃州镇，镇政府驻太极大道。将凤桥乡与柏垫镇合并，设立新的柏垫镇，镇政府驻柏垫。将花鼓乡与誓节镇合并，设立新的誓节镇，镇政府驻誓节渡。将赵村乡、下寺乡与邱村镇合并，设立新的邱村镇，镇政府驻门口塘。将流洞镇与新杭镇合并，将祠山岗乡的彭村、丁家村、杨郎桥3个村委会划入，设立新的新杭镇，镇政府驻新杭。将月湾乡与杨滩乡合并，设立新的杨滩乡，乡政府驻杨滩。保留卢村乡、四合乡、东亭乡。

2.泾县

将晏公镇整建制并入泾川镇。将西阳乡整建制并入榔桥镇。将章渡镇、中村乡、北贡乡整建制并入云岭镇。将厚岸乡、包合乡整建制并入桃花潭镇。将童疃乡、孤峰乡整建制并入昌桥乡。将苏红乡整建制并入汀溪乡，乡政府迁驻下漕。保留茂林、丁家桥、黄村、蔡村、琴溪5镇。

3. 绩溪县

将绩溪县上庄镇瑞川村的里洪、外洪2个村民小组划给长安镇大源村管辖。

福建省

一、福州市

1. 福清市

撤销音西、阳下、宏路3个镇和融城街道办事处，析出海口镇祥丰等8个村，整合设立玉屏、龙山、龙江、音西、宏路、石竹、阳下7个街道办事处。

2.闽侯县

撤销闽江乡，将其行政区域并入祥谦镇；撤销甘蔗镇，设立甘蔗街道办事处；

二、南平市

1.顺昌县

撤销际会乡，将其行政区域并入建西镇；撤销双溪镇、水南镇，设立双溪、水南2个街道办事处。

2.浦城县

撤销南浦镇，设立南浦、河滨街道办事处。

三、三明市

1.梅列区

撤销徐碧乡，将其行政区域并入列东、列西2个街道办事处。

2.泰宁县

撤销大布乡、龙安乡，设立大龙乡；撤销龙湖镇，将其行政区域并入朱口镇。

四、泉州市

泉州市洛江区撤销双阳镇，设立双阳街道办事处。

五、厦门市

厦门市翔安区撤销大嶝镇，设立大嶝街道办事处。

六、龙岩市

连城县撤销李屋乡，将其行政区域并入文亭乡。

江西省

一、南昌市

1.东湖区

彭家桥街道的187、高新、南大北院、青山湖、谢家村、星光、上坊路、江大南路、南大南院、南昌水专、北京东路11个居委会，青山路街道的潘坊、电化、塘山北、塘山南、纺园一、纺园二、纺园三7个居委会，西湖区上海路街道的轻化所、洪钢、省人民检察院、电信城东分局、安康、省机械施工公司、省水利设计院、省安装公司、南方电动工具厂、江西橡胶厂、上海路北、南昌电池厂、东华计量所、南昌搪瓷厂、上海路新村、华安针织总厂、江西五金厂、三波电机厂、水文地质大队、二六O厂、省卫生学校、新世纪、上海路住宅区北、塔子桥北、南航、上海路住宅区南、沿河、南昌阀门厂28个居委会，丁公路街道的新魏路、半边街、师大南路、顺化门、岔道口东路、师大、广电厅、手表厂、鸿顺9个居委会，南站街道的工人新村北、工人新村南、商苑、洪都中大道、铁路第三、铁路第四、铁路第六7个居委会划归青山湖区管辖。

2.西湖区

朝阳洲街道的西船居委会，青山湖区塘山镇的永和、公园、贤湖、永溪、长巷、七里6个村划归东湖区管辖。十字街街道的谷市街、洪城路、南关口、九四、新丰5个居委会，上海路街道的草珊瑚集团、南昌肠衣厂、电子计算机厂、江西涤纶厂、江地基础公司、曙光、商标彩印厂、南昌市染整厂、江南蓄电池厂、四机床厂、二进、国乐新村12个居委会，南站街道的解放西路东居委会，青山湖区湖坊镇的楞上、太和、热心3个村划归青云谱区管辖。

3.青山湖区

桃花镇和湖坊镇的同盟村划归西湖区管辖。

二、九江市

德安县

恢复米粮铺乡改设甘露镇。新设甘露镇的行政区域范围为原米粮铺乡的行政区域范围，辖双桂居委会和甘露、双塘、园林、前山、双桥村委会。镇人民政府驻米粮铺。

三、新余市

渝水区

城北街道办事处部分管辖范围析出设立袁河街道办事处。调整后，城北街道办事处管辖：桥背、老屋场、毛家、富塘、堆上、岭泉（小路口村小组除外）、东陂、胜利8个村委会和城北12个居委会。驻地不变；袁河街道办事处管辖：送桥（含岭泉村委会的小路口村小组）、王坑、望城、夏家、郑家5个村委会，以及新钢公司将来划归属地管理的居委会。驻五一路与清萍路交叉口西侧。

四、上饶市

1.信州区

撤销茅家岭乡，改设街道办事处。设立茅家岭街道办事处，以原茅家岭乡和水南街道办事处的世纪花园居委会为其行政区域，辖世纪花园、畴口、汪家园、湖潭头4个居委会和解放、同心、塔水、周田、车头、茅家岭6个村委会。办事处驻陵园路。

2.余干县

石口镇的乌泥、港背、铜鼓包村委会以及常山村委会的赵家析出，设立乌泥镇。镇政府驻乌泥村。调整后，乌泥镇辖迎康居委会和乌泥一、乌泥二、乌泥三、港背、铜鼓包5个村委会；石口镇辖永安居委会和石口、常山、渔池、五菱、刘埠、吴家、詹家7个村委会，镇政府驻石子口。

3.婺源县

同意撤销龙山乡，划归中云镇管辖。同意撤销凤洲乡，划归许村镇管辖。

五、抚州市

南城县

调整建昌镇所辖的邓家边、上岭、钟家边、万坊、南坑、上湖6个村委会与岳口乡合并组建万坊镇。

六、宜春市

1.袁州区

官园街道办事处所辖的官园、张家山、枣树村委会划归渥江乡管辖。下浦街道办事处所辖的下浦、徐田、厚田、金桥、大塘、东升、堪上、园艺场村委会划归彬江镇管辖。秀江街道办事处所辖的袁山村委会划归渥江乡管辖。金园街道办事处所辖的江丰村委会划归渥江乡管辖；蕉溪、枫林、厚村村委会划归三阳镇管辖；一寺、店前村委会划归湖田乡管辖。凤凰街道办事处所辖的林桥、岐山村委会划归湖田乡管辖。化成街道办事处所辖的袁河村委会划归湖田乡管辖。珠泉街道办事处所辖的新康府村委会划归湖田乡管辖；窑前村委会划归南庙乡管辖。湛郎街道办事处所辖的文笔峰、日升居委会划归下浦街道办事处管辖。三阳镇所辖的马王塘、厚村、枫林、蕉溪村委会及镇属油茶林场，湖田乡所辖的店前、一寺村委会，渥江乡所辖的江丰村委会划归官园街道办事处管辖。岐山村委会划归凤凰街道办事处管辖。袁河村委会划归化成街道办事处管辖。撤销东方街道办事处，新设凤凰街道办事处，调整灵泉、湛郎、化成、秀江、珠泉、官园街道办事处范围。

2.丰城市

河洲街道办事处所辖的沧溪、围里、富竹、桥南村委会划归拖船镇管辖；永同村委会划归荣塘镇管辖。剑南街道办事处所辖的津头、荷塘、桥李、罗坊、金郭村委会划归石滩镇管辖；南沙、剑东、上淇、淇湖村委会划归小港镇管辖。孙渡街道办事处所辖的永丰、阳坊、丰联、南邹、三合、垱溪、渡南、栗山、埂上、坪下村委会划归荣塘镇管辖；陈埠、兴无、左家、巷口、共和、太山、三溪村委会划归石滩镇管辖；茅园村委会划归桥东镇管辖。尚庄街道办事处所辖的北坑、石上、宏岗、杨溪、建设村委会划归曲江镇管辖；云庄、后港、范家、田北、马塘、洪塘村委会划归梅林镇管辖；泉塘、侯塘岗村委会划归泉港镇管辖。

3. 樟树市

城北街道办事处所辖的荷湖、张家山、蓼洲、蛟湖、朱山、回龙、杏塘、沙埂、麻埠、袁赣村委会划归临江镇管辖；徐家埈、喻张、金岸、薛溪、洲上、光明、中坊、郭坊、杨林、枨湖、马埈、槎市、双林、礼洲、朱坊村委会划归经楼镇管辖。大桥街道办事处所辖的土塘、大桥、枧头、毗泽、彭泽村委会划归阁山镇管辖；下汽、张家、湖坪、松湖、溪园、龙湾、湾里村委会划归观上镇管辖。

4.高安市

筠阳街道办事处所辖的南门、聂圩、郊区村委会划归上湖乡管辖；杭桥、院背、新沙村委会划归荷岭镇管辖；东门、茜头、左桥、清湖村委会划归蓝坊镇管辖。瑞州街道办事处所辖的连锦、凤凰、南浦、濠溪村委会划归祥符镇管辖；文昌、赤溪、港溪、昌溪村委会划归汪家乡管辖；三联、西门、月潭村委会划归石脑镇管辖。

5.万载县

康乐街道办事处所辖的里泉、东升、十字土布、福星、联星、阳乐村委会划归鹅峰乡管辖；猛辉、兴联、康乐、联和村委会划归马步乡管辖。

6. 上高县

敖阳街道办事处所辖的五马、何家埚村委会划归锦江镇管辖。

山东省

一、济南市

1. 历城区

撤销高而乡、锦绣川乡，将其行政区域并入仲宫镇。

2. 章丘市

撤销龙山镇、党家镇，以原龙山镇、党家镇的行政区域设立龙山街道办事处，街道办事处机关驻原龙山镇人民政府驻地；撤销枣园镇，以原枣园镇的行政区域设立枣园街道办事处，街道办事处机关驻原枣园镇人民政府驻地；撤销埠村镇，以原埠村镇的行政区域设立埠村街道办事处，街道办事处机关驻原埠村镇人民政府驻地；撤销圣井镇，以原圣井镇的行政区域设立圣井街道办事处，街道办事处机关驻原圣井镇人民政府驻地；撤销阎家峪乡，将其行政区域并入官庄乡。

3. 平阴县

撤销栾湾乡，将其行政区域并入安城乡；撤销刁山坡镇，将其行政区域并入玫瑰镇；撤销李沟乡，将其行政区域并入孔村镇；撤销店子乡，将其行政区域并入孝直镇。

4. 商河县

撤销钱铺乡、商河镇，以原钱铺乡和商河镇的行政区域设立许商街道办事处，办事处机关驻鑫源路45号；撤销杨庄铺乡、玉皇庙镇，以原杨庄铺乡和玉皇庙镇的行政区域设立玉皇庙街道办事处，办事处机关驻原玉皇庙镇人民政府驻地；撤销牛堡乡，将其行政区域并入孙集乡；撤销常庄乡，将其行政区域并入龙桑寺镇；撤销燕家乡，将其行政区域并入沙河乡；撤销赵魁元乡，将其行政区域并入殷巷镇；撤销胡集乡，将其行政区域并入贾庄镇；撤销岳桥乡，将其行政区域并入白桥乡；撤销展家乡，将其行政区域并入郑路镇。

二、德州市

1. 陵县

设立安德街道办事处，将陵城镇的芦家坊、菜园2个居委会和范庄、冯庄、邱家、孙大汉、邹家、刘彦龙、祈庄、后刘、任桥、土桥、李马、河南纪、杨集、刘家铺、袁庄、沙庄、吕家庄科、小王家、宋集、谭庄、大马陈、刘辛、叶堤口、徐庄、桃刘、占庄、董家阁、宋堤口、大刘、小刘、蔡堤口、前刘、将军寨、张集、李鸣岗、时庄、刘玉台、吕庄38个村及丁庄乡的雨淋店、时家楼、佟家寨、后王庄、金庄、孙家洼6个村，共46个村（居）划归安德街道办事处管辖，办事处机关驻迎宾路159号。

2. 平原县

撤销平原镇，以原平原镇的行政区域设立龙门街道办事处和桃园街道办事处。将原平原镇的东关、西关、西街、北街、南街、建新街、毛庄、贺家行、莲花池、塘坊张、巩庄、东任、北西杨、宋家场、督府营、白家营、姚居庄、官道、闫庄、北东杨、张家营、五里屯、北任、八里园、赵家湾、何家堂、北赵庄27个居委会和五里庄、大朱、鲁庄、水坑王、大五里、南任庄、东朱、刘池、北邓庄、荆庄、北马庄、刘庄、隋庄、刘家仓、郭庄、炉坊村、军屯、小张、郑庄、郑家仓、许庄、张家仓、大张、许铺、孟庄、堤下王、陈三里、陈庄、西小贾、林庄、王仙庄、姜庄、康庄、镰把张、堤上王、王豆包36个村，共63个村（居）划归龙门街道办事处管辖，办事处机关驻原平原镇人民政府驻地；将原平原镇的石庄、十里墅、东高寨、西高寨、苇子园、王芽子、田坊、齐庄、卜庄、大芝坊、尚家庙、西大马、周家寨、西小马、野庄、东荆堂、后七里屯、南赵庄、西荆堂、南贾庄、胜利、小朱庄、南西杨、张麻子、寇家坊、前七里屯、南邓庄、西四、前三、大营张、东四、南东杨、后三、赵岳、一分、二分、董庄、东小马、大岳、侯庄、后路、栾庄、廿里铺前街、三里庄、廿里铺后街、魏庄、裴庄、东大马、罗庄、吴家庄、韩庄、李府、张家堂、后迟、饮马店、尚庄、李炉庄、前勇、后勇、前张、前迟、宋庄62个村划归桃园街道办事处管辖，办事处机关驻寇家坊村。

3. 夏津县

设立银城街道办事处，将夏津镇的东关、西关、南关、北关、南屯子、塔坡、梁庄、韩庄、高庄、孙庄、陈庄、张枣林、滕庄、济犊庙、三里庄、时庄、吴井、董沟、王堤、五里庄、代庄、苑庄、王庄、栗庄、杨堤、唐堤、李刘庄、淡东、淡西、淡南、淡北、东四联、西四联、李集、许集、冯庄、冉楼、冉庄、八里庄、十里庙、郭寨、前王庄、新王庄、孟堂、刘江庄、朱寿庄、王皮庄、后赵庄、十五里铺、前籽粒屯、马道51个村划归银城街道办事处管辖，办事处机关驻工艺街53号。设立北城街道办事处，将夏津镇的北王庄、霍庄、河沟、岳庄、胡里长屯、小庄、老庄、孟韩、前七里屯、中七里屯、后七里屯、纪庄、苦水、椅子张庄、罗庄、宋仓、朱仓、董仓、齐庄、艾庄、刘庄、孔庄、茶庄、马辛庄、管庄、孔市、李楼27个村划归北城街道办事处管辖，办事处机关驻城北商贸区中山北街。将夏津镇更名为南城镇。南城镇辖栾庄、吕堂、莫庄、刘庄、大尹庄、苗堂、代楼、商庄、王太来、王井、张寨、银子王、南王、小尹庄、南李楼、由楼、贾庄、地藏寺、乔官屯、蒋寨、王仁庄、闫孙庄、徐里长屯、张东吴、拐一、拐二、拐三、前刘、后刘、小吴、袁庄、庞庄、朱庙、姚寨、常庄、秦庄、卢庄、白杨、红庙、白庄、大朱、小朱、翟庄、义合镇、张庄、丁坊、别坊、赵坊、大刘、刘钦50个村，镇人民政府驻栾庄村。

4. 临邑县

设立邢侗街道办事处，将临邑镇的洛源、广场、瑞恒、兴江、凯旋、万力、鑫兴、开元、永兴、平安10个居委会和南关村、冯家、田家、张家庙、大梨行、小梨行、刘家三、徐孟柳、刘江、北街、太平街、西关、西街、小王家、邢家园、东街、糖坊、王落户、郭夫斋、许家、崔家胡同、双庙、小新庄、荆家、李稍户、王家楼、贾家、马家、机房、苗常家、高家庙、率家、卞庙、花园、师家、张胡子、东教场、西教场、唐家、西五里庙、东五里庙、陈家湾、董家、赵家、张密家、王家、大杨家、邱许家、路家庙、苗坊、苗家集、王截半、范家、侯家、孙家洼、邓井子、灵官庙、马天佑、翟家、后张仙白、前张仙白、张家坊、邓家庄、三官庙、南北庄、李家庄、布家庄、孙家庄、小张庄、南双庙、桃园李、邢家、戴家、小马家74个村，共84个村（居）划归邢侗街道办事处管辖，办事处机关驻开元大街171号。设立恒源街道办事处，将临邑镇的石化居委会和沙河村、贾家村、后八里村、曹家村、汤家村、牛家村、前八里、梆子村、王益三家、李家村、郭家村、付家庙、哑巴村、李槐庄、李家楼、腾家寨、乔家村、于家庙、张油官、十里堡、李家胡同、梁家、大柳树、大孙家、草寺子、毛张家、齐家、翟家洼、龙湾、刘溷海、许家庙、张家庙、邓家庄、李官道、崔家、刘家、史家庙、柳行、辛庄、朱坊、西三里河、东三里河、神树子、大周、小周、三里庄、凉王庙、李大清、陈庙村49个村及临盘镇的张圣、前仓、后仓、崔老庄、大卢家、小卢家、小董家、刘标家8个村，共58个村（居）划归恒源街道办事处管辖，办事处机关驻永兴大街269号。上述区划调整后，临邑镇辖李家、洼里王、郭家、北石家、荆家、小史家、大史家、后廉、前廉、烟墩、张定杆、石家洼、李仙台、小王家、千斤寨、小韩家、大韩家、李士玉、夏家、菜种子、崔家湾、李家庙、小夏、宋家庙、靳家、李跃名、大陈家、白庙、小陈家、张木家、高家、郑家、吴家胡同、前关、后关、孙王庄、西邢、东邢、赵家、西孙庙、东孙庙、毛寺、寇家、演马、刘道行、后杨家、前杨家、毕家、崔家、钟楼、小刘家、徐家园、赵家、陶家、苏家、季寨、邵家、新寨、国家寨、小张家、王党家、齐官寨、孙家、杨家、南宋、李家寨、钟家、北赵家、陈家、旺家楼、吴家、常家寨、西苏庙、东苏庙、祥洼街、后庞、前庞、小刘家、后八里庙、西八里庙、东八里庙、张家、老马家、王草子、朱家胡同、毛家、后樊、前樊、七里庙、西何家、东何家、王库、张法古、任家楼、后燕家、前燕家、钟家油坊、孙家胡同、三官庙、卞庙、四里庙101个村，镇人民政府驻民族工贸园。撤销临盘镇，设立临盘街道办事处。临盘街道办事处辖洪家寨、张家寨、周家寨、胡家、前杨家、后杨家、董家寨、甄家、周家、刘家庙、卢坊、黑朱家、姜家坊、夏家、王家、张国良、后陈家寨、前陈家寨、盘河村、孟家寨、门刘、任家、后十八户、前十八户、西赵家、高家庄、赵家坊、小李家、张小庄、张大庄、十二里庄、马平水、小菅家、营子街、西张家、三义庙、张士代、尹家庄、前郑家、前宋家、薛家庄、大夏家、小夏家、刘家庄、来家、明家、董庄、高家、张家庙、肖家、东张家、佟家、琅家、孙家、小孙家、于家寨子、王家寨子、郑家寨子、刘家庙、曹店、张家寨子、段庄、贺家、黄家、杨家、李王庄、柳家、大马庄、小宋家、孟家、双庙、孙家、刘玉环、小朱家、魏庄、李家庵、夏胡同、大杨家、杨斜家、三梭王、焦家寨、小陈家、小张家、陈家楼、西张北、韩家岭、小赵庄、东张北、高相谦、前张北、刘家庄、毕家寨、北菅庄、王佃宇、王郑庄、李士清、刘老家、大梁家、崔小庄、小梁家、娘娘家、袁郑、前乔、后乔、袁宋、马寨子、牛角店、崔大家、王良、王家、小郑家、小马家、夏油坊、三王家、封家、崔家寨、后宋家、刘鸭子庄、南菅庄、王家屯、钟王庄、司庄、辛集、戈家、常家、张庄、赵庄、大刘庄、小刘庄、郭家、翟家131个村，办事处机关驻原临盘镇人民政府驻地。

三、潍坊市

1.青州市

撤销东坝镇，以原东坝镇的行政区域设立东坝街道办事处，办事处机关驻原东坝镇人民政府驻地；撤销王母宫镇，以原王母宫镇的行政区域设立王母宫街道办事处，办事处机关驻原王母宫镇人民政府驻地；撤销云峡河回族乡，以原云峡河回族乡的行政区域设立云门山街道办事处，办事处机关驻原云峡河回族乡人民政府驻地。

2.寿光市

大家洼镇，以原大家洼镇的行政区域设立大家洼街道办事处，办事处机关驻原大家洼镇人民政府驻地。撤销卧铺乡，将其行政区域并入羊口镇；撤销王高镇，将其行政区域并入田柳镇；撤销道口镇，将其行政区域并入营里镇。

3.昌乐县

昌乐镇、朱刘镇，以原昌乐镇、朱刘镇的行政区域设立城关、宝城、朱刘3个街道办事处。将原昌乐镇的东南村、南关、西村、北关、车站、南王、东田、申明亭、田老庄、南三里、五闫庄、西店、砚家河、高家河、周家庄、曲家庄、东山李、东山王、前东村、后东村、郭家庄、南流泉、北流泉、吕家庄、刘家庄、吴家池子、莲池、南萧共28个行政村划归城关街道办事处管辖，办事处机关驻原昌乐镇人民政府驻地；将原昌乐镇的东管、耿王、四图、东尖、西尖、东萧、商家庄、邢家河、西管、北三里、大北庄、潘家辛、石家庄、孤山庙、黄埠、西田、冯家庄、马家庄、西徐、东徐、代家庄、玉皇庙、西崔、东风24个行政村和原朱刘镇的赵家庄、于家庄、前于留、后于留、八里庄、马家河、西任疃、龙角、前石埠、后石埠10个行政村，共34个行政村划归宝城街道办事处管辖，办事处机关驻原昌乐镇的孤山街179号；将原朱刘镇的罗家庄、孙富村、郑王、西水坡、东水坡、后牟、前牟、西石村、大石桥、谢家埠、北庄、洪家、都北、都南、东南庄子、戴家、东任疃、杨家庄、张家庄、九级、三庙、王金、候家庄、十里堡、山坡、大桥、南楼村、柴家庄、西圈、东圈、北圈、刘家庄、钱家庄、东魏、西魏、坡庄、万庄、朱刘东、朱刘西、小东庄、大东庄、东南庄、西南庄、刘坤家、刘宣家、刘双泉共46个村划归朱刘街道办事处管辖，办事处机关驻原朱刘镇人民政府驻地。撤销南郝镇，以原南郝镇的行政区域设立城南街道办事处，办事处机关驻原南郝镇人民政府驻地。

四、烟台市

1. 栖霞市

将西城镇的北路家沟、艾前夼、下马家、小路家、上马家5个村划归松山镇管辖。

2. 龙口市

黄山馆镇海岱仲家村、大湾前徐家村、大湾后徐家村、邢家村、泊张村、泊王村、阎家店村、苗家村、上孟家村、河抱村、沟头村、马张村、马王村、土城子村、大牟家村、沟东成家村、园璧张家村、河南孙家村、河口于家村、河南宋家村、马刘村、孟家楼村、沟头于家村、沙埠于家村、河口成家村、园璧宋家村、官道丁家村、庙张村、三甲于家村、曹家村30个行政村划归龙港街道办事处管辖。

五、威海市

1.环翠区

撤销万欣街道办事，其管辖范围并入田和街道办事处；撤销卧龙街道办事处，其管辖范围并入怡园街道办事处。

2.荣成市

以原石岛镇、宁津镇的行政区域设立港湾、斥山、东山、王连、桃园和宁津6个街道办事处。将原石岛镇的石岛街、黄石、兴隆、渔兴、渔港、映红山、东南山、黄海、陀山、荷花湾、大鱼岛、张家村、南车脚河、炮台东、牧云庵、姜家疃、西岚、北沟、北车脚河、西车脚河、蚧口21个居委会，西王门、东王门、玄镇、桃树园、唐家夼5个村委会，共26个村（居）划归港湾街道办事处管辖，办事处机关驻石岛街。原石岛镇的斥山、西火塘寨、东火塘寨、福兴4个居委会，殷家、西苏家、盛家、吴家、郭家、沟姜家、沟李家、范家、东泊子、西泊子、尹格庄、石龙山前、岭上唐家、大磨张家、北庙山、立山、夏家泊、初家齐山、周家齐山、南庙山、志门、北窑、南窑、李家河、高家齐山25个村委会，共29个村（居）划归斥山街道办事处管辖，办事处机关驻斥山。将原石岛镇的新都居委会和东山、柳树河、吉屯、后港头、甲子山、河北、西夏家、北台、万马邢家、楼下、港西崖、崮山前、八河姚家、八河孔家、八河王家、八河毕家、十里夏家、青山前、八里王家、茂山后、龙山后、龙山前、土山、谭村林家、谭村曲家、石头河、干占、南庄、东窑、双榜泊、沟王家31个村委会，共32个村（居）划归东山街道办事处管辖，办事处机关驻东山。将原石岛镇的南苑居委会和王家庄、东慕家、东岛刘家、赵家山、西慕家、刘家庄、汤家庄、常家庄、大汛姜家、隋家庄、连家庄、客岭、河西乔家、马岭洪家、马岭孙家、上夼、松顶后、南也子口、马岭许家、马岭滑家、南桥头、沟曲家、北桥头、桥子头、阴亮、寨前于家、寨前峨石、寨前方家、寨前王家、寨前赛家、店子、马岭董家32个村委会，共33个村（居）划归王连街道办事处管辖，办事处机关驻王家庄。将原石岛镇的朝阳居委会和桃园、邵家、于家河、朋上、河东、河东原家、下谭家、上谭家、青木寨、山前10个村委会，宁津镇的西南海、东南海、苑家、南夏家、前殷家5个村委会，共16个村（居）划归桃园街道办事处管辖，办事处机关驻桃园。将原宁津镇的宁津所、富甲山庄、铘鑫、卢家庄、桥上、东褚岛、林家流、前兴8个居委会，北场、留村、口子、东墩、南泊、南港头、季家、东苏家、所前王家、渠隔、大岔河、鞠家、周庄、于家、小河东、所东张家、所东王家、东钱家、尹家庄、止马滩、马栏　、西钱家、龙云、龙泉、马家寨、所后王家、所后卢家、涝滩子、洼里、后店子、后杨家、所后马家、岛西庄、南洼、西道、刘庄、岛西、岛东、吕家、金庄、后海崖41个村委会，共49个村（居）划归宁津街道办事处管辖，办事处机关驻宁津所。

六、青岛市

1.撤销黄岛区红石崖镇，以原红石崖镇的行政区域设立红石崖街道办事处，办事处机关驻原红石崖镇人民政府驻地。

2.胶南市

撤销隐珠镇，以原隐珠镇的行政区域设立隐珠街道办事处，办事处机关驻原隐珠镇人民政府驻地；撤销灵山卫镇，以原灵山卫镇的行政区域设立灵山卫街道办事处，办事处机关驻原灵山卫镇人民政府驻地；撤销铁山镇，以原铁山镇的行政区域设立铁山街道办事处，办事处机关驻原铁山镇人民政府驻地；撤销大珠山镇，以原大珠山镇的行政区域设立滨海街道办事处，办事处机关驻原大珠山镇人民政府驻地。

七、日照市

将东港区前三岛乡划归岚山区管辖。

八、济宁市

兖州市

将黄屯镇东稻营、西稻营、杨厂、东张庄、老府庄、金家村6个村划归新兖镇管辖。

九、枣庄市

薛城区

设立兴城街道办事处，将南石镇的南石东村、南石西村、石菜村、井字峪村、来泉庄村、南山寨村、西石沟村、大吕巷村、小吕巷村、蒋庄村、杜塘村、黑峪村、杏峪村、高楼村，共15个村划归兴城街道办事处管辖，办事处机关驻南石东村。将南石镇更名为张范镇。张范镇辖大甘霖村、汤庄村、化庄村、南于村、北于村、黑石峪村、辛庄村、小屯村、小香城村、大香城村、西夹埠村、东夹埠村、袁庄村、横山口村、张范东村、张范西村16个村，镇人民政府驻张范东村。

十、滨州市

1. 滨城区

撤销蒲城街道办事处，其管辖范围并入市中街道办事处。撤销小营镇，以原小营镇的行政区域设立小营街道办事处，办事处机关驻原小营镇人民政府驻地；撤销梁才乡，以原梁才乡的行政区域设立梁才街道办事处，办事处机关驻原梁才乡人民政府驻地；撤销里则镇，以原里则镇的行政区域设立里则街道办事处，办事处机关驻原里则镇人民政府驻地；撤销滨北镇，以原滨北镇的行政区域设立滨北街道办事处，办事处机关驻原滨北镇人民政府驻地。撤销杜店镇，以原杜店镇的行政区域设立杜店和沙河2个街道办事处。将原杜店镇的和宝苏、胡井庄、南街、北街、北任家、来家、马家坊、韩家坊、王木匠、大河于、大尚家、牛家庙、宋家、张念佛、东尚家、东李家、西李家、业继刘、魏家、南徐家、饮马庄、张肖堂、相公庙、大张管、邵家、小张管、张茂家、马张家、小周家、南任家、南蔡家、林家、狮子刘、香坊王、西韩、赵桐家、库李家、大安定、码头、李肖海40个行政村划归杜店街道办事处管辖，街道办事处机关驻原杜店镇人民政府驻地（黄河二路399号）；将原杜店镇的西杨家、信家、范家集、大董、邓家店、司家、杨大王、前游家、中游家、后游家、西小王、周龙、宋家、于家、钟楼孙、沙洼于、沙洼魏、沙洼韩、苏学官、大马家、小马家、沙洼郭、小李家、西大高、西小高、米家、盘头店、张八寨、洼梁、皂户李、台王、刘家集、大里苏、南段家、刘六家、孔家、三甲王、业继李、山赵家、吕太占、何家集、殷家、放粮张、打渔张、齐耿、于新、小安定、洼里孙、东傅家、平方王、老官赵51个行政村划归沙河街道办事处管辖，街道办事处机关驻黄河二路167号。将杜店镇的棒棰孙、亚药刘、双庙刘、北孝、鳌头周、下坡李、西谢、北赵、姬家沟、杨庄、油李、中孝、李茂、菜园李、李口、小街、小新庄、南卜家、张庄、堤东赵、宋家、东韩、洼于23个村划归市西街道办事处管辖；将杜店镇的山柳刘、山柳杜、湾刘3个村划归彭李街道办事处管辖。。

2. 棣县

大山镇更名为碣石山镇。

河南省

一、郑州市

1. 中原区

撤销大岗刘乡设立航海西路街道办事处；撤销中原乡设立中原西路街道办事处。

2. 惠济区

撤销毛庄镇设立大河路街道办事处。

3. 新郑市

撤消千户寨乡并入辛店镇。

4. 登封市

撤消送表乡并入白坪乡。

5. 新密市

撤消关口镇并入苟堂镇。

6. 巩义市

撤消南河渡镇并入河洛镇管辖。

7. 荥阳市

撤销庙子乡并入刘河镇；撤销北邙乡并入高村乡。

8. 中牟县

撤销谢庄镇、芦医庙乡，设立九龙镇，原谢庄镇、芦医庙乡的行政区域由九龙镇管辖；撤销仓砦乡并入官渡镇；撤销冯堂乡并入三官庙乡。

二、三门峡市

1. 湖滨区

撤销会兴镇并入磁钟乡；撤销崖底乡并入交口乡。

2. 义马市

撤销千秋镇更名为新区街道办事处；撤销常村镇更名为东区办事处。

3. 灵宝市

撤销东村乡并入寺河乡；撤销程村乡并入阳平镇。

4.渑池县

撤销西阳乡并入仰韶乡；撤销池底乡并入陈村乡；撤销西村乡并入果园乡；撤销笃忠乡并入天池镇。

5.陕县

撤销宜村乡并入西张村镇；撤销东凡乡并入菜园乡；撤销柴洼乡并入王家后乡；撤销大延洼乡并入观音堂镇。

三、洛阳市

1.偃师市

撤销佛光乡并入府店镇。

2.孟津县

撤销王良乡并入白鹤镇；撤销黄鹿山乡并入马屯镇。

3.新安县

撤销峪里乡并入石井乡；撤销西沃乡并入北冶乡。

4.栾川县

撤销大清沟乡并入庙子乡。

5.汝阳县

撤销竹元乡并入十八盘乡；撤销大安乡并入内埠乡。

6.宜阳县

撤销石陵乡并入盐镇乡；撤销西石村乡并入高村乡。

7.伊川县

撤销常川乡并入鸦岭乡。

四、焦作市

1.山阳区

撤销恩村乡设立新城街道办事处；撤销百间房乡设立中星街道办事处；撤销李万乡设立李万街道办事处。

2.解放区

撤销上白作乡设立上白作街道办事处；撤销王褚乡设立王褚街道办事处。

3.中站区

撤销朱村乡设立府城街道办事处；撤销王封乡设立许衡街道办事处；撤销龙洞乡设立龙翔街道办事处。

4.马村区

撤销待王镇设立待王街道办事处；撤销安阳城乡设立安阳城街道办事处；撤销九里山乡设立演马街道办事处。

5.孟州市

撤销石庄乡并入槐树乡；撤销赵和乡，东小仇镇，设立赵和镇；撤销城关镇，设立河雍街道办事处；撤销缑村镇，设立河阳街道办事处。

6.沁阳市

撤销王占乡并入王曲乡；撤销木楼乡入王召乡；撤销葛村乡并入柏香镇。

7.修武县

撤销葛庄乡并入郇封镇；撤销王屯乡并入高村乡。

8.博爱县

撤销界沟乡并入孝敬镇；撤销张茹集乡并入金城乡；撤销高庙乡并入清化镇。

9.武陟县

撤销阳城乡并入大虹桥乡。

10.温县

撤销林肇乡并入黄庄镇；撤销徐堡镇并入武德镇；撤销杨垒镇并入番田镇。

五、新乡市

1.卫滨区

解放路办事处新市场西居委会划归自由路办事处，新增怡园社区和姜北社区。胜利路办事处撤消姜南社区、姜北社区，新增化工路社区和南环社区。健康路办事处新增健北社区。南桥办事处撤销游家坟社区、石油街社区、化工路社区，新增南桥社区、金穗大道社区、锦绣社区。中同街办事处撤销中南社区、中北社区；将铁西办事处的铁路工房社区，幸福里社区划归中同街办事处。

2.红旗区

向阳办事处新增新机社区居委会、南苑社区居委会、孟营二村村委会、孟营三村村委会。南干道办事处撤销新公园社区、电池厂家委会，新增孟营一村村委会。

东街办事处新增东关村委会。渠东办事处撤销安居新村、南苑社区；新增马小营村委会、城关村委会。洪门镇新增公村村委会、乔谢村委会、赵楼村委会；将马小营村委会、城关村委会划归渠东办事处；将孟营一村村委会划归南干道办事处；将孟营二村村委会、孟营三村村委会划归向阳办事处。关堤乡的东陈庄村更名为陈庄村，东刘庄村更名为刘庄村。

3.牧野区

将卫辉市孙杏村镇上焦庄村、下焦庄村、白露村、张村、东曲里村、韩光屯村、卜奇屯村、万庄村八个行政村划归新乡市牧野区和平路办事处管辖。原牧野乡撤消畅岗村和黎明实业公司,新增天太社区。将王村镇的牛村委会更名为牛村社区。

将和平路办事处的东聂庄村委会改为聂庄村委会,花园居委会改为花园村委会,坛后居委会改为坛后村委会。新辉路办事处撤销牛村社区。花园办事处撤销中原社区。

4.卫辉市

撤销大池山、拴马乡并入狮豹头乡。撤销倪湾乡并入城郊乡。将孙杏村镇的上焦庄村、下焦庄村、白露村、张村、东曲里村、韩光屯村、卜奇屯村、万庄村8个行政村划归新乡市牧野区和平路办事处。

5.辉县市

撤销王敬屯乡并入吴村镇;撤销后庄乡并入沙窑乡;撤销褚邱乡并入冀屯乡管辖;撤销三郊口乡并入南寨镇;撤销胡桥乡设立胡桥街道办事处;撤销城关镇设立城关街道办事处。

6.新乡县

撤销新城区乡,将苗庄村委会、魏庄村委会、闫庄村委会、李庄村委会、王屯村委会、娄村村委会、张青村委会、许庄村委会划归小冀镇管辖;杨屯村委会、大兴村委会划归七里营镇管辖。

7.获嘉县

撤销丁村乡并入太山乡;撤销张巨乡并入史庄镇;撤销大呈乡并入大新庄乡。

8.原阳县

撤消黑羊山乡并入葛埠口乡;撤消王杏兰乡并入福宁集乡;撤消包厂乡并入靳堂乡;撤消梁寨乡并入太平镇乡;撤消郭庄乡并入陡门乡。

9.延津县

撤消塔铺乡并入石婆固乡;撤消新安乡并入小潭乡;撤消班枣乡并入马庄乡;撤消高寨乡并入司寨乡;撤消朱寨乡并入魏邱乡;将东屯镇的北张兴庄、贾堤和榆林乡的夏庄、冯堤、位堤划归小店镇管辖;

10.封丘县

撤销司庄乡并入陈桥镇;撤销戚城乡并入赵岗镇;撤消油坊乡并入潘店乡;撤消孙庄乡并入荆隆宫乡;撤消獐鹿市乡并入应举镇;撤消娄堤乡并入城关乡。

11.长垣县

撤销总管乡并入魏庄镇。新设立蒲东街道办事处,辖原孟岗乡的贾寨、丹庙、郭寨、五里屯、八里张、七里庄、王楼、徐楼8个村委会;原满村乡的学堂岗、单寨、小岗、落阵屯4个村委会;原张寨乡的苏寨、柴堤2个村委会和原城关镇的林庄、东街、孔场、杨庄、岳庄、吕楼、顿庄、姚占、南街、西街、北街、东关、南关、北关、五里铺、中心街16个村委会,共30个村委会。新设立蒲北街道办事处,辖原常村镇的徐屯、张屯2个村委会,原樊相镇的邢固堤、邢固屯、董寨、杜楼、高寨、聂店、北堆、闫寨、程庄、赵滑枣、杨滑枣、朱滑枣、琉璃庙、史庄、段屯、南堆、小务口、王庄18个村委会和原满村乡的西梨园、前杨楼、殷庄、吕阵4个村委会,共24个村委会。新设立南蒲街道办事处,辖原张寨乡的庄科、杜村、赵庄、朱庄、翟寨、木岗、阔寨、瓦棚、陶行、梨园、甄庄、郜坡、王堤、夹堤、张寨、牛店、司坡、孔庄、凡屯、鲁山、东郭庄、庞相如、黄相如、西郭庄、前寺谷、后寺谷、邵寨、何占、雨淋头、高店、金寨、赵店、枣科、木掀店、乔堤等35个村委会。蒲西街道办事处辖原属的10个村委会和原张寨乡的小大张、侯屯、米屯、大张、孙小张5个村委会和原常村镇的云占、宋庄、杨占、太子屯、玉皇庙5个村委会,共20个村委会。

六、鹤壁市

淇滨区

撤消庞村镇设立金山办事处。

七、安阳市

1.北关区

将原郊区(现龙安区)北郊乡的屈王度、方北营、周家营、安阳桥、西漳涧、东漳涧、董王度、冯家庙、宋家庙、十里铺、马家垒、张贺垒、程寸营、韩王度、缑家垒15个村划归北关区彰北街道办事处,原郊区东郊乡的小营、李家庄、杏花村、苏家村、南漳涧5个村划归北关区的彰东街道办事处。将安阳县柏庄镇的东石桃、西石桃、桃村口、田桃村、李桃村5个村划归北关区的彰北街道办事处,韩陵乡的西良贡、养鱼屯、六寺、唐庄、羊毛屯、黄家营、西见山、西于曹8个村,白壁镇的前崇义、中崇义、后崇义、西六村4个村划归北关区的彰东街道办事处。撤消西关、纱厂等两个街道办事处，增设曙光、民航两个街道办事处，曙光包括：曙光、平原、盘庚东等居委会，民航包括：民航路、苹果园等居委会。

2.文峰区

将原郊区东郊乡的汪家店、大营划归文峰区永明路街道办事处，原郊区东郊乡的三官庙、石家沟、郭家街被并入文峰区紫薇大道街道办事处，原郊区东郊乡的王村、东关被并入文峰区东关街道办事处，原郊区东郊乡的聂村、后张村被并入光华街道办事处，原郊区东郊乡的南关、郭家庄被并入文峰区的南关街道办事处。将安阳县的高庄乡划归文峰区，宝莲寺镇的郭村集、西郭村、杨家井、马束庄、皇甫庄、三十里铺、黎庄、梁家庄、崇召、何官屯、任庄、南马庄、袁薛庄、孙薛庄、张薛庄、刘薛庄、张村、黎官屯、赵官屯、东风、刘王坡、马官屯、二十里镇、小营划归文峰区，白璧镇的郑家村、晁家村、盖津店、三府村、任家庄、西瓦亭、东瓦亭7个村划归文峰区中华路街道办事处。撤消唐子巷街道办事处，新增紫薇大道街道办事处（包括：莲花、幸福路、春光路、晨曦、石袁、晨光、三官庙等居委会和三官庙村、石家沟村、郭家街村等村委会）、光华街道办事处（包括：官园、德隆街东段、光华、永泰等居委会和并入的聂村、后张村两个村委会）、西关街道办事处（包括：相西西、桥北、红旗渠、安运等居委会）。

3.铁西区

将铁西区更名为殷都区；将原郊区（现龙安区）的西郊乡划入，北郊乡的三家庄、大司空、西大姓、前皇甫、后皇甫、皇甫屯、杜小屯、大碾屯、郭王度、武官、侯庄、小营、秋口、双塔、东大姓、西司空、枯河17个村划入成立北蒙街道办事处，东郊乡的任家庄村划归铁西路街道办事处。撤消太行小区街道办事处，增设北蒙、相台等街道办事处，北蒙包括并入的17个村；相台包括：铁佛寺村、焦邵村、段邵村、梁邵村、柴库村、孝民屯村。

4.郊区

将郊区更名为龙安区。撤销东郊乡、北郊乡。将安阳县马投涧乡划归龙安区，善应镇的中龙山、张家庄2个村，曲沟镇的西高平村，水冶镇的北彰武村划归龙安区的彰武街道办事处，宝莲寺镇的丁家庄、郜家庄、杨家庄、北田村、南田村5个村划归龙安区的田村街道办事处。

八、濮阳市

濮阳县

撤销两门镇并入海通乡。

九、开封市

1.鼓楼区

将原南关区（现更名为禹王台区）五一办事处（包括郑汴路社区、魏都社区、滨河社区、大王屯社区、西苑社区）划入。将开封县仙人庄乡（包括仙人庄村委会、茶庵村委会、辛仓村委会、何楼村委会、马头刘村委会、良坟村委会、沙胡刘村委会、新城集村委会、龙王庙村委会）划入，更名为仙人庄办事处。将龙亭区大兴办事处的板桥社区、午朝门办事处的新街口社区划入西司办事处。将原郊区（现更名为金明区）南郊乡的浅河、牛墩、刘寺、杨砦、杨寺庄、蔡屯、小王屯、南柴屯、丰收岗9个村委会划入，设立九村办事处。将城西街道办事处（包括康乐社区、祥和社区、省一毛社区、翠园社区、宋城社区、黄汴河社区、汉兴社区）划归金明区（原郊区）。

2.龙亭区

将原郊区（金明区）北郊乡（包括北关街、王口舌、东官庄、西官庄、南官庄、北官庄、私访院、孙李唐、小李庄、大北岗、杨树底、郭楼、辛庄、铁牛、石砦、宁陵屯、双屯、巴屯、王坟、兴隆屯、仁和屯、范庄）；柳园口乡（包括牛庄、半堤、大辛庄、和尚庄、张庄、孔堂、刘店、王周庄、轩楼、大马圈、老君堂、梅庄、刘庄、大李庄、小马圈、陶庄、小李庄、朱汤、柳园、三道堤、谢庄、丁庄集）划入。将大兴办事处的板桥社区、午朝门办事处的新街口社区划入鼓楼区的西司办事处。将龙亭区梁苑办事处（包括梁苑社区、黄河汴社区、小北岗社区）划入金明区。

3.顺河回族区

将原郊区（金明区）东郊乡（包括吴娘庄、边村、张庄、后台、文庄、百塔、前台、李长庄、曹门、郭屯、大董庄、宴台合、乡里、罗庄、道士房、十里铺、东郊乡鲁屯、刘砦、宋门、马湾、吴寨、花园、焦街、）；土柏岗乡（包括岗西、土柏岗、南神岗、厂尚、前朱、北神岗、大杜砦、小董庄、沙牛岗、齐砦、杨砦、高庄）

划入。将宋门办事处的文环社区划入禹王台区(原南关区)的新门办事处。

4.禹王台区(原名为南关区)

将原郊区(金明区)南郊乡(包括大李庄、杨庄、苏村、豆付营、庞庄、干河沿、杨正门、魁庄、孟坟、东柳林、西柳林、芦花岗、东街、西街、朱屯、郭屯、曹屯、小李庄、繁塔、崔庄、左楼)划入。将原郊区(金明区)汪屯乡(包括高楼庄、松楼村、大苏村、汪屯村、大李庄、张庄、唐村、伍村、屠府坟、横船湾、马头、苍楼村)划入。将顺河回族区的文环社区划入新门关办事处。新增羊市桥社区归入新门关办事处将五一办事处(包括郑汴路社区、魏都社区、滨河社区、大王屯社区、西苑社区)划归鼓楼区。

5.金明区(原名为郊区)

将鼓楼区城西办事处(包括康乐社区、祥和社区、省一毛社区、翠园社区、宋城社区、黄汴河社区、汉兴社区)划入。将龙亭区梁苑办事处(包括梁苑社区、黄河汴社区、小北岗社区)划入。将开封县杏花营镇(包括杏花营、横堤铺、邢堂、大胖、王庄、安墩寺、高砦、枣林、邢村、百合、贺砦、刘满岗、李寨、榆园、)划入。将开封县杏花营农场(包括赵坟、马寨、辛庄、西网、汴河堤、史砦、秫米店)划入。将北郊乡(包括北关街、王口舌、东官庄、西官庄、南官庄、北官庄、私访院、孙李唐、小李庄、大北岗、杨树底、郭楼、辛庄、铁牛、石砦、宁陵屯、双屯、巴屯、王坟、兴隆屯、仁和屯、范庄);柳园口乡(包括牛庄、半堤、大辛庄、和尚庄、张庄、孔堂、刘店、王周庄、轩楼、大马圈、老君堂、梅庄、刘庄、大李庄、小马圈、陶庄、小李庄、朱场、柳园、三道堤、谢庄、丁庄集)划归龙亭区。将东郊乡(包括吴娘庄、边村、张庄、后台、文庄、百塔、前台、李长庄、曹门、郭屯、大董庄、宴台合、乡里、罗庄、道士房、十里铺、东郊乡鲁屯、刘砦、宋门、马湾、吴寨、花园、焦街);土柏岗乡(包括岗西、土柏岗、南神岗、厂尚、前米、北神岗、大杜砦、小董庄、沙牛岗、齐砦、杨砦)划归顺河回族区。将汪屯(包括高楼、松楼村、大苏村、汪屯村、大李庄、张庄、唐村、伍寸、屠府坟、横船湾、马头、苍楼村)划归禹王台区。将南郊乡(包括大李庄、杨庄、苏村、豆付营、庞庄、干河沿、杨正门、魁庄、孟坟、东柳林、西柳林、芦花岗、东街、西街、朱屯、郭屯、曹屯、小李庄、繁塔、崔庄、左楼)划归禹王台区。将南郊乡的浅河、牛墩、刘寺、杨砦、杨寺庄、蔡屯、小王屯、南柴屯、丰收岗9个村委会划归鼓楼区,设立九村办事处。

6.开封县

将开封县杏花营镇(包括杏花营、横堤铺、邢堂、大胖、王庄、安墩寺、高砦、枣林、邢村、百合、贺砦、刘满岗、榆园、李寨)划入金明区;将开封县杏花营农场(包括赵坟、马寨、辛庄、西网、汴河堤、史砦、秫米店)划归金明区。将开封县仙人庄乡(包括仙人庄村委会、茶庵村委会、辛仓村委会、何楼村委会、马头刘村委会、良坟村委会、沙胡刘村委会、新城集村委会、龙王庙村委会)划归鼓楼区,更名为仙人庄办事处。撤销土山岗乡并入罗王乡;撤销大李庄乡并入万隆乡。

十、商丘市

1.永城市

撤销滦湖乡并入薛湖镇。

2.虞城县

撤销营盘乡并入大侯乡;撤销三庄乡并入稍岗乡;撤销八里堂乡并入贾寨镇;撤销小侯乡并入刘店乡。

3.民权县

撤销李堂乡并入程庄镇。

4.宁陵县

撤销楚庄乡并入华堡乡。

5.睢县

撤销帝丘乡并入董店乡;撤销范洼乡并入匡城乡;撤销榆厢乡、西陵镇设立西陵寺镇;撤销阮楼乡、城隍乡设立城郊乡。

6.夏邑县

撤销郭庄乡并入李集镇。

7.柘城县

撤销铁关乡并入安平镇;撤销尚寨乡、小吴乡设立惠济乡。

十一、许昌市

魏都区

撤销丁庄乡设立丁庄街道办事处;撤销半截河乡设立半截河街道办事处;撤销七里店乡设立七里店街道办事处;撤销高桥营乡设立高桥营街道办事处。4个撤乡设办后所辖社区居委会不变。

十二、漯河市

1.源汇区

撤消干河陈乡设立干河陈街道办事处，辖原干河陈乡行政区域。

2.郾城区

撤消孙庄乡设立沙北街道办事处，辖原孙庄乡行政区域。

3.召陵区

撤消翟庄乡设立翟庄街道办事处，辖原翟庄乡行政区域。

十三、平顶山市

宝丰县

撤销观音堂乡并入大营镇。

十四、南阳市

1.卧龙区

撤销小寨乡、潦河坡乡，设立龙兴乡；撤销靳岗乡设立靳岗街道办事处；撤销卧龙岗乡设立卧龙街道办事处。

2.邓州市

撤销元庄乡并入洼滩镇；撤销城郊乡设立湍河街道办事处。

3.方城县

撤销博望乡更名为博望镇；撤销独树乡更名为独树镇。

4.西峡县

撤销陈阳坪乡并入丁河镇。

5.镇平县

撤销四山乡并入高丘镇；撤销黑龙集乡并入张林乡。

6.社旗县

撤销田庄乡并入朱集乡；撤销丁庄乡并入饶良镇；撤销青台镇并入李店镇。

十五、信阳市

1.河区

将双井乡更名为双井办事处。

2.平桥区

撤销九店乡划归五里镇管辖；撤销兰店乡划归查山乡管辖，将甘岸乡更名为甘岸办事处。

3.息县

撤销许店乡划归曹黄林乡管辖；撤销李堂乡划归八里岔乡管辖。

4.淮滨县

撤销北庙乡划归王店乡管辖；撤销麻里乡划归三空桥乡管辖；撤销吉庙乡划归芦集乡管辖；撤销涂营乡划归谷堆乡管辖。

5.潢川县

撤销小吕店乡划归谈店乡管辖；撤销彭家店乡划归白店乡管辖；撤销牛岗镇划归魏岗乡管辖。

6.光山县

撤销杨墩乡划归城关镇管辖；撤销卧龙台乡划归孙铁铺管辖；撤销河棚乡划归晏河乡管辖；撤销长光镇划归仙居乡管辖；撤销雷堂乡划归白雀园管辖；撤销蔡桥乡划归斛山乡管辖；撤销南王岗乡划归文殊乡管辖。

7.固始县

撤销桥沟集乡划归丰港乡管辖。

8.商城县

撤销白塔集乡、武桥乡划归上石桥镇管辖；撤销三里坪乡划归双椿铺镇管辖。

9.新县

撤销沙石镇划归千斤乡管辖；撤销戴咀乡划归新集镇管辖。

十六、周口市

1.川汇区

南郊乡更名为城南办事处；北郊乡更名为城北办事处；蔬菜乡更名为城东办事处；搬口乡更名为搬口办事处。

2.项城市

撤销老城乡并入秣陵镇。

3.太康县

将张集乡的陈老家、陈小庄、中营子、太康寺四个行政村划归淮阳县四通镇。

4.鹿邑县

将辛集镇的孔集村、唐集乡的张老一村划归淮阳县四通镇。

十七、驻马店市

1.驿城区

撤销香山乡并入朱古洞乡；撤销刘阁乡，设立刘阁办事处；撤销顺河乡，设立顺河办事处。

2.确山县

撤销杨店乡并入双河乡；撤销顺山店乡并入新安店镇。

3.遂平县

撤销张店乡并入和兴乡；撤销张台乡，设立凤鸣谷风景区管理委员会，将原张台乡的潘赵村委会划归查岈山风景区，高卫楼村、流水店村、小营村划归花庄乡。

4.西平县

撤销柏城镇，设立柏城街道办事处。撤销酒店乡并入出山镇，合并后辖20个村委会，分别为：酒店村、大苏村、任庄村、莱坡村、李孟银村、朱仓庄村、月林村、李元沟村、狄庄村、刘清管村、八张村、罗岗村、出山村、韩堂村、牛昌村、吴堂村、大于庄村、姚岗村、翟庄村、焦之纲村。芦庙乡村委会合并后辖13个村委会，分别为：宋营村、蔡庄村、合庄村、马迁庄村、徐庄村、韩庄村、田庄村、吕庄村、张崔吴村、老庄村、八里庄村、茨元村、芦庙村。师灵镇村委会合并后辖10个村委会，分别为：师灵村、杨环村、赵王村、王寨村、聂河村、苍王庙村、夏王村、油房张村、史庄村、北王村。杨庄乡村委会合并后辖10个村委会，分别为：仪封村、小庄村、小街村、康庄村、老庄村、董坑村、栗园村、洪杨庄、马楼村、合水村。五沟营镇村委会合并后辖11个村，分别为：丁吕村、寇店村、袁庄村、常湾村、东南街村、留册桥村、龙泉寺村、大崔村、王阁村、北街村、洄油赵村。人和乡村委会合并后辖10个村，分别为：三和村、谢老庄村、王孟寺村、大郭村、王马店村、花牛陈村、高桥村、河沿张村、土陈村、大朱村。专探乡村委会合并后辖14个村，分别为：大庙陈村、谢庄村、张坡村、于杨村、赵高庄村、柳河村、朱庄村、汪寨村、赵寺村、水泉汪村、衡坡村、陈次元村、赵丁庄村、军王村。宋集乡村委会合并后辖共11个村，分别为：毛庄村、赫朱村、于桥村、张湾村、丁庄村、宋集村、崔敬村、高庄村、袁坡村、后胡村、岳庄村。权寨镇村委会合并后辖11个村，分别为：秦刘何村、权寨村、冯堂村、小店村、关楼村、老温村、苗张村、朱杨村、大刘堂村、郭庄村。环城乡村委会合并后辖7个村，分别为：于芳村、观音堂村、罗成坟村、龙王庙村、马刘村、王店村、杜杨村。谭店乡村委会合并后辖11个村，分别为：何庄村、关桥村、桂河村、祁庄村、蒋庄村、潘庄村、谭店村、大武庄村、周范村、和张村。吕店乡村委会合并后辖10个村，分别为：张赵村、刘楼村、宋庄村、前陈村、吕店村、洪村铺村、簸箕张村、洼郭村、烟墩村、董桥村。重渠乡村委会合并后辖11个村，分别为：贾桥村、李庄村、丁寨村、武海村、汪庄村、重渠村、敬庄村、南湾村、张庄村、澎河坡村、前寨村。焦庄乡村委会合并后辖10个村，分别为：赵海村、焦庄村、席王寨村、大王庄村、高庙村、王楼村、毛寨村、朱坑村、王老庄村、金刚村。

5.上蔡县

撤销石桥乡，将其行政区域划归东洪乡管辖。礼乡村委会合并后辖16个村，分别为：杨堂村、格了朱村、西党村、坡朱村、东党村、任庄村、方堂村、崇礼村、孙庄村、岳徐村、张庄村、枯河村、大傅村、大袁村、后店村、东大朱村。

塔桥乡村委会合并后辖24个村，分别为：董何村、黑翟村、长王村、大邱村、申寨村、白圭庙村、孟赵村、侯张村、关楼村、楼李村、张李村、黄庄村、胡庄寨村、黄泥桥村、北大李村、大赵村、西何庄村、小李村、南张庄村、塔桥村、葛楼村、盆王村、彭庄村、三李村。黄埠镇村委会合并后辖14个村，分别为：黄埠村、苑坡村、汝河村、尚庄村、冯坡村、新庄村、南王楼村、小王庄村、常庄村、蔡埠口村、狮子口村、小王营村、周庄村、后张村。小岳寺乡撤销望东湖村、曹寨村。蔡沟乡撤销刘竹园村。大路李乡撤销西湾刘村、骆庄村。齐海乡撤销班庄村。东洪乡撤销南孟村、曾楼村、大董村、新彭村、张龙舞村、大李村、张寨村、榆社村、东姜庄村、大王庄村、梁彭村。华陂镇录庄村、东陈村合并，更名为录马陈村；撤销蚂蚱王村、乔庄村、太平村。西洪乡撤销东陈桥村、车张村、小庄村、马李村、白沟王村、徐庄村、朱集村、枯河李村、扁担王村、坡赵村。东岸乡撤销双桥村。五龙乡撤销冀庄村。邵店乡撤销蔡屯村。芦岗乡撤销后聂村。韩寨乡撤销东赵庄村、坡李村。杨集镇撤销代庄村、小傅营村、邝马村、仨庄村、狼坡庄村、傅刘村、西张庄村、寨外村。

6.汝南县

撤销张岗乡并入王岗镇；撤销舍屯乡并入官庄乡；撤销大王庄乡并入常兴乡。

7. 蔡县

撤销蛟停湖乡并入余店乡。

8. 正阳县

撤销梁庙乡并入真阳镇，并将慎水乡的吴湾村、皮庄村、邹楼村划入真阳镇。撤销岳城乡并入汝南埠镇。撤销西严店乡并入雷寨乡。

湖北省

一、武汉市

撤销东西湖区新沟镇、江岸区后湖乡、洪山区洪山乡与和平乡、汉阳区永丰乡与江堤乡、硚口区长丰乡等6个乡镇，分别在原行政区域设立街道办事处。

二、咸宁市

赤壁市

撤销1镇，设立1民族镇（撤销周郎嘴镇，设立周郎嘴回族镇）。

三、随州市

1. 曾都区

撤销5乡2镇（大堰坡乡、岩子河乡、天河口乡、封江乡、淯阳乡、双河镇、新城镇）；

2. 广水市

撤销4乡1镇（宝林乡、兴隆乡、李店乡、平林镇）。

湖南省

一、长沙市

1. 开福区

撤销长沙市国营综合农场，设立洪山街道办事处（办事处机关驻毛家垅社区杉树坡）。

2. 浏阳市

白沙乡与大围山镇合并设立大围山镇（镇人民政府驻东门市）；沙市镇与赤马镇合并设立沙市镇（镇人民政府驻沙市集镇书院路）；山田乡与淳口镇合并设立淳口镇（镇人民政府驻淳口集镇淳农路）。

3. 宁乡县

祖塔乡与沩山乡合并设立沩山乡（乡人民政府驻密印寺）；崔坪乡与黄材镇合并设立黄材镇（镇人民政府驻）。

二、益阳市

1. 资阳区

杨林坳乡、李昌港乡和新桥河镇合并设立新桥河镇（镇人民政府驻虎行山）；香铺仑乡、长春镇和过鹿坪镇合并设立长春镇（镇人民政府驻桃子塘）；大水坪和大码头2个街道办事处合并设立大码头街道办事处（办事处机关驻大水坪）；汽车路和城内2个街道办事处合并设立汽车路街道办事处（办事处机关驻北门巷）。

2. 赫山区

羊角乡、千家洲乡和兰溪镇合并设立兰溪镇（镇人民政府驻尹家坝）；石笋乡和龙光桥镇合并设立龙光桥镇（镇人民政府驻龙光桥）；白石塘乡和衡龙桥镇合并设立衡龙桥镇（镇人民政府驻衡龙桥）；将岳家桥镇的1建制村划归衡龙桥镇管辖；樊家庙乡和泥江口镇合并设立泥江口镇（镇人民政府驻泥江口）；凤凰湖乡和笔架山乡合并设立笔架山乡（乡人民政府驻张家塘）；黄泥湖乡与会龙桥街道办事处合并设立会龙山街道办事处（办事处机关驻会龙山）。

3. 南县

荷花嘴乡和南洲镇合并设立南洲镇（镇人民政府驻新颜）；河口乡和华阁镇合并设立华阁镇（镇人民政府驻复兴港）；八百弓乡、三岔河乡和茅草街镇合并设立茅草街镇（镇人民政府驻茅草街）；下柴市乡和三仙湖镇合并设立三仙湖镇（镇人民政府驻陈子湖）；游港乡和中鱼口乡合并设立中鱼口乡（乡人民政府驻班嘴）；北河口乡和麻河口镇合并设立麻河口镇（镇人民政府驻麻河口）；浪拔湖乡和牧鹿湖乡合并设立浪拔湖乡（乡人民政府驻浪拔湖）。

4. 沅江市

双丰乡、北大乡、南大膳镇合并设立南大膳镇（镇人民政府驻南大膳）；志成乡、黄茅洲镇合并设立黄茅洲镇（镇人民政府驻塞波嘴）；熙和乡、大同乡与草尾镇合并设立草尾镇（镇人民政府驻再附垸）；七子浃乡与阳罗洲镇合并设立阳罗洲镇（镇人民政府驻阳罗洲）；将净下洲农场并入泗湖山镇；白沙乡、新华乡、共华镇合并设立共华镇（镇人民政府驻黄土包）；竹莲乡、三眼塘镇合并设立三眼塘镇（镇人民政府驻洋海村）；山巷口、马公铺和团山3个街道办事处合并设立琼湖街道办事处（办事处机关驻腰塘基）；庆云山和凌云塔2个街道办事处合并设立庆云山街道办事处（办事处机关驻衙门口）。

5.安化县

撤销滔溪乡设立滔溪镇；栗林乡和梅城镇合并设立梅城镇(镇人民政府驻梅城)；东山乡和大福镇合并设立大福镇(镇人民政府驻大福坪)；苍场乡和马路镇合并设立马路镇(镇人民政府驻马路口)；木子乡、杨林乡和东坪镇合并设立东坪镇(镇人民政府驻解放街)；洞市乡和江南镇合并设立江南镇(镇人民政府驻江南)。

6.桃江县

花果山乡、牛潭河乡和桃花江镇合并设立桃花江镇(镇人民政府驻资江路)；河溪水乡、源嘉桥镇和灰山港镇合并设立灰山港镇(镇人民政府驻灰山港)；罗家坪乡和武潭镇合并设立武潭镇(镇人民政府驻武潭)；泗里河乡和马迹塘镇合并设立马迹塘镇(镇人民政府驻马迹塘)；乌旗山乡和三堂街镇合并设立三堂街镇(镇人民政府驻三堂街)；栗山河乡和大栗港镇合并设立大栗港镇(镇人民政府驻杨家嘴)；水口山乡和浮邱山乡合并设立浮邱山乡(乡人民政府驻人形山)。

三、岳阳市

1.湘阴县

濠河口镇、南阳镇、古塘乡、湘临乡合并设立城西镇(镇人民政府驻东闸)；白马寺镇、洞庭围镇、临资口镇、柳潭乡合并设立湘滨镇(镇人民政府驻和平闸)；新泉寺镇、凤南乡、关公潭乡、车马乡、西林乡合并设立新泉镇(镇人民政府驻新泉寺)；铁角嘴镇、躲凤亭乡、东港乡、茶湖潭乡合并设立岭北镇(镇人民政府驻铁角嘴)。

2.华容县

塔石驿镇、洪山头镇、东山镇合并设立东山镇(镇政府驻地三郎堰)。

四、株洲市

1.荷塘区

撤销荷塘铺乡，将其8个建制村划入宋家桥街道办事处，其余5个建制村划入明照乡；将明照乡的1个建制村划入宋家桥街道办事处，2个建制村划入仙庾镇；设立金山、桂花2个街道办事处。

2.芦淞区

撤销建宁乡和曲尺乡，将建宁乡的1个建制村划入五里墩乡，其余6个建制村连同曲尺乡的6个建制村一并划入建宁街道办事处；设立庆云、枫溪、龙泉3个街道办事处(办事处机关分别驻谭家塅、坚固、高家坳)。

3.石峰区

撤销白马乡，将其5个建制村划入清水塘街道办事处，7个建制村划入响石岭街道办事处，其余3个建制村划入田心街道办事处；将龙头铺镇的5个建制村划入田心街道办事处；设立塘湾、井龙2个街道办事处。

4.天元区

马家河镇4个建制村和1个社区居委会划入泰山路街道办事处；设立栗雨街道办事处(办事处机关驻栗雨工业园)。

5.株洲县

长冲乡、太湖乡合并设立太湖乡(乡人民政府驻桐子坡)；八斗乡、淦田镇合并设立淦田镇(镇人民政府驻淦田)；大京乡、白关镇合并设立白关镇(镇人民政府驻白关铺)；朱亭镇人民政府驻地由福祖桥迁移至场坪。

6.醴陵市

大林乡与东堡乡合并设立东堡乡(乡人民政府驻黄土坳)；均楚镇、军山乡、高桥乡合并设立均楚镇(镇人民政府驻均楚)；东富镇与枧头洲乡合并设立东富镇(镇人民政府驻岔路口)；石亭镇与长岭乡合并设立石亭镇(镇人民政府驻石亭)；茶山镇与栗山坝镇合并设立栗山坝镇(镇人民政府驻茶山)；撤销黄沙乡、板杉乡、八步桥乡、转步乡、马恋镇，将转步乡8个建制村和神福港镇合并设立神福港镇(镇人民政府驻神福港)，将板杉乡18个建制村、转步乡1个建制村和八步桥乡合并设立板杉乡(乡人民政府驻长坡口)，板杉乡其余4个建制村划入黄泥坳街道办事处，转步乡1个建制村划入西山街道办事处，将黄沙乡的2个建制村划入东堡乡，4个建制村划入王坊镇，6个建制村划入王仙镇，其余2个建制村划入阳三街道办事处，将马恋镇的1个建制村划入均楚镇，14个建制村2个居委会划入大障镇，其余2个建制村划入嘉树乡。

7.攸县

兰村乡与黄丰桥镇合并设立黄丰桥镇(镇人民政府驻黄丰桥)；鸾山镇与漕泊乡合并设立鸾山镇(镇人民政府驻陶坪)；大桥乡与丫江桥镇合并设立丫江桥镇(镇人民政府驻丫江桥)；沙陵陂乡与上云桥镇(2个建制村除外)合并设立上云桥镇(镇人民政府驻枫岭)；凉

江乡与莲塘坳乡合并设立莲搪坳乡（乡人民政府驻同联）；鸭塘铺乡1个建制村及上云桥镇2个建制村划入城关镇。

8.茶陵县

小田乡与秩堂乡合并设立秩堂乡（乡人民政府驻彭家祠）；江口乡与桃坑乡合并设立桃坑乡（乡人民政府驻坑口圩）；红色农场区域划入火田镇的行政区域。

五、衡阳市

衡山县

开云镇与师古乡合并设立开云镇（镇人民政府驻赵家大屋）。

六、郴州市

桂阳县

城关镇人民政府驻地由西正街36号迁移至八字塘。

七、永州市

江华县

沱江镇人民政府驻地由城南村江华文庙迁移至百家尾村舒家山；码市镇人民政府驻地由菜园省迁移至湖南路十三道。

八、怀化市

沅陵县

撤销乌宿、太常村、麻溪铺、凉水井、官庄、麻伊洑、北溶、军大坪8个区公所；池坪、坳坪、竹园3个乡合并设立荔溪乡（乡人民政府驻坳坪）；七甲溪乡与大合坪乡合并设立大合坪乡（乡人民政府驻大合坪）；栗坡乡、太常乡合并设立太常乡（乡人民政府驻立新）；白田乡、沅陵镇合并设立沅陵镇（镇人民政府驻沅陵镇体育路4号）；高砌头乡、明溪口镇合并设立明溪口镇（镇人民政府驻高砌头）；渭溪乡、张家滩乡、张家坪乡、凉水井镇合并设立凉水井镇（镇人民政府驻凉水井）；长界乡、马底驿乡合并设立马底驿乡（乡人民政府驻马底驿）；落坪乡、北溶乡合并设立北溶乡（乡人民政府驻朱红溪）；洞溪乡、七甲坪镇合并设立七甲坪镇（镇人民政府驻七甲坪）；棋坪苗族乡、清水坪苗族乡、二酉乡合并设立二酉苗族乡（乡人民政府驻乌宿）；用坪乡、筲箕湾镇合并设立筲箕湾镇（镇人民政府驻筲箕湾）；荔枝溪乡、官庄镇合并设立官庄镇（镇人民政府驻官庄）；丑溪口乡更名为盘古乡；撤销舒溪口乡、黄壤坪乡和高坪乡，将舒溪口乡3个建制村划入筲箕湾镇，其余14个建制村划入盘古乡，将黄壤坪乡7个建制村划入官庄镇，其余3个建制村划入五强溪镇，将高坪乡11个建制村划入清浪乡，其余2个建制村划入五强溪镇。

九、湘西州

1.吉首市

撤销吉首乡、万溶江乡，将吉首乡3个建制村划入石家冲街道办事处，2个建制村划入红旗门街道办事处，其余16个建制村划入峒河街道办事处，将万溶江乡行政区域划归乾州街道办事处管辖。

2.凤凰县

齐良桥乡、沱江镇合并设立沱江镇（镇人民政府驻凤凰路）；黄合乡、阿拉营镇合并设立阿拉营镇（镇人民政府驻阿拉营）；桥溪口乡、木江坪镇合并设立木江坪镇（镇人民政府驻木江坪）；板畔乡、山江镇合并设立山江镇（镇人民政府驻山江）；火炉坪乡、两头羊乡、吉信镇合并设立吉信镇（镇人民政府驻吉信）；撤销大田乡，将其2个建制村划入吉信镇，其余5个建制村划入三拱桥乡；将木里乡1个建制村划入吉信镇。

3.泸溪县

长坪乡、浦市镇合并设立浦市镇（镇人民政府驻浦阳南路）；踏虎乡、合水镇合并设立合水镇（镇人民政府驻合水）；撤销上堡乡、李家田乡，将上堡乡12个建制村以及李家田乡2个建制村划入武溪镇，上堡乡其余4个建制村以及李家田乡2个建制村划入白沙镇，将李家田乡6个建制村划入浦市镇，其余1个建制村划入洗溪镇。

4.保靖县

梅花乡、龙溪乡、迁陵镇合并设立迁陵镇（镇人民政府驻政兴路9号）；马王乡、清水坪镇合并设立清水坪镇（镇人民政府驻清水坪）；隆头乡、比耳镇合并设立比耳镇（镇人民政府驻比耳）；簸箕乡、毛沟镇合并设立毛沟镇（镇人民政府驻毛沟寨）；仙仁乡、阳朝乡合并设立阳朝乡（乡人民政府驻阳朝）；中心乡、水田河镇合并设立水田河镇（镇人民政府驻水田河）；堂朗乡、葫芦镇合并设立葫芦镇（镇人民政府驻葫芦寨）；昂洞乡、拔茅乡合并设立碗米坡乡，并撤乡设镇（镇人民政府驻拔茅寨）。

5.龙山县

撤销民安镇、华塘乡、新城乡，设立民安、华塘、新城3个街道办事处(办事处机关分别驻湘鄂路、杜家院子、新城坳)；比溪乡、茨岩塘镇合并设立茨岩塘镇(镇人民政府驻茨岩塘)；西湖乡、红岩溪镇合并设立红岩溪镇(镇人民政府驻红岩溪)；坡脚乡、靛房镇合并设立靛房镇(镇人民政府驻靛房)；凤溪乡、苗儿滩镇合并设立苗儿滩镇(镇人民政府驻苗儿滩)；八面乡、长潭乡、岩冲乡、里耶镇合并设立里耶镇(镇人民政府驻里耶)；火岩乡、桂塘镇合并设立桂塘镇(镇人民政府驻桂塘坝)；辽叶乡、瓦房乡、召市镇合并设立召市镇(镇人民政府驻招头寨)；水沙坪乡、茅坪乡合并设立茅坪乡(乡人民政府驻茅坪)；撤销干溪乡、猛西乡，将干溪乡8个建制村以及猛西乡1个建制村划入洗车河镇，干溪乡其余1个建制村划入农车乡，猛西乡其余8个建制村划入洛塔乡。

6.花垣县

茶峒镇更名为边城镇；大龙洞乡、补抽乡合并设立补抽乡(乡人民政府驻大哨)；大河坪乡、边城镇合并设立边城镇(镇人民政府驻小桥)；窝勺乡、花垣镇合并设立花垣镇(镇人民政府驻登高楼)。

7.古丈县

城关乡、古阳镇合并设立古阳镇(镇人民政府驻古丈坪)；岩头寨乡、草潭乡、野竹乡合并设立岩头寨乡(乡人民政府驻野竹坪)；茄通乡、河西镇合并设立红石林镇(镇人民政府驻白鹤湾)；设立高望界乡(乡人民政府驻高望界)。

8.永顺县

柏杨乡、泽家镇合并设立泽家镇(镇人民政府驻泽家湖)；和平乡、大坝乡合并设立大坝乡(乡人民政府驻金星)；新寨乡、颗砂乡合并设立颗砂乡(乡人民政府驻颗砂)；羊峰乡、大明乡、石堤镇合并设立石堤镇(镇人民政府驻石堤西)；杉木乡、龙寨镇合并设立万坪镇(镇人民政府驻龙家寨)；仓坪乡、塔卧镇合并设立塔卧镇(镇人民政府驻塔卧)；官坝乡、桃子溪乡、砂坝镇合并设立砂坝镇(镇人民政府驻砂坝)；连洞乡、灵溪镇合并设立灵溪镇(镇人民政府驻府正街)；撤销万福乡、麻岔乡、保坪乡、西米乡、三家田乡，将万福乡3个建制村划入勺哈乡，4个建制村划入万坪镇，其余4个建制村划入吊井乡，将麻岔乡3个建制村划入灵溪镇，其余12个建制村划入石堤镇，将保坪乡2个建制村划入松柏乡，其余5个建制村划入王村镇，将西米乡2个建制村划入松柏乡，其余8个建制村划入高坪乡，将三家田乡2个建制村划入砂坝镇，其余8个建制村划入塔卧镇，将吊井乡1个建制村划入灵溪镇，将高坪乡1个建制村划入王村镇。

广东省

一、广州

花都区：撤销北兴镇、花侨镇、并入花东镇；撤销芙蓉镇，并入狮岭镇；撤销新华镇，设立新华街道办事处。番禺区：撤销灵山镇，分别并入榄核镇、大岗镇、东涌镇；撤销鱼窝头镇，并入东涌镇；将大石街道办事处分设为大石、洛浦2个街道办事处；钟村街道办事处分设为钟村、石壁2个街道办事处。

二、佛山

高明区：撤销富湾镇、荷城街道办事处、三洲街道办事处、西安街道办事处(除崇步村委会、潭土朗村委会、新岗村委会、苗迳村委会外)设立荷城街道办事处；撤销杨梅镇、人和镇，设立杨和镇；撤销合水镇、更楼镇，合并设立更合镇(除更楼镇罗稳村委会外)；将原更楼镇罗稳村委会和原西安街道办事处崇步村委会、潭土朗村委会、新岗村委会、苗迳村委会划入明城镇。

三、韶关

南雄市：撤销梅岭镇，并入珠玑镇；撤销黎口镇，并入雄州镇；撤销雄州镇，设立雄州街道办事处。始兴县：撤销江口镇；并入太平镇；撤销都亨乡，并入罗坝镇。新丰县：撤销丰城镇，设置丰城街道办事处；撤销小正镇，并入梅坑镇；撤销大席镇、石角镇，并入马头镇。乳源瑶族自治县：撤销侯公渡镇，并入乳城镇；撤销古母水镇，并入洛阳镇；撤销龙南镇，并入东坪镇；撤销红云镇，并入大桥镇；撤销柳坑镇，并入游溪镇；从桂头镇划出方洞村委会并入必背镇。

四、惠州

惠城区：撤销小金口镇，设立小金口街道办事处；撤销矮陂镇、大岚镇，并入横沥镇。龙门县：撤销沙迳镇，并入龙华镇；撤销路溪镇，并入龙江镇；撤销龙城镇，设立龙城街道办事处，并将原王坪镇王坪居委会和青溪、戴屋、樟潭、黄溪、鸬鹚、横田、城西、王坪、花围、陈村、黄竹沥、江厦、三洞等13个村委会划入龙城街道办事处；王坪镇更名为龙田镇。惠东县：撤销平山镇，设立平山街道办事处，并将原大岭镇蕉田居委会和陈塘、碧山、坣陂、光明、谭公、鹤楼、下联、星合、大布、六德、三联等11个村委会划归平山街道办事处管辖；撤销黄埠镇、盐洲镇，并入吉隆镇；撤销港口镇，并入平海镇；撤销马山镇，并入宝口镇；撤销新庵镇，并入白盆珠镇；撤销增光镇，并入多祝镇；撤销松坑镇，将元岭、河南、河北、上村、石溪、大径6个村委会并入多祝镇，白沙村委会并入安墩镇。博罗县：撤销横河镇，并入长宁镇；撤销响水镇，并入湖镇镇。

五、中山

撤销五桂山镇，设立五桂山街道办事处。

六、江门

新会区：撤销会城镇，设立会城街道办事处。开平市：撤销沙冈街道办事处，并入水口镇。

七、湛江

徐闻县：撤销徐城镇，设立徐城街道办事处。

八、茂名

信宜市：撤销东镇镇，设立东镇街道办事处。

九、肇庆

德庆县撤销德城镇，设立德城街道办事处。

十、云浮

罗定市扶合镇更名为龙湾镇。

广西壮族自治区

广西玉林市兴业县撤销卖酒乡，改为卖酒镇。

重庆市

一、北碚区

撤镇2个，由14个镇、5个街道调整为12个镇、5个街道。

二、渝北区

新设2个街道，由22个镇、6个街道调整为22个镇、8个街道。

三、万州区

撤乡1个，由14个乡、28个镇、11个街道调整为13个乡、28个镇、11个街道。

四、合川市

撤镇9个，由36个镇、3个街道调整为27个镇、3个街道。

五、开县

撤乡14个、镇7个，新设街道4个，由27个乡、28个镇调整为13个乡、21个镇、4个街道。

六、巫溪县

撤乡27个，由47个乡、10个镇调整为20个乡、10个镇。

七、巫山县

撤乡15个，由30个乡、11个镇调整为15个乡、11个镇。

四川省

一、成都市

1.新都区

将斑竹园镇的回南、檀木2村和龙桥镇的瑞云、笔架2村所属行政区域划归新繁镇管辖。

2.青白江区

龙王镇的新谊、双柏、黄果、园林、石桩、长林6个村和龙泉驿区黄土镇的回龙村、金三角社区所属的行政区域划归新都区石板滩镇管辖。石板滩镇人民政府驻石板滩场镇东风西街66号。

3.双流县

撤销白家镇、文星镇，原来两镇所属的行政区域实行街道办事处管理体制。

二、广元市

1.市中区

撤销洞水乡建制，将原洞水乡所属行政区域并入金洞乡。

2.青川县

洞水乡划归广元市市中区管辖。

3.苍溪县

撤销东溪、文昌、歧坪、元坝、五龙、龙山、三川、东青、城郊9个办事处。撤销五里、六槐、寨山、马桑、茶店、伏公、两河、天观、店子、张王、金壁、南阳、万安、烟峰、文林、土鲤、田菜、双石、双田、白岩、鞍子、金斗、柏杨等23个乡和江南、王渡2个镇。将原江南镇和六槐、茶店2个乡所属行政区域并入陵江镇。陵江镇人民政府驻烟丛寺。将原王渡镇和五里乡所属行政区域并入云峰镇。云峰镇人民政府驻烟峰楼。将原寨山乡所属行政区域并入东青镇。东青镇人民政府驻东青场。将原两河乡所属行政区域并入龙王镇。龙王镇人民政府驻龙王场。将原马桑乡所属行政区域并入白桥镇。白桥镇人民政府驻白桥坝。将原天观乡所属行政区域并入三川镇。三川镇人民政府驻三川寺。将原店子、张王、金壁3个乡所属行政区域并入元坝镇。元坝镇人民政府驻元坝场。将原南阳乡所属行政区域并入歧坪镇。歧坪镇人民政府驻歧坪场。将原万安乡所属行政区域并入白驿镇。白驿镇人民政府驻白庙场。将原土鲤乡所属行政区域并入漓江镇。漓江镇人民政府驻漓江场。将原田菜、双田2个乡所属行政区域并入东溪镇。东溪镇人民政府驻东溪场。将原双石乡所属行政区域并入高坡镇。高坡镇人民政府驻高坡场。将原白岩乡所属行政区域并入文昌镇。文昌镇人民政府驻文昌场。将原文林乡所属行政区域并入岳东镇。岳东镇人民政府驻岳东场。将原鞍子、金斗、柏杨3个乡所属行政区域并入龙山镇。龙山镇人民政府驻龙山场。将原白鹤乡柳池村第四、五、六村民小组所属的行政区域并入石门乡。石门乡人民政府驻石门场。将原伏公乡所属行政区域并入白鹤乡。白鹤乡人民政府驻白鹤铺。将原烟峰乡所属行政区域并入月山乡。月山乡人民政府驻姚家坪。

三、南充市

1.顺庆区

撤销舞凤、华凤、新建3个镇建制，原来三个镇所属行政区域实行街道办事处管理体制。

2.阆中市

撤销护垭、构溪、狮子、土垭、龙坪、护山、红土、大庆、共和、扶农、双庙、大垭、盘马、元山、井溪、云台、裕华、小垭、田公、金鱼、裕农、高观、石子23个乡和七里镇、东苑街道办事处。新设七里街道办事处，辖原七里镇所属行政区域。办事处驻张公桥。扩大17个乡镇和2个街道办事处的行政区域。将原土垭、龙坪2个乡所属行政区域并入老观镇。老观镇人民政府驻老观场。将原护垭乡所属行政区域并入望垭镇。望垭镇人民政府驻望垭口。将原构溪乡所属行政区域并入龙泉镇。龙泉镇人民政府驻双合场。将原狮子乡所属行政区域并入千佛镇。千佛镇人民政府驻千佛场。将原红土乡所属行政区域并入二龙镇。二龙镇人民政府驻二龙场。将原大庆、共和2个乡所属行政区域并入妙高镇。妙高镇人民政府驻妙高楼。将原元山乡所属行政区域并入洪山镇。洪山镇人民政府驻洪山场。将原扶农乡所属行政区域并入河溪镇。河溪镇人民政府驻河溪关。将原盘马乡所属行政区域并入水观镇。水观镇人民政府驻水观音。将原大垭乡所属行政区域并入金垭镇。金垭镇人民政府驻金垭场。将原云台乡所属行政区域并入文成镇。文成镇人民政府驻滥泥沟。将原井溪乡所属行政区域并入东兴乡。东兴乡人民政府驻鱼鉴子。将原裕华、田公2个乡所属行政区域并入江南镇。江南镇人民政府驻南津关。将原小垭乡所属行政区域并入思依镇。思依镇人民政府驻思依场。将原高观、金鱼、裕农3个乡所属行政区域并入柏垭镇。柏垭镇人民政府驻柏垭子。将原护山乡所属行政区域并入凉水乡。凉水乡人民政府驻凉水井。将原双庙乡所属行政区域并入五马乡。五马乡人民政府驻陈家沟。将原石子乡所属行政区域并入沙溪街道办事处。沙溪街道办事处驻张飞北路。将原东苑街道办事处所属行政区域并入保宁街道办事处。保宁街道办事处驻西园街。

四、乐山市

马边县

撤销铁觉、温水凼、水碾坝、先家普、涉水坝、瓦侯库、白家塆、二坪、靛兰坝9个乡建制。将水碾坝乡及建设乡的东光、光明、永乐、红旗4个村，劳动乡的星火村所属的行政区域并入民建镇。民建镇人民政府驻华西大道。将铁觉乡所属的行政区域并入高卓营乡。高卓营乡人民政府驻高卓营。将温水凼乡所属的行政区域并入雪口山乡。雪口山乡人民政府驻雪口山。将先家普、涉水坝2个乡所属的行政区域并入三河口乡。三河口乡人民政府驻三河口。将瓦侯库乡所属的行政区域并入梅子坝乡。梅子坝乡人民政府驻阿吉觉坝。将白家塆乡所属的行政区域并入烟峰乡。烟峰乡人民政府驻烟峰。将二坪乡所属的行政区域并入沙腔乡。沙腔乡人民政府驻鄢家雕。将靛兰坝乡所属的行政区域并入莜坝乡。莜坝乡人民政府驻莜坝。

五、泸州市

江阳区

撤销邻玉、蓝田、茜草3个镇及华阳乡建制，对其原所属行政区域实行街道办事处管理体制。

六、宜宾市

高县

撤销翻身、仁爱、腾龙、白庙、贾村5个乡建制。扩大4个乡镇行政区域。将原翻身乡所属行政区域并入庆符镇。庆符镇人民政府驻连心街。将原腾龙、白庙、仁爱3个乡所属行政区域并入文江镇。文江镇人民政府驻怀仁路。将原贾村乡所属行政区域并入四烈乡。四烈乡人民政府驻玉皇楼。将原文江镇所辖的新寨、前峰、福健、阳红、花红、湾滩6个村所属行政区域并入落润乡。落润乡人民政府驻落润坎。

七、攀枝花市

盐边县

撤销金河、新民、红民彝族、花椒箐彝族、红坭、太田、林海彝族、龙胜彝族、力马、新坪、箐河、择木龙彝族、江西、强胜、高坪彝族、洼落彝族等16个乡。红宝苗族乡改建为红宝苗族彝族乡。鳡鱼乡改建为鳡鱼彝族乡。将原红民彝族、花椒箐彝族、红坭3个乡及原金河乡的三滩村所属行政区域,合并设置红果彝族乡。红果彝族乡政府驻红果。将原金河乡除三滩村外的所属行政区域并入桐子林镇。桐子林镇政府驻大坪地。将原新民乡所属行政区域并入益民乡。益民乡政府驻长坪村。将原太田乡除红旗村的核桃坪组,及原林海彝族乡除大村子村外的所属行政区域并入共和乡。共和乡政府驻缺马田。将原龙胜彝族、力马2个乡及原林海彝族乡的大村子村、渔门镇的岔河村所属行政区域并入鳡鱼彝族乡。鳡鱼彝族乡政府驻安家坪。将原新坪乡除核桃箐村外的所属行政区域并入国胜乡。国胜乡政府驻毕苴芦。将原箐河乡所属行政区域并入箐河傈僳族乡。箐河傈僳族乡政府驻垭口。将原择木龙彝族乡及原新坪乡的核桃箐村、原太田乡红旗村的核桃坪组所属行政区域并入红宝苗族彝族乡。红宝苗族彝族乡政府驻张家坪子。将原江西、强胜2个乡及原岩门傈僳族乡的虎鼻村所属行政区域并入永兴镇。永兴镇政府驻喇撒田。将原高坪彝族乡高坪村的红星、红旗2个组所属行政区域并入惠民乡。惠民乡政府驻长官司。将原高坪彝族乡除高坪村红星、红旗2个组外的所属行政区域并入渔门镇。渔门镇政府驻桑园。将原洼落彝族乡所属行政区域并入格萨拉彝族乡。格萨拉彝族乡政府驻大坪子。

八、巴中市

1.巴州区

原由市县批准设置的清江、曾口、鼎山、玉山、茶坝、花丛、渔溪、恩阳、平梁、化成、雪山11个片区工委办事处及巴州镇东城、西城、宕梁、江北、城守5个办事处应予以撤销。撤销玉堂、奇章、中兴、白云、甘泉、店子、芦山、果敢、金山、独柏、同乐、天官、双凤、乐丰、镇庙、来龙、磨子、和平场、酒店、司城、明扬、青山、福星、东兴场、金光、柳岗、石门、南阳28个乡镇。扩大17个乡镇的行政区域。将巴州镇所辖的大东、鼓楼、北门、南龛、白马井、草坝、回风、南坝、佛阳、龙泉、江北、北云台、红岩河13个社区居委会和西华、大溪、大佛寺、西龛、龙蛇坝、插旗山、杨坝、中坝、北龛寺、后河10个村的行政区域划出,成立4个街道办事处,由你市人民政府按程序自行审批;巴州镇所辖剩余部分行政区域,将原石门、白云和玉堂3个乡所属的行政区域并入,镇人民政府驻檬子河。将原奇章、中兴2个乡所属的行政区域并入清江镇,镇人民政府驻清江渡。将原店子、芦山、甘泉3个乡所属的行政区域并入曾口镇,镇人民政府驻曾口场。将原独柏乡所属的行政区域并入梁永镇,镇人民政府驻梁永河。将原果敢乡所属的行政区域并入鼎山镇,镇人民政府驻鼎山场。将原同乐、金山、双凤3个乡所属的行政区域并入玉山镇,镇人民政府驻玉山场。将原天官乡所属的行政区域并入关公乡,乡人民政府驻关公场。将原乐丰乡所属的行政区域并入观音井镇,镇人民政府驻观音井。将原镇庙乡所属的行政区域并入花丛镇,镇人民政府驻花丛场。将原来龙乡所属的的行政区域并入柳林镇,镇人民政府驻柳林铺。将原磨子乡所属的行政区域并入下八庙镇,镇人民政府驻下八庙场。将原和平场、酒店2个乡所属的行政区域并入渔溪镇,镇人民政府驻渔溪寺。将原明扬、司城2个乡所属的行政区域并入恩阳镇,镇人民政府驻恩阳场。将原青山、福星、东兴场3个乡所属的行政区域并入平梁乡,乡人民政府驻断垭场。将原金光乡所属的行政区域并入化成镇,镇人民政府驻化成场。将南阳乡所属的行政区域并入寺岭乡,乡人民政府驻寺岭场。将原柳岗乡所属的行政区域并入梓橦庙乡,乡人民政府驻梓橦庙。

2.通江县

原由市县批准设置的诺江镇的街道、赤江、苗南、城东、城西5个办事处和诺水河镇的楼子、新潮2个办事处应予以撤销。撤销长兴、太平、石庙、梓潼、跑马、曲滨、新建、药洪、俞家河、长乐、中林、盐井、凉风垭、浴溪、药铺、长胜、碧溪、会家、钟凤、什字、新文、檬坝、砥坝、临江24个乡和平溪镇。扩大22个乡镇的行政区域。将原平溪镇和临江乡所属的行政区域并入诺水河镇,镇人民政府驻平溪坝。将原长兴乡所属的行政区域并入民胜镇,镇人民政府驻民胜。将原石庙、梓潼2个乡所属的行政区域并入广纳镇,镇人民政府驻老官庙。将原跑马、曲滨2个乡所属的行政区域并入铁佛镇,镇人民政府驻铁佛。将原药洪乡所属的行政区域并入至诚镇,镇人民政府驻沙坝子。将原盐井乡所属的行政区域并入沙溪镇,镇人民政府驻沙溪嘴。将原长胜乡所属的行政区域并入瓦室镇,镇人民政府驻瓦室铺。将原碧溪乡所属的行政区域并入永安镇,镇人民政府驻永安场。将原什字乡所属的行政区域并入铁溪镇,镇人民政府驻铁溪。将原太平乡所属的行政区域并入杨柏乡,乡人民政府驻杨柏河。将原俞家河乡所属的行政区域并入芝苞乡,乡人民政府驻芝苞口。将原长乐乡所属的行政区域并入龙凤场乡,乡人民政府驻龙凤场。将原中林乡所属的行政区域并入松溪乡,乡人民政府驻松溪口。将原凉风垭乡所属的行政区域并入胜利乡,乡人民政府驻凉风垭。将原药铺乡所属的行政区域并入毛浴乡,乡人民政府驻毛浴。将原浴溪乡所属的行政区域并入兴隆乡,乡人民政府驻兴隆场。将原钟凤乡所属的行政区域并入烟溪乡,乡人民政府驻烟溪场。将原新文乡所属的行政区域并入长坪乡,乡人民政府驻长坪。将原檬坝乡所属的行政区域并入两河口乡,乡人民政府驻两河口。将原砥坝乡所属的行政区域并入板桥口乡,乡人民政府驻板桥口。将原会家乡所属的行政区域并入沙坪乡,乡人民政府驻沙坪。将原新建乡所属的行政区域并入春在乡,乡人民政府驻春在。

3.南江县

原由市县批准设置的小河、沙河、长赤、正直、下两、大河、赶场、贵民、上两、杨坝片区的10个办事处和南江镇的城郊、城区2个办事处应予以撤销。撤销碾盘、水洞、石矿、桥坝、金盆、红顶、竹岭、红五、九顶、花桥、菩船、凉水、东垭、长征、瓦池、白院、旭光、沙滩、红星、新立、西清、玉泉、光明、甘溪、新民25个乡。扩大23个乡镇的行政区域。将原碾盘、水洞2个乡所属的行政区域并入南江镇。南江镇人民政府驻文星路54号。将原石矿、桥坝2个乡所属的行政区域并入东榆镇。东榆镇人民政府驻东榆街道。将原红顶、竹岭2个乡所属的行政区域并入长赤镇。长赤镇人民政府驻长赤街道。将原花桥乡所属的行政区域并入正直镇。正直镇人民政府驻正直街道。将原东垭乡所属的行政区域并入下两镇。下两镇人民政府驻下两街道。将原白院乡所属的行政区域并入大河镇。大河镇人民政府驻大河街道。原桃园镇更名为光雾山镇,并将原新民、光明、寨坡、关坝、玉泉5个乡境内的国有林场部分及关坝乡石羊村七组所属的行政区域并入光雾山镇。光雾山镇人民政府驻桃园街道。将原旭光乡所属的行政区域并入赶场镇。赶场镇人民政府驻赶场街道。将原新民乡除国有林场外所属的行政区域并入杨坝镇。杨坝镇人民政府驻杨坝街道。将原金盆乡所属的行政区域并入高塔乡。高塔乡人民政府驻高塔街道。将原红五乡所属的行政区域并入天池乡。天池乡人民政府驻天池街道。将原九顶乡所属的行政区域并入侯家乡。侯家乡人民政府驻侯家街道。将原菩船乡所属的行政区域并入双流乡。双流乡人民政府驻双流街道。将原凉水乡所属的行政区域并入元潭乡。元潭乡人民政府驻元潭街道。将原长征乡所属的行政区域并入仁和乡。仁和乡人民政府驻仁和街道。将原瓦池乡所属的行政区域并入兴马乡。兴马乡人民政府驻兴马街道。将原沙滩乡所属的行政区域并入桥亭乡。桥亭乡人民政府驻桥亭街道。将原红星乡所属的行政区域并入贵民乡。贵民乡人民政府驻贵民街道。将原新立乡所属的行政区域并入柳湾乡。柳湾乡人民政府驻长滩河。将原西清乡所属的行政区域并入沙坝乡。沙坝乡人民政府驻沙坝街道。将原光明乡除国有林场外所属的行政区域并入上两乡。上两乡人民政府驻上两街道。将原玉泉乡除国有林场外所属的行政区域并入关坝乡。关坝乡人民政府驻关坝街道。将原甘溪乡所属的行政区域并入流坝乡。流坝乡人民政府驻流坝街道。

九、达州市

宣汉县

撤销昆池镇建制,将原所属行政区域并入南坝镇。南坝镇人民政府驻南坝圣墩东路。龙泉乡改建为龙泉土家族乡,辖原龙泉乡所属行政区域,乡人民政府驻河口。渡口乡改建为渡口土家族乡,辖原渡口乡所属行政区域,乡人民政府驻青龙场。三墩乡改建为三墩土家族乡,辖原三墩乡所属行政区域，乡人民政府驻三墩坡。漆树乡改建为漆树土家族乡，辖原漆树乡所属行政区域，乡人民政府驻老厂。

十、资阳市

雁江区

将松涛镇所属的小堰、二堰、石厂、前进、顺河、燕山、周祠、石梯、雁家、进仕、新堰、双槐、河心、花椒、响水15个村所属行政区域划归雁江镇管辖。雁江镇人民政府驻地由水巷子迁至刘家湾。调整后的松涛镇管辖红岩、桐子、杜家桥、柏树、同合、盐井溪、团宝、金滩、书台、长寿、歇马、溜马、五显、高岩、宰山、马兵、八愣、侯家坪等18个村和侯家坪社区、红岩子社区。镇人民政府驻地由凤岭路迁至侯家坪。将雁江镇所属的城北、莲花、资溪3个村和雁中、雁北、向阳、观音阁、火车站、海川、双龙井、九眼桥、河堰嘴、三贤祠、爱国、桥亭子、八角井、鸿丰、黄泥井、九曲河、桂花井、师园、雁南、南骏、西门桥21个社区和松涛镇所属的狮子山社区、槐树村的行政区域划出，同中国南车集团资阳机车厂合并设立莲花、三贤祠、资溪、狮子山4个街道办事处。

十一、眉山市

1.东坡区

撤销郑军、正山口、晋凤、三苏、黄家、龙兴、莲花7个乡和张坎、罗平2个镇。扩大9个乡镇的行政区域。将原郑军乡所属行政区域并入多悦镇。多悦镇人民政府驻多悦场。将原正山口乡所属行政区域并入秦家镇。秦家镇人民政府驻秦家墩。将原晋凤乡所属行政区域并入盘鳌乡。盘鳌乡人民政府驻盘鳌场。将原三苏乡所属行政区域并入伏东乡，伏东乡更名为三苏乡。新的三苏乡人民政府驻伏龙场。将原黄家乡所属行政区域并入崇仁镇。崇仁镇人民政府驻张场。将原龙兴乡所属行政区域并入修文镇。修文镇人民政府驻冬瓜场。将原莲花乡所属行政区域并入思蒙镇。思蒙镇人民政府驻思蒙场。将原张坎镇所属行政区域并入松江镇。松江镇人民政府驻眉青路口。将原罗平镇所属行政区域并入永寿镇。永寿镇人民政府驻王家场。

2.洪雅县

撤销新庙、符场、金釜、联合、柳新、天宫、赵河、吴河、张村9个乡和槽渔滩镇。扩大8个镇的行政区域。将原新庙乡所属行政区域并入洪川镇。洪川镇人民政府驻洪川。将原符场、金釜2个乡所属行政区域并入余坪镇。余坪镇人民政府驻余坪。将原柳新、天宫2个乡所属行政区域并入东岳镇。东岳镇人民政府驻东岳场。将原赵河乡所属行政区域并入柳江镇。柳江镇人民政府驻柳江场。将原吴河乡所属行政区域并入高庙镇。高庙镇人民政府驻高庙。将原张村乡所属行政区域并入瓦屋山镇。瓦屋山镇人民政府驻吴庄。将原联合乡所属行政区域并入中保镇。中保镇人民政府驻中保。将原槽渔滩镇所属行政区域并入罗坝镇。罗坝镇更名为槽渔滩镇。槽渔滩镇人民政府驻罗坝。

3.青神县

撤销青城、青竹、天池、天庙、瓮家、罗弯、观金、桂花8个乡。扩大6个乡镇的行政区域。将原青城乡所属行政区域并入青城镇。青城镇人民政府驻盐关路3号。将原青竹乡所属行政区域并入黑龙镇。黑龙镇人民政府驻黑龙场。将原天池乡所属行政区域并入瑞峰镇。瑞峰镇人民政府驻刘家场。将原天庙乡所属行政区域并入罗波乡。罗波乡人民政府驻罗宝渡。将原观金、桂花2个乡所属行政区域并入西龙镇。西龙镇人民政府驻西龙场。将原瓮家、罗弯2个乡所属行政区域并入白果乡。白果乡人民政府驻白果渡。

4.仁寿县

撤销陵阳、文宫、富加、汪洋、钟祥、彰加、龙正、北斗、禾加、禄加、满井、龙马、清水13个工委及其它中间机构。撤销蜂蜜、花瓷、三溪、松林、府君、中坝、千合、三峨、龙江、凤梧、金鸡、金耀、龙凤、甘泉、宝石、马鞍、石盘、天明、鹤鸣、鹤立、复合、白凤、骑虎、铁牛、铧炉、勤乐、月桥、大洪、碗厂、大革、永宁、大联、青石、建新、清泉、谢山、双胜、元正、金凤、花房、五福、齐家、正兴、万寿、古建、分水、光相、团结、视高等49个乡和杨柳镇。扩大38个乡镇的行政区域。将蜂蜜乡所属的行政区域并入文林镇，镇政府驻文林镇金马路一段52号。将花瓷乡所属的行政区域并入宝马乡，乡政府驻宝马场。将三溪乡所属的行政区域并入珠嘉乡，乡政府驻珠嘉场。将松林乡、府君乡所属的行政区域并入大化镇，镇政府驻大花市。将中坝乡所属的行政区域并入高家镇，镇政府驻高家场。将千合乡所属的行政区域并入鳌陵乡，乡政府驻鳌陵场。将三峨乡所属的行政区域并入观寺乡，乡政府驻观寺场。将龙江乡所属的行政区域并入中岗乡，乡政府驻中岗场。将凤梧乡所属的行政区域并入龙桥乡，乡政府驻龙桥场。将金鸡乡所属的行政区域并入曲江乡，乡政府驻曲江场。将金耀乡、龙凤乡所属的行政区域并入北斗镇，镇政府驻北斗场。将甘泉乡所属的行政区域并入城堰乡，乡政府驻城堰场。将宝石乡所属的行政区域并入谢安乡，乡政府驻谢安场。将马鞍乡所属的行政区域并入中农镇，镇政府驻中农场。将石盘乡所属的行政区域并入新店乡，乡政府驻新店场。将天明乡、鹤鸣乡所属的行政区域并入禄加镇，镇政府驻禄加场。将鹤立乡所属的行政区域并入宝飞镇，镇政府驻宝飞场。将复合乡所属的行政区域并入天峨乡，乡政府驻天峨场。将白凤乡所属的行政区域并入识经乡，乡政府驻识经场。将骑虎乡所属的行政区域并入凤陵乡，乡政府驻凤陵场。将铁牛乡、铧炉乡所属的行政区域并入彰加镇，镇政府驻磨子场。将勤乐乡、月桥乡所属的行政区域并入慈航镇，镇政府驻慈航场。将大洪乡、碗厂乡所属的行政区域并入汪洋镇，镇政府驻汪洋场。将大革乡所属的行政区域并入涂家乡，乡政府驻涂家场。将永宁乡所属的行政区域并入四公乡，乡政府驻四公场。将大联乡所属的行政区域并入松峰乡，乡政府驻松峰场。将青石乡所属的行政区域并入钟祥镇，镇政府驻钟祥场。将建新乡所属的行政区域并入始建镇，镇政府驻始建场。将清泉乡、谢山乡所属的行政区域并入曹家乡，乡政府驻曹家场。将双胜乡、元正乡所属的行政区域并入满井镇，镇政府驻满井场。将金凤乡所属的行政区域并入景贤乡，乡政府驻五贤坳。将花房乡、五福乡所属的行政区域并入富加镇，镇政府驻富加场。将齐家乡所属的行政区域并入农旺乡，乡政府驻苏家滩。将正兴乡所属的行政区域并入龙正镇，镇政府驻龙驹场。将万寿乡、古建乡所属的行政区域并入洪峰乡，乡政府驻洪峰场。将分水乡、光相乡、杨柳镇所属的行政区域并入黑龙潭镇，并将黑龙潭镇更名为黑龙滩镇，镇政府驻水库大坝。将团结乡所属的行政区域并入清水镇，镇政府驻清水场。将视高乡所属的行政区域并入钢铁镇。

5.彭山县

撤销永丰、江渎、牧马、邓庙、歧山5个乡。扩大5个乡镇的行政区域。将原永丰乡所属行政区域并入江口镇。江口镇人民政府驻江口。将原江渎乡所属行政区域并入净皇乡。乡人民政府驻净皇寺。将原牧马乡所属行政区域并入府河乡。府河乡人民政府驻府河场。将原邓庙乡所属行政区域并入谢家镇。谢家镇人民政府驻谢家场。将原歧山乡所属行政区域并入义和乡。义和乡人民政府驻义和场。

6.丹棱县

撤销唐河、何场、中隆、王场、仁兴5个乡。扩大4个镇的行政区域。将原唐河乡所属行政区域并入丹棱镇。丹棱镇人民政府驻滨河南路129号。将原何场乡所属行政区域并入杨场镇。杨场镇人民政府驻杨场场。将原中隆乡所属行政区域并入双桥镇。双桥镇人民政府驻双桥场。将原王场、仁兴2个乡所属行政区域并入张场镇。张场镇人民政府驻张场场。

十二、阿坝州

汶川县撤销百花乡建制，将其所属行政区域并入漩口镇。

十三、甘孜州

康定县撤销榆林乡建制，其所属行政区域整建制并入炉城镇。

贵州省

一、贵阳市

1.花溪区

撤消花溪镇、花溪布依族苗族乡；设立贵筑街道办事处、溪北街道办事处、清溪街道办事处。

2.铜仁市

设立灯塔街道办事处。

3.望谟县

设立打尖乡。

云南省

一、昆明市

1. 盘龙区

撤销双哨乡、小河乡，合并设立松华乡。

撤销灵泉、乐白道办事处，设立灵泉街道办事处。

2.东川区

撤销新村镇、碧谷镇、绿茂乡和姑海乡，设立铜都镇，管辖原新村镇、碧谷镇、绿茂乡的行政区域和原姑海乡的姑海、达德、新村、野牛4个村委会；撤销杉木乡并入汤丹镇；撤销播卡乡和拖布卡乡，合并设产拖布卡镇；撤销新田乡和法者乡，设立红土地镇，管辖原法者乡的行政区域和原新田乡的新田、花沟、松毛棚、仓房4个村委会；撤销乌龙乡，设立乌龙镇，管辖原乌龙乡的行政区域和原新田乡的瓦房、大水井2个村委会；撤销阿旺乡，设立阿旺镇，管辖原阿旺乡的行政区域和原姑海乡的陷塘村委会。

3. 西山区

撤销西苑管委会，成立西苑街道办事处

二、曲靖市

沾益县

撤销西平镇和沾益乡，合并设立西平镇。

三、保山市

1. 隆阳区

撤销永昌镇，其行政区域与汉庄镇的汉营、沙河2个村委会和河图镇的红庙、下村、太平、白塔、廖官、沈官、红花7个村委会合并设立兰城、永昌2个街道办事处；撤销汶上彝族苗族乡和瓦房彝族乡，合并设立瓦房彝族苗族乡，管辖原瓦房彝族乡的行政区域和原汶上彝族苗族乡的巴戛、干塘、油房、保和、瓦河、水源、喜坪7个村委会，将原汶上彝族苗族乡的汶上、小河、搭板桥、小水井、新民、上拉堡、下拉堡、岩脚、秧草、安邦10个村委会划归瓦马彝族白族乡管辖；撤销道街乡和潞江傣族乡，合并设立潞江镇，管辖原潞江傣族乡行政区域和原道街乡的江东、道街、澡塘、登高、石头寨、三达地6个村委会，将原道街乡余下的大田、桤木林、红岩脚、核桃、秉寨5个村委会划归蒲缥镇管辖；撤销老营乡和瓦窑白族彝族乡，合并设立瓦窑镇，管辖原瓦窑白族彝族乡行政区域和原老营乡的老营、阿石寨、六合、旧寨、磨房、大蒴、小浪坝、大浪坝、克恭、阿依寨10个村委会，将老营乡余下的西河、阿家、柴河、下付家4个村委会和金鸡乡的罗寨村委会及河图镇余下的长岭岗、柳上2个村委会划归板桥镇管辖。

2. 施甸县

撤销保场乡、仁和乡，合并设立仁和镇；撤销等子乡和太平乡，合并设立太平镇。

3. 腾冲县

撤销小西镇和勐连乡并入腾越镇；撤销上营乡并入芒棒乡。

4. 昌宁县

撤销达丙镇和右甸镇，合并设立田园镇。

5. 龙陵县

撤销河头乡并入龙山镇；撤销天宁乡，将其管辖的天宁、坡头和半坡3个村委会划归龙新乡管理，将三家村和新林两个村委会划归碧寨乡管理。

四、丽江市

1. 永胜县

撤销金官镇和梁官镇，合并设立三川镇；撤销板桥乡并入顺州乡；撤销太极乡并入涛源乡。

2. 华坪县

撤销龙洞傈僳族乡并入中心镇；撤销温泉彝族乡并入荣将镇；撤销文乐傈僳族乡和大兴镇，设立兴泉镇。

3. 玉龙县

撤销仁和傈僳族乡并入石鼓镇；撤销金庄乡并入黎明傈僳族乡。撤销宁蒗县红旗乡并入大兴镇。

五、临沧市

1. 双江县

撤销贺六乡，其行政区域并入勐勐镇。

2. 临翔区

撤销那招乡并入博尚镇；撤销凤翔镇和忙畔乡，分别设立凤翔和忙畔街道办事处。

3. 永德县

撤销明朗乡并入德党镇。

4. 耿马县

撤销福荣拉祜族傈僳族乡和河外乡并入孟定镇。

5. 镇康县

撤销军弄乡并入南伞镇。

6. 沧源县

撤销团结乡并入岩帅镇。

7. 凤庆县

撤销永新彝族乡并入鲁史镇；撤销德思里彝族佤族乡并入勐佑镇。

8. 云县

撤销头道水乡并入爱华镇；撤销糯洒彝族傣族乡并入涌宝镇。

六、德宏州

1.潞西市

撤销城郊镇和象滚塘乡，其行政区域并入芒市镇；撤销东山乡并入遮放镇；撤销法帕镇并入风平镇。

2. 瑞丽市

撤销姐勒乡并入勐卯镇；撤销芒棒乡和混板乡并入城关镇，并将城关镇更名为畹町镇。

3. 盈江县

撤销岗勐乡和莲花乡并入平原镇；撤销芒允乡并入太平乡，将太平乡改设为太平镇；撤销姐冒乡并入弄璋镇。

4. 陇川县

撤销姐乌乡和赛号乡，将原姐乌乡行政区域和原赛号乡撤定村委会划归城子镇管辖，将原赛号乡曼胆、广帕、广宋3个村委会划归景罕镇管辖。

5.梁河县

撤销杞木寨乡，将杞木寨、平坝、湾中3个村委会划归芒东镇管辖，将水箐村委会划归遮岛镇管辖。

七、大理白族自治州

1. 大理市

撤销七里桥镇，将原七里桥镇洱滨、太和、刘官厂、大庄4个村委会划归下关镇管理，将上末、阳和、下兑3个村委会划归大理镇管辖。

2.祥云县

撤销象鼻乡并入祥城镇，撤销马街乡并入云南驿镇。

3.洱源县

撤销茈碧乡并入玉湖镇，并将三营镇永联村委会划归玉湖镇管辖，同时将玉湖镇更名为茈碧湖镇。

4.鹤庆县

撤销中江乡并入朵美乡。

5.漾濞县

撤销上街镇和河西镇，设立苍山西镇。

6.永平县

撤销老街镇和曲硐镇，设立博南镇，并将杉阳镇东庄村委会和厂街彝族乡岔路村委会里海冲上村、下村一社、下村二社3个村民小组划归博南镇管辖；将永和彝族乡松坡村委免粮库村民小组划归厂街彝族乡管辖。

7.剑川县

撤销剑阳镇并入金华镇，并将甸南镇向前、文华2个村委会划归金华镇管理。

8.弥渡县

撤销太花乡并入弥城镇。

9.永平县

撤销永和彝族乡并入杉阳镇，镇政府驻地不变。撤销云龙县果郎乡和石门镇，设立诺邓镇，镇政府驻原石门镇政府驻地。

10.南涧县

撤销沙乐乡并入公郎镇，镇政府驻地不变。

11.漾濞县

撤销脉地镇和双涧乡，设立漾江镇，镇政府驻原脉地镇政府驻地。

12.宾川县

撤销古底彝族乡，其行政区域并入平川镇。

八、楚雄州

1. 楚雄市

撤销宜茨乡，将红卫桥村委会划归大地基乡管辖，将力峨么、宜茨、邑多么、路上村4个村委会划归东华镇管辖，并将东华镇邑舍村委会划归子午镇管理；撤销云龙镇并入子午镇；撤销永安镇，将平山村委会划归鹿城镇管辖，将永安、车坪、邓官、詹家、桃园、览经、庄甸7个村（居）委会划归东瓜镇管辖；撤销富民镇并入鹿城镇。

2.牟定县

撤销青龙乡，将周山、牟尾、龙池、庆丰、芒丰5个村委会划归共和镇管辖，将田丰、龙丰、牌坊、河节冲4个村委会划归凤屯乡管辖，并将凤屯乡改为凤屯镇，镇政府驻地搬迁至原凤屯乡飒马场；撤销新甸乡，将新甸、华星、散花、际盛4个村委会划归共和镇管辖，将米村、普村、福龙、民乐、丰乐、高平6个村委会划归江坡乡管辖，并将江坡乡改为江坡镇；撤销军屯乡并入共和镇。

3.大姚县

撤销仓街镇和七街乡并入金碧镇；将六苴镇海古簸村委会划归昙华乡管辖。

4.双柏县

撤销雨龙乡，将雨龙、法甸、古木、折苴4个村委会划归法脿镇管辖；将邦三、野牛、蚕豆田3个村委会划归大麦地乡管辖，并将大麦地乡改为大麦地镇，镇政府迁移至原大麦地乡普龙。

5.南华县

撤销徐荣镇并入龙川镇；撤销天申堂乡并入沙桥镇。

6.武定县

撤销九厂乡并入近城镇，并将近城镇更名为狮山镇；撤销石腊它苗族乡并入高桥镇。

7.姚安县

撤销仁和镇，将仁和、蛉丰、蜻岭、清河4个村委会划归栋川镇管辖，将白石地村委会划归太平乡管辖，将太平乡新民村委会划归前场镇管辖，并将太平乡改为太平镇；撤销龙岗镇和大龙口镇并入栋川镇管辖，镇政府驻原龙岗镇政府驻地。

8.永仁县

撤销万马傣族乡，将迤资、昔丙、拉姑、鱼鲊4个村委会划归永兴傣族乡管辖；将万马、进化2个村委会划归中和乡管辖，并将中和乡改为中和镇。

9.元谋县

撤销花同乡并入羊街乡，并将羊街乡改为羊街镇；撤销苴林乡并入黄瓜园镇；撤销能禹镇并入元马镇。

10.禄丰县

撤销腰站乡并入金山镇，镇政府驻原金山镇南雄；撤销舍资镇并入一平浪镇，镇政府驻原舍资镇政府驻地；撤销大路溪乡并入和平乡，并将和平乡改为和平镇；撤销旧庄镇并入广通镇。

九、红河哈尼族彝族自治州

1.建水县

撤销曲江镇、利民乡和李浩寨乡，合并设立曲江镇。

2.元阳县

撤销新街镇和胜村乡，合并设立新街镇。

3.开远市

撤销中和营乡、马者哨乡，合并设立中和营镇。

4.个旧市

撤销鸡街镇、倘甸乡和乍甸镇，合并设立鸡街镇。

5. 红河县

撤销迤萨镇和勐龙傣族乡，合并设立迤萨镇。

6. 弥勒县

撤销弥阳镇和卫泸乡，合并设立弥阳镇；撤销竹园镇和朋普镇，合并设立竹园镇。

7.泸西县

撤销中枢镇和逸圃镇，合并设立中枢镇；撤销旧城镇和三河镇，合并设立旧城镇。

8. 金平县

撤销金河镇和十里村乡，合并设立金河镇。

陕西省

一、铜川市

撤销城关镇建制，在原城关镇基础上设立两个街道办事处，管辖范围分别为：设立永安路街道办事处，办事处驻地永安路（原城关镇政府驻地）。将孙塬镇五台村划入，调整后办事处辖6个社区居委会，4个村委会。设立天宝路街道办事处，办事处驻地天宝路。调整后办事处辖3个社区居委会，5个村委会。

撤销下高埝乡建制，在下高埝乡辖区内设立两个街道办事处，管辖范围分别为：设立咸丰路街道办事处，办事处驻地咸丰路。将寺沟镇的方巷口村、董家坡村、崔上村、崔下村划入。调整后办事处辖2个社区居委会，17个村委会。设立正阳路街道办事处，办事处驻地正阳路。调整后办事处辖4个社区居委会，13个村委会。调整后铜川市耀州区共辖4个街道办事处，10个镇，2个乡。

二、渭南市

撤销白水县林皋乡设立白水县林皋镇，其行政区域不变。

甘肃省

一、兰州市

城关区撤销青白石、皋兰山乡设立青白石、伏龙坪街道办。

二、嘉峪关市

增设峪苑、朝阳两街道。

三、武威市

1.民勤县

撤销花儿园乡，设立红沙岗镇。

2.天祝县尚未移交的2个乡。

四、酒泉市

1. 肃州区

撤销屯升乡，将该乡并入清水镇。

2. 玉门市

撤销昌马乡，并入赤金镇；建立柳湖乡。

3. 敦煌市

撤销吕家堡乡，并入转渠口镇。

4. 金塔县

撤销三合乡，并入东坝镇。

5. 安西县

撤销环城乡，并入西湖乡；建立双塔乡、七墩回族东乡族乡。

五、甘南藏族自治州

1.合作市

加茂贡乡与勒秀乡合并，设立勒秀乡，乡政府驻地设在现勒秀乡政府驻地。

2.临潭县

龙元乡与陈旗乡合并，设立王旗乡，乡政府驻地设在王旗村；将总寨乡与新堡乡合并，设立洮滨乡，乡政府驻地设在上旗村；撤销扁都乡，并入新城镇。

3.卓尼县

撤销柏林乡，并入藏巴哇乡；撤销大族乡，并入卡车乡，更名为喀尔钦乡，乡政府驻地设在达子多村。

4.舟曲县

将弓子石、中牌乡合并，设立东山乡，乡政府驻地设在鲁家村；将池干乡与三角坪乡合并，设立果耶乡，乡政府驻地设在果耶村；将大年乡与铁坝乡合并，设立曲告纳乡，乡政府驻地设在托协村。

5.迭部县

撤销花园乡，并入旺藏乡。

6.夏河县

撤销牙利吉乡，并入阿木去乎镇。

青海

一、海南藏族自治州

贵德县撤罗汉堂乡建拉西瓦镇。

二、海西蒙古族藏族自治州

1.德令哈市

撤销戈壁乡，设立并命名为柯鲁柯镇，镇政府驻地迁至原德令哈农场场部所在地浩门都谷。将尕海镇的民兴、民乐、平原三个村划归柯鲁柯镇管辖，实行镇管村体制；撤销宗务隆乡。将宗务隆乡的白水河、东村、西村、甘南村划归德令哈市河西街道办事处；东山村划归德令哈市河东街道办事处；红光村德令哈市火车站街道办事处；伊克拉、乌察汗、陶斯图村划归德令哈市蓄集乡管辖。

2.格尔木市

撤销郭勒木德乡，设立郭勒木德镇，镇政府驻地、镇区行政区划范围不变，实行镇管理村体制；撤销格尔木市唐古拉山乡，设立唐古拉山镇，镇政府驻地、镇区行政区划范围不变，实行镇管理村体制。

3.乌兰县

撤销赛什克乡，并入乌兰县柯柯镇；撤销铜普乡，设立铜普镇，镇政府驻地、镇区行政区划范围不变，实行镇管理村体制。

4.都兰县

撤销宗加、诺木洪两乡，设宗加镇，镇政府驻地设在原诺木洪乡政府驻地诺木洪，实行镇管村体制；香加乡的幸福村划入香日德镇。

5.天峻县

撤销尕河乡，并入苏里乡；撤销木里乡，设立木里镇，镇政府驻地、镇区行政区划范围不变，实行镇管理村体制；江河乡，设立江河镇，镇政府驻地、镇区行政区划范围不变，实行镇管理村体制；撤销大柴旦行委鱼卡乡，并入大柴旦镇；撤销茫崖行委尕斯乡，并入茫崖行委花土沟镇。

2005年乡镇调整全部发生在海西州，海西州原有乡27个，镇14个，现有乡14个，镇21个。乡镇总数减少6个。2004年海南州贵德县撤罗汉堂乡建拉西瓦镇。致2005年12月31日，全省共有6州、1地、1市共8个地级行政区；37个县、4个市辖区、2个县级市、3个县级行委共46个县级行政区；239个乡、30个民族乡、3个乡级行委、123个镇、30个街道办事处共计425个乡级行政区。

宁夏回族自治区

一、吴忠市

利通区陈袁滩乡划归青铜峡市，变更为陈袁滩镇。

新疆维吾尔自治区

一、乌鲁木齐市

撤销乌鲁木齐市水磨沟区七道湾乡建制；撤销乌鲁

木齐市天山区大湾乡建制。

二、阿拉尔市

阿拉尔市设立幸福路、金银川路、青松路、南口等四街道办事处。

三、五加渠市

五家渠市设立军垦路、青湖路、人民路三个街道。

四、喀什地区

将疏附县帕哈太克里乡和伯什克然木划归喀什市管辖。

五、昌吉回族自治州

昌吉州昌吉市大西渠镇政府驻地迁移；吉市阿什里哈萨克族乡政府驻地迁移。

六、巴音郭楞蒙古自治州

撤销巴音郭楞蒙古自治州若羌县“祁曼区”；巴音郭楞蒙古自治州若羌县依吞布拉克镇政府驻地迁移。

中国统计出版社最新资料书简目

（仅供参考，以最后出书为准）

中国统计年鉴 2006
中国统计摘要 2006
2006中国发展报告
中国城市统计年鉴 2005
中国劳动统计年鉴 2006
中国人口统计年鉴 2006
中国工业经济统计年鉴 -2006
中国市场统计年鉴 2006
2005中国经济景气年鉴
中国建筑业统计年鉴 2005
中国城市调查年鉴 -2006
中国商品交易市场统计年鉴 -2006
中国连锁餐饮企业统计年鉴 2005、2006
中国连锁零售业统计年鉴 2005、2006
中国能源统计年鉴 -2004、2005
全国农产品成本收益资料汇编 -2005
国际统计年鉴 --2006
中国对外经济贸易统计年鉴 -2005
中国基本单位统计年鉴 -2005
中国民政统计年鉴 -2006
中国高技术产业统计年鉴 -2006
中国房地产行业名录
中国农村统计年鉴 -2006
中国农村住户调查年鉴 -2006（中文）
中国农村住户调查年鉴 -2006（英文）
中国乡镇统计资料 -2006
中国县（市）社会经济调查年鉴 -2006
中国西部农村统计资料 -2006
中国建制镇统计资料 -2006
中国农产品价格调查年鉴 -2006
中国国民经济核算年鉴 -2006
中国经济普查年鉴 -2004
中国棉花年鉴 -2004、2005
中国百强县（市）发展年鉴 -2006
中国教育经费统计年鉴 -2005
北京统计年鉴 -2006
天津统计年鉴 -2006
河北经济年鉴 2006
山西统计年鉴 -2006
内蒙古统计年鉴 -2006
辽宁统计年鉴 -2006
吉林统计年鉴 -2006
黑龙江统计年鉴 -2006
上海统计年鉴 -2006
江苏统计年鉴 2006
浙江统计年鉴 -2006
安徽统计年鉴 2006
福建统计年鉴 2006
江西统计年鉴 2006
山东统计年鉴 -2006
河南统计年鉴 -2006
湖北统计年鉴 2006
湖南统计年鉴 2006
广东统计年鉴 2006
广西统计年鉴 2006
海南统计年鉴 -2006
重庆统计年鉴 2006
四川统计年鉴 2006
贵州统计年鉴 -2006
云南统计年鉴 -2006
西藏统计年鉴 2006
陕西统计年鉴 -2006
甘肃年鉴 -2006
青海统计年鉴 2006
宁夏统计年鉴 -2006
新疆统计年鉴 -2006
新疆生产建设兵团统计年鉴 -2006
石家庄统计年鉴 2006
唐山统计年鉴 -2006
邯郸统计年鉴 -2006
张家口统计年鉴 -2006
朔州统计年鉴 -2006
呼和浩特经济统计年鉴 -2006
鄂尔多斯市统计年鉴 -2006
包头统计年鉴 -2006
沈阳年鉴 -2006
大连统计年鉴 -2006
鞍山统计年鉴 -2006
长春统计年鉴 -2006
吉林市社会经济统计年鉴 -2006
四平统计年鉴 -2006
延吉统计年鉴 -2006
哈尔滨统计年鉴 -2006
齐齐哈尔经济统计年鉴 -2006
黑龙江垦区统计年鉴 -2006
上海浦东新区统计年鉴 -2006
南京统计年鉴 -2006
苏州统计年鉴 -2006
无锡统计年鉴 -2006
常州统计年鉴 -2006
徐州统计年鉴 -2006
南通统计年鉴 -2006
盐城统计年鉴 2006
镇江统计年鉴 -2006
江阴统计年鉴 2006
杭州统计年鉴 2006
宁波统计年鉴 2006
绍兴统计年鉴 2006
台州统计年鉴 -2006
舟山统计年鉴 2006
温州统计年鉴 2006
金华统计年鉴 -2006
嘉兴统计年鉴 -2006
安庆经济统计年鉴 -2006
福州统计年鉴 -2006
福州年鉴 -2006
厦门经济特区年鉴 -2006
福州经济技术开发区年鉴 -2006
南昌经济社会统计年鉴 -2006
上饶经济社会统计年鉴 -2006
九江经济统计年鉴 -2006
济南统计年鉴 -2006
青岛统计年鉴 -2006
潍坊统计年鉴 -2006
淄博统计年鉴 -2006
郑州统计年鉴 -2006
洛阳统计年鉴 -2006
三门峡统计年鉴 -2006
南阳经济统计年鉴 -2006
武汉统计年鉴 -2006
宜昌统计年鉴 -2006
十堰统计年鉴 -2006
荆州统计年鉴 -2006
长沙统计年鉴 -2006
广州统计年鉴 -2006
东莞统计年鉴 -2006
惠州统计年鉴 -2006
深圳统计年鉴 -2006
南宁统计年鉴 -2006
桂林经济社会统计年鉴 -2006
柳州经济统计年鉴 -2006
来宾统计年鉴 -2006
河池地区经济社会统计年鉴 -2006
海口统计年鉴 -2006
成都统计年鉴 -2006
贵阳统计年鉴 -2006
昆明统计年鉴 -2006
西安统计年鉴 -2006
兰州年鉴 -2006
西宁统计年鉴 -2006
银川统计年鉴 -2006
乌鲁木齐统计年鉴 -2006
巴音郭楞统计年鉴 2006
吐鲁番统计年鉴 -2006